职业技能培训教材

职业活动导向一体化教材

汽车维护（第二版）

中国劳动社会保障出版社

图书在版编目（CIP）数据

汽车维护/王会明，张法智主编. —2版. —北京：中国劳动社会保障出版社，2016
职业技能培训教材 职业活动导向一体化教材
ISBN 978-7-5167-2307-4

Ⅰ.①汽… Ⅱ.①王…②张… Ⅲ.①汽车-车辆修理-职业培训-教材 Ⅳ.①U472

中国版本图书馆 CIP 数据核字(2016)第 016384 号

中国劳动社会保障出版社出版发行

（北京市惠新东街1号 邮政编码：100029）

*

中国标准出版社秦皇岛印刷厂印刷装订 新华书店经销
787毫米×1092毫米 16开本 21印张 494千字
2016年1月第2版 2021年6月第8次印刷

定价：42.00元

读者服务部电话：（010）64929211/84209101/64921644
营销中心电话：（010）64962347
出版社网址：http://www.class.com.cn

汽车维修专业一体化教材顾问委员会

主　任：谢可滔　李孟强

副主任：乔本新　杨春英

组　员：吕福智　赵顺灵

汽车维修专业一体化教材编写委员会

主　任：王长建

副主任：郑志中

委　员：陈守青　陈金海　陈志明　何永新　黄　利　黄建文
江剑波　江衍泉　李建德　李　祥　梁其续　梁剑波
龙纪文　卢德健　卢宜朗　欧阳亚平　时　代
谈　诚　田井贵　王会明　王文彪　王　勇　徐家顺
张家钦　张运花　郑喜昭　郑松青　朱德乾　朱耀良
祝志勇　钟　原

本书主编：王会明　张法智

本书主审：郑志中

前 言

为了更好地满足现代汽车产业发展的需求，适应职业教育汽车类专业的特点，突出“项目引领、任务导向”教学模式的优越性，广州市白云工商技师学院汽车维修专业相关骨干教师，在充分进行企业调研及代表性工作任务分析提取的基础上，对第一版汽车专业职业活动导向一体化教材进行了改版。改版主要基于以下几个因素：

（1）尽管第一版教材采用了“项目引领、任务导向”的先进职教理念，实现了理论与实践的一体化，且教材内容翔实、实用，突出生产实践技能，受到广大读者的喜爱。

但是，近年来，汽车技术发展日新月异。原有的教材无论是在内容的选取、知识技能的搭配、训练任务的安排、相关的配图以及部分汽车技术都有些落伍，因此，有必要对第一版教材进行补充、修改和完善。

（2）新的形势要求教材建设必须适应新的教学理念，职业教育教材应针对学员自身特点，按照技能人才培养模式和培养目标，以职业岗位需求为中心，以素质教育、创新教育为基础，以学员能力培养、技能实训为本位，使职业资格认证培训和教材内容有机衔接，而第一版教材并不能很好地做到这一点，修改和完善也就成为必然。

（3）人力资源和社会保障部于2013年下发了《国家技能人才培养标准编制指南（试行）》和《一体化课程规范开发技术规程（试行）》的通知，为了更好地执行该部颁标准，教材的大纲、体例、编写标准、编写要求等都需要进行不同程度的改变。

第二版教材以工作过程为导向，以提高教学质量为目的，以培养学生的职业核心能力为出发点，采取“工、学、评”一体的模式进行编写。精心选取典型的汽车维修实例作为任务载体，按照“任务目标→任务描述→任务内容→任务准备→任务实施→任务总结→知识拓展”7个环节（流程）进行组织。力求从生产一线对该专业人才知识、能力的需求出发，注重理论知识和实践技能的有机结合，在结构和内容安排上体现以下几个特点：

（1）编写体例较先进，做到图文并茂、重点突出、体例新颖。编写人员分析了国内外先进职业教育的培训模式、教学方法和教材特色，消化吸收优秀的经验和成果，将基本技能培养和主流技术相结合，课程设置中重点突出。

(2) 训练项目基于工作过程，针对性较强。本书完全依据汽车4S店及汽车综合维修厂真实的岗位工作过程，侧重培养学生的实践操作能力，教、学、做相结合，通过项目任务实践，增强学员的综合职业能力。

(3) 精选项目任务，内容覆盖面广。每个项目中的工作任务均取自企业的典型工作案例，做到知行合一。部分训练项目资源源自各车系的维修手册（自学手册），针对性较强。内容选取以够用为度，同时满足了覆盖面广的要求。

(4) 遵循学员成长规律，突出“教、学、做”结合。充分参考企业技术人员工作经验，紧密结合汽车技术服务过程，将职业能力进行整合，以活动为导向，按实际工作过程组织教材内容，突出操作技能性、主流针对性及知识先进性。

(5) 丰富了学员对学习成果的自我检验手段，将传统单一的知识点检验模式改为“技能检验+职业素质检验+知识点检验”三合一检验模式。注重从实践的角度对学员进行全面的自我检验，检验标准与企业对员工的要求相一致。

限于编者经历及水平，教材内容很难覆盖全面，希望广大读者及时提出意见和建议，以便再版修订时改正。

简　介

本书是在经过对企业调研和组织实践专家进行工作任务分析的基础上编写的。汽车维护作业是企业典型的职业行动领域之一，在课程专家的指导下，把这一典型职业行动领域转换成了《汽车维护》这门专业核心课程。本书包含汽车维修基础知识、汽车维护基础知识、日常维护与新车维护、发动机维护、底盘维护、电气与车身维护六个典型项目，每个项目分为若干个子任务。

根据活动导向的教学特点，对本书的体系结构作了精心的设计，按照任务目标—任务描述—任务内容—任务准备—任务实施—任务总结—知识拓展的教学思路进行课程设计。通过对本书的学习，学员应能独立完成汽车维护作业。

本书适于职业技能培训使用，也可供各类职业院校、培训机构使用。

目　录

项目一　汽车维修基础知识

任务1　汽车维修常用工量具与设备的使用

【任务目标】

1. 能区分汽车维护常用工量具与设备种类和用途。
2. 熟知汽车维护常用工量具与设备使用方法。
3. 能正确使用汽车维护常用工量具与设备。

【任务描述】

在汽车维修或维护时，经常要使用到各种工量具与设备，你知道怎样才能做到安全、准确地使用这些工量具与设备吗?

【任务内容】

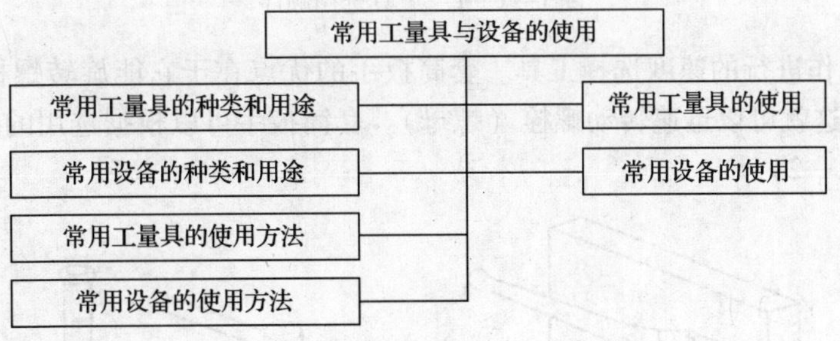

【任务准备】

一、汽车维修常用工具的使用

汽车修理会用到各种工具，这些工具有特殊的使用方法，只有使用得当才能提高工作效率并确保安全。

1. 工具使用的基本知识

（1）了解工具正确的功能和用法。学习每件工具的功能和正确用法。如不按规定使用，会损坏工具，同时也会损坏零件或者导致工作质量降低。

（2）了解工具的正确使用方法。每件工具都有规定的操作程序。要确保在工作部件上正确使用工具，用在工具上的力要恰当，工作姿势也要正确。

（3）正确选择工具。根据零件尺寸、形状、位置和工作场地选择适合的工具。

（4）保持放置有序。工具要放在容易拿到的位置，使用后要放回原来的位置。

（5）严格坚持工具的维护和管理。工具要在使用后立即清洁并在需要的位置涂油。如需修理则立即修理，使工具长期处于完好状态。

2. 选择工具

（1）根据工作的类型选择工具。汽车修理中使用套筒扳手比较普遍。如果由于工作空间限制不能使用套筒扳手，可按其顺序选用梅花扳手或开口扳手（见图1—1—1）。

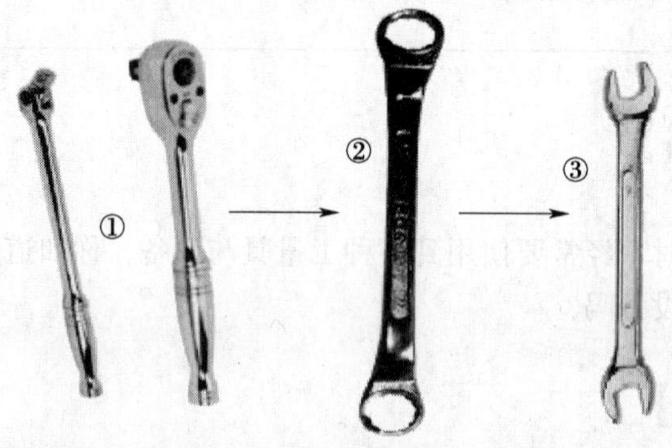

图1—1—1　工具选用顺序

（2）根据工作进行的速度选择工具。套筒扳手的优点在于它能旋转螺栓（螺母）而不需要重新调整，这就可以迅速转动螺栓（螺母）。套筒扳手可以根据选用的手柄以各种方式工作（见图1—1—2）。

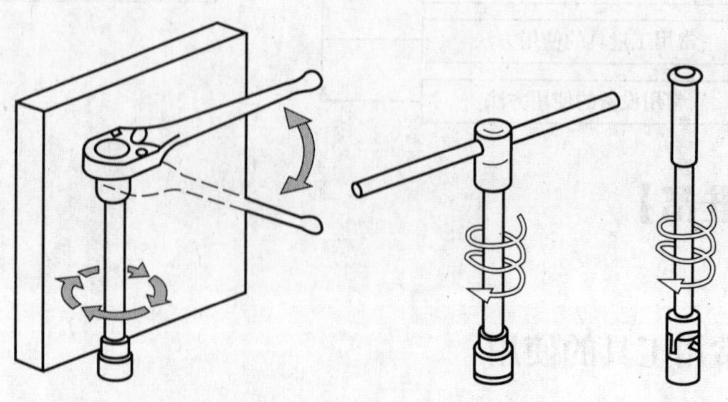

图1—1—2　套筒扳手使用方法

（3）根据旋转力矩的大小选用工具。如果拧紧或拆卸螺栓（螺母）需要大力矩，那么使用允许施加大力矩的扳手。可以施加的力矩大小取决于扳手手柄的长度。手柄越长，用较小的力得到的力矩较大（见图1—1—3）。如果使用了超长手柄，就有力矩过大的危险，螺栓有可能被折断。

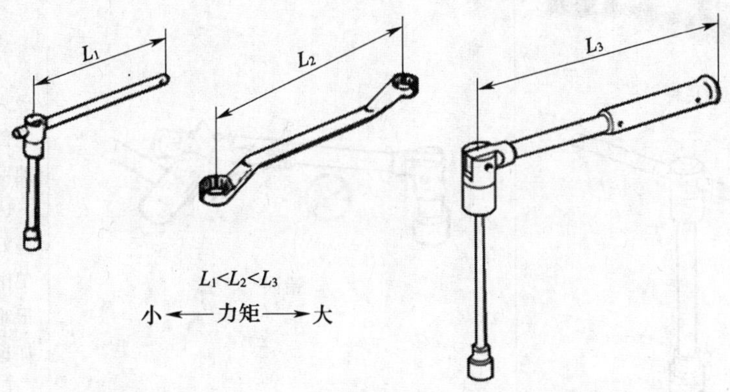

图1—1—3　力矩大小与工具长度的关系

3. 操作时的注意事项

（1）确保工具的直径与螺栓（螺母）的头部大小合适。

（2）使工具与螺栓（螺母）完全配合。

（3）用力强度。已经拧得很紧的螺栓（螺母）可以通过施加冲击力松开，但是不能使用锤子和管子（用来加长）来增加力矩。

（4）最后的拧紧始终用扭力扳手来完成，以便将其拧紧到标准值。

4. 汽车维修常用工具及其使用方法（见表1—1—1）

表1—1—1　　**汽车维修常用工具及其使用方法**

序号	工具类型	使用方法及图示	使用、安全说明
1	旋转手柄 棘轮（快速）手柄	正确	（1）拆装较紧的螺母时要用手将套筒扳手压住，以防滑脱造成意外伤害 （2）棘轮（快速）手柄适合在狭窄空间中使用。然而，由于棘轮的结构，它不可能获得很大的力矩

续表

序号	工具类型	使用方法及图示	使用、安全说明
1	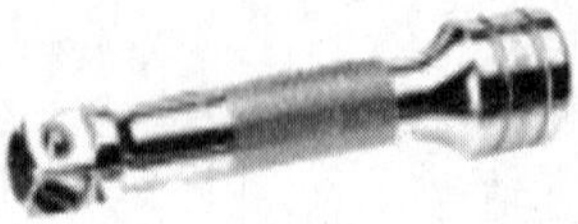 加长杆 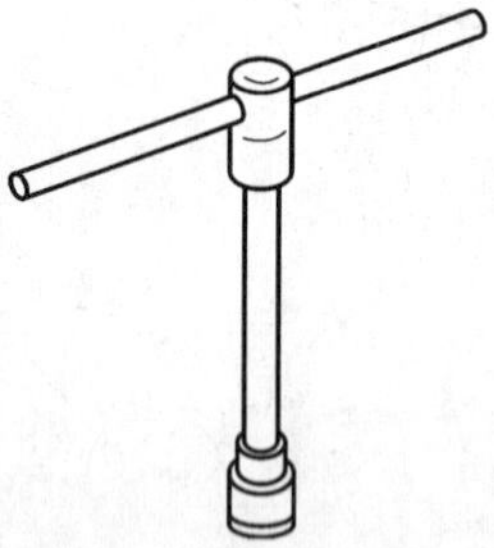 滑动手柄	 错误	(3) 滑动手柄要求极大的工作空间，但它能提供最快的工作速度 (4) 旋转手柄在调整好手柄后可以迅速工作。但此手柄很长，很难在狭窄空间使用加长杆
2	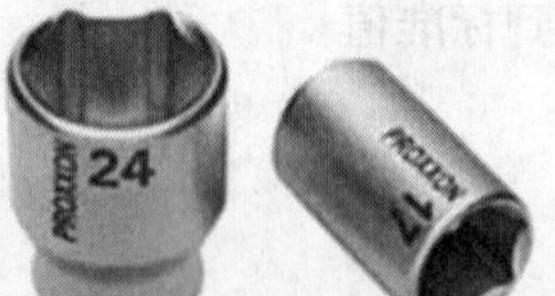 套筒扳手 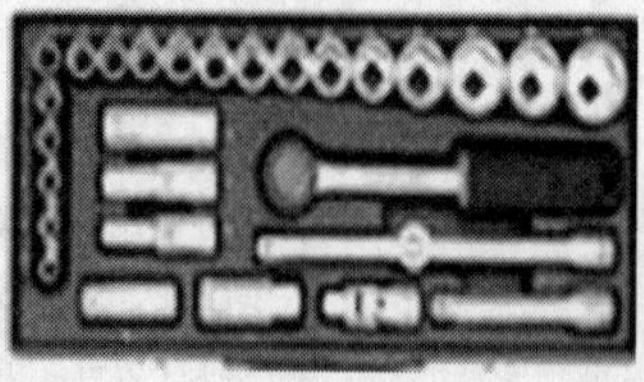 成套套筒扳手	  梅花套筒 六角套筒	(1) 拆装螺栓时，应优先选用套筒扳手 (2) 套筒扳手使用起来顺手、方便、快速、安全 (3) 套筒扳手一般配合扭力扳手、快速手柄、旋转手柄、滑动手柄一起使用 (4) 套筒深度有标准型和加长型，加长型比标准型深2~3倍。较深的套筒可用于头部凸出的螺母 (5) 套筒钳口有梅花形和六角形。六角套筒与螺栓/螺母的表面有很大的接触面，不容易损坏螺栓/螺母的表面

续表

序号	工具类型	使用方法及图示	使用、安全说明
3	 梅花扳手	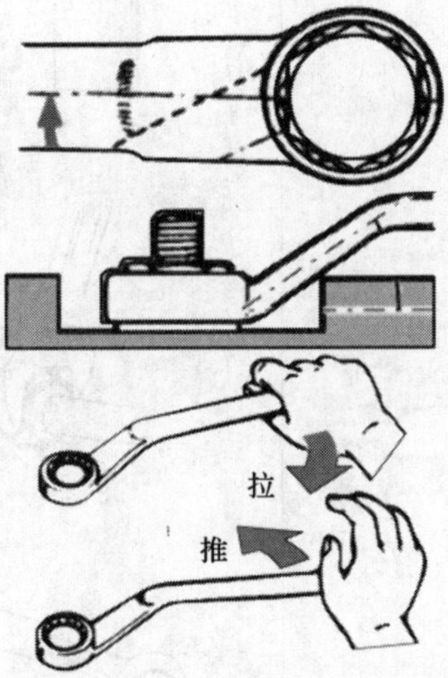 拉 推	（1）梅花扳手是使用频率最多的工具之一，一般情况下尽量使用梅花扳手 （2）梅花扳手不易滑脱，可用较大的力 （3）将工具摆到一个合适的位置，可以用手拉动它 （4）如果由于空间限制无法拉动工具，可以用手掌推它
4	 万向接头	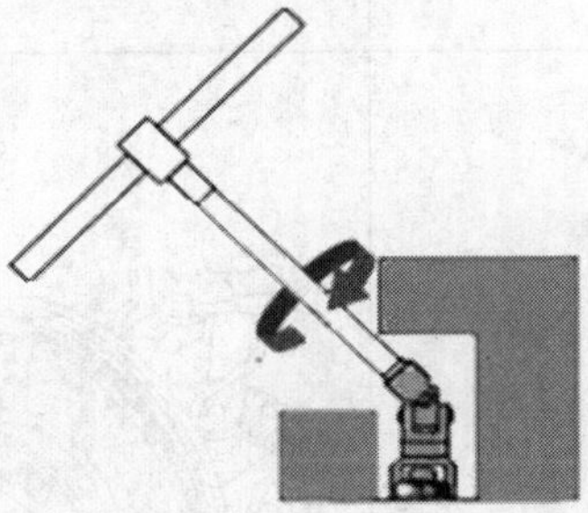	配合套筒扳手一起使用，用来拆装空间狭窄、位置受限制处的螺母
5	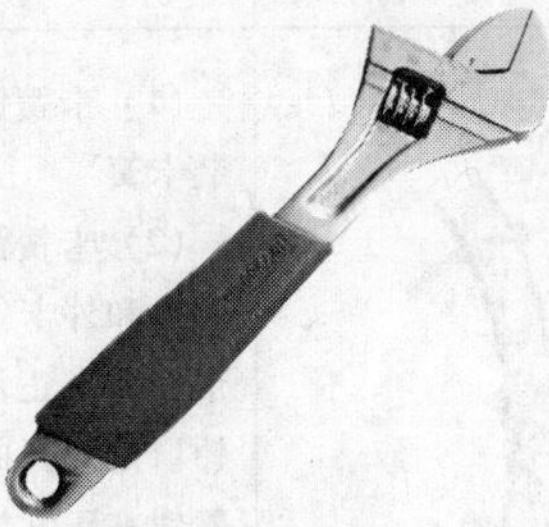 活动扳手	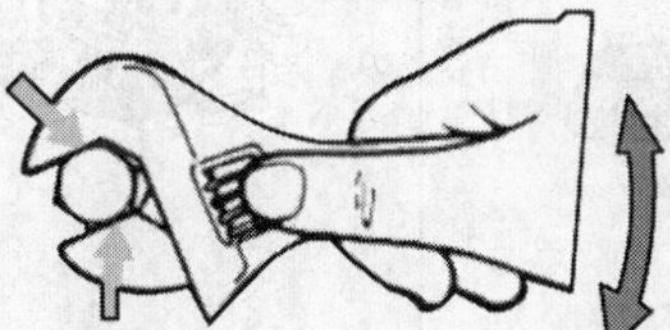 无间隙 来回摆动扳手，同时拧紧调节螺杆 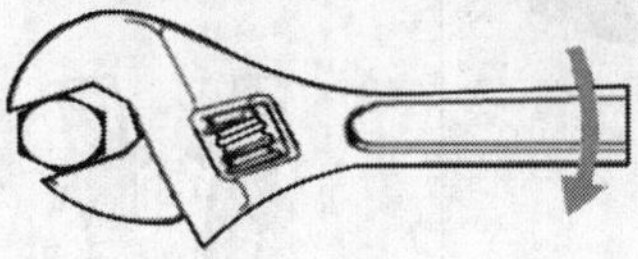 正确  错误	（1）活动扳手一般用来拆装不规则的螺母，使用时应来回摆动活动扳手并拧紧调节螺杆使活动扳手与螺母之间无间隙 （2）由于调节螺杆存在间隙，使用时注意扳手滑脱，尽量少用

续表

序号	工具类型	使用方法及图示	使用、安全说明
6	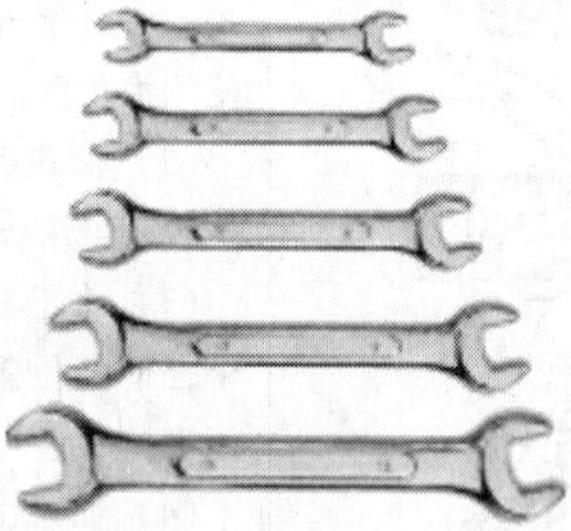 开口扳手	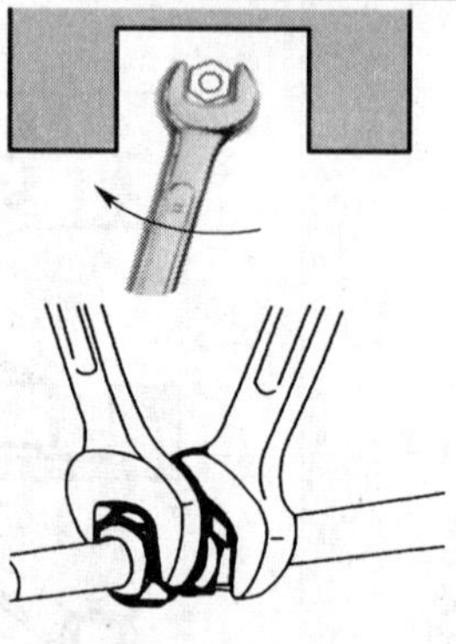 正确 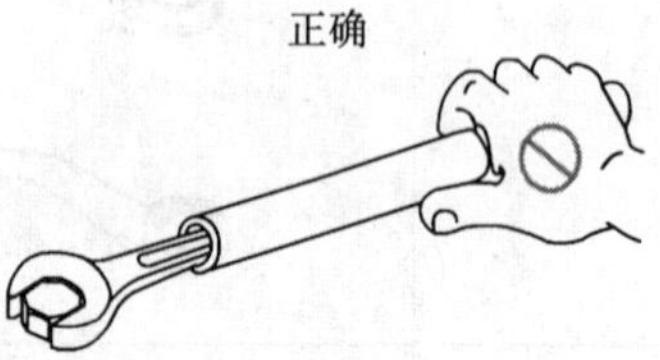 错误	(1) 开口扳手一般用于不适合使用梅花扳手或套筒扳手的场合 (2) 使用时不要过分用力，禁止使用套管加力，防止滑脱造成意外伤害 (3) 一般情况下尽量少用开口扳手
7	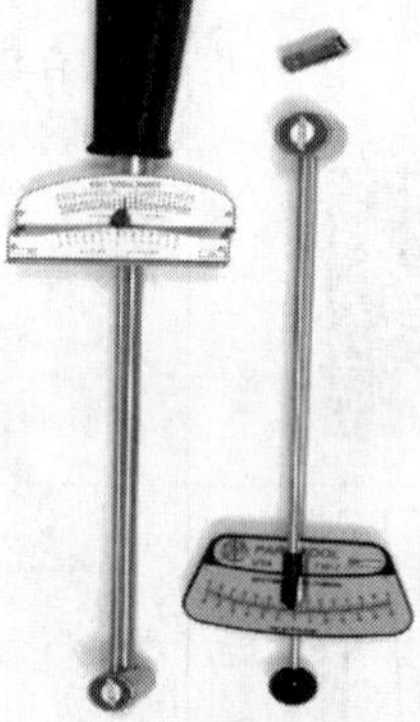 扭力扳手		(1) 扭力扳手一般配合套筒扳手一起使用，用来拆装力矩大的或有较严格力矩规定的螺母、螺栓 (2) 力矩大小可以从扭力扳手的刻度盘上看到，有的扭力扳手的力矩大小是可以调节的，当达到规定力矩时会发出报警响声
8	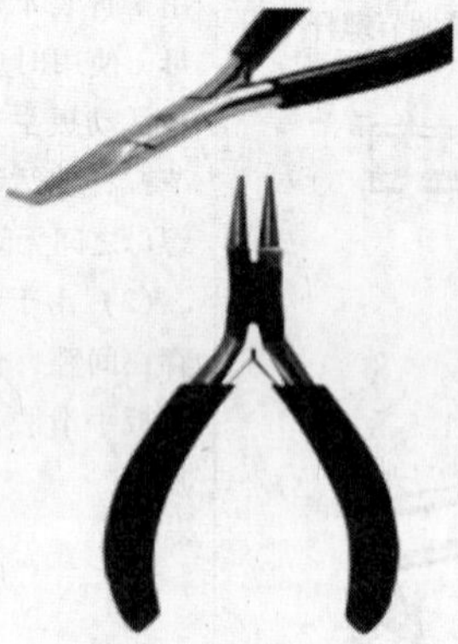 卡簧钳	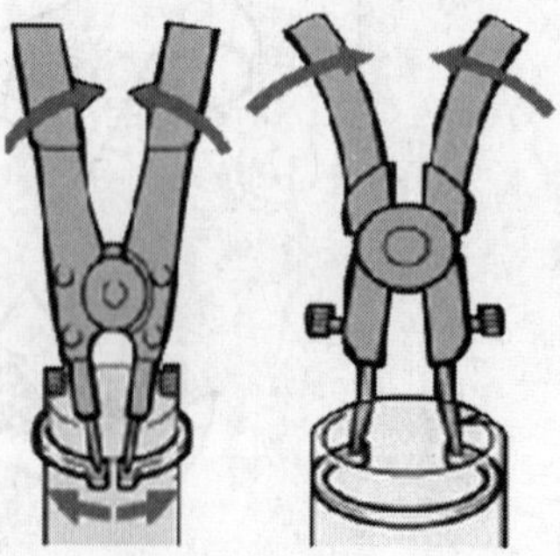	(1) 卡簧钳用来拆装卡簧 (2) 卡簧钳分内卡簧钳和外卡簧钳，内卡簧钳在正常情况下钳口是张开的，外卡簧钳在正常情况下钳口是合拢的 (3) 拆装内卡簧用内卡簧钳 (4) 拆装外卡簧用外卡簧钳

续表

序号	工具类型	使用方法及图示	使用、安全说明
9	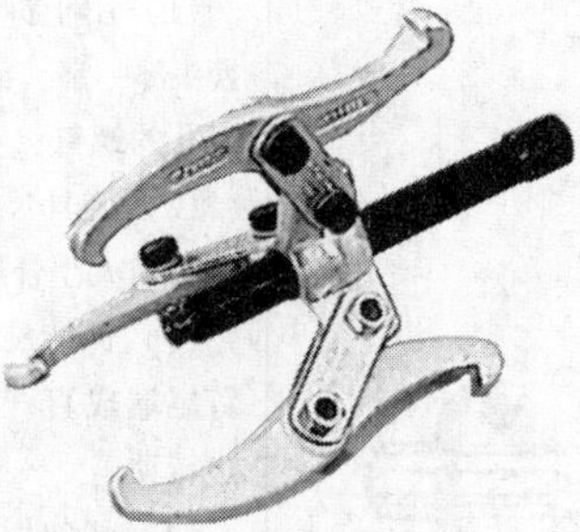 拆卸器或拉力器（又名拉码）	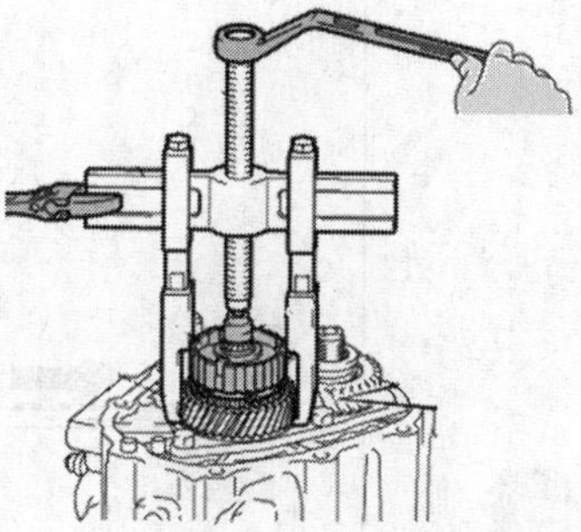	拆卸器有两脚拆卸器和三脚拆卸器，用来拆卸过渡配合的零件，如轴承、同步器的齿毂、球节等
10	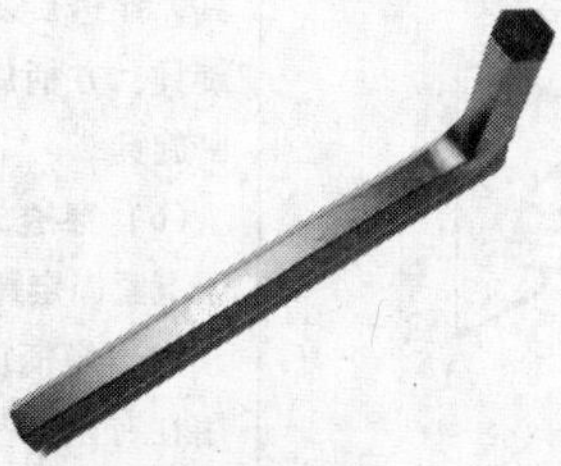 内六角扳手	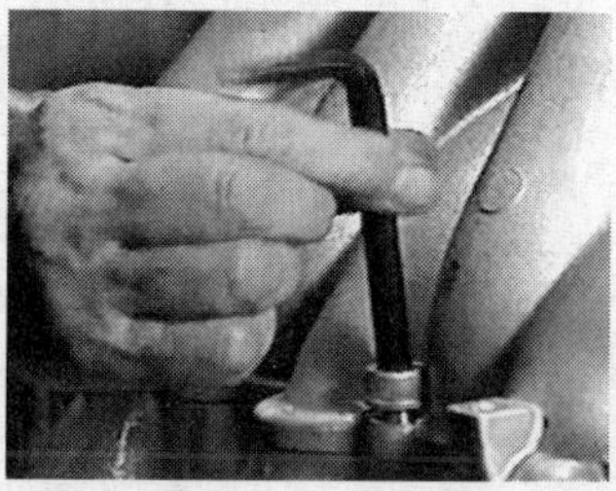	（1）内六角扳手用于拆卸和更换头部六角沉孔的螺栓 （2）内六角扳手有单个和成套内六角扳手 （3）钳口有梅花形和六角形
11	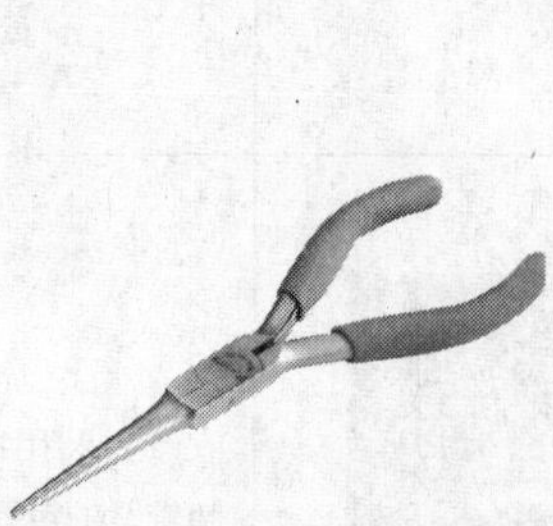 尖嘴钳	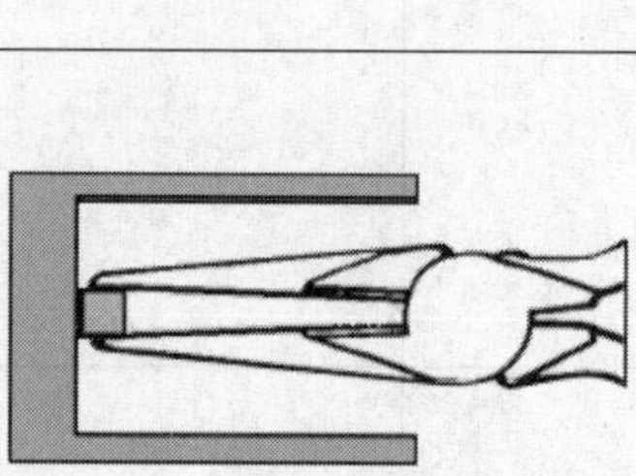 正确 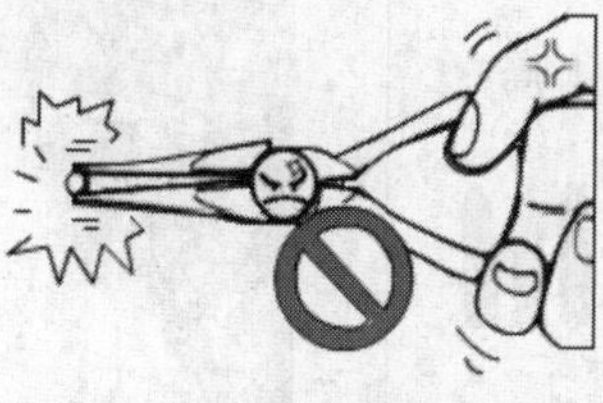 禁止	（1）用在密封的空间里操作或夹紧小零件 （2）切勿对钳子头部施加过大的压力

续表

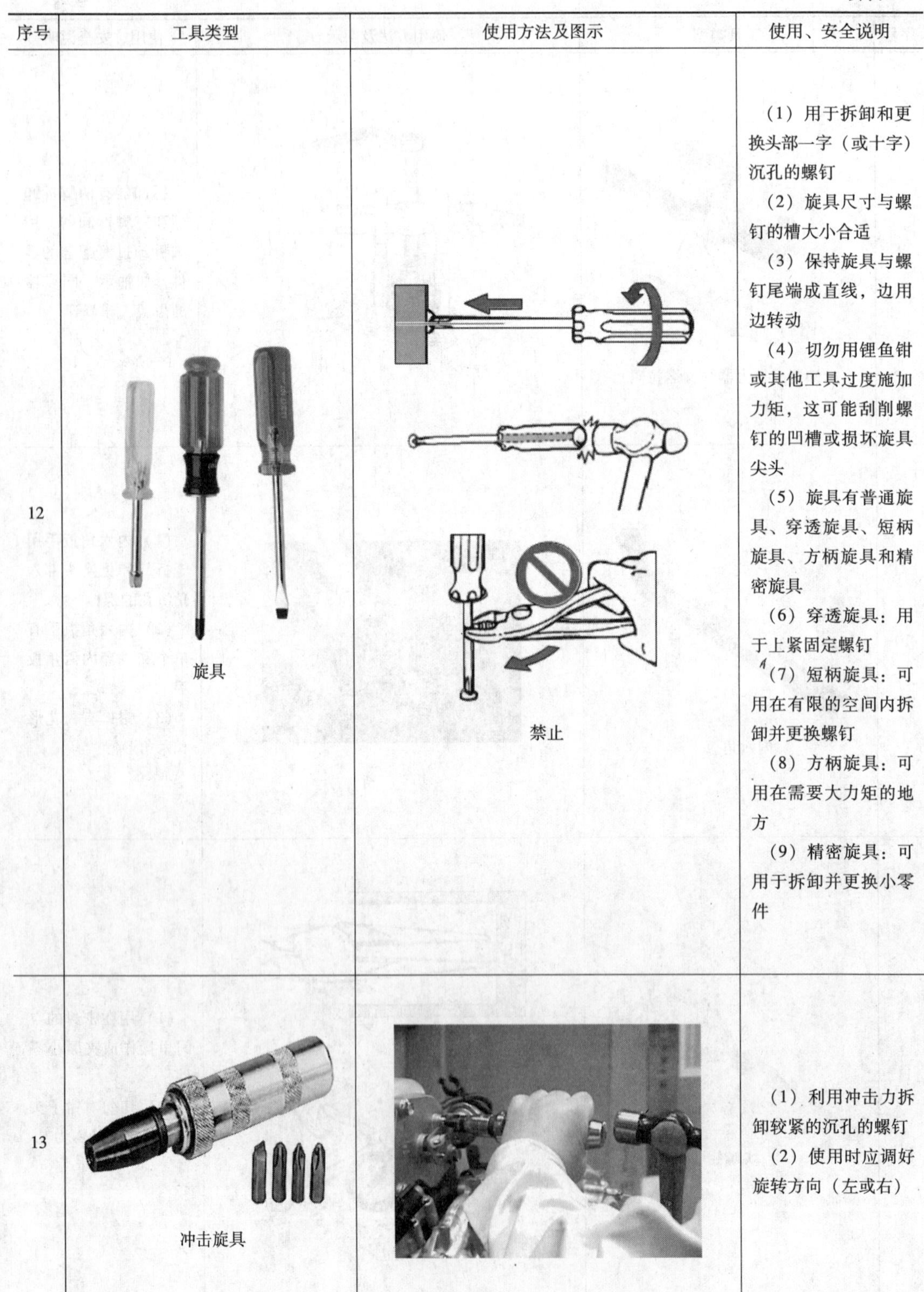

序号	工具类型	使用方法及图示	使用、安全说明
12	旋具	禁止	(1) 用于拆卸和更换头部一字（或十字）沉孔的螺钉 (2) 旋具尺寸与螺钉的槽大小合适 (3) 保持旋具与螺钉尾端成直线，边用边转动 (4) 切勿用锂鱼钳或其他工具过度施加力矩，这可能刮削螺钉的凹槽或损坏旋具尖头 (5) 旋具有普通旋具、穿透旋具、短柄旋具、方柄旋具和精密旋具 (6) 穿透旋具：用于上紧固定螺钉 (7) 短柄旋具：可用在有限的空间内拆卸并更换螺钉 (8) 方柄旋具：可用在需要大力矩的地方 (9) 精密旋具：可用于拆卸并更换小零件
13	冲击旋具		(1) 利用冲击力拆卸较紧的沉孔的螺钉 (2) 使用时应调好旋转方向（左或右）

续表

序号	工具类型	使用方法及图示	使用、安全说明
14	机油滤清器扳手 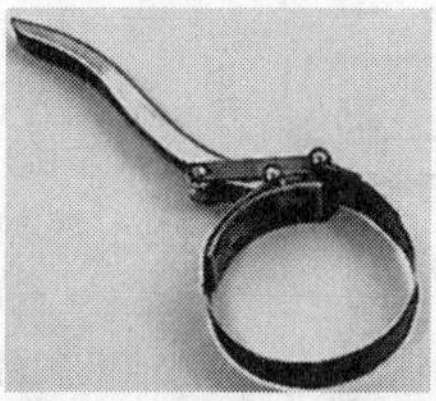 带式 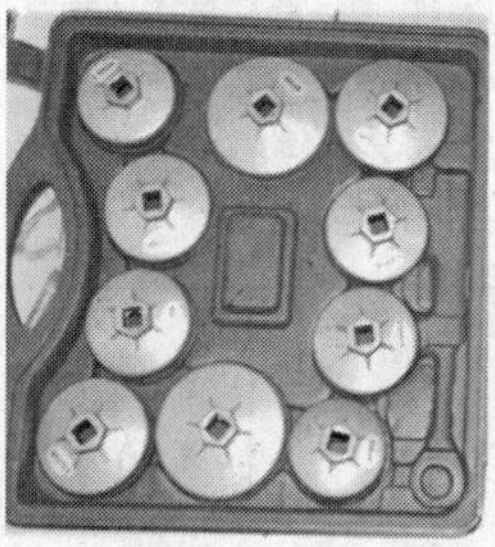 成套套筒	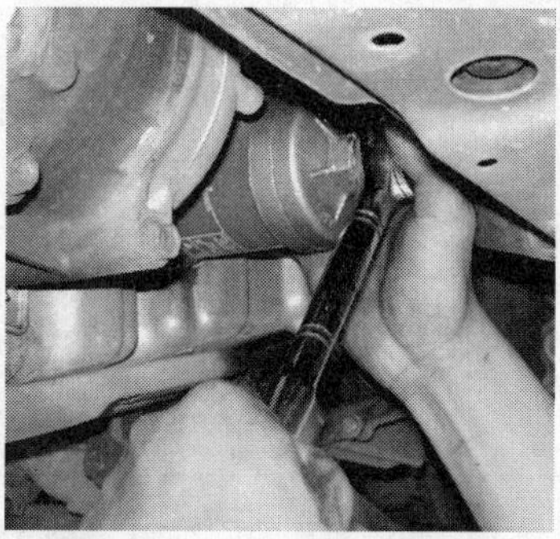	（1）机油滤清器扳手有套筒式、链条式和带式 （2）套筒式是固定大小，不同大小机油滤清器使用不同大小套筒扳手，链条式和带式适用各种机油滤清器，但易损坏机油滤清器 （3）机油滤清器扳手在机油滤清器上面。将机油滤清器旋松或上紧（顺时针是上紧）

二、汽车维修常用量具的使用（见表1—1—2）

表1—1—2　　汽车维修常用量具及其使用方法

序号	量具类型	使用方法及图示	使用、安全说明
1	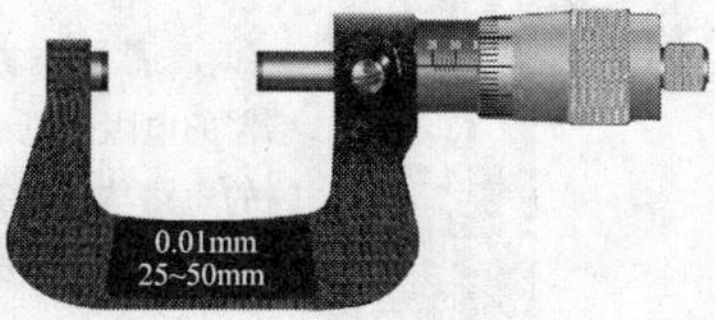 0.01mm 25~50mm 外径千分尺	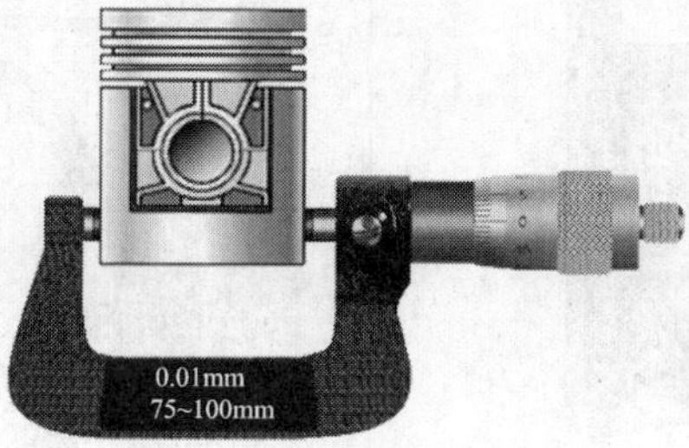 0.01mm 75~100mm	（1）测量部件的外径 （2）不可用来测量表面粗糙的部件 （3）螺杆轴线应与部件中心线垂直 （4）旋转套筒时不要用力过大

续表

序号	量具类型	使用方法及图示	使用、安全说明
2	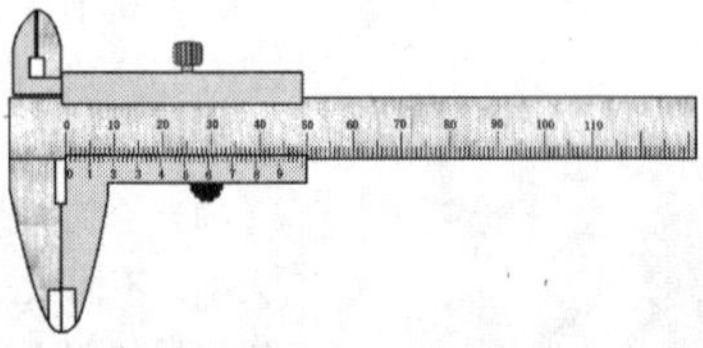 游标卡尺	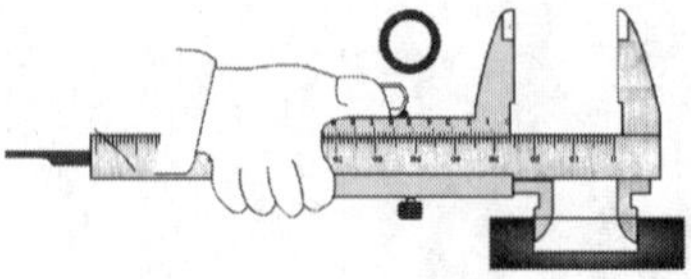 正确 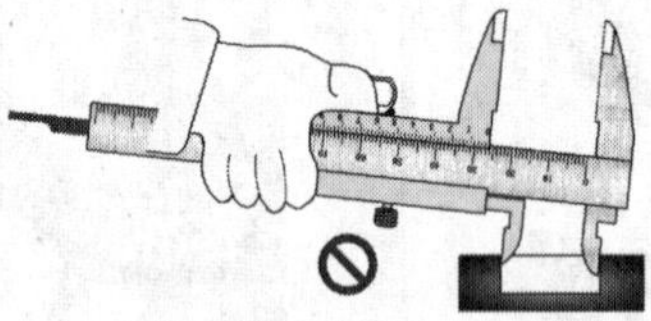 错误	（1）测量部件的长度（外径）、厚度（内径）、深度 （2）不可用来测量表面粗糙的部件 （3）测量爪应与测量表面垂直
3	 百分表	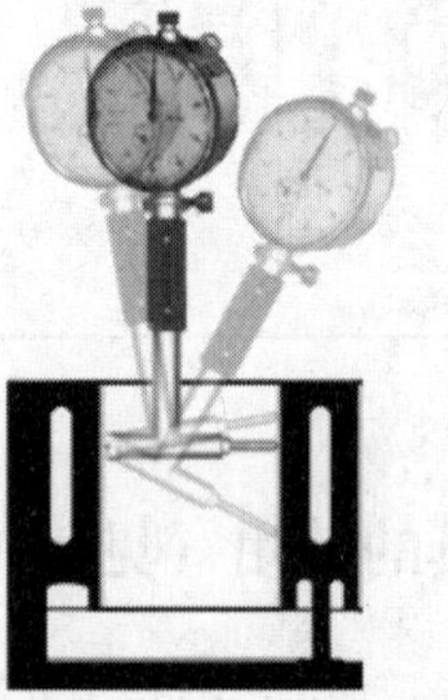	（1）测量部件表面的平面度、圆柱度、圆度和弯曲度 （2）表头与被测部件表面垂直读数
4	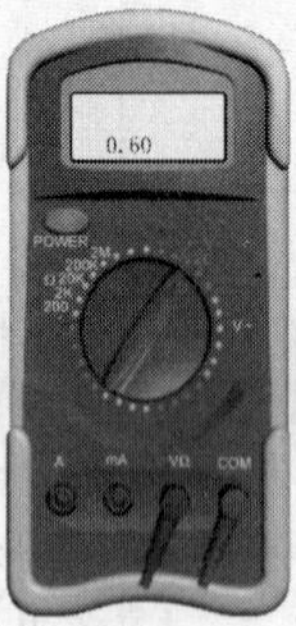 万用表	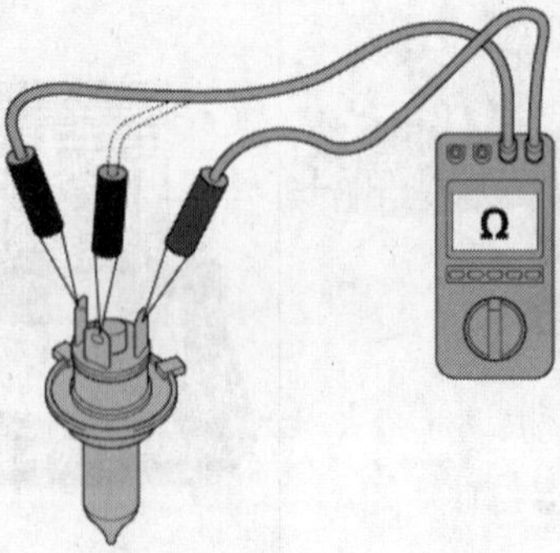	（1）测量电路、传感器的电阻、电压，线路的短路与断路等 （2）测量时要注意挡位和量程

续表

序号	量具类型	使用方法及图示	使用、安全说明
5	 轮胎气压表	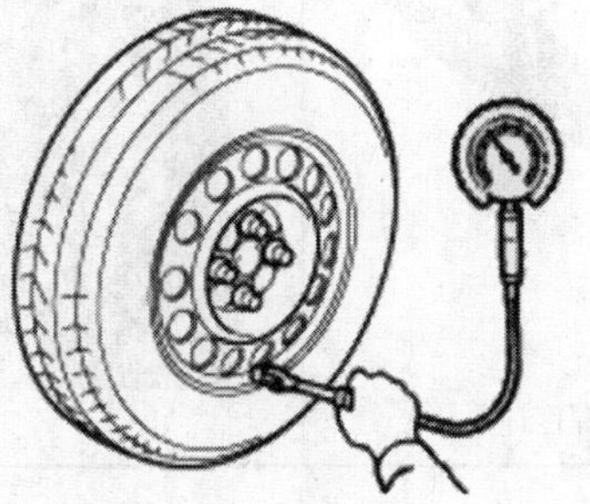	（1）测量轮胎的气压 （2）轮胎充气时应使身体远离轮胎
6	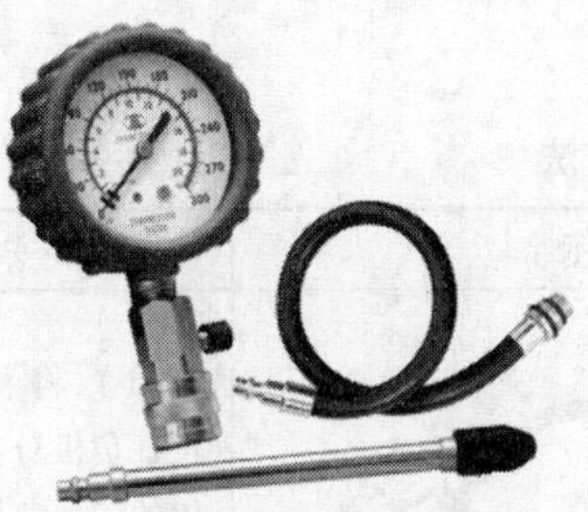 气缸压力表	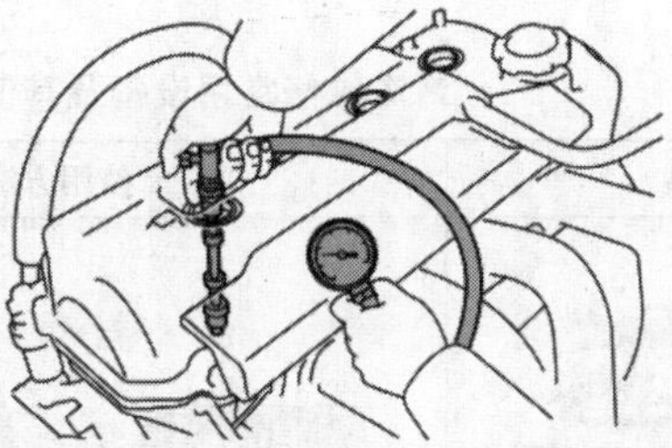	测量气缸压力
7	 空调压力表	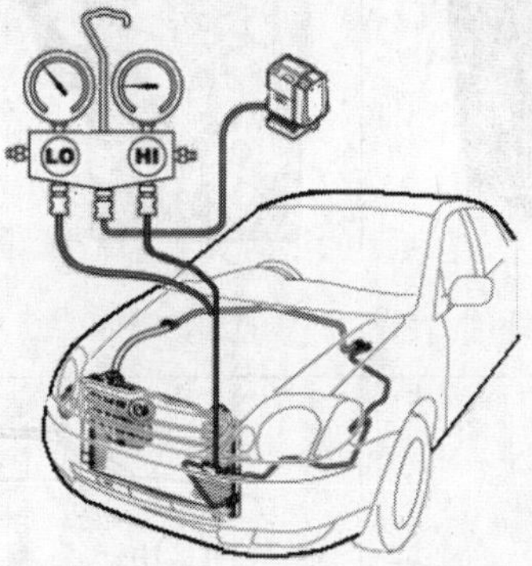	（1）检测空调系统高低压管路压力 （2）空调系统抽真空、加注制冷剂
8	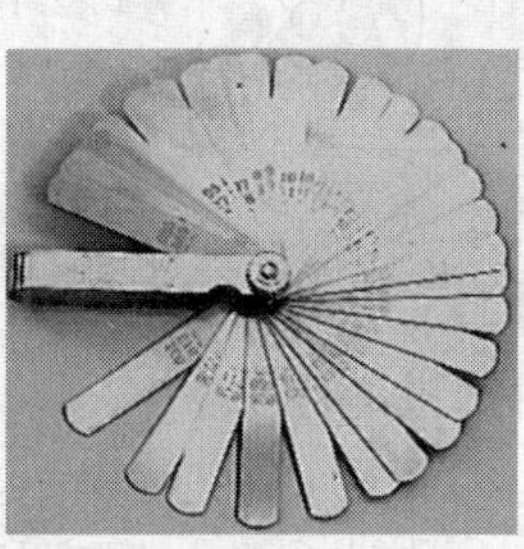 塞尺（厚薄规）	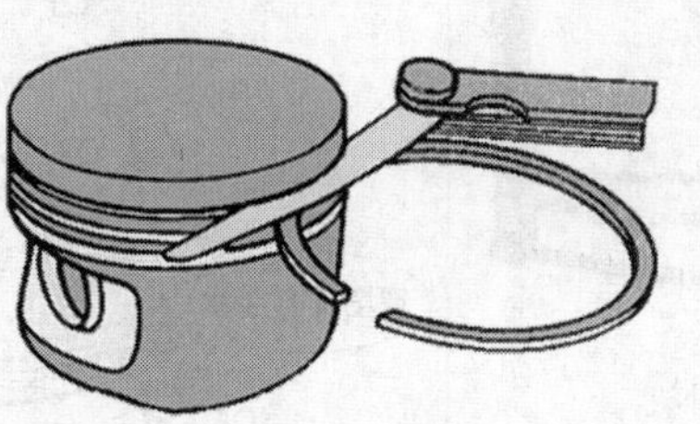	（1）测量部件装配间隙 （2）塞尺上标有厚度尺寸

续表

序号	量具类型	使用方法及图示	使用、安全说明
9	轮胎花纹深度计		（1）测量轮胎花纹深度 （2）将它的尖端，伸入轮胎胎面同一横截面的主花纹沟中，测量它的深度

三、汽车维修常用设备的使用（表1—1—3）

表1—1—3　　汽车维修常用设备及其使用方法

序号	设备类型	使用方法及图示	使用、安全说明
1	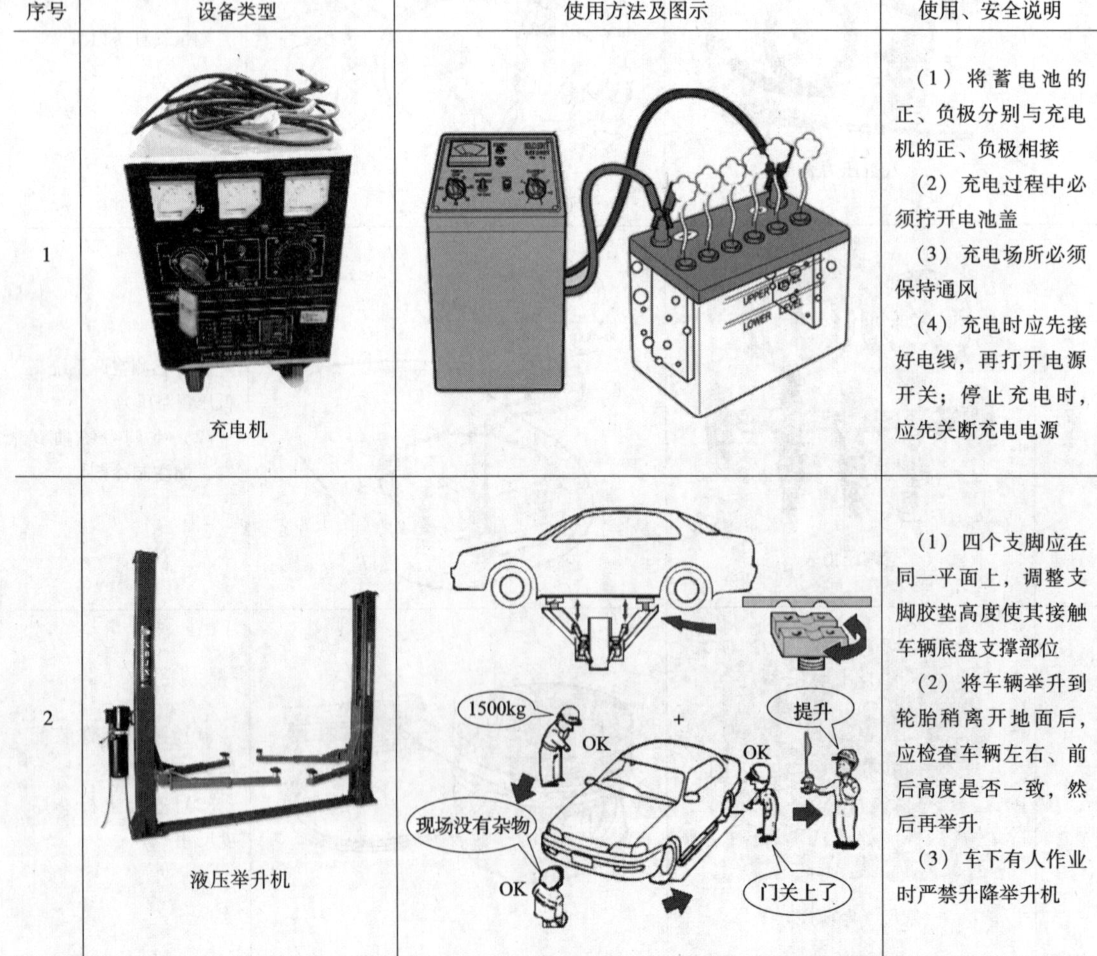充电机		（1）将蓄电池的正、负极分别与充电机的正、负极相接 （2）充电过程中必须拧开电池盖 （3）充电场所必须保持通风 （4）充电时应先接好电线，再打开电源开关；停止充电时，应先关断充电电源
2	液压举升机		（1）四个支脚应在同一平面上，调整支脚胶垫高度使其接触车辆底盘支撑部位 （2）将车辆举升到轮胎稍离开地面后，应检查车辆左右、前后高度是否一致，然后再举升 （3）车下有人作业时严禁升降举升机

续表

序号	设备类型	使用方法及图示	使用、安全说明
3	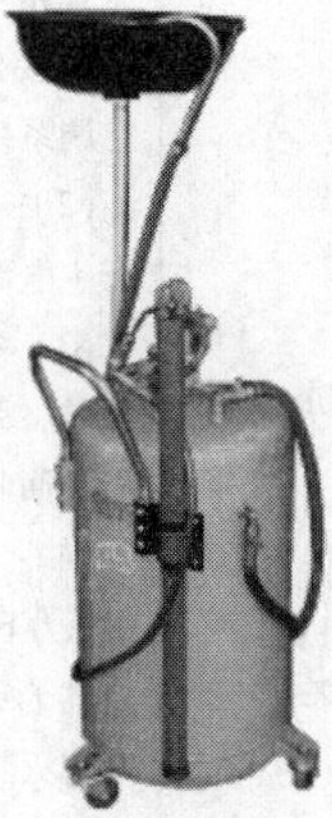 废机油收油机	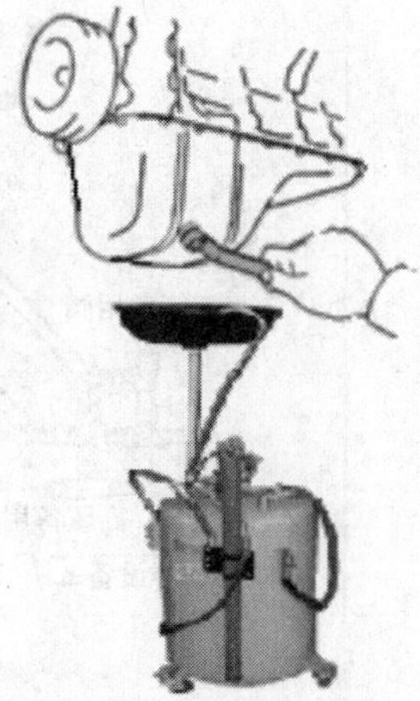	（1）将车辆升高到合适高度后，将废机油接油机放稳在发动机的下方 （2）调整接油漏斗的高度，并调整好漏斗的位置 （3）拆卸放油螺塞 （4）发动机的机油放净后，装复放油螺塞并按规定扭力拧紧 （5）待漏斗的机油进入油罐内后，才能移动罐体 （6）如果罐内的废机油过多应及时清理
4	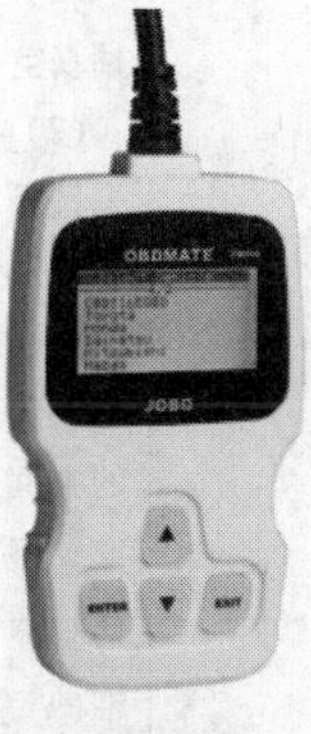 电脑故障诊断仪	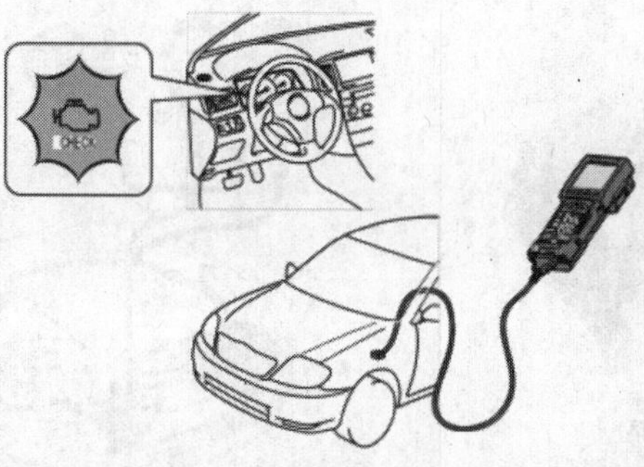	（1）选择与车辆诊断座相应的 OBD－Ⅱ测试接头 （2）将电脑故障诊断仪的测试接头与汽车的诊断座相连接 （3）打开点火开关、打开电脑故障诊断仪电源开关 （4）屏幕显示诊断仪测试功能
5	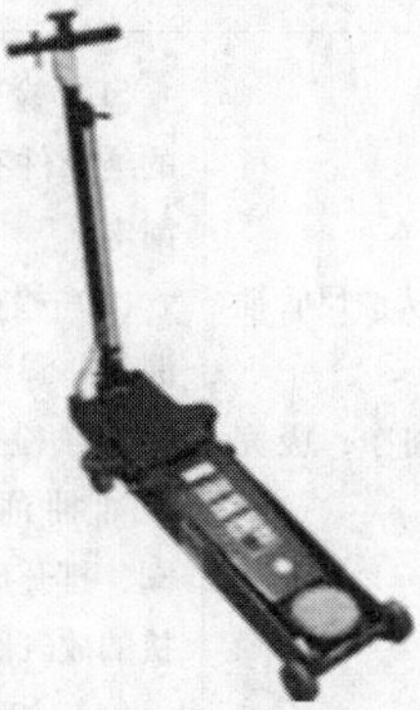 液压千斤顶	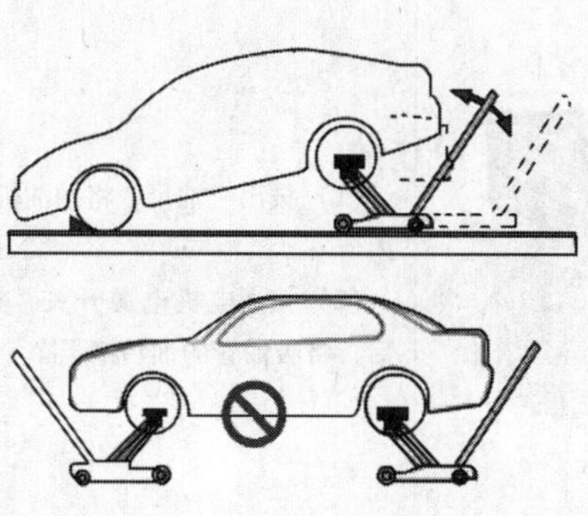	（1）千斤顶举升点应严整结实 （2）车辆顶升前，应将三角木放在不举升的车轮的前面或后面 （3）切勿一次使用多个千斤顶，将前后车轮同时举起 （4）在顶升时一定要使用支承架。装好马凳后才可维修

续表

序号	设备类型	使用方法及图示	使用、安全说明
6	 冷媒回收加注机	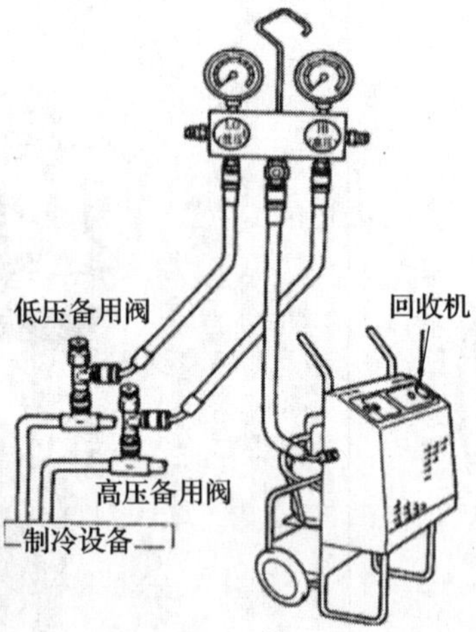	(1) 把回收机上低压管接头和高压管接头连接到待修理车的空调系统中 (2) 接上电源，打开主电源开关 (3) 按下回收启动开关，系统开始从车辆上回收制冷剂 (4) 当车辆的空调系统压力下降到37.3 kPa，机器自动关闭，指示灯熄灭 (5) 切断总电源，卸下连接管路
7	 真空泵	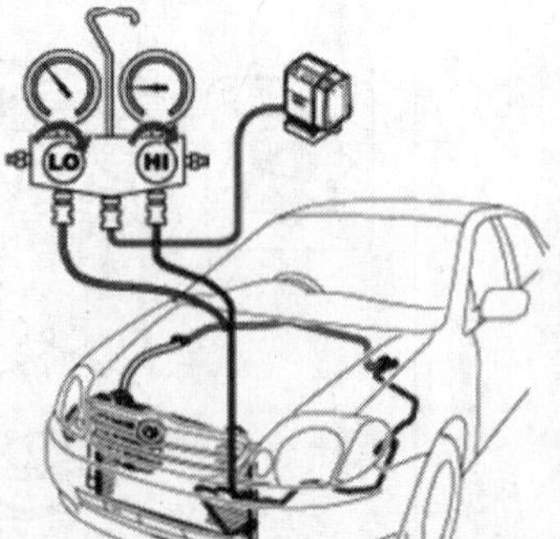	(1) 用于制冷系统抽真空 (2) 注意：使用时，先按下电源开关，用手试出气口和进气口，然后连接压力表 (3) 将空调压力表的中间管接头接入真空，将空调压力表的高、低压管装入系统的高、低压端，打开压力表高低压侧开关，启动真空泵抽真空
8	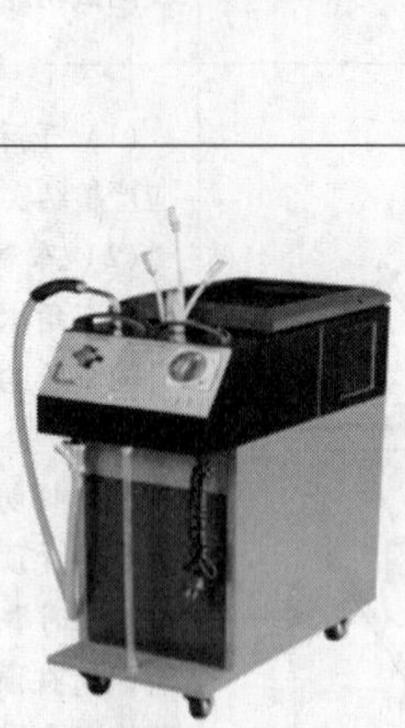 电动抽油机	(1) 拔出机油尺，将抽油机的吸油管从油尺管插入 (2) 接通电机电源开关，将旧机油抽净，吸完后，将吸油管的油污擦干净	(1) 检查电气部分的绝缘件有无破损或漏电 (2) 检查机体有无漏气、漏油现象 (3) 检查并关闭废机油抽油机的出油阀，打开废机油抽油机的放气阀 (4) 如果罐内的废机油过多应及时清理

续表

序号	设备类型	使用方法及图示	使用、安全说明
9	风动工具		（1）风动工具是一种快速拆装工具，配合套筒扳手一起使用 （2）要在正确的气压下使用 （正确值：686 kPa） （3）先用手将套筒对准螺母/螺栓，再打开风动工具 （4）用风动工具从螺栓上完全取下螺母时，旋转力可使螺母飞出 （5）在操作时必须用两只手握住工具，并调整好力矩大小和旋转方向
10	电子检漏仪		（1）打开电源开关，将检漏仪的灵敏度调整到合适 （2）将检漏仪的探头沿空调制冷系统的管路进行检测。当有渗漏时，泄漏警告灯闪亮同时发出警告信号
11	轮胎拆装机		（1）压胎铲是靠在轮胎的边缘，而不是轮辋 （2）夹紧轮辋时，不要把手伸到轮胎下 （3）转台转动时，将手和身体各部位尽量远离工具臂 （4）轮胎充气时非常危险，应小心谨慎并严格遵守操作规程

续表

序号	设备类型	使用方法及图示	使用、安全说明
12	显示面板 转轴 快速螺母 轮胎平衡机		（1）轮胎平衡机有就车式轮胎平衡机和离车式车轮动平衡机，离车式比较常用 （2）轮胎平衡机用来检测车轮动平衡和静平衡

【任务实施】

1. 根据表1—1—4中列出的螺母规格，说出可使用哪种工具？什么规格？

表1—1—4　　螺母工具

序号	螺母规格	工具类型	使用、安全说明
1	M10		
2	M12		
3	M14		

2. 外径千分尺和游标卡尺的使用（见表1—1—5）

表1—1—5　　外径千分尺和游标卡尺的使用

操作步骤		操作图示	操作结果
1. 尺寸读取	（1）读出右图所示的尺寸		读数____ mm

续表

操作步骤		操作图示	操作结果
1. 尺寸读取	（2）读出右图所示的尺寸	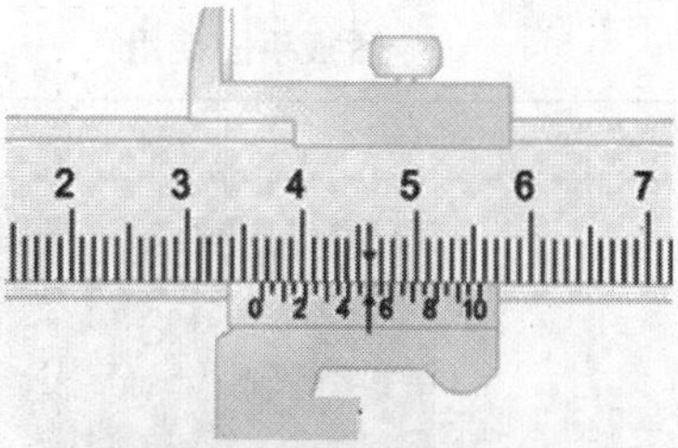	读数____ mm
2. 游标卡尺使用	（1）使用游标卡尺测量外径	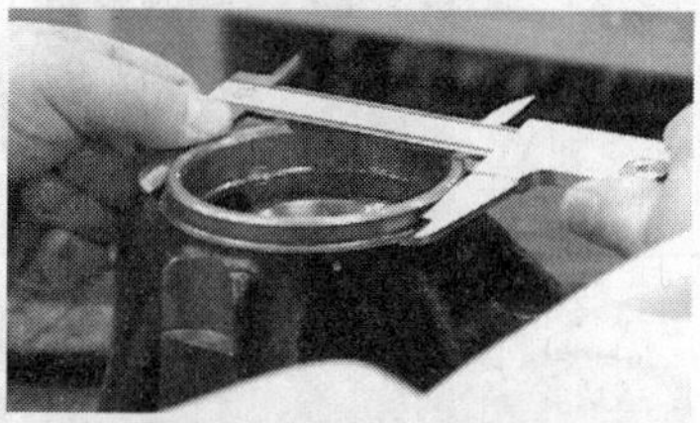	用游标卡尺测量教师指定工件的外径 测量数值____ mm
	（2）使用游标卡尺测量内径	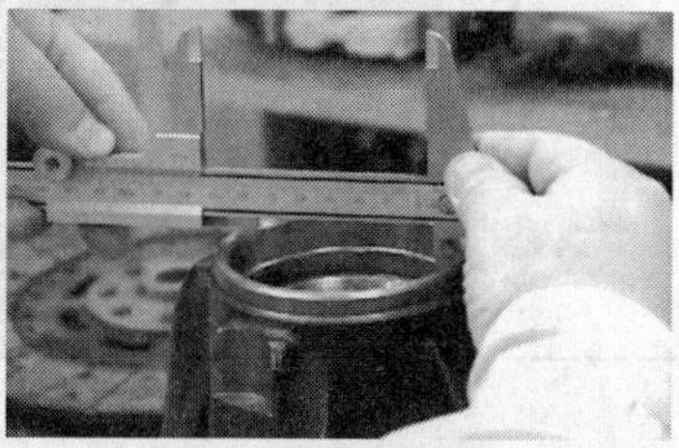	用游标卡尺测量教师指定工件的内径 测量数值____ mm
	（3）使用游标卡尺测量深度		用游标卡尺测量教师指定工件的深度 测量数值____ mm
3. 外径千分尺使用	（1）校准、调零		用标准杆校准外径千分尺
	（2）使用外径千分尺测量活塞外径	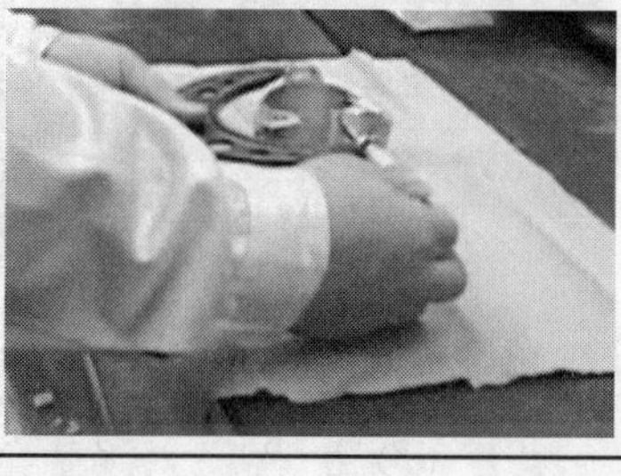	用外径千分尺测量活塞裙部的直径 测量数值____ mm

3. 活扳手的使用（见表1—1—6）

表1—1—6　　活扳手的使用

操作步骤	操作图示	操作结果
1. 拧紧调节螺杆使活动扳手与螺母之间无间隙		正确 □ 错误 □
2. 拧紧螺母		正确 □ 错误 □

4. 扭力扳手的使用（见表1—1—7）

表1—1—7　　扭力扳手的使用

操作步骤	操作图示	操作结果
1. 拆卸螺母用力方向	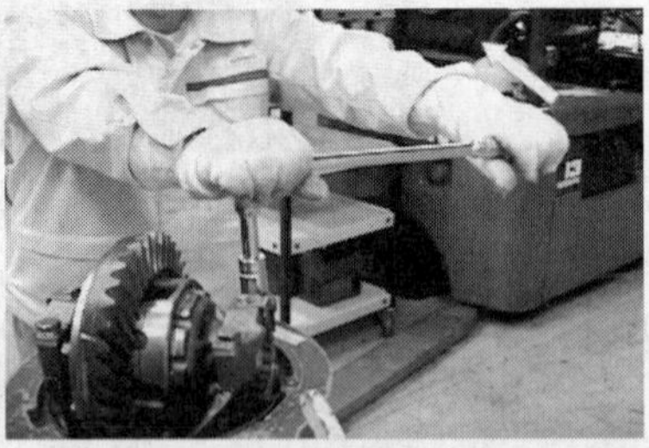	正确 □ 错误 □
2. 拧紧螺母用力方向		正确 □ 错误 □

5. 根据教师提供的车辆和教学设备，实施举升机操作（见表1—1—8）

表1—1—8　　举升机的操作

操作步骤	操作图示	操作结果
1. 将托臂摆直，准备车辆驶入		正确 □ 错误 □
2. 将车辆驶入，并使车辆处在举升机正中		正确 □ 错误 □
3. 调整托臂长度和位置		正确 □ 错误 □
4. 调整托架高度，并将托架放置在轿车车身边缘（托举的位置）	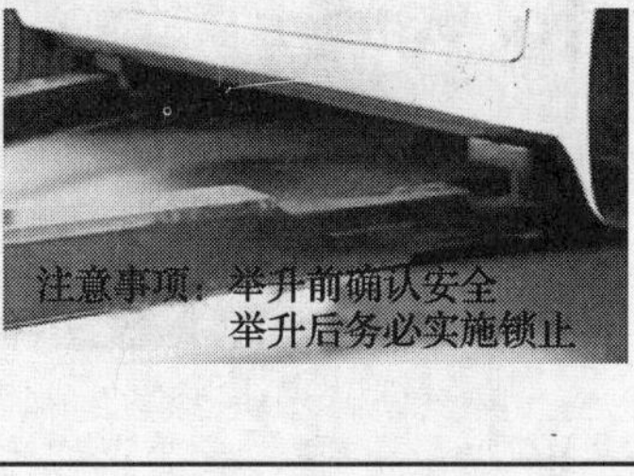	正确 □ 错误 □

续表

操作步骤	操作图示	操作结果
5. 将举升机升至托架与车辆接触，再次检查托举部位是否安全可靠	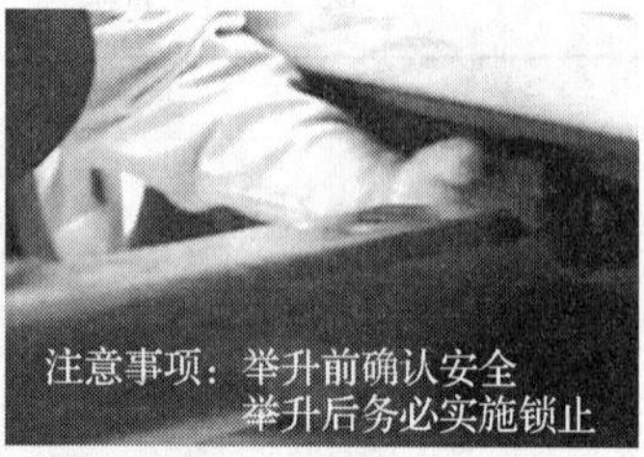 注意事项：举升前确认安全 举升后务必实施锁止	正确 □ 错误 □
6. 将车辆举升到轮胎刚离开地面，检查车身左右、前后高度是否一致，车辆是否会晃动	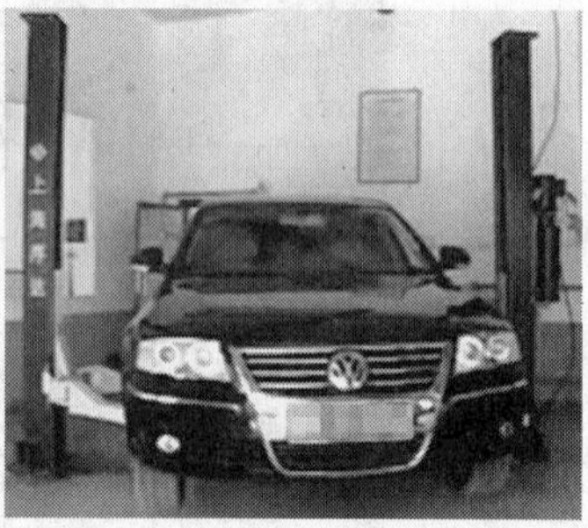	正确 □ 错误 □
7. 将车辆举升至最高位置并锁止		正确 □ 错误 □
8. 打开保险开关，将车辆降至地面（注意：不同的举升机，保险开关有所不同）	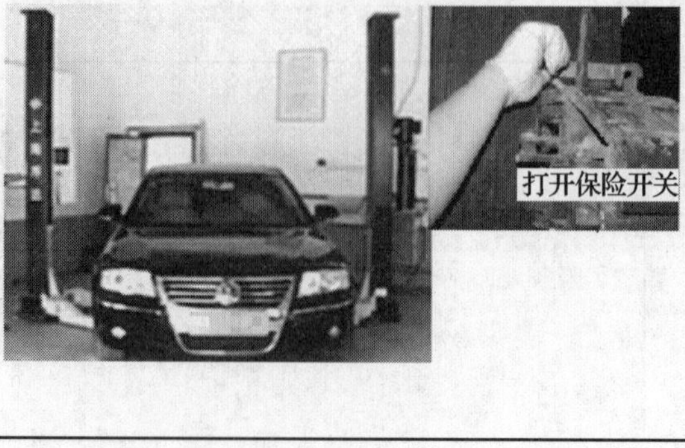 打开保险开关	正确 □ 错误 □

6. 风动工具使用（见表1—1—9）

表1—1—9　　风动工具的使用

操作步骤	操作图示	操作结果
1. 关闭气源开关	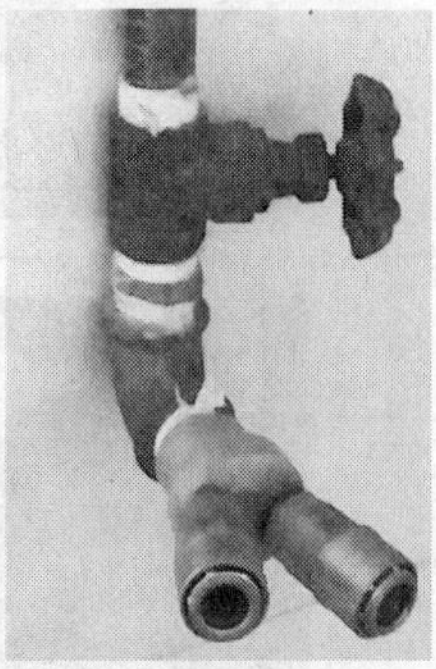	正确 □ 错误 □
2. 连接气源 将气源快速接头按下，再将连接气管的接头插入	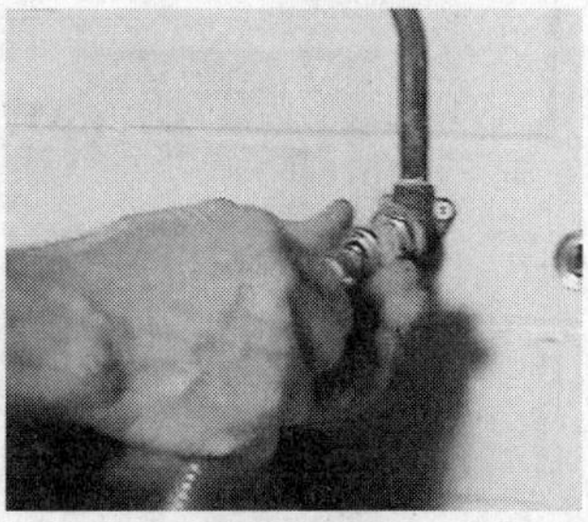	正确 □ 错误 □
3. 连接风动工具 将气管的快速接头按下，再将风动工具的接头插入	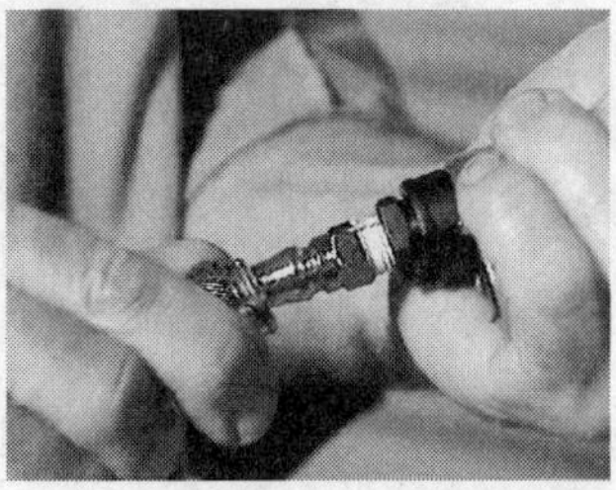	正确 □ 错误 □
4. 选择旋转方向 R：顺转（拧紧） L：反转（拆卸）	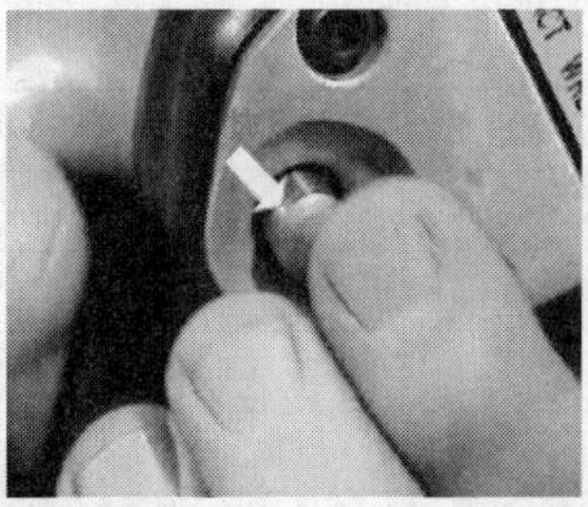	正确 □ 错误 □

续表

操作步骤	操作图示	操作结果
5. 选择挡位（力矩大小）		正确 □ 错误 □
6. 装好大小合适的套筒 打开气源开关，按下风动工具开关，检查旋转方向是否与要求一致		正确 □ 错误 □
7. 拆下或拧紧螺母 先将套筒套在螺母上，再按下开关将螺母拆下或拧紧		正确 □ 错误 □

✓【任务总结】

一、任务评价与反馈

对本学习任务进行评价，见表 1—1—10。

表 1—1—10 评分表

考核项目	评分标准	分数	学生自评	小组互评	教师评价	得分
团队合作	是否和谐	5				
活动参与	是否积极主动	5				
安全生产	有无安全隐患	10				
现场 5S	是否做到	10				
任务方案	是否正确、合理	15				

续表

考核项目	评分标准	分数	学生自评	小组互评	教师评价	得分
操作过程	1. 举升机操作 2. 工具选择与使用 3. 外径千分尺使用与读数 4. 游标卡尺使用与读数	30				
任务完成情况	是否圆满完成	5				
工具和设备使用	是否规范、标准	10				
劳动纪律	是否能严格遵守	5				
工单填写	是否完整、规范	5				
	总分	100				
教师签名：						年　月　日

二、理论知识检验

1. 选择题

（1）工具选用顺序是（　　）。

A. 套筒扳手、梅花扳手、开口扳手、活扳手

B. 梅花扳手、套筒扳手、开口扳手、活扳手

C. 开口扳手、活扳手、套筒扳手、梅花扳手

D. 活扳手、开口扳手、套筒扳手、梅花扳手

（2）百分表可用来测量零件的（　　）。

A. 外径

B. 内径

C. 平面度、圆柱度误差、圆度误差和弯曲度

D. 高度

（3）拆装力矩大的或有较严格力矩规定的螺母、螺栓时，应选用（　　）工具。

A. 梅花扳手　　B. 开口扳手　　C. 活动扳手　　D. 扭力扳手

2. 判断题

（　　）（1）活动扳手一般用来拆装不规则的螺母，使用时应来回摆动活扳手并拧紧调节螺杆使活扳手与螺母之间无间隙。

（　　）（2）游标卡尺可测量部件的长度（外径）、厚度（内径）和深度。

（　　）（3）使用液压千斤顶，顶升车辆时，可将前后车轮同时举起。

3. 简答题

（1）汽车维修常用工量有哪些？

(2)如何选用工具?

(3)汽车维修常用设备有哪些?

任务2　汽车维修作业安全操作基本知识

【任务目标】

1. 了解维修车间的基本操作规程。
2. 能收集汽车维修作业安全注意事项相关信息。
3. 掌握汽车维修作业安全基本知识。

【任务描述】

在车辆维修中,如何保证人身和设备安全?

【任务内容】

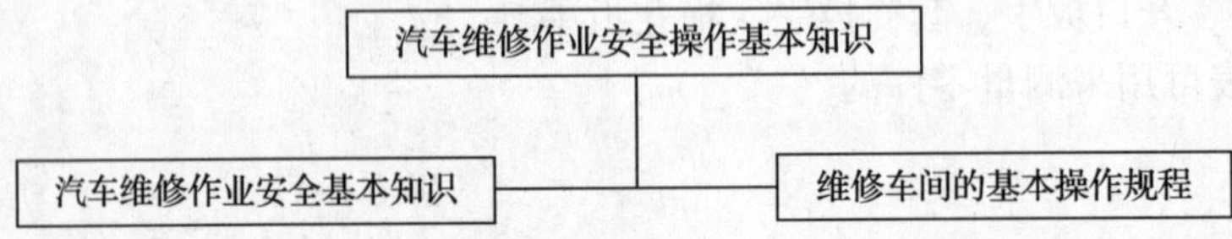

【任务准备】

一、汽车维修作业安全须知

1. 防止事故发生

(1)坚持安全工作,防止伤害的发生。

(2)防止事故伤害到自己。

(3)引发事故的因素

1)人为因素造成的事故。由于不正确使用机器或工具,穿着不合适的衣物,或技术员失误造成的事故。

2）自然因素造成的事故。由于机器或工具出现故障，缺少完整的安全装置，或者工作环境不良造成的事故。

2. 工作着装

（1）工作服。为防止事故的发生，工作服必须结实、合身，以便工作。为防止工作时损坏汽车，不要暴露工作服的带子、纽扣。防止受伤或烧伤的安全措施是不裸露皮肤。

（2）工作鞋。工作时要穿安全鞋，以防摔倒或偶然掉落的物体对身体造成伤害。

（3）工作手套。提升重的物体或拆卸热的排气管或类似的物体时，建议戴上手套。对于普通的维护工作戴手套并非一项必须的要求。根据要做的工作类型来决定是否必须戴手套。

3. 使工作场地保持干净，保护自己和其他人免受伤害

（1）不要把工具或零件留在自己或者其他人有可能踩到的地方，将其放置在工作架或工作台上，并养成好习惯。

（2）立即清理干净任何飞溅的燃油、机油或者润滑脂，防止自己或者他人滑倒。

（3）工作时不要采取不舒服的姿态。工作姿态不当不仅会影响工作效率，而且有可能会使自己跌倒或受到伤害。

（4）处理沉重的物体时要极度小心，避免跌落砸伤，或因太重而使背部受伤。

（5）从一个工作地点转移到另外一个工作地点时，一定要走指定的通道。

（6）不要在开关、配电板或电机等附近使用可燃物。因为它们容易产生火花，并造成火灾。

4. 使用设备、工具工作时，遵守如下的预防措施来防止发生伤害

（1）不正确地使用电气、液压和气动设备，可能导致严重的伤害。

（2）使用产生碎片的工具前，戴好护目镜。使用过砂轮机和钻孔机一类的工具后，要清除其上的粉尘和碎片。

（3）操作旋转的工具或者工作在一个有旋转运动的地方时，不要戴手套。手套可能被旋转的物体卷入而伤到手。

（4）用升降机升起车辆时，初步提升到轮胎稍微离开地面后（在完全升起之前），检查并确认车辆是否牢固地支撑在升降机上，前后、左右高度一致。升起后，千万不要试图摇晃车辆，因为这样可能导致车辆跌落，造成严重伤害。

5. 防火

（1）必须采取如下预防措施防止火灾：

1）如果火灾警报响起，所有人员应当配合扑灭火焰。要做到这一点，应知道灭火器放在何处及如何使用。

2）除非在吸烟区，否则不要吸烟，并且要确认将香烟熄灭在烟灰缸里。

（2）为了防止火灾和事故，在易燃品附近遵照如下预防措施：

1）吸满汽油或机油的碎布有时有可能自燃，所以它们应当被放置到带盖的金属容器内。

2）在机油存储地或可燃的零件清洗剂附近，不要使用明火。

3）不要在处于充电状态的电池附近使用明火或产生火花。

4）仅在必要时才将燃油或清洗溶剂携带到车间，携带时还要使用能够密封的特制容器。

5）不要将可燃性废机油和汽油丢弃到地沟里，而应将其倒入一个排出罐或者一个合适的容器内，以免导致污水管系统产生火灾。

6）在燃油泄漏的车辆没有修好时，不要起动发动机。修理燃油供给系统，如拆卸燃油管时，应当从蓄电池上断开负极电缆以防止发动机被意外起动。

6. 电气设备安全措施

（1）不正确地使用电气设备可能导致短路和火灾。因此，要学会正确使用电气设备并认真遵守以下防护措施：

1）如果发现电气设备有任何异常，立即关掉开关，并联系管理员（领班）。

2）如果电路中发生短路或意外火灾，在进行灭火步骤之前首先关掉开关。向管理员（领班）报告。

3）有任何保险丝熔断都要向上级汇报，因为保险丝熔断说明有某种电气故障。

（2）千万不要尝试以下行为：

1）不要靠近断裂或摇晃的电线。

2）为防止电击，千万不要用湿手接触任何电气设备。

3）千万不要触摸标有“发生故障”的开关。

4）拔下插头时，不要拉电线，而应当拉插头本身。

5）不要让电缆通过潮湿或浸有油的地方，通过炽热的表面，或者尖角附近。

6）在开关、配电盘或马达等物附近不要使用易燃物，因为它们容易产生火花。

7. 险情报告及处理

（1）险情

1）脱开或将要脱开。

2）撞上或将要撞上。

3）夹住或将要夹住。

4）跌倒或将要跌倒。

5）提升工具断裂或将要断裂。

6）卡住或将要卡住。

7）爆炸或将要爆炸。

8）被电击或将要被电击。

9）起火或将要起火。

10）其他。

（2）如果遇到上面的情况之一时，必须采取如下措施：

1）将情况汇报给车间主任。

2）记录事情的发生经过。

3）让每个人慎重对待这个问题。

4）让每个人考虑应当采取的对策。

5）记录以上的一切并将清单放置在每个人都能够看得到的地方。

二、维修车间的基本操作

服务顾问、车间主任、维修技师和维修组长作为一个团队，团队协作对于提供高质量的维修服务是重要的，高质量的服务是使客户满意并带来稳定收益的关键。

- 维修组长：分配工作给技师并带领组员完成维修任务。
- 维修技师：维护和修理工作。
- 车间主任：负责合理安排维修人员的工作及车间管理。
- 服务顾问：接待客户，判断客户的需求并填写接车服务单。

维修工作流程如图 1—2—1 所示。

客户预约 → 维修接待 → 工作分配 → 技师维修 → 最终检查 → 维修交付 → 维修后续工作

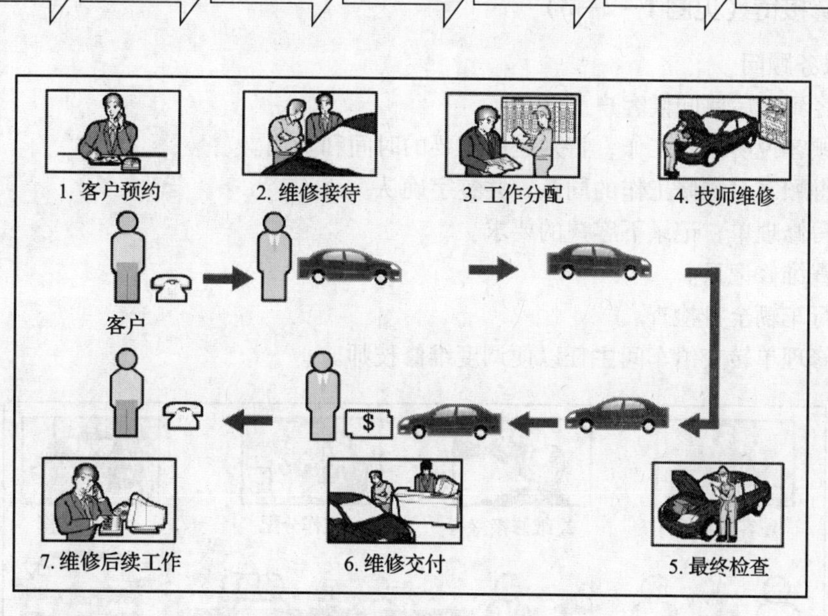

图 1—2—1　维修工作流程

1. 客户预约（见图 1—2—2）

（1）服务顾问

1）倾听客户的维修要求，并记录维修类型/日期/时间/估算费用。

2）提前一天重新确认预约。

3）安排预约并通知车间主任和配件部门。

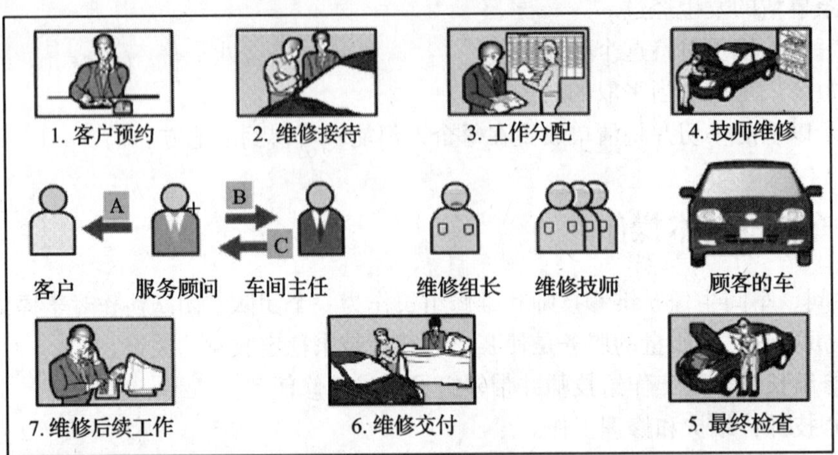

图 1—2—2　客户预约

4）和车间主任、配件部门一起安排工作日程。

（2）车间主任：和服务顾问、配件部门一起安排工作日程。

2. 维修接待（见图 1—2—3）

（1）服务顾问

1）顾客到达后要问候客户。

2）向顾客说明维修工作，特别是所需要的时间和费用。

3）取得顾客对维修工作的同意，并签字确认。

4）填写修理单，记录下客户的要求。

5）检查维修记录。

6）进行车辆全身检查。

7）将修理单转交给车间主任以便调度维修技师。

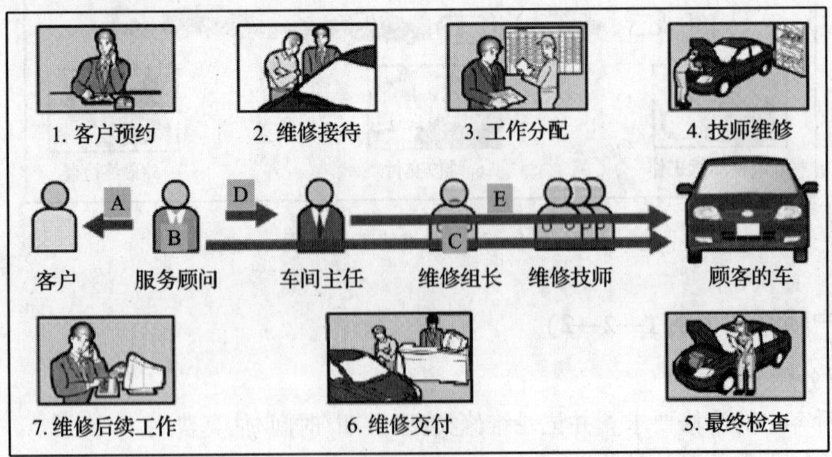

图 1—2—3　维修接待

（2）车间主任：根据服务顾问及顾客的要求进行诊断。

3. 工作分配（见图1—2—4）

车间主任：车间主任根据完成工作所要求的时间和技术水平将维修任务分配给维修技师。

图1—2—4　工作分配

4. 技师维修（见图1—2—5）

（1）维修技师

1）根据客户所确认的修理单，估算时间和所需更换的零件（定期维护/一般修理）。

2）接收/检查修理单并确认将要执行的工作。

3）从配件部门接收所需零部件。

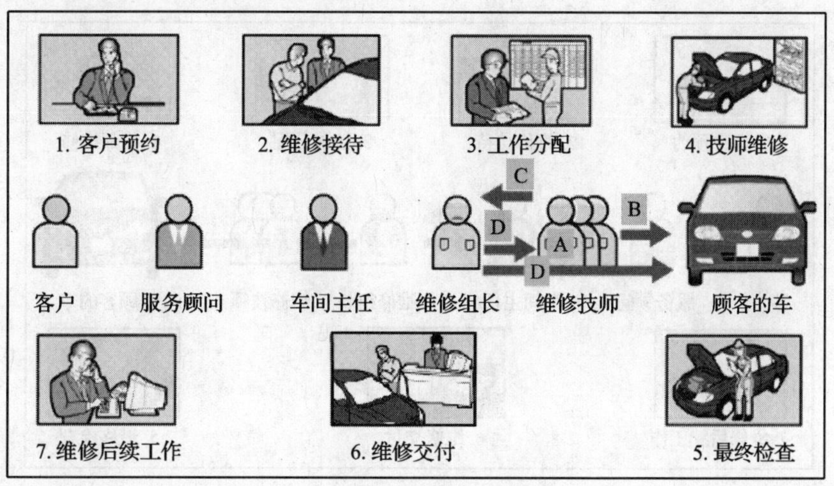

图1—2—5　技师维修

4）进行维修作业。

5）在允许的时间内进行工作。

6）向车间主任汇报工作完成。

7）在修理单上报告作业完成。

8）工作停止或延迟的处理。

情况 1：无法按时完成作业。

- 向维修组长和车间主任汇报。
- 按照维修组长的指示，开始另一项作业或者进行同一作业。

情况 2：根据维修的结果，将需要另外的零部件。

- 将有关情况报告给维修组长。
- 按照维修组长的指示，进行作业。

（2）维修组长

1）根据修理单进行修理（定期维修/大修）。

2）进行最终检查。

3）对技术难度高的工作向维修技师提供指导和帮助。

4）工作停止或延迟的处理。

情况 1：维修技师不能在估计时间内完成工作。

- 决定继续进行工作或向车间主任请求帮助。
- 向车间主任报告工作变化。

情况 2：根据维修的结果，将需要另外的零部件。

- 向车间主任报告情况，说明零件号和名称、目的。

5. 最终检查（见图 1—2—6）

（1）维修组长

1）进行最后检查。

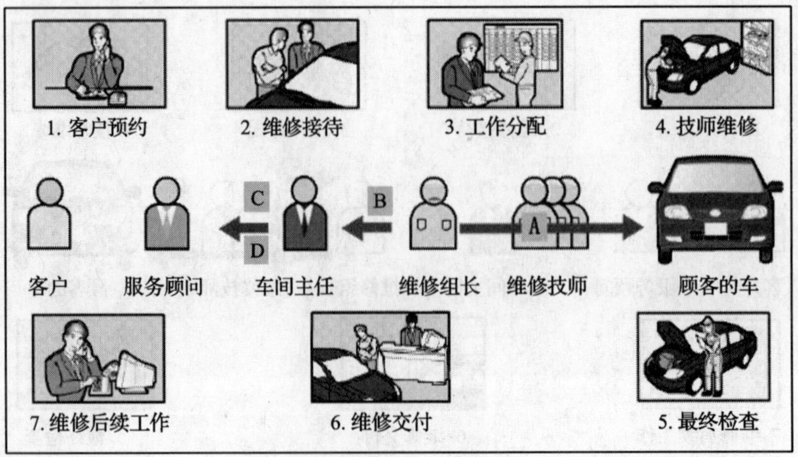

图 1—2—6　最终检查

2）向车间主任汇报工作完成。

（2）对于工作的停止/延迟。决定最有效的处理延迟的方法并及时通知相关人员。

6. 维修交付（见图1—2—7）

（1）维修组长

1）准备将更换的零部件给客户查看。

2）检查车辆是否清洁，进行维修质量检查，检查是否已经取下座椅垫、地板垫、方向盘罩、翼子板布、前罩。

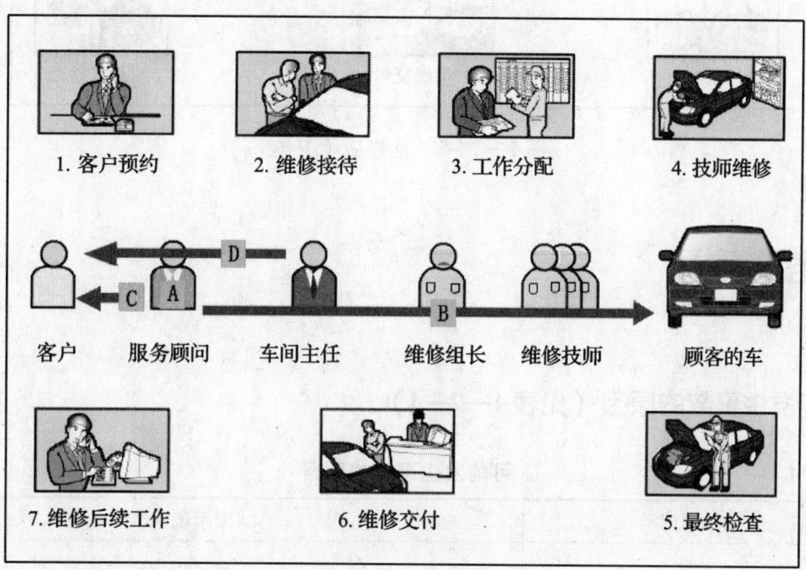

图1—2—7　维修交付

（2）服务顾问

1）电话通知客户，以便确认车辆准备交付。

2）引导客户办理结算。

3）向客户说明工作完成情况。

①确认工作已经顺利完成。

②将更换的零部件展示给客户。

③提供详细的发票说明，如零部件、人工和润滑剂的费用。

（3）车间主任：服务顾问或客户要求时，要提供技术说明或建议。

7. 维修后续工作（见图1—2—8）

服务顾问：

（1）回访客户对所完成的维修工作是否满意。

（2）询问客户还需要哪些帮助。

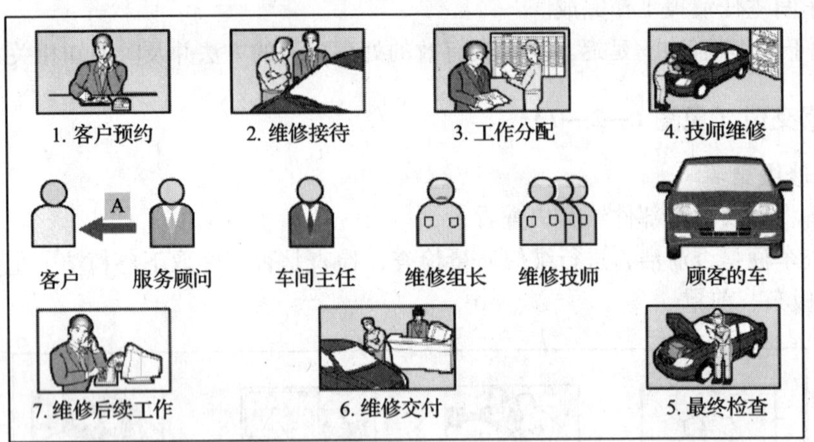

图 1—2—8　维修后续工作

【任务实施】

1. 可能发生事故的原因（见表 1—2—1）

表 1—2—1　　可能发生事故的原因

序号	事故原因	图示说明
1	技师疏忽（如在有汽油处吸烟）	汽油 可能引发火灾
2	工作环境不良（通风不良）	可能中毒

续表

序号	事故原因	图示说明
3	工作服不规范	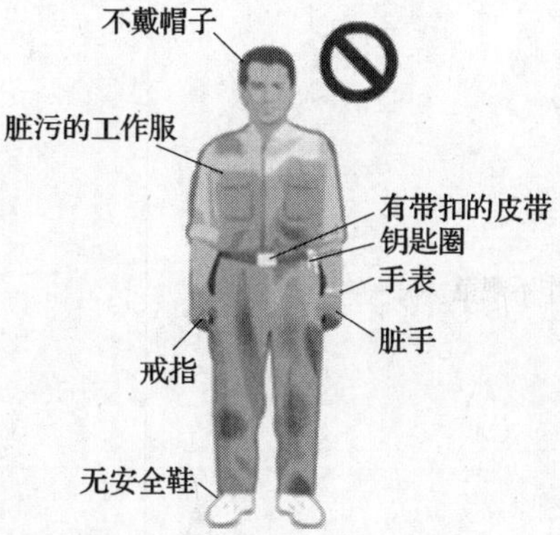 不戴帽子 脏污的工作服 有带扣的皮带 钥匙圈 手表 脏手 戒指 无安全鞋
4	戴手套操作旋转的工具或者在有旋转运动的地方工作	 钻 手套可能被旋转的物体卷入，伤到手
5	地面有油或工具乱放	 油 工具 工具 人易滑倒、绊倒
6	切削时没戴防护眼镜	 高速的切削碎片会损伤眼睛

续表

序号	事故原因	图示说明
7	操作不规范	 台架可能翻倒
8	拔下插头时，直接拉拔电线	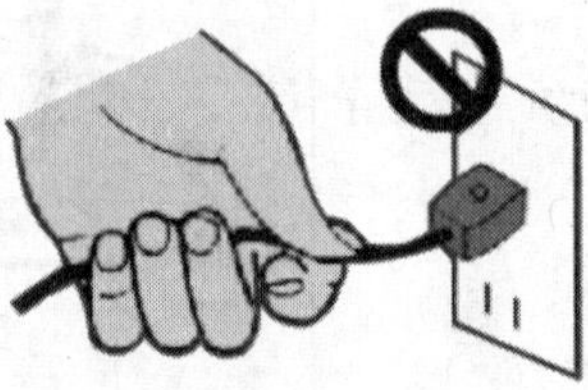 电线易拉断引发触电
9	用湿手接触带电电线或电气设备	 会触电
10	电缆通过潮湿或浸有油的地方	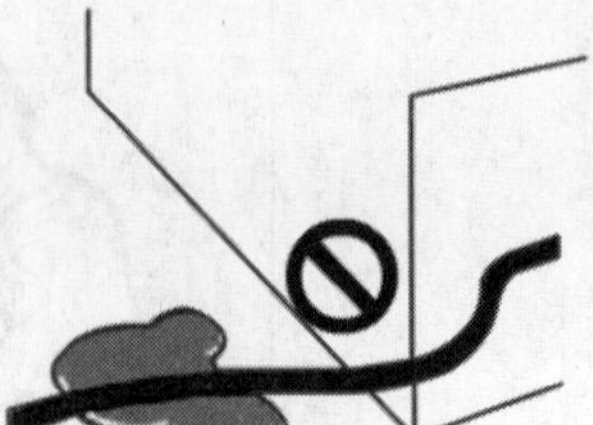 油 电线因腐蚀漏电

2. 维修车间的基本操作流程（见表 1—2—2）

表 1—2—2　　维修车间的基本操作流程

序号	事故原因	图示说明
1	客户预约	 跟客户打电话，再次确认预约
2	维修接待	 环车检查，填写车辆交接单和维修单，确定维修项目和维修费用
3	工作分配	 车间主任根据完成工作所要求的时间和技术水平将维修单分派给维修组长
4	技师维修	 维修技师进行维修作业
5	最终检查	 进行最后检查，确认所有项目都已维修完毕并复位

续表

序号	事故原因	图示说明
6	维修交付	通知客户车辆已修好并交付，将更换的零部件展示给客户看，详细说明零部件、人工的费用
7	维修后续工作（询问客户）	客户回访，确认客户对所完成的工作是否满意

✓【任务总结】

一、任务评价与反馈

1. 对本学习任务进行评价，见表1—2—3。

表1—2—3　　评分表

考核项目	评分标准	分数	学生自评	小组互评	教师评价	得分
团队合作	是否和谐	5				
活动参与	是否积极主动	5				
安全生产	有无安全隐患	10				
现场5S	是否做到	10				
任务方案	是否正确、合理	15				
操作过程	1. 可能发生事故的原因 2. 维修车间的基本操作流程 3. 列出不当的操作方法	30				
任务完成情况	是否圆满完成	5				
工具和设备使用	是否规范、标准	10				
劳动纪律	是否能严格遵守	5				
工单填写	是否完整、规范	5				
	总分	100				
教师签名：						年　月　日

2. 在实施作业时是否遇到有些操作是不安全的？并找出忽略的地方和原因。
3. 能否说出哪些场合是不能抽烟的？如不能，分析原因并提出改进措施。
4. 通过学习收获了哪些知识？增进了哪些认识？工作中有哪些地方需要改进？

二、理论知识检验

1. 选择题

（1）关于技术员的着装，下面哪种说法是正确的？（　　）

A. 工作时，技术员可戴有较大边的金属环
B. 为方便工作时行走，技术员可以穿运动鞋
C. 在处理热的消声器时，技术员应戴手套
D. 技术员在操作钻具时，需戴手套

（2）使用（　　）工具时必须不戴手套操作。

A.
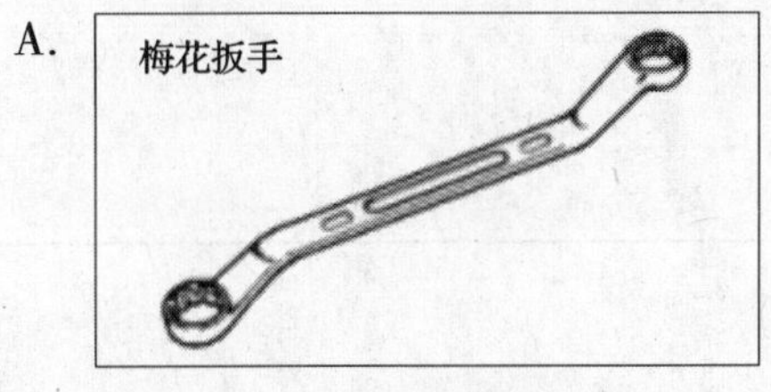

B.
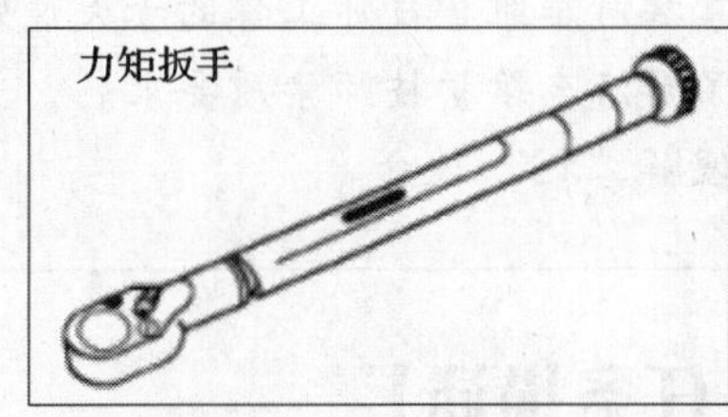

C.

D.
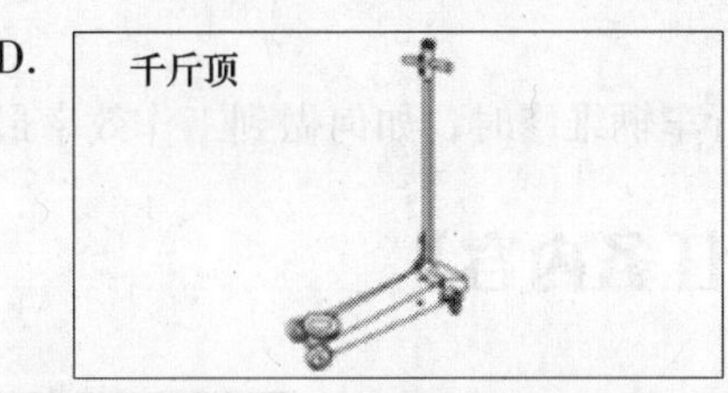

（3）服务顾问、维修技师、维修组长和车间主任作为一个团队，团队协作对于提供高质量的维修服务是重要的。下面所列的哪项工作是服务顾问所负责的？（　　）

A. 分配维修技师工作，监督工作，并追踪工作进程
B. 在能力所及的范围内处理一般的客户需求
C. 进行维护和修理工作，并在结束后进行最后的检查
D. 进行维护和修理工作

2. 判断题

（　　）（1）拔下插头时，可以用手直接拉电线。
（　　）（2）操作旋转的工具或者在有旋转运动的地方工作时，不要戴手套。
（　　）（3）禁止在有汽油处吸烟。
（　　）（4）为防止自己受到伤害或烧伤，无论何时都不要裸露皮肤。
（　　）（5）将浸有汽油或机油的布置于塑料袋内。

3. 简答题

(1) 描述4S店维修工作流程。

(2) 在维修中，哪些错误的操作有可能引发安全事故?

(3) 为防止事故，在维修车辆时应注意哪些事项?

任务3　汽车4S店维修技师工作准则

【任务目标】

1. 收集汽车维修4S店相关信息。
2. 掌握汽车维护技师工作的十大原则。
3. 了解汽车维护技师素质要求。
4. 理解“5S”理念。

【任务描述】

在进行车辆维修时，如何做到工作效率最大化?

【任务内容】

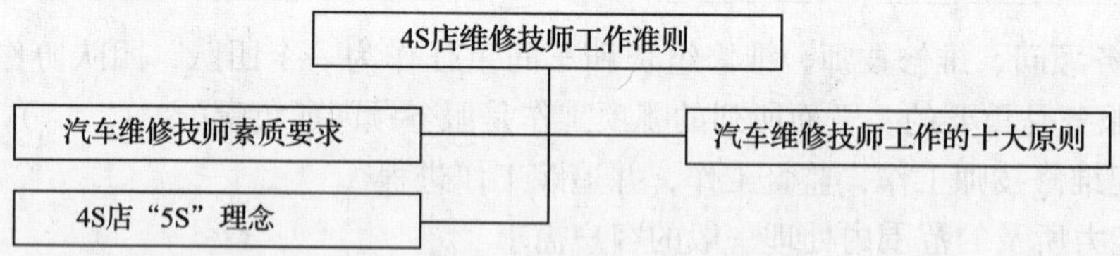

【任务准备】

一、汽车维修技师素质要求

1. 把“客户第一”的理念付诸实践

(1) 尽最大努力提供一流售后服务来提高客户对售后服务工作的满意度。

(2) 要经常想到能做什么来提高客户的满意度，然后将想法付诸实践。

（3）应提供高效、高度可靠的服务。
（4）认真地对待客户的车辆。
（5）在维修服务中出现的任何问题，要提出专业的建议。

2. 能达到企业的职业标准

（1）可靠并尽快以最经济的成本完成工作。
（2）要理解维修技师的职责。
（3）提供的售后服务能使客户的汽车保持在良好状态。
（4）为自己的工作感到自豪。
（5）尽最大的努力做好每一项工作，要为自己所做的工作负责。
（6）努力提高自己的技能，不断地提高自己的技能和掌握新技术。

二、汽车维修技师工作的原则

1. 职业化的形象（见图1—3—1）

（1）穿干净的制服。
（2）穿防护鞋。

2. 爱护车辆（见图1—3—2）

要使用坐垫布、翼子板布、前罩、方向盘罩和地板布。
（1）小心驾驶客户车辆。
（2）不在客户车内抽烟。
（3）不使用客户音响设备或车内电话。

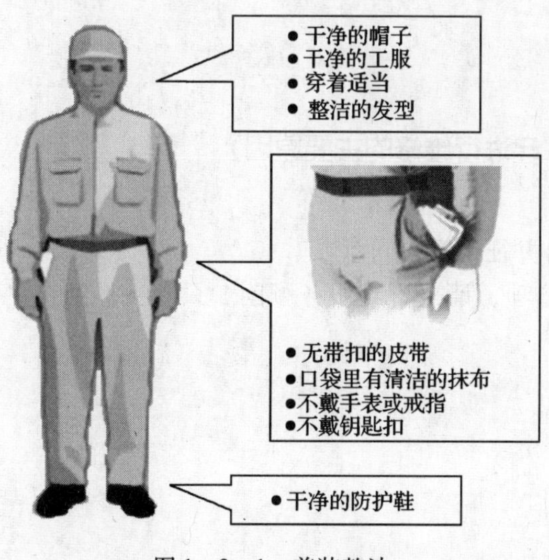

图1—3—1 着装整洁

图1—3—2 爱护车辆

（4）拿走留在车上的垃圾和零件箱。

3. 整洁有序（见图1—3—3）

保持车间（地面、工具台、工作台、仪表、测试仪等）的整洁有序，需做到：

（1）拿开不必要的物件。

（2）保持零部件和材料整齐有序。

（3）打扫、清洗和擦净工作环境。

（4）汽车停正后方可维修。

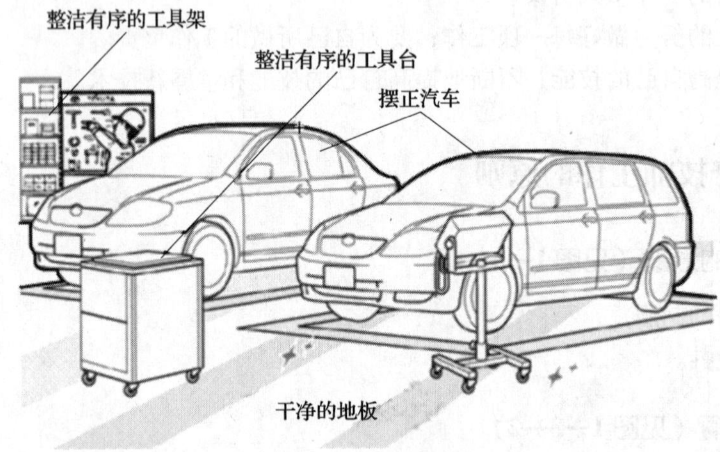

图1—3—3 保持车间的整洁有序

4. 安全生产

正确地使用工具和其他设备（汽车举升器、千斤顶、研磨机等）。

（1）小心着火，工作时切勿抽烟。

（2）使用正确的工具、设备搬运重物。

5. 计划和准备——确认“主要项目”（客户进行维修的主要原因）

（1）确认客户的要求及服务顾问的指示。

（2）若出现返工的情况，要做好解释工作，并征得客户同意。

（3）如果除了规定的维修项目外还有其他增项，请报告给服务顾问。只有在得到客户的同意后方可进行。

（4）为工作做好计划（工作程序和准备）。

（5）确认库存有所需零部件。

（6）确认维修单工作任务，避免出错。

6. 快速、可靠地完成服务工作

使用正确的SST（专用维修工具）和测试仪。

（1）根据电路图和维修手册进行工作，以避免主观猜测。
（2）了解最新技术信息，例如技术服务简报上的内容。
（3）如果有不清楚的事情，请询问服务顾问或者车间主任。
（4）熟练运用所学技能。

7. 按时完成

（1）如果能按时完成该工作，请再仔细检查一下工作。
（2）如果认为将推后（或者提前）完成任务，或者需要做其他工作，请通知服务顾问或车间主任。

8. 工作完成后要检查（见图 1—3—4）

确认主要项目已完成。
（1）确认已完成所有其他需要做的工作。
（2）确认车辆至少和刚接手时同样清洁。
（3）将驾驶座、方向盘和反光镜返回到最初位置。
（4）如果钟表、收音机等的存储被删除，要重新设置。

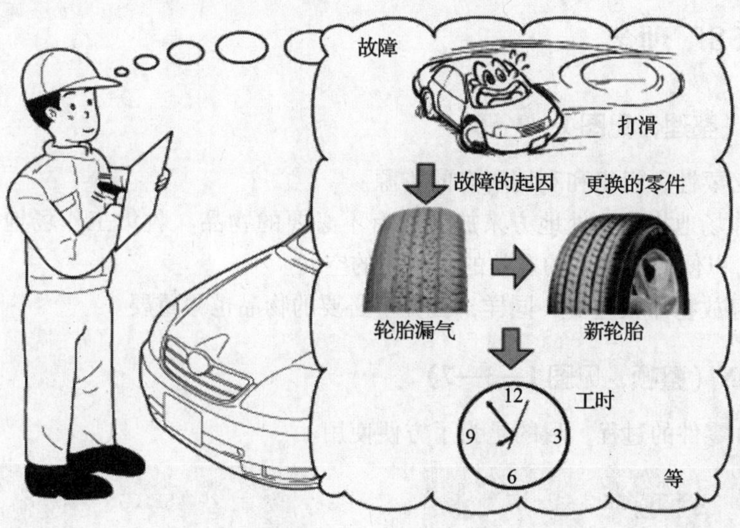

图 1—3—4　确定任务是否已完成

9. 保存旧零件

将旧的零件放在塑料袋或者空零件袋中。旧零件放在预定的地方（例如，在前乘员座椅前面的地板上）。

10. 后续工作（见图 1—3—5）

完成维修单和维修报告。写下故障原因、更换的零件、更换原因、维修使用时间等。

图 1—3—5　做好必要的维修记录

（1）未列在维修单上的任何其他信息，必须通知车间主任/维修组长或者服务顾问。

（2）在工作中所注意到的任何异常情况请告知服务顾问或车间主任/维修组长。

三、4S 店“5S”理念

1. SEIRI（整理，见图 1—3—6）

（1）按照必要性，组织和利用所有的资源。

（2）在工作场地指定一处地方来放置所有不必要的物品。收集工作场地中不必要的东西，然后丢弃，以便让出更大的有效的可利用的空间。

（3）小心存放物品很重要，同样，丢弃不必要的物品也很重要。

2. SEITON（整顿，见图 1—3—7）

整顿工具和零件的过程，目的是为了方便使用。

图 1—3—6　清除废旧物品

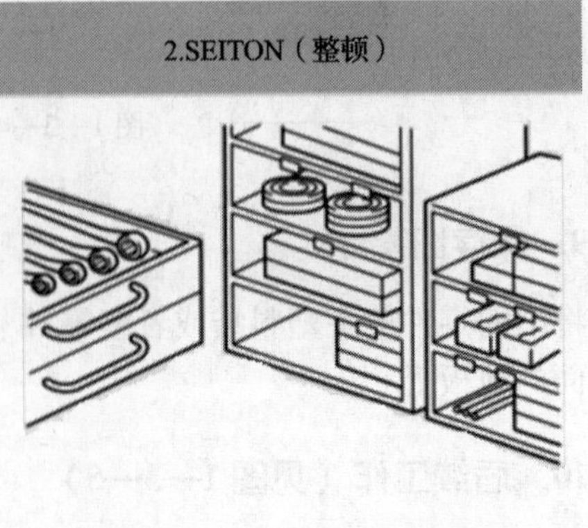

图 1—3—7　工具和零件归类摆放

（1）将很少使用的物品放在单独的地方。

（2）将偶尔使用的物品放在工作场地。

（3）将常用的物品放在身边。

3．SEISO（清扫，见图1—3—8）

养成保持工作场地清洁的好习惯，使工作场地内所有物品保持干净。使设备处于完全正常的状态，以便随时可以使用。

4．SEIKETSU（清洁，见图1—3—9）

对各种物品进行分类，清除不必要的物品使工作场所保持干净。

（1）任何事物都是有助于使工作环境保持清洁的因素：颜色、形状及各种物品的布局、照明、通风、陈列架和个人卫生。

（2）工作环境清新明亮，能够给顾客带来良好的氛围。

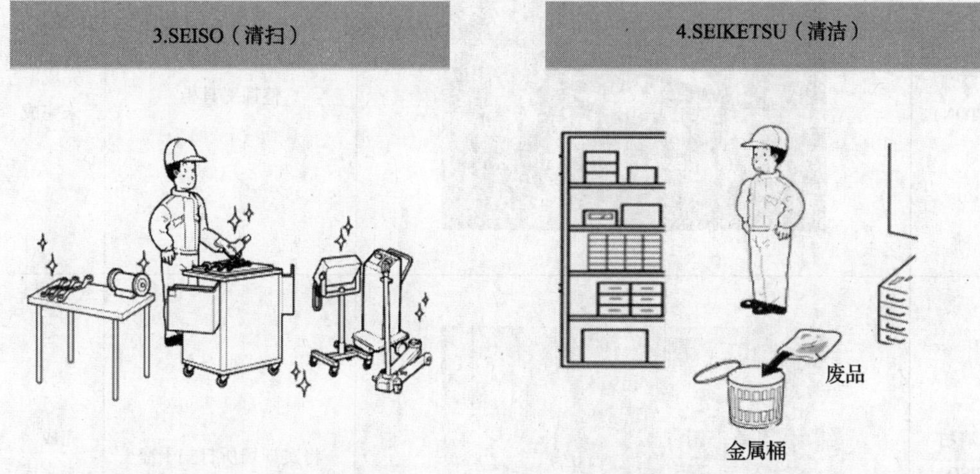

图1—3—8　清扫工作台面及场地　　图1—3—9　物品进行分类，清除不必要的物品

5．SHITSUKE（自律）

（1）自律形成文化基础，这是确保与社会协调一致的最起码的要求。

（2）学习并遵守规章制度。自律能让自己尊重他人、使他人感到舒服，但并非刻意地做作。

【任务实施】

1．列出维修技师素质要求。

2．解释5S理念（见表1—3—1）。

表 1—3—1　　5S 理念

操作步骤	操作图示及说明		检查结果
1. 整理 (SEIRI)		整理配件货架	完成 □ 未完成 □
2. 整顿 (SEITON)		整顿工具柜	完成 □ 未完成 □
3. 清扫 (SEISO)		将实训场所打扫干净	完成 □ 未完成 □
4. 清洁 (SEIKETSU)		将实训场所所有设备归位	完成 □ 未完成 □

续表

操作步骤	操作图示及说明		检查结果
5. 自律（SHITSUKE）		规范仪容仪表	完成 □ 未完成 □

3. 说出汽车维修作业中提高工作效率的方法。

（1）缩短车辆周围的工作路径

1）尽可能多地将工作集中在同一地点，并一次做完。

2）车辆周围的运动路线应该始于驾驶员的座位，终于技术员围绕车辆工作一次的结束地点。

3）所需工具、量具和更换部件应该提前准备好并置于易于拿取的地方。

（2）改善工作时的姿势。站式的姿势是操作的基础。所以要努力尽可能地减少蹲或弯腰。

（3）限制空闲时间。限制空闲时间，把事情组合起来做，比如在排放油时可以同时检查底盘传动系统等。

（4）减少举升次数。把工作项目集中并分类，在相同位置所要做的全部的工作应在相同的时间内做完。

【任务总结】

一、任务评价与反馈

1. 对本学习任务进行评价，见表1—3—2。

表1—3—2　　评分表

考核项目	评分标准	分数	学生自评	小组互评	教师评价	小计
团队合作	是否和谐	5				
活动参与	是否积极主动	5				
安全生产	有无安全隐患	10				

续表

考核项目	评分标准	分数	学生自评	小组互评	教师评价	小计
现场5S	是否做到	10				
任务方案	是否正确、合理	15				
操作过程	1. 解释技师素质要求 2. 维修作业中最佳的原则 3. 理解“5S”理念	30				
任务完成情况	是否圆满完成	5				
工具和设备使用	是否规范、标准	10				
劳动纪律	是否能严格遵守	5				
工单填写	是否完整、规范	5				
	总分	100				
教师签名：			年　月　日		得分	

2. 你是否理解了“4S”理念？如没有，找出原因。

3. 能否说出现代汽车维修厂对维修人员的素质要求？如不能，分析原因并提出改进措施。

4. 通过学习收获了哪些知识？获得了哪些认识？有哪些改进之处？

二、理论知识检验

1. 选择题

(1)(　　)属于职业化的形象描述。

A. 切勿使用客户音响设备或车内电话　　B. 穿干净的制服

C. 保持零部件和材料整齐有序　　D. 正确地使用工具和其他设备

(2)(　　)属于“5S”描述。

A. 去除浪费的行为

B. 一个有序的工作场地能给客户提供一种愉快的氛围

C. 凌乱的工作场地是员工信心的体现

D. 养成保持工作场地清洁的习惯

(3)(　　)属于安全生产描述。

A. 整理车间，车辆停放到位

B. 核对工作内容及部件是否在库，并在工作前制订一个计划

C. 以正确的方式穿戴干净的工作服

D. 正确使用工具和设备，小心处理明火，处理较重的物品时需小心

2. 判断题

(　　)(1) 优质服务概念是指提供最好的产品质量和售后服务。

(　　)(2) 提高客户的满意度能提高你自己的满意度。

(　　)(3) 通过对每件物品的筛选、分类，以使工作场地保持洁净的做法是清洁。

3. 简答题

(1) 现代维修企业对维修技师有何要求？

(2) 维护技师更佳工作的十大原则是什么？

(3) 解释“5S”理念。

项目二　汽车维护基础知识

任务1　汽车维护作业内容及作业点

【任务目标】

1. 能收集相关车辆维护作业信息。
2. 能收集汽车维护作业内容。
3. 能收集汽车维护作业方式和作业点。

【任务描述】

车辆要进行维护作业时，有哪些具体作业项目和作业点？

【任务内容】

【任务准备】

一、汽车维护、保养项目及内容

定期维护时，技术员主要检查保证车辆安全运行所必需的功能。检查内容如下：

（1）工作检查：灯、发动机、刮水器、转向机构等。

（2）目视检查：轮胎、外观等。

（3）定期更换零件：发动机机油、机油滤清器等。

（4）紧固检查：悬架、底盘紧固螺栓等。

（5）机油和液位检查：发动机机油、动力转向液、防冻冷却液、制动液等。

说明：关于检查项目，包括标准值、旋紧力矩和润滑剂量的细节，请参考维修手册。

1. 传动系统的维护项目及内容

（1）离合器的维护

1）检查离合器的工作情况：离合器工作时应接合平稳，不发抖、不打滑。

2）检查分离轴承与分离轴承座，润滑离合器踏板轴。

3）检查离合器主缸推杆和工作缸推杆，使踏板总行程和踏板自由行程符合技术要求。

4）检查、调整离合器踏板高度，检查离合器操纵机件。

5）检查或更换离合器油及系统的排气。离合器液压系统有空气时，会使离合器液压操纵系统工作不正常，因此要排净管路里的空气。

（2）变速器的维护

1）检查变速器润滑油油面高度和油泄漏。

2）更换手动（或自动）变速器油。

3）拆下手动变速器的通气塞，清洗、疏通通气孔后装回原位。

4）校紧变速器盖螺栓、变速器与离合器壳连接螺栓。

（3）传动轴的维护

1）清洁万向传动装置，检视滑动叉防尘盖、十字轴油封及各卡簧应齐全有效。

2）检查传动轴万向节、中间轴承和传动轴，应无明显径向、轴向间隙感觉。

3）校紧传动轴上各连接螺栓、螺母。

（4）主减速器的维护

1）检查或更换减速器壳中的齿轮油。

2）紧固主减速器各部螺栓、螺母。

2. 转向系统的维护项目及内容

（1）转动转向盘，检查转向传动机构的配合情况。

（2）检查转向器的工作状况、密封性、油面高度，校紧装置螺栓。

（3）检查转向盘自由行程。

（4）检查转向垂臂和转向节臂的情况。

（5）检查前轮前束和转向角。

（6）检查动力转向液和泄漏情况。

3. 制动系统的维护项目及内容

（1）检查、调整制动踏板自由行程及制动踏板高度。

（2）检查驻车制动器拉索及工作情况。

（3）检查行车制动器的技术状况。

（4）检查、紧固制动操纵机构各管路接头、卡子支架的螺栓、螺母；检视制动操纵机构各铰接部位，开口销应齐全有效。

(5) 测试驻车制动器工作行程、制动性能，应符合要求。

(6) 检查制动助力器工作技术状况。

(7) 检查或更换制动液。

4. 行驶系统的维护项目及内容

(1) 前桥的维护

1) 检查转向节衬套与主销。

2) 检查前轴有无变形及裂损，检查上臂、下臂与横梁连接处是否松动。

3) 检查前轮轮毂及内部机件。

(2) 悬架与车轮的维护

1) 检查轮胎气压和磨损情况。如果轮胎胎面花纹深度达到1.6 mm，轮胎表面的轮胎磨损极限标志就会出现，表明需要更换。

2) 清理轮胎表面的杂物，并查看轮胎气门嘴帽是否齐全。

3) 检查轮胎螺栓有无松动，按规定力矩拧紧各车轮轮胎螺母。

4) 支起车桥，用手转动车轮应灵活无卡滞，轴向推拉车轮时，应无间隙感。

5) 查看钢板弹簧有无错位及裂纹现象，检查钢板弹簧夹箍紧固情况，校紧钢板弹簧U形螺栓。

6) 校紧减振器及其支架的固定螺栓，检查减振器有无漏油现象，性能是否满足要求。

5. 发动机维护项目及内容

(1) 润滑、冷却系统的维护

1) 检查或更换发动机机油。

2) 检查或更换机油滤清器。

3) 检查机油泄漏情况。

4) 清洗润滑系统。

5) 检查散热器盖。

6) 检查发动机冷却液或泄漏情况。

7) 检查节温器的工作性能。

8) 检查冷却风扇。

9) 检查水管。

10) 检查传动带。

(2) 燃料供给系统维护

1) 检查或更换空气滤清器滤芯。

2) 检查油箱盖。

3) 检查或更换燃油滤清器。

4) 检查 PCV 阀。

5) 检查活性炭罐。

6）检查或清洗进气歧管、节气门体。

7）检查排气管、消声器。

（3）配气机构的维护

1）检查、调整气门间隙。

2）检查正时皮带/正时链。

3）检查气缸压力。

（4）点火系统的维护

1）检查或更换火花塞。

2）检查高压线。

3）检查或调校点火正时。

6. 车身、电气维护项目及内容

（1）检查、清洁蓄电池及电解液。

（2）检查发电机。

（3）检查仪表。

（4）检查汽车内部照明。

（5）检查起动机。

（6）检查车门、门锁、玻璃、升降器、后视镜、发动机舱盖、后备厢。

（7）检查前照灯、信号灯。

（8）检查空调装置的制冷系统是否泄漏，制冷效果要良好，暖气装置工作正常。

（9）检查或更换空调滤清器。

（10）检查音响、收音机和喇叭。

（11）检查遮阳板和化妆镜。

（12）检查电动天窗。

（13）检查座椅和安全带。

（14）检查备胎和随车工具。

二、汽车维护方式和作业点

1. 汽车维护方式

汽车维护一般一人或双人进行，双人维护是把传统的一名技师的保养检测工作变成由两名技师共同承担。通过双人配合，缩短作业时间，提高工作效率，提高工位和设备的使用率，缩短顾客等待时间。汽车维护作业流程如图2—1—1所示。

2. 汽车维护作业点

（1）顶起位置1（举升器未升起，见图2—1—2）维护作业点。在检查内部和外部时，从驾驶员座椅开始然后将车辆四周彻底检查一遍。

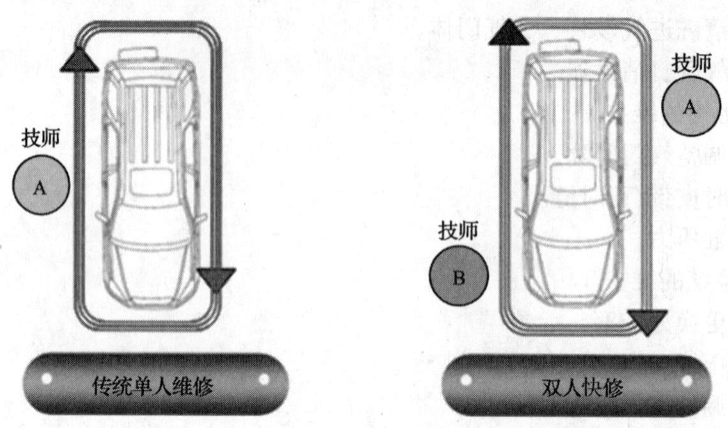

图 2—1—1　汽车维护作业流程

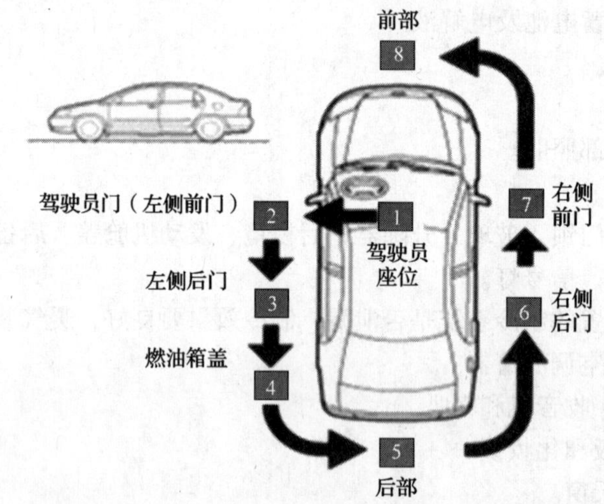

图 2—1—2　顶起位置 1

1）预检操作

①把挡泥板罩、前罩、地毯、座罩和方向盘罩装好。

②检查油和液体，放好车轮挡块。

2）检查驾驶室内部

①车灯。

②挡风玻璃喷洗器。

③挡风玻璃刮水器。

④喇叭。

⑤驻车制动器。

⑥制动器。

⑦离合器。

⑧方向盘。

⑨外部检测准备。

3）检查驾驶员门（左侧前门）

①门控灯开关。

②车身的螺母和螺栓（门、座椅和座椅安全带）。

4）检查左侧后门

①门控灯开关。

②车身的螺母和螺栓（门、座椅和座椅安全带）。

5）检查燃油箱盖。

6）检查后部

①悬架。

②车灯。

③车身的螺栓和螺母（行李箱门）。

④备用轮胎。

7）检查右侧后门

①门控灯开关。

②车身的螺母和螺栓（门、座椅和座椅安全带）。

8）检查右侧前门

①门控灯开关。

②车身的螺母和螺栓（门、座椅和座椅安全带）。

9）检查前部

①悬架。

②车灯。

③车身的螺栓和螺母（发动机罩）。

（2）顶起位置2（举升器稍稍升起，见图2—1—3）维护作业点。检查悬架球节。

（3）顶起位置3（举升器升起较高，见图2—1—4）维护作业点。检查车辆的底盘，在发动机机油排放时，从车辆前方移动至后方，然后再从后方回至前方来检查车辆。

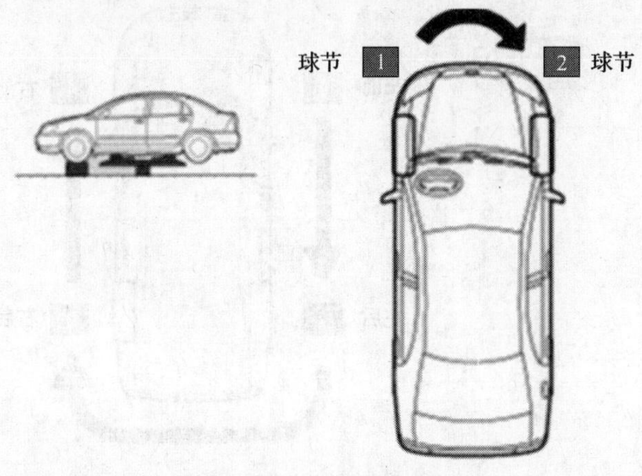

图2—1—3　顶起位置2

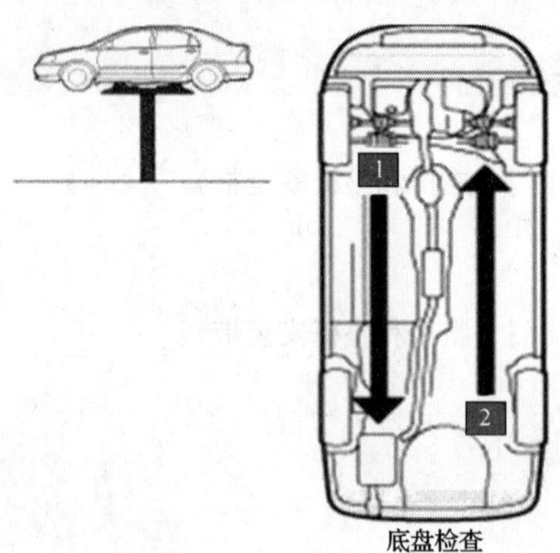

图 2—1—4　顶起位置 3

1）放出发动机机油。
2）检查手动传动桥油。
3）检查自动传动桥液。
4）检查驱动轴护套。
5）检查转向连接机构。
6）检查手动转向机。
7）检查制动管路。
8）检查燃油管路。
9）检查排气管和安装件。
10）检查螺母和螺栓（车辆底部）。
11）检查悬架。
（4）顶起位置 4（举升器降至中位，见图 2—1—5）维护作业点
1）绕车辆进行一次，主要是检查车轮和制动器。

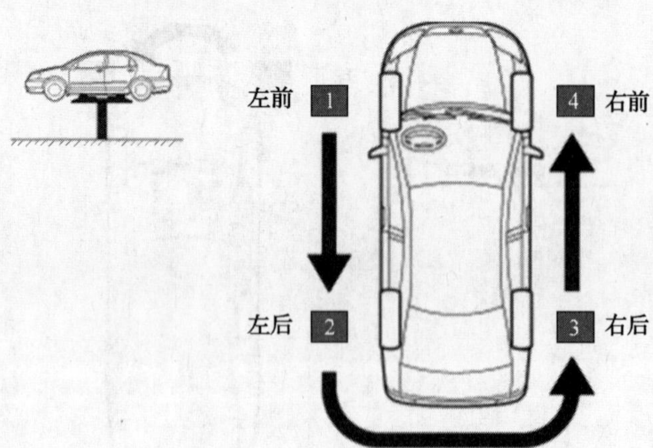

图 2—1—5　顶起位置 4

2）检查车轮轴承。

3）检查拆卸车轮。

（5）顶起位置5（举升器降至低位，见图2—1—6）维护作业点

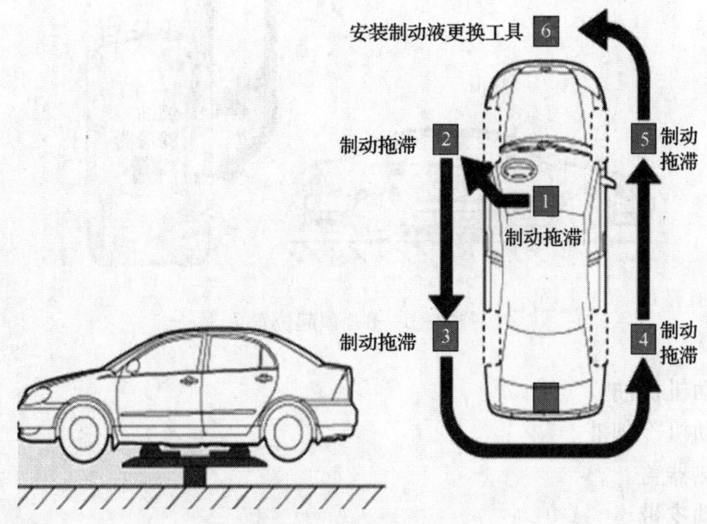

图2—1—6　顶起位置5

1）检查制动器的阻滞，将制动液从制动总泵排出。

2）检查制动器拖滞。、

3）制动液更换工具安装。

（6）顶起位置6（举升器升至中位，见图2—1—7）维护作业点

1）更换制动液和安装车轮。

2）制动液更换。

3）车轮临时安装。

（7）顶起位置7（举升器降至低位，轮胎触及地面，见图2—1—8）维护作业点

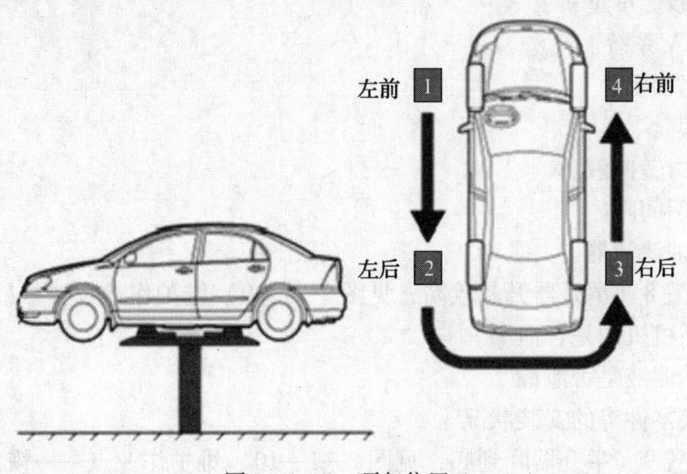

图2—1—7　顶起位置6

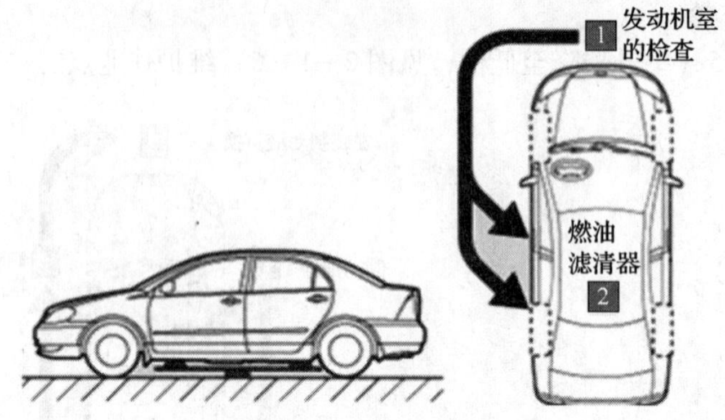

图 2—1—8　顶起位置 7

1）加注发动机机油。
2）检查发动机冷却液。
3）检查散热器盖。
4）检查传动皮带。
5）检查火花塞。
6）检查蓄电池。
7）检查制动液。
8）检查制动管路。
9）检查离合器液。
10）检查空气滤清器。
11）检查活性炭罐。
12）检查前减振器上支撑。
13）检查喷洗液。
14）检查轮毂螺母重新上紧。
15）检查 PCV 系统。
16）检查 A/T 液。
17）检查空调。
18）检查动力转向液。
19）检查气门间隙。
20）检查燃油滤清器。
（8）顶起位置 8（举升器升起较高，见图 2—1—9）维护作业点——最终检查。
1）复检发动机机油是否泄漏。
2）复检制动器液是否泄漏。
3）复检更换零件等的安装状况。
（9）顶起位置 9（举升器降到底，见图 2—1—10）维护作业点——恢复/清洁。
1）拆卸翼子板布和前罩。

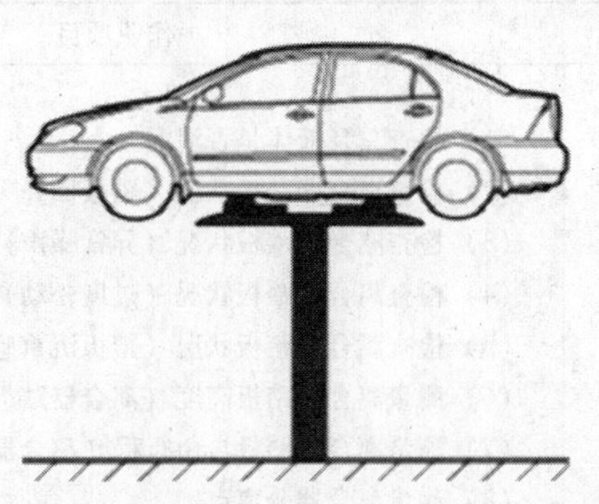
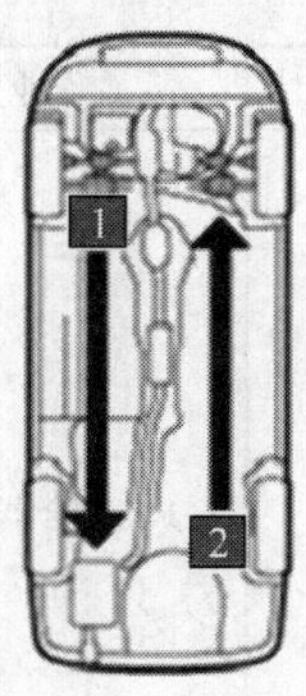

图 2—1—9　顶起位置 8

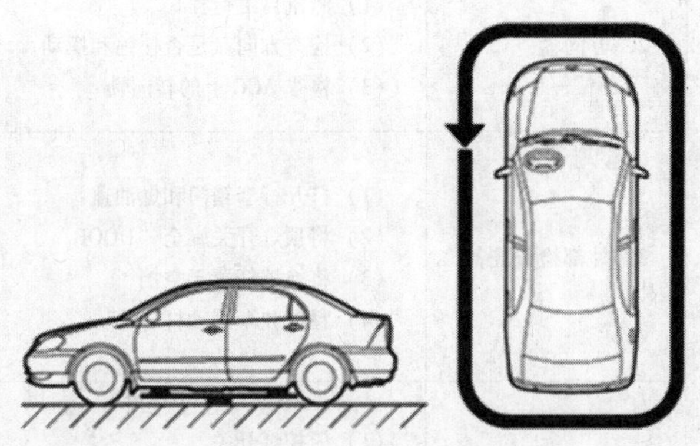

图 2—1—10　顶起位置 9

2）调整收音机、时钟、座椅位置等。

3）清洁车身、车身内部、烟灰缸等。

(10) 道路测试

1）测试制动器系统。

2）测试驻车制动器系统。

3）测试离合器系统。

4）测试转向系统。

5）测试自动传动桥系统。

6）检查振动和不正常噪声。

7）道路测试后，拆卸座椅护套、地毯和方向盘护套。

【任务实施】

维护作业点和作业项目见表 2—1—1。

表 2—1—1　　　　　　　　维护作业点和维护项目

<table>
<tr><th>顶起位置</th><th>作业点</th><th>作业项目</th></tr>
<tr><td rowspan="6">顶起位置 1
（举升器未升起）</td><td>1．离合器</td><td>（1）检查总泵液体是否泄漏
（2）检查离合器踏板状况（踏板回弹无力）
（3）检查离合器踏板状况（异常噪声）
（4）检查离合器踏板状况（过度松动）
（5）检查离合器踏板状况（踏板沉重感觉）
（6）测量离合器踏板高度（离合器踏板高度调整）
（7）测量离合器踏板自由行程（离合器踏板自由行程调整）
（8）测量离合器分离点
（9）检查离合器磨损、噪声和沉重度</td></tr>
<tr><td>2．方向盘</td><td>（1）测量自由行程
（2）检查方向盘是否松弛和摆动
（3）检查 ACC 上的转向锁</td></tr>
<tr><td>3．外部检查准备</td><td>（1）打开行李箱门和燃油盖
（2）将顶灯开关旋至“DOOR”
（3）将换挡杆置于空挡
（4）释放驻车制动杆</td></tr>
<tr><td>4．驾驶员车门</td><td>（1）门控灯开关
检查工作情况（顶灯和指示器灯工作情况）
（2）车身螺母和螺栓
检查座椅安全带的螺栓和螺母是否松动
检查座椅的螺栓和螺母是否松动
检查车门的螺栓和螺母是否松动</td></tr>
<tr><td>5．驾驶员侧后车门</td><td>（1）门控灯开关
检查工作情况（顶灯和指示器灯工作情况）
（2）螺母和螺栓
检查座椅安全带的螺栓和螺母是否松动（包括中间座椅）
检查座椅的螺栓和螺母是否松动（包括中间座椅）
检查车门的螺栓和螺母是否松动</td></tr>
<tr><td>6．油箱盖</td><td>（1）检查是否变形和损坏
（2）检查连接状况
（3）检查扭矩限制器工作情况</td></tr>
</table>

续表

顶起位置	作业点	作业项目
顶起位置1 （举升器未升起）	7. 后部	(1) 悬架 检查减振器的减振力 检查车辆倾斜度 (2) 车灯 检查安装状况 检查是否损坏和有污垢 (3) 备用轮胎 检查是否有裂纹和损坏 检查是否嵌入金属颗粒或其他异物 测量胎面沟槽深度 检查是否有异常磨损 检查气压 检查是否漏气 检查轮圈和轮盘是否损坏 (4) 螺母和螺栓 检查行李箱门的螺栓和螺母是否松动
	8. 乘客侧后车门	(1) 门控灯开关 检查工作情况（顶灯和指示器灯工作情况） (2) 螺母和螺栓 检查座椅安全带的螺栓和螺母是否松动（包括中间座椅） 检查座椅的螺栓和螺母是否松动（包括中间座椅） 检查车门的螺栓和螺母是否松动
	9. 前部	(1) 悬架 检查减振器的阻尼力 检查车辆倾斜度 (2) 灯 检查安装状况 检查是否损坏和有污垢 (3) 螺母和螺栓 检查发动机盖的螺栓和螺母是否松动
顶起位置2 （举升器稍稍升起）	球节	(1) 检查垂直间隙 (2) 检查防尘罩是否损坏

续表

顶起位置	作业点	作业项目
顶起位置 3 （举升器升起较高）	车辆底部	（1）发动机机油（排放） 检查是否漏油（发动机各部位的配合表面） 检查是否漏油（油封） 检查是否漏油（排放塞） 排放发动机机油 （2）手动传动桥油 检查是否漏油（结合面） 检查是否漏油（轴和拉索伸出的区域） 检查是否漏油（油封） 检查是否漏油（排放塞和加注口塞） 检查油位（或手动传动桥油更换） （3）自动传动桥液 检查是否漏油（结合面） 检查是否漏油（轴和拉索伸出的区域） 检查是否漏油（油封） 检查是否漏油（排放塞和加注口塞） 检查是否漏油（管件和软管连接） 检查机油冷却器软管是否损坏（或自动传动桥油更换） （4）驱动轴护套 检查是否有裂纹和其他损坏（外侧） 检查是否有裂纹和其他损坏（内侧） 检查润滑脂是否渗漏（外侧） 检查润滑脂是否渗漏（内侧） （5）转向连接机构 检查是否松动和摇摆 检查有无弯曲和损坏 检查防尘套是否开裂和撕破 （6）手动转向器 检查有无油和脂的渗漏 检查齿条和小齿轮 检查是否泄漏（齿轮箱） 检查是否泄漏（PS 叶轮泵） 检查是否泄漏（液体管路和接头处） 检查动力转向软管是否有裂纹或其他损坏 （7）制动管路 检查是否泄漏 检查制动管路上是否有压痕或其他损坏 检查制动管路软管是否有扭曲、裂纹和凸起 检查制动器管道和软管的安装状况 （8）燃油管路 检查燃油是否泄漏 检查燃油管路是否损坏

续表

顶起位置	作业点	作业项目
顶起位置 3 （举升器升起较高）	车辆底部	（9）排气管和安装件 检查排气管是否损坏 检查消声器是否损坏 检查排气安装件的 O 形圈是否损坏或脱落 检查密封垫片是否损坏 检查排气是否泄漏 （10）螺母和螺栓（车辆底部） 检查中间梁与车身 检查下臂与横梁 检查球节与下臂 检查横梁与车身 检查中间梁与横梁 检查盘式制动器转矩板与转向节 检查球节与转向节 检查减振器与转向节 检查稳定杆连接杆与减振器 检查稳定杆与稳定杆连接杆 检查转向机壳与横梁 检查稳定杆与车身 检查横拉杆端头锁止螺母 检查横拉杆端头与转向节 检查拖臂和桥梁与车身 检查拖臂和桥梁与后桥轮毂 检查制动分泵与背板 检查稳定杆与拖臂和桥梁 检查减振器与拖臂和桥梁 检查减振器与车身 检查排气管 检查燃油箱 检查稳定杆与车身 检查支撑杆与车身 检查钢板弹簧的 U 形螺栓 检查驱动轴连接螺栓 （11）悬架 检查转向节是否损坏 检查减振器是否损坏 检查减振器螺旋弹簧是否损坏 检查下臂是否损坏（钢板弹簧和扭矩杆弹簧损坏） 检查减振器的机油是否泄漏 检查悬架接头连接杆是否摆动（钢板弹簧松动） 检查稳定杆有无损坏 检查拖臂和桥梁有无损坏

续表

顶起位置	作业点	作业项目
顶起位置 3 （举升器升起较高）	车辆底部	（12）发动机 发动机油滤清器 更换发动机油滤清器 发动机油排放塞 安装排放塞
顶起位置 4 （举升器降至中位）	底盘	（1）车轮轴承 检查有无摆动 检查转动状况和噪声 拆卸车轮 （2）轮胎 检查是否有裂纹和损坏 检查是否嵌入金属碎片和异物 测量胎面沟槽深度 检查轮胎异常磨损情况 测量轮胎气压 检查轮胎是否漏气 检查轮圈和轮盘是否损坏 （3）盘式制动器 测量制动器摩擦片厚度 检查制动器摩擦片的不均匀磨损（更换制动器摩擦片） 检查制动盘磨损和损坏（制动盘厚度和跳动量检查） 检查轮缸的制动液是否泄漏 （4）驻车制动器 检查制动蹄滑动状况 检查制动蹄和背板锈蚀情况 检查制动器衬片厚度 检查制动蹄和背板的接触面磨损情况 测量后部制动盘的内径 驻车制动蹄间隙调整 （5）鼓式制动器 检查制动蹄滑动状况 检查制动蹄与背板和固定件之间接触表面的磨损情况 检查制动蹄与背板和固定件的锈蚀情况 测量制动器衬片厚度（制动蹄更换） 检查制动器衬片是否损坏 检查轮缸的制动液是否泄漏 测量制动鼓内径 检查制动鼓是否磨损和损坏 清洁制动鼓 制动蹄间隙调整（检查自动调节器的工作情况）

续表

顶起位置	作业点	作业项目
顶起位置5 （举升器降至低位） 		（1）驾驶员座椅 检查制动踏板和杆（拖滞检查准备工作） （2）每个轮胎位置 检查制动器拖滞 （3）发动机室 制动液更换器安装
顶起位置6 （举升器升至中位） 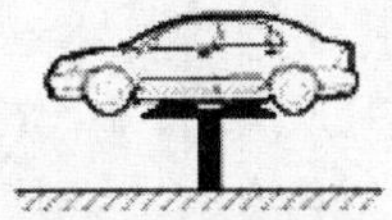	每个轮胎位置	（1）制动液的更换 （2）车轮的安装
顶起位置7 （举升器降至低位， 轮胎触及地面） 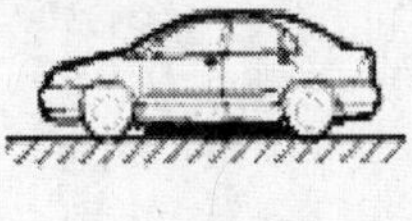	发动机起动前	（1）驻车制动器和车轮挡块 使用驻车制动器并放置车轮挡块 （2）发动机油 加注发动机油 （3）发动机冷却液 排放发动机冷却液 加注发动机冷却液 （4）散热器盖 测量阀门开启压力 检查真空阀工作情况 检查橡胶密封件裂纹和其他损坏情况 （5）传动皮带 检查是否变形 检查是否损坏（磨损、裂纹、脱层或其他损坏） 检查安装状况 （6）制动液 检查总泵内液面（储液罐） 检查总泵液体是否泄漏 （7）制动管路 检查液体是否泄漏 检查制动器管和软管是否有裂纹和损坏 检查制动器管和软管的安装状况 （8）离合器液 检查总泵（储液罐）内液位 检查离合器的液体是否泄漏

续表

<table>
<tr><th>顶起位置</th><th>作业点</th><th>作业项目</th></tr>
<tr><td rowspan="4">顶起位置7
(举升器降至低位，
轮胎触及地面)</td><td>发动机起动前</td><td>(9) 空气滤清器芯
检查或更换空气滤清器芯
(10) 活性炭罐
检查是否损坏
检查炭罐电磁阀的工作情况
(11) 前减振器的上支承
检查前减振器上支承是否松动
(12) 喷洗液
检查液位</td></tr>
<tr><td>起动发动机和发动机暖机期间</td><td>(1) 紧固轮毂螺母
(2) 旋紧车轮
(3) PCV 系统
检查 PCV 阀的工作情况
检查软管是否有裂纹和损坏
(4) 发动机冷却液
检查是否从散热器泄漏
检查橡胶软管是否泄漏
检查橡胶软管是否有裂纹、凸起和硬化、连接松动</td></tr>
<tr><td>发动机暖机后(并运转)</td><td>(1) 怠速混合气(柴油发动机)
调整快怠速、怠速、烟度
(2) 检查自动变速器
液位及油品
(3) 空调
检查空调制冷剂量
(4) 动力转向液
测量液位
检查是否有液体泄漏</td></tr>
<tr><td>发动机停机后</td><td>(1) 动力转向液
检查液位(检查与发动机转动时的差别)
(2) 发动机油
检查发动机油位
(3) 气门间隙
检查气门间隙(气门间隙检查)
(4) 空调
检查空调制冷剂是否泄漏
(5) 发动机冷却液
检查冷却液液位(散热器)
检查冷却液液位(储液罐)
(6) 燃油滤清器
检查、更换燃油滤清器</td></tr>
</table>

续表

顶起位置	作业点	作业项目
顶起位置 8 （举升器升起较高）	最终检查	（1）发动机机油是否泄漏 （2）制动器液是否泄漏 （3）更换零件等的安装状况
顶起位置 9 （举升器降到底）	恢复/清洁	（1）拆卸翼子板布和前盖 （2）清洁车身、车身内部、烟灰缸等 （3）调整收音机、时钟、座椅位置等

✓【任务总结】

一、任务评价与反馈

1．对本学习任务进行评价，见表 2—1—2。

表 2—1—2　　评分表

考核项目	评分标准	分数	学生自评	小组互评	教师评价	得分
团队合作	是否和谐	5				
活动参与	是否积极主动	5				
安全生产	有无安全隐患	10				
现场 5S	是否做到	10				
任务方案	是否正确、合理	15				
操作过程	1．维护项目 2．维护方式 3．维护作业点	30				
任务完成情况	是否圆满完成	5				
工具和设备使用	是否规范、标准	10				

续表

考核项目	评分标准	分数	学生自评	小组互评	教师评价	得分
劳动纪律	是否能严格遵守	5				
工单填写	是否完整、规范	5				
	总分	100				
教师签名：					年　月　日	

2. 你知道汽车如何维护吗？具体如何操作？

3. 能否说出汽车维护作业内容？如不能，分析原因并提出改进措施。

4. 通过学习收获了哪些知识？工作中有哪些改进之处？

二、理论知识检验

1. 选择题

（1）关于检查灯光的叙述中，下面哪一个选项是正确的？（　　）

A. 打开点火开关，检查转向信号灯，把转向信号开关上下拨动，确认右/左转向信号灯正确闪烁

B. 打开点火开关，踩下制动踏板，检查并验证倒车灯亮

C. 关闭点火开关，检查倒车灯，移动换挡杆到倒车挡，验证倒车灯亮

D. 通过打开点火开关，检查组合仪表内的故障指示灯（MIL），验证 MIL 亮起并立刻熄灭

（2）关于手动传动桥的油位检查，下面哪种说法是正确的？（　　）

A. 为了检查手动传动桥的油位，卸下加注塞，把旋具或同类工具插入塞孔

B. 为了检查手动传动桥的油位，拆下加注塞，把手指插入塞孔检查在什么位置油能接触到手指

C. 为了检查手动传动桥的油位，拆下排油塞，放出油，测量油量

D. 没有必要去检查手动传动桥的油位，因为油不减少

2. 判断题

（　　）（1）如果制动液落到了漆面上，让它自干，然后用一块干净的布擦掉。

（　　）（2）无论汽车是否配备动力转向，停止发动机时，检查方向盘转动的自由行程。

3. 简答题

（1）汽车维护作业项目有哪些？

（2）汽车维护作业方式有哪几种？

【知识拓展】

1. 丰田汽车维护作业表（见表2—1—3）

表2—1—3　　丰田汽车维护作业表

<table>
<tr><td colspan="4">

T26　快速保养检查记录表
单号：　车牌号：　检查日期：　年　月　日</td></tr>
<tr><td>发动机室</td><td>车内检查</td><td colspan="2">底盘部分检查</td></tr>
<tr><td rowspan="3">■蓄电池
●蓄电池固定状态 □
●液量及端子有无腐蚀、松动
●负荷测试 □
□
蓄电池
■动力转向
●皮带有无松弛损伤 □
动力转向
■空气滤清器
●有无脏污、堵塞、损伤 □
●清洁或更换 □
空气滤清器
滤芯
■冷却装置
●风扇皮带是否松弛、损伤 □
■进气、排气歧管
●是否有泄漏 □
●冷却液是否泄漏
■空调冷媒 □</td><td rowspan="3">■驻车制动器
●咔嗒声，指示灯亮灭 □
●制动功能 □
手刹 / 脚刹
■制动踏板
●自由行程 □
●踏下踏板后与地板的间隙
□
●制动功能 □
制动踏板
■离合器踏板
●踏下踏板后与地板的间隙
□
●行程 □
离合器踏板
■加速踏板
●踏下踏板后和地板的间隙
□
●行程 □
■仪表灯检查
●是否正常亮灭 □
■喇叭检查 □
■方向盘检查
●直进性，左右转动90° □</td><td>■制动软管
●有无损伤及泄漏 □
■驱动轴防护套
●是否有割伤、损害 □
■车轮轴承
●摆动、损伤检查 □
■悬挂部检查
●减振器安装状态和泄漏 □
●上下球节检查 □
●松动及摆动、防尘套损伤检查
□
■排气管、消音器
●是否松动、损伤、腐蚀 □
●隔热板是否松动、损伤、腐蚀
□
排气管
消声器</td><td>■变速器、差速器
●油液是否泄漏 □
变速器
●连接部是否松动 □
传动轴
驱动轴
■底盘悬架螺栓
●是否有损伤、松动 □
■转向机是否泄漏 □
■发动机机油更换
●垫片更换 □
●机油更换 □
■机油滤芯更换 □</td></tr>
<tr><td>车体检查</td><td>各油液检查</td></tr>
<tr><td>■车辆外部各类车灯
●前、后部灯光检查 □
●行李厢灯光 □
■后视镜 □
■雨刷片、喷水器
●雨刷片功效 □
●喷水器喷射角度 □
■车门
●合页、铰链润滑 □
●儿童安全锁锁止 □
●车门锁 □
■安全带 □
■车窗 □</td><td>●刹车液 □
●冷却液 □
●玻璃清洗液 □
●发动机机油 □
●空调冷媒量 □
●A/T油 □
●离合器液 □
●动力转向液 □</td></tr>
</table>

续表

制动系统	●自由行程 □ ●是否松动及摆动 □ ●方向锁 □ ■音响 ■空调 ●空调滤清器 □ ●后空调滤清器 □	其他追加检查项目/零部件	更换零件 / 数量
■制动总泵、分泵、卡钳 ●总泵制动液是否泄漏 □ ●分泵制动液是否泄漏 □ ●卡钳制动液是否泄漏 □ 制动总泵 卡钳 制动分泵			机油 / 机油滤芯 / 垫片 / 雨刷片 / 空调滤芯 / 空气滤芯 /
■鼓式制动器 ●制动鼓与制动蹄片的间隙 □ ●制动蹄滑动部分 □ ●制动蹄片的磨损 □ 制动蹄片	车轮 ■轮胎/螺栓（含备胎） ●裂纹、损伤、异物 □ ●异常磨损、胎纹的深度 □ ●气压检查、调整 □ ●螺栓、螺母紧固 □ 胎纹深度：左前轮 mm；左后轮 mm；右前轮 mm；右后轮 mm		
■盘式制动器 ●制动盘与制动衬块的间隙 □ ●制动衬块的磨损 □ 制动衬块	制动衬块剩余厚度：左前轮 mm；左后轮 mm；右前轮 mm；右后轮 mm	保修提示 下次检查日期： 年 月 日	
班组负责人：	维修技师：	顾客签字：	

表中符号注解			
检查良好 √	更换 R	修理 X	紧固 T
调整 A	清洁 C	加液 L	无此设备 /

2. 上海大众汽车维护作业表（见表2—1—4）

表2—1—4 上海大众汽车维护作业表

上海帕萨特轿车保养表格

上海大众

维修站代号：743_____ 委托单号：_____ 车牌号：_____ 发动机号：_____
底盘号：_____ 行驶里程：_____ 送修日期：_____ 交车日期：_____

保养项目	发动机：□1.8T/·1.8，2.0，2.8					检查保养情况			
	行驶里程（km）								
	7 500 首保	15 000	每 10 000	每 15 000	每 30 000	正常	不正常	已检修	未检修
车身电器设备									
1. 仪表盘指示灯、驻车灯、示宽灯、近光灯、远光灯、前雾灯、后雾灯、转向灯、警示灯、制动灯、倒车灯、车牌灯、阅读灯、手套箱照明灯、化装镜灯、时钟、行李箱照明灯、点烟器、喇叭、电动摇窗机、电动外后视镜、通风系统、前大灯、清洗装置（V6）：必要时调整	□●	□●	□	●	—				
2. 安全气囊：目测外表是否受损	□●	□●	□	●	—				
3. 多功能方向盘：检查各按键的功能	●	●		●	—				
4. 自诊断：用大众专用诊断设备读取储存器内各系统的故障信息	□●	□●	□	●	—				
5. 保养周期显示器：复位	复位								
车身外部									
1. 车门限位器、固定销、门锁、发动机盖/行李箱盖铰链和锁扣：检查功能并润滑	□●	□●	□	●	—				
2. 天窗：检查功能、清洁导轨、涂敷专用油脂	□●	□●	□	●	—				

续表

保养项目	发动机：□1.8T/·1.8，2.0，2.8					检查保养情况			
	行驶里程（km）								
	7 500 首保	15 000	每 10 000	每 15 000	每 30 000	正常	不正常	已检修	未检修
3. 雨刮器/清洗装置：补充清洗液、检查功能，必要时调整喷嘴	□●	□●	□	●	—				
发动机舱									
1. 目测各零件是否有损坏和泄漏	□●	□●	□	●	—				
2. 冷却系统：检查系统是否有泄漏，必要时补充防冻液，标准值为 -25℃（寒冷地区 -35℃）	□●	□●	□	●	—				
3. 火花塞：更换	每 60 000 km 更换 □●								
4. 助力转向系统：检查是否有泄漏，检查转向液压油液面，必要时补充	□●	□●	□	●	—				
5. 制动系统：检查制动液管路是否有泄漏	□●	□●	□	●	—				
6. 制动液：更换	每 2 年或 50 000 km 更换 □●（先者为准）								
7. 空气滤清器：清洁滤芯。每 2 年或 30 000 km 更换滤芯（先者为准）	□●	□●	□	●	□●				
8. 发动机机油及机油滤清器：更换（不经常使用的车辆建议每 9 个月更换）	□●	□●	□	●	—				
9. 灰尘及花粉过滤器：检查并清洁，必要时更换	□●	□●	□	●	—				
10. 燃油滤清器：更换	每 60 000 km 更换 □●								
11. 蓄电池：用大众专用工具检查蓄电池状况，正负极连接是否牢固	□●	□●	□	●	—				
12. 电子风扇线束：检查	□●	□●	□	●	—				

续表

保养项目	发动机：□1.8T/·1.8，2.0，2.8					检查保养情况			
	行驶里程（km）								
	7 500 首保	15 000	每 10 000	每 15 000	每 30 000	正常	不正常	已检修	未检修
13. 凸轮轴齿形皮带：每 60 000 km 检查，必要时更换	每 120 000 km 更换 □●								
14. 楔形皮带：每 30 000 km 检查，必要时更换	每 120 000 km 更换 □●								
15. 尾气排放：检测	—	□●	□	●	—				
发动机及车身底部									
1. 车身底部：检查燃油管、制动油管及底部保护层是否损坏，排气管是否泄漏，固定是否牢靠	□●	□●		□	●	—			
2. 变速箱/传动轴护套：目测有无渗漏或损坏	□●	□●		□	●	—			
3. 变速箱：检查有无渗漏或损坏，必要时补充齿轮油（手动）	—	—		—	—	□●			
4. 变速箱：检查有无渗漏或损坏，必要时补充 ATF（自动）建议每 60 000 km 更换	—	—		—	—	□●			
5. 转向横拉杆：检查间隙，连接是否牢固及防尘罩是否破损	□●	□●		□	●	—			
6. 底盘螺栓：检查螺栓紧固程度	□●	□●		□	●	—			
7. 制动盘及制动摩擦片：检查厚度及磨损情况	—	□●		□	●	—			
8. 手制动器：检查，必要时调整行程	□●	□●		□	●	—			
9. 轮胎（包括备胎）：检查轮胎磨损情况，检查轮胎气压	□●	□●		□	●	—			
10. 车轮固定螺栓：根据扭矩标准检查车轮的紧固情况	□●	□●		□	●	—			
11. 四轮定位（非常规保养项目，如发现轮胎异常磨损请提醒用户进行四轮定位）									

续表

保养项目	发动机：□1.8T/・1.8，2.0，2.8					检查保养情况			
	行驶里程（km）								
	7 500 首保	15 000	每 10 000	每 15 000	每 30 000	正常	不正常	已检修	未检修
12. 前大灯灯光：检查功能，必要时调整	—	□●		□	●	—			
13. 试车：性能检查	每次								

说明：保养周期是根据汽车的正常行驶情况制定的。对于使用条件比较恶劣的车辆，有些保养内容的间隔需要视情况相应缩短j特别是那些经常停车/起动，以及常在低温情况下使用的车辆，应经常检查机油液面，定期更换机油。在灰尘较大环境里行驶的车辆也应经常清洁或更换空气滤清器滤芯。

检修工签字（日期）＿＿＿＿＿　检验员签字（日期）＿＿＿＿＿　客户签字（日期）＿＿＿＿＿

任务2　汽车维护基本常识

【任务目标】

1. 了解我国汽车维护制度。
2. 掌握汽车维护的类别。
3. 了解各类维护作业的作业范围及作业规范。
4. 能辨别和区分汽车各种维护油液及品牌性能等级。

【任务描述】

在维护作业时，如何选用维护油液？

【任务内容】

【任务准备】

一、汽车维护制度与分类

1. 汽车维护的目的

在汽车的运行中，各相关运动的零部件之间，都会产生相互摩擦造成零件磨损，而最终损坏。然而，汽车零件的磨损是有一定规律的，汽车零件的磨损规律如图 2—2—1 所示。一旦了解并掌握了这种规律，在日常使用中采取相应的维护措施，可达到以下效果：

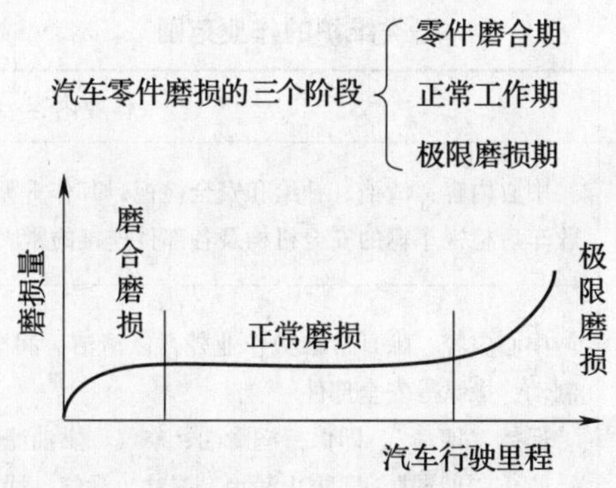

图 2—2—1 零件的磨损规律

（1）避免可能发生的许多较大的故障。

（2）可使车辆保持在符合法规规章的状态中。

（3）可延长车辆使用寿命。

（4）顾客可享受既经济又安全的驾车体验。

“七分养护三分修理”是汽车拥有者的使用理念。科学、适时地维护车辆，能够最大限度地降低汽车的事故率。

2. 汽车维护制度

我国现行的汽车维护制度贯彻“预防为主，强制维护”的原则。“预防为主”的设备管理原则世界通行，只有做好事前的预防性工作，才能使设备经常保持良好的技术状况，减少故障频率，降低消耗，延长使用寿命。现行的汽车维护制度，将过去的计划预防维护制度的“定期维护”改为“强制维护”，这是为了进一步强调维护的重要性和必要性，使运输单位和个人更加重视车辆的维护，防止因追求眼前利益而不及时维护，从而导致车况严重下降，影响安全。

3. 汽车维护的分类（见图2—2—2）

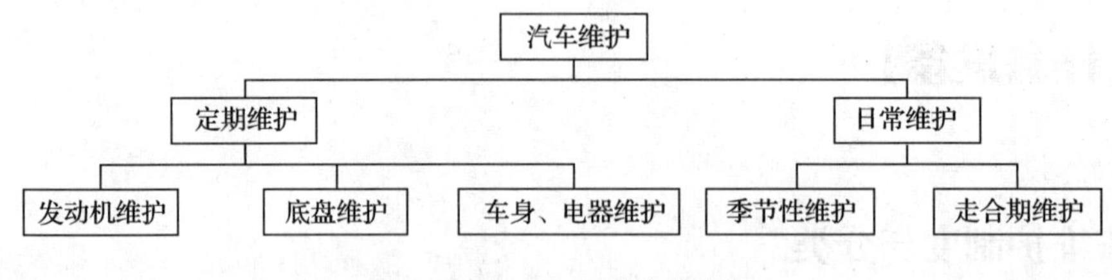

图2—2—2　汽车维护的分类

4. 汽车维护作业范围

维护作业包括清洗、检查、补给、润滑、紧固、调整等内容。各类维护的作业范围见表2—2—1。

表2—2—1　**各类维护的作业范围**

维护种类	负责人	作业内容
日常维护	驾驶员	中心内容：清洁、补给和安全检视，其作业坚持“三检”，即出车前、行车中、收车后检视车辆的安全机构及各部件连接的紧固情况
定期维护	专业维修工	中心内容：除日常维护作业外，以清洁、润滑、紧固、调整为主，并检查有关制动、操纵等安全部件 保持“四清”，即保持润滑油、空气、燃油滤清器和蓄电池的清洁 防止“四漏”，即防止漏水、漏油、漏气、漏电等

5. 保养周期

汽车保养周期根据车辆使用状况和使用条件来决定，如果车辆在以下条件下使用，保养周期应缩短。

（1）路况：不平或特别泥泞的路，灰尘特别大的路。

（2）使用状况

1）车辆用于拖车，或拉着野营挂车或车顶有货物架。

2）车辆重复用于8 km短途行车，或在气温低于0℃以下使用。

3）车辆用于警车、出租车或挨家挨户跑的送货车，这些车辆长时间空转或长距离低速运行。

4）车辆高速行驶超过 2 h（车辆最大速度的 80%）。

根据《汽车运输业车辆技术管理规定》，汽车一级维护和二级维护参考间隔里程或时间分别为：一级维护为 2 000 ~ 3 000 km 或一个月，二级维护为 10 000 ~ 12 000 km 或六个月，以行驶里程或使用时间先达到为准。

提示：

不同厂家维护周期有所不同，有的厂家分为要求保养和推荐保养两部分。

要求保养：是指保养工作必须在规定的时间或里程内进行的保养，以保持汽车原来的排放标准。

推荐保养：是为了保持汽车良好的安全性、耐久性的各项性能指标，在特殊情况下使用时需额外进行的保养。

二、汽车维护油液

1. 燃油

（1）汽油

1）汽油的标号（见图 2—2—3）。

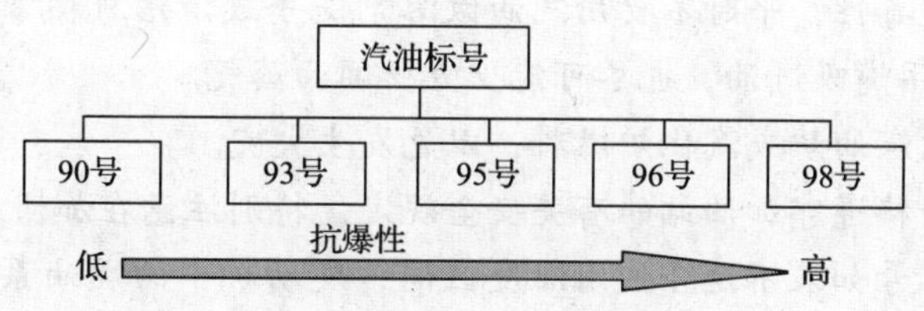

图 2—2—3　汽油标号

2）汽油的选用

①根据发动机压缩比选择。

②根据汽车生产厂家的规定选用汽油。在随车提供的汽车使用说明书中一般都有明确的规定和说明；除说明书以外，汽车生产厂家会在油箱盖内侧标注推荐使用的燃油标号。

③根据汽车的使用条件选用汽油。在选用汽油标号时，还要考虑发动机使用条件、海拔高度、大气压强等因素；经常处于大负荷、大扭矩、低转速状况下使用的汽油机，容易产生爆振，应选用较高辛烷值的汽油（指与在正常使用条件下的汽车相比）；高原地区由于大气压强小，空气稀薄，汽油机工作时爆振倾向减小，可适当降低汽油的标号。经验表明，海拔每上升 100 m，汽油辛烷值可降低约 0. 1 个单位。

（2）柴油

1）柴油的标号（见图 2—2—4）。

2）柴油的选用。选用不同标号的柴油应主要根据使用时的气温决定。柴油选用参考表 2—2—2。

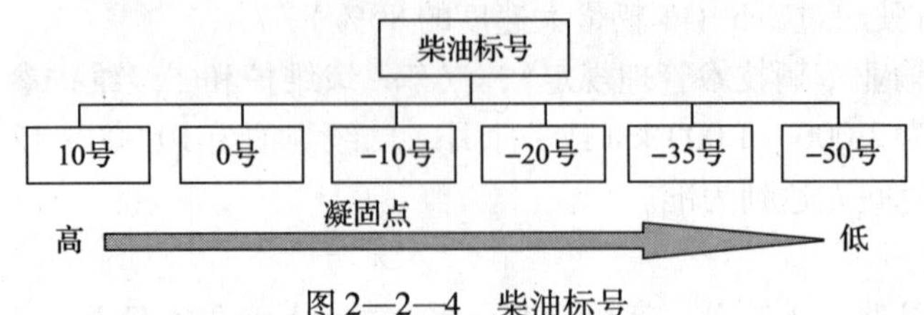

图 2—2—4　柴油标号

表 2—2—2　　柴油的选用原则

柴油标号	适合使用条件
10 号	有供油系统加热设备的高速柴油机
0 号	最低气温在 4℃以上的地区
-10 号	最低气温在 -5℃以上的地区
-20 号	最低气温在 -14 ~ -5℃的地区
-35 号	最低气温在 -29℃以上的地区
-50 号	最低气温在 -44℃以上的地区

温馨小贴示：

1. 汽油具有一定毒性，平时不要用汽油做溶剂洗手或清洁机械零件、工具、工作服和其他油污用品，严禁用嘴吸汽油，也尽可能少吸少闻油蒸气。

2. 严禁用汽油做煤油炉或汽化炉燃料，以免发生火灾。

3. 加油过程中严格遵守加油站的有关安全规定，特别注意在加油站不要使用手机。

4. 选用柴油的标号如果不适合使用温度区间，发动机中的燃油系统就可能结蜡，堵塞油路，影响发动机的正常工作。柴油的标号越低，结蜡的可能性就越小，当然价格也就越高。在适用于一个标号柴油的温度区间内而选用低一级标号的柴油当然更好。

2. 发动机润滑油

发动机润滑油俗称机油，其作用是润滑、清洗、冷却、防锈、密封。市面上的机油品种较多，如壳牌、嘉实多、BP、美孚、埃索等。

汽油机和柴油机采用不同的机油，汽油机使用的机油俗称汽油机机油，柴油机使用的机油俗称柴油机机油。

（1）发动机润滑油分类。润滑油的基本性能指标称为黏度，润滑油的牌号就是根据在某一特定温度下的黏度编制的；目前我国润滑油的黏度分类已采用国际广泛使用的 SAE 黏度分类法。

1）SAE（美国汽车工程师学会）标准分类。SAE 分类分为单级黏度和双级黏度，例如，单级黏度：20 W、45 W 为冬季用油，30、40 为夏季用油。双级黏度：20 W/40、25 W/30 不分冬、夏季。

2）API（美国石油学会）标准分类。国际上大多数国家采用的是美国的 API 质量分级法，具体分级方法：汽油机机油分为 SA、SB、SC、SD、SE、SF、SG、SH、SJ、

SL 等；柴油机机油分为 CA、CB、CC、CD、CE、CF、CG、CH 等。具体分级方法及润滑油特性与适用范围见表 2—2—3。

表 2—2—3 **API 质量分级法润滑油特性及适用范围**

代号		质量要求
汽油机机油	SA	无添加剂，仅供运转极为缓和的发动机使用
	SB	适合 1930 年出厂汽车要求，加少量添加剂，抗氧化、抗磨损
	SC	适合 1964—1967 年出厂汽车要求，具有抗低温、抗油泥和防锈防腐蚀性能
	SD	适合 1968—1971 年出厂汽车要求，具有抗低温、抗油泥和防锈防腐蚀性能
	SE	适合 1972 年出厂汽车要求，具有抗高、低温及抗油泥和防锈防腐蚀性能，比 SC、SD 级性能更好
	SF	适用于 1980 年出厂和采用无铅汽油做燃料的汽车，与 SE 级相比提高了抗氧化稳定性，改进了抗磨性能，具有抗沉淀、防锈、防腐蚀的性能
	SG	适用于 1989 年出厂的汽车，它改进了发动机沉淀油氧化和磨损的控制，具有防锈和防腐蚀的性能，与 SF 级相比在低温性能上改进很大，高温性能也有一定的改进
	SH	适用于制造商推荐维护程序下运转的汽油发动机。防止沉积物产生、抗氧化、抗磨损、防锈、防腐蚀
	SJ	适用于 1997 年出厂的汽车，具有低温流动性能更好，可减少汽车冷起动的磨损；挥发性更低，降低了运转中的机油损耗；含磷量最低，降低对触媒转化器的伤害；过滤性更好，减少阻塞；抗起泡性，防止起泡附着在机件表面，降低油膜强度，增加磨损，高温热氧化安定性更佳，减少高温下形成积炭
	SL	美国最新的润滑油标准，是 SJ 的升级版，适用于 2001 年 7 月以后出厂的发动机使用，SL 能提供更高的清洁性和机油消耗，具有良好的省油特性
柴油机机油	CA	适用于使用高质低硫燃料，轻、中等负荷条件下的柴油机，具有防止高温沉积和轴承腐蚀的性能
	CB	适用于使用低质高硫燃料，轻、中等负荷条件下的柴油机，具有更好的防止高温沉积和轴承腐蚀的性能
	CC	适用于高负荷条件下运转的轻度增压柴油机和高负荷条件下的汽油机。具有抑制高温沉积和轴承腐蚀的性能，也能抑制汽油机的低温沉积
	CD	适用于带增压器的高速大功率的柴油机，具有控制轴承腐蚀和高温沉积物的性能，可取代 CC 级
	CE	适用于高负荷、高功率的增压柴油机，改进了 CD 级的油耗、油的增稠、活塞沉积
	CF	适用于间接喷射柴油机，燃料范围更宽，能最大限度控制磨损及沉积物，防止轴承的腐蚀。可用于 1993 年以来制造的自然吸气、涡轮增压式柴油机，也满足 CD 级性能要求的柴油机
	CF－4	适用于高速四冲程柴油机及要求使用 CF－4 级润滑油的柴油发动机。在油耗和活塞沉积物控制方面性能优于 CE，可替代 CE，能用于使用 CC、CD 级的汽车。特别适用于高速公路行驶的重负荷货车

续表

代号		质量要求
柴油机机油	CG－4	适用于高速公路上行驶的大功率、重负荷增压直喷式的柴油机，燃料采用低硫低芳烃柴油，对排放要求更严格。能更有效地防止发动机关键部件表面沉积物的形成
	CH－4	1998 年开始使用，符合 1998 年排放标准的高速、四冲程发动机。可以取代 CD、CE、CF－4 及 CG－4

（2）黏度等级和温度对应，如图 2—2—5 所示。

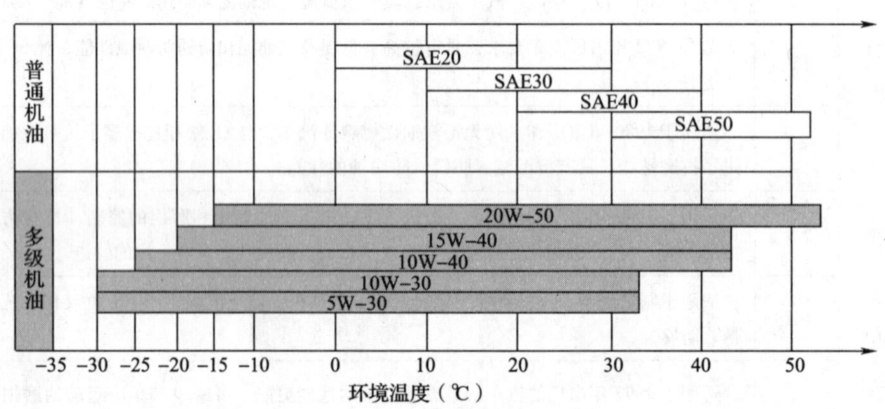

图 2—2—5　黏度等级和温度对应情况

（3）润滑油使用注意事项。

1）汽油机润滑油不能用于柴油机。

2）机油黏度应尽可能小些。在保证发动机可靠润滑的前提下，机油黏度尽可能小些。温度高、负荷大、速度低的发动机选用黏度较大的润滑油，新发动机应选择黏度较小的润滑油，磨损严重的发动机应选择黏度较大的润滑油。

3）应尽量使用多级润滑油。

4）应优先选用国产名牌润滑油。

5）不同牌号、不同规格、不同厂家生产的油一般不可混用，也不可将其他机械用油加在发动机上使用。

温馨小贴示：机油质量鉴别

1. 观察颜色

国产正牌散装机油多为浅蓝色，具有明亮的光泽，流动均匀。将油倒进透明的杯子中观看，如果油品透明度好，无悬浮物，无沉淀，无杂质结块，则是比较好的油。凡是颜色不均、流动时带有异色线条者均为伪劣或变质机油，若使用此类机油，将严重损害发动机。

进口机油的颜色为金黄略带蓝色，晶莹透明，油桶制造精致，图案字码的边缘清晰、整齐，无漏色和重叠现象，否则为假货。

2. 看油的级别标注

使用级别越高的油，即英文字母越靠后的，使用性能越好。如果特别怀疑油品质量，最好拿到有关部门经过仪器来测量更准确。

3. 闻气味

合格的机油气味比较温和，应无特别的气味，有的略带芳香如 BP－威士达系列。凡是有刺激性气味，尤其是燃油气味重的机油均多为废油再生的再生油，绝对不可使用。

3. 润滑脂（俗称黄油）

润滑脂，是将稠化剂掺入液体润滑剂中制成的一种稳定的固体或半固体产品。在不宜用液体润滑剂的部位使用润滑脂，起到抗磨、防护和密封等作用。例如汽车的轮毂轴承、各拉杆球头、传动轴万向节等，均使用润滑脂。

（1）润滑脂的分类。我国润滑脂的分类采用国际标准 ISO 的分类方法，将润滑脂的稠度分为 000、00、0、1、2、3、4、5、6 九个等级。

汽车常用的润滑脂品种有钙基润滑脂、钠基润滑脂、钙钠基润滑脂、复合钙基润滑脂、通用锂基润滑脂、汽车通用锂基润滑脂、极压锂基润滑脂和石墨钙基润滑脂等。各种润滑脂的特性及适用范围，见表 2—2—4。

表 2—2—4　　各种润滑脂的特性及适用范围

品种	特性	适用范围
钙基润滑脂	抗水性好，耐热性差，使用寿命短	最高使用温度范围为－10～60℃，适用于汽车轮毂轴承、底盘拉杆球节、水泵轴承、分电器凸轮等部位
钠基润滑脂	耐热性好，抗水性差，有较好的极压减磨性能	使用温度可达 120℃，只适用于低速高负荷轴承，不能用在潮湿环境或水接触部位
钙钠基润滑脂	耐热性、抗水性介于钙基和钠基脂之间	使用温度不高于 100℃，不宜在低温下使用，适用于不太潮湿条件下的滚动轴承，如底盘、轮毂等处的轴承
复合钙基润滑脂	较好的机械安定性和胶体安定性，耐热性好	适用于较高温度及潮湿条件下润滑大负荷工作的部件，如汽车轮毂轴承等处的润滑，使用温度可达 150℃左右
通用锂基润滑脂	具有良好的抗水性、机械安定性、防锈性和氧化安定性	适用于－20～120℃宽温度范围内各种机械设备的滚动和滑动轴承及其他摩擦部位的润滑，是一种长寿命通用润滑脂
汽车通用锂基润滑脂	良好的机械安定性、肢体安定性、防锈性、氧化安定性、抗水性	适用于－30～120℃下汽车轮毂轴承、水泵、发电机等各摩擦部位润滑，国产和进口车辆普遍推荐用此油脂
极压锂基润滑脂	有极高极压抗磨性	适用于－20～120℃下高负荷机械设备的齿轮和轴承的润滑，部分国产和进口车型推荐使用
石墨钙基润滑脂	具有良好的抗水性和抗碾压性能	适用于重负荷、低转速和粗糙的机械润滑，可用于汽车钢板弹簧、起重机齿轮转盘等承压部位

（2）润滑脂的使用注意事项

1）推荐使用锂基润滑脂。锂基脂外观是发亮的奶油状油膏，滴点高、使用温度范围广，并有良好的低温性、抗磨切性、抗水性、抗腐蚀性和热氧化安定性，是目前最常用的一种多效能的润滑脂。

2）保持清洁。加注润滑脂时应特别注意，涂脂前零部件必须经溶剂油洗干净并吹干，然后重新加注润滑脂。

3）不同种类的润滑脂不能混用。

4）用量适当。一般对于密封轴承，润滑脂的填充量以轴承内部空腔 1/3 ~ 2/3 为宜。

5）按车辆使用说明书的规定用脂。

4. 齿轮油

汽车齿轮油用于机械式变速器、驱动桥和转向器的齿轮、轴承等零件的润滑，起到润滑、冷却、防锈和缓冲的作用。

（1）齿轮油的分类

1）国际齿轮油的分类

①SAE（美国汽车工程师协会）黏度分类。分为 7 种牌号：70 W、75 W、80 W、85 W、90、140、250。带尾缀 W 为冬季用齿轮油。另外，还有多级油，如 80 W/90、85 W/90 等。

②API（美国石油协会）使用性能分类。为 GL－1 ~ GL－6 六级，GL－1 为通用型，GL－2为涡轮型，GL－3 为温和极压型，GL－4 为通用型，GL－5、GL－6 为双曲线型。

2）我国齿轮的分类。目前我国汽车齿轮油分类有两种：一种按黏度分，其分类标准参照 SAE 黏度分类执行；另一种是按使用性能（API）分类。国产齿轮油的等级代号与进口齿轮油的对照关系见表 2—2—5。

表 2—2—5　国产齿轮油的等级代号与进口齿轮油的对照关系

国产齿轮油代号	SAE 规格	API 规格	适用范围
20 号普通齿轮油	90	GL－2	冬季，用于一般齿轮传动装置
30 号普通齿轮油	140	GL－2	长江以南地域全年，长江以北地域夏季，用于一般的齿轮传动装置
22 号渣油型双曲线齿轮油	90	GL－3	冬季，用于双曲线齿轮传动装置
28 号渣油型双曲线齿轮油	140	GL－3	夏季，用于双曲线齿轮传动装置
13 号馏分型双曲线齿轮油	85W	GL－5	气温 －35 ~ 10℃的地区，用于双曲线齿轮传动装置
18 号馏分型双曲线齿轮油	90	GL－4	气温 －10 ~ 30℃的地区，用于双曲线齿轮传动装置
26 号馏分型双曲线齿轮油	140	GL－4	气温 32℃以上的地区，用于双曲线齿轮传动装置

（2）齿轮油使用注意事项

1）齿轮油应该按照制造厂家的规定合理选用。

2）不同性能级别的齿轮油不能混用，不同厂家相同黏度级别的齿轮油不能混用，添加剂不同的也不能混用。只有使用性能级别、黏度级别、添加剂等全部相同的齿轮油才能混合使用。

3）依据使用环境温度确定齿轮油的黏度等级。齿轮油的标号75W、80W、85W、90和140号分别适用于最低气温为－40℃、－20℃、－12℃、－10℃、10℃的地区，应对照当地冬季最低气温适当选用。

4）根据齿轮的类型和工作条件选择齿轮油的质量等级。

5. 液力传动油

（1）液力传动油分类与应用（见图2—2—6）

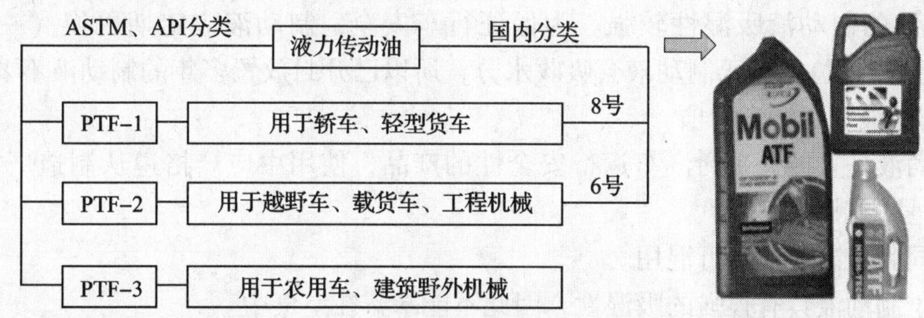

图2—2—6　液力传动油

（2）国产液力传动油的选择

1）按车辆使用说明书的规定，选用适当品种的液力传动油。

2）轿车和轻型货车应选用8号油（PTF－1号油）；进口轿车要求用GMA型、A－A型或Dexron型自动变速器油的均可用8号油代替。

3）重型货车、工程机械的液力传动系统应选用6号油（PTF－2号油）。

（3）液力传动油使用注意事项

1）注意保持油温正常。

2）经常检查油平面：车辆停在平地上，发动机保持运转，油应在正常工作温度下（如果车辆在长途行驶或拖带挂车后，要在过半小时后检查），此时油平面应在自动变速器油标尺上、下两刻线之间，不足时及时添加。

3）按车辆使用说明书的规定更换液力传动油和过滤器或清洗滤网，同时拆洗自动变速器油底壳，并更换其密封垫。

4）在检查油面和换油时，注意油液的状况。在手指上蘸少许油液，用手指互相摩擦看是否有渣粒存在，并从油标尺上嗅闻油液气味，通过对油液的外观检查，可反映部分问题。

6. 制动液

（1）制动液分类（见图2—2—7）

常用制动液有DOT3、DOT4两种，DOT是美国汽车安全标准规定标称，其数字越大，级别越高，DOT3与DOT4的不同之处主要在于沸点不同，DOT4比DOT3更耐高温。

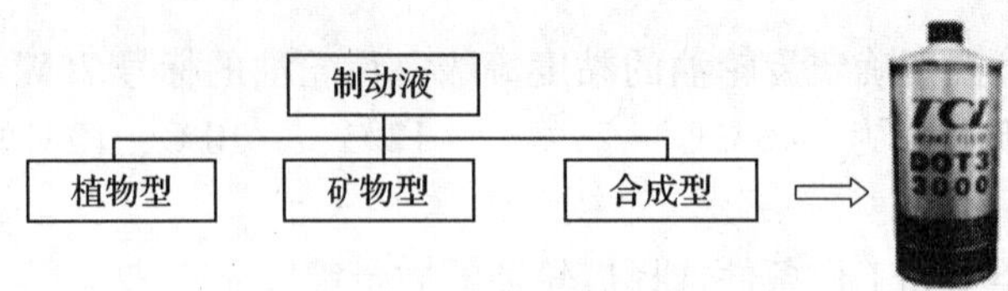

图 2—2—7　制动液

DOT3 和 DOT4 级制动液是非矿物油系，是合成制动液，再加润滑剂、稀释剂、防锈剂、橡胶抑制剂等调和而成，也是各国汽车所用最普遍的一种制动液。

这种常用的制动液吸湿性较强。为保证行车安全，制动液应定期更换（一般两年或 40 000 km更换一次）。由于制动液会吸收水分，所以已开封放置多年的制动液不要再用。

（2）制动液使用注意事项

1）制动液是直接关系到汽车运行安全性的产品，使用中应严格遵从制造厂家的规定，使用正确牌号的制动液。

2）不同牌号制动液不可混用。

3）由于制动液具有很强的吸湿性，因此不能暴露在空气中。

4）制动系统中的制动液也应定期更换，更换时必须对整个系统进行彻底清洗。

7. 防冻液

防冻液（俗称水箱宝）有乙醇型、乙二醇型、丙三醇型。乙醇型因为沸点低、易蒸发，已经停用；丙三醇型价格较贵，应用较少。现在最普遍的是乙二醇型防冻液。乙二醇型又分为水溶液和浓缩型。

一般市面上销售的都是调配好的水溶液，可根据温度要求直接选用，而浓缩型防冻液则需要用软化水调制后方能使用，其调制浓度和冰点见表 2—2—6。

表 2—2—6　　防冻液调制浓度和冰点对照表

乙二醇浓度（%）	冰点（℃）	乙二醇浓度（%）	冰点（℃）
28.4	-10	54	-40
32.8	-15	57	-45
38.5	-20	59	-50
45.3	-25	80	-45
47.8	-30	85	-30
50	-35	100	-13

防冻液的使用注意事项：

1）防冻液及其添加剂均为有毒物质，切勿直接接触皮肤，并置于安全场所。

2）不同型号的防冻液不能混合使用，以免引起化学反应，生成沉淀物或气泡，降低使用效果；在更换防冻液时，应先将冷却系统用净水冲洗干净，然后再加入新的防冻液和水。

3）放出的防冻液不宜再使用，应严格按有关法规处理废弃的防冻液。

4）一般选用防冻液的冰点应低于当地最低气温 10 ~ 15℃，以防防冻液失效。

5）禁止直接加注防冻液母液。

6）凡更换缸盖、缸垫、散热器时，必须更换防冻液。

8. 制冷剂

制冷剂是空调系统中的循环介质，通过膨胀和蒸发吸收能量，从而获得制冷效果。制冷剂必须具有抗燃、抗爆性能，而且应该是无毒、无腐蚀性、无嗅的。

（1）制冷剂分类（见图 2—2—8）

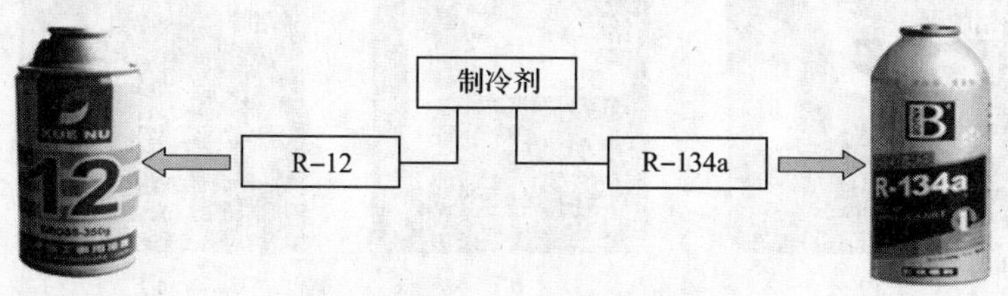

图 2—2—8　制冷剂

（2）制冷剂的使用注意事项

1）用于 R－134a 的工具、设备和量具等不能与用于 R－12 的互换。

2）R－134a 与 R－12 制冷剂的冷冻机油不能混用。

3）切忌让液态制冷剂接触皮肤，特别是手和眼睛，以免被冻伤。

4）在加注 R－134a 时需要将它放在盛热水的容器里进行加热，但温度不要超过 40℃，绝对禁止用喷灯一类的加热装置加热。

5）在加注 R－134a 时，应使盛 R－134a 的容器保持在直立状态，确保 R－134a 以气态方式进入系统，加注作业必须在空气流通的地方进行，以防操作人员因缺氧而窒息。

9. 电解液（见图 2—2—9）

电解液由纯硫酸（相对密度为 1.84）和蒸馏水按一定比例配制而成，相对密度为 1.24 ~ 1.28，具有很强的腐蚀性。电解液有标准液和补充液，标准液用于新电池，而补充液用于旧电池补充加注。

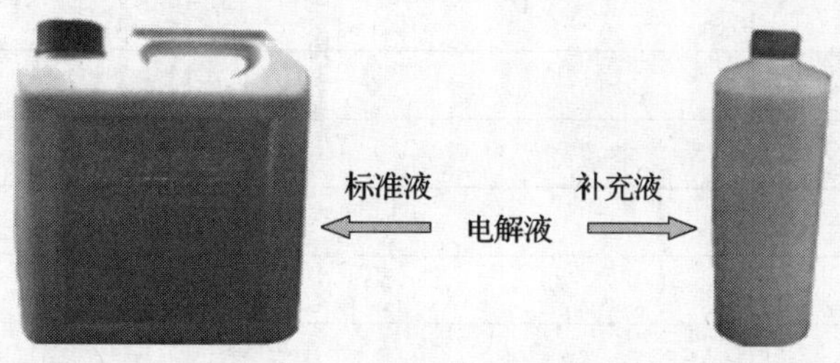

图 2—2—9　电解液

【任务实施】

1. 说出我国汽车维护制度和分类。
2. 说出维护作业范围。
3. 指出图2—2—10所示铭牌的含义、油液的种类及用途，填写表2—2—7。

a) b) c) d) e) f) g)

图2—2—10 常用维护油液

表2—2—7 常用维护油液

序号	铭牌的含义	油液的种类	用途
1			
2			
3			
4			
5			
6			
7			

【任务总结】

一、任务评价与反馈

1. 对本学习任务进行评价，见表2—2—8。

表2—2—8　　评分表

考核项目	评分标准	分数	学生自评	小组互评	教师评价	得分
团队合作	是否和谐	5				
活动参与	是否积极主动	5				
安全生产	有无安全隐患	10				
现场5S	是否做到	10				
任务方案	是否正确、合理	15				
操作过程	1. 维护油液的识别 2. 油液的选用 3. 维护作业范围	30				
任务完成情况	是否圆满完成	5				
工具和设备使用	是否规范、标准	10				
劳动纪律	是否能严格遵守	5				
工单填写	是否完整、规范	5				
	总分	100				
教师签名：					年　月　日	

2. 你能正确选用维护油液吗？如不能，找出原因。
3. 能否说出各种油液用途？如不能，分析原因并提出改进措施。
4. 通过学习收获了哪些知识？对以后的工作提出哪些改进？

二、理论知识检验

1. 选择题

（1）一级维护由（　　）来完成。

A. 维修工　　B. 驾驶员　　C. 生产厂　　D. 销售商

（2）一级维护的中心内容是（　　）。

A. 清洁、润滑、紧固　　B. 清洁、补给和安全检视

C. 检查、调整　　D. 拆检

（3）汽车运行（　　）后，应进行全面的检查和调整，以避免各种机械故障的发生，保证汽车的安全性、动力性和经济性能达到使用要求。

A. 1 000 km 或 1 个月　　B. 3 000 km 或 3 个月

C. 6 000 km 或 6 个月　　D. 10 000 km 或 12 个月

（4）二级维护由（　　）来完成。

A. 维修工　　B. 驾驶员　　C. 生产厂　　D. 销售商

（5）关于发动机机油的说法以下哪个选项是正确的？（　　）

A. 只加发动机机油而不换油将使机油性能没有任何变化

B. 发动机油变黑时，应当换机油

C. 一般情况下，发动机机油液位不降低，如果降低就说明漏油

D. 发动机机油根据其性能和黏性分成不同的等级，要根据等级来使用

（6）以下关于发动机冷却液的说法哪个是正确的？（　　）

A. 当冷却液变质时，将不会损坏冷却系统

B. 冷却液变质不能通过看来判断，应根据行驶距离和时间来进行更换

C. 冷却液根据红和绿分类，每一种都提供不同的性能水平，比如凝固温度

D. 如果在冷却液中加入水，那么凝固温度就要升高，所以对冷却剂只能用纯防冻剂

（7）汽油按（　　）划分牌号。

A. 辛烷值　　B. 蒸发性　　C. 十六烷值　　D. 凝点

（8）汽油车主要依据（　　）来选用汽油牌号。

A. 速度　　B. 压缩比　　C. 温度　　D. 气缸数目

（9）柴油按（　　）划分牌号。

A. 蒸发性　　B. 凝固点　　C. 辛烷值　　D. 十六烷值

2. 判断题

（　　）（1）汽车进了车库就可以了，不用检查。

（　　）（2）一级维护是高档车的事情，我的车是经济型车，没有必要那么宠它。

（　　）（3）爱车如同爱人，为了让爱车光鲜照人，频繁给爱车洗车打蜡做美容。

（　　）（4）随着车型和使用状况的不同，车辆部件的检查/更换时间间隔也不同。

（　　）（5）不同牌号的刹车油可以混合使用。

3. 问答题

（1）如何选用汽油？

（2）发动机润滑油如何分类？

项目三　日常维护与新车维护

任务1　日常维护

【任务目标】

1. 能收集汽车日常维护作业项目。
2. 能进行出车前的日常维护。
3. 能进行行车中的日常维护。
4. 能进行收车后的日常维护。

【任务描述】

经常会有行驶着的车辆突然自燃，为何车辆会自燃？多数自燃情况都是平时欠缺保养、油管老化、线路短路、燃油泄漏所引发的。要防止此类事件发生，平时就应该注重车辆保养。

【任务内容】

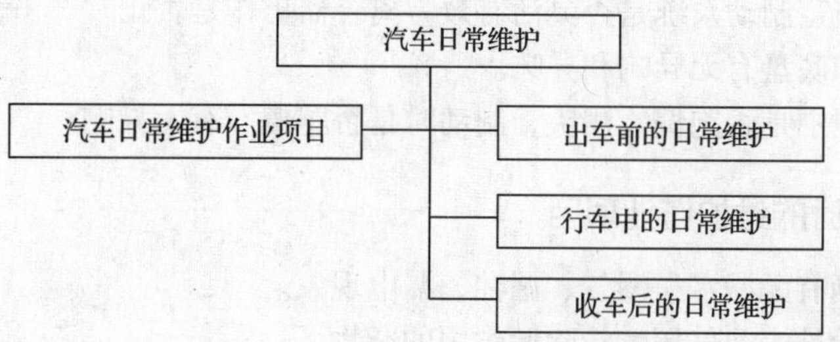

【任务准备】

日常维护是各级维护的基础，是预防性的维护作业，由驾驶员在每天出车前、行车中、收车后负责执行,以清洁、补给和安全检视为主。

日常维护主要内容是坚持“三检”,即出车前、行车中、收车后检视车辆的安全机构及各部机件连接的紧固情况;保持“四清”,即保持机油、空气、燃油滤清器和蓄电池的清洁;防止“四漏”,即防止漏水、漏油、漏气和漏电;保持车容整洁。

一、出车前的日常维护作业项目

1. 检视、清洁驾驶室内外、后视镜与挡风玻璃。
2. 检查转向装置和横、直拉杆等连接部位是否牢固可靠。
3. 检查制动器、离合器的工作情况是否良好。
4. 检视轮胎气压、轮胎螺栓及外观。
5. 检视燃油、润滑油、冷却液、制动液、液压油液量是否符合要求,不足时应及时补充。
6. 检视蓄电池电解液液面高度。
7. 检视照明、信号、喇叭、刮水器、门锁等是否齐全有效。
8. 检查汽车主要外露部位的螺栓、螺母是否齐全有效,紧固可靠。
9. 检查发动机、底盘各总成有无漏油。
10. 检查发动机运转是否正常,有无异响。
11. 检查机油压力、充电指示灯、水温表是否正常。
12. 检查离合器、制动踏板高度、自由行程和操纵是否正常。

二、行车中的日常维护作业项目

1. 途中行驶的维护作业项目

(1)观察仪表显示的水温、机油压力、制动气压是否正常,各仪表工作是否正常。

(2)电器、喇叭、音响是否正常。

(3)转向系统、制动系统是否灵活有效,离合器工作是否正常。

(4)发动机和底盘有无异响和异味。

(5)行驶过程中是否跑偏、摆头,制动时是否跑偏、有无异响。

2. 途中停车时的维护作业项目

(1)检视车辆有无漏水、漏气、漏油、漏电现象。

(2)检视轮胎外表及气压,清除胎纹中的杂物。

(3)检视制动器有无拖滞发热现象,检视钢板弹簧有无折断,卡子有无脱落、缺损,U形螺栓是否紧固可靠。

(4)检视横、直拉杆球头销连接、锁止情况,对于发动机前置后轮驱动的载货汽车而言,还应检视传动轴各凸缘连接螺栓、中间轴承支架螺栓的紧固情况,以及万向节十字轴轴承盖板锁片保险情况。

（5）检查轮毂温度是否过高。

三、收车后的日常维护作业项目

1．检视各连接装置、钢板弹簧的卡子和U形螺栓松动情况。

2．清洁汽车外表及驾驶室内部，检视轮胎气压，并清除胎纹中杂物。

3．清洁蓄电池外部，检查极柱与电缆的连接情况，冬季气温如果低于－30℃，露天停放的车辆应拆下蓄电池放入室内保温。

4．及时补充燃油、润滑油等工作液。

5．检视冷却系统：夏季需定期换防冻液，冬季应及时放防冻液或采取必要的防冻措施。

6．整理车辆证件、随车工具及附件等物品。

7．对于有储气筒的车辆，应放净储气筒中的积水、油污，并关好开关。

8．检查紧固发动机、底盘等相关的连接螺栓。

【任务实施】

一、出车前的日常维护作业

出车前的日常维护作业见表3—1—1。

表3—1—1　　出车前的日常维护作业

作业内容	操作图示及方法		检查结果
1．检视、清洁驾驶室内外、后视镜与挡风玻璃		环绕车辆一周检视、清洁车辆外表污物，挡风玻璃灰尘，检查后视镜照射的角度	正常 □ 不正常 □
2．检查转向装置和横、直拉杆等连接部位是否牢固可靠	方向盘	来回转动方向盘检查转向系统间的间隙，是否有松动感	正常 □ 不正常 □

续表

作业内容	操作图示及方法		检查结果
3. 检查离合器的工作情况是否良好	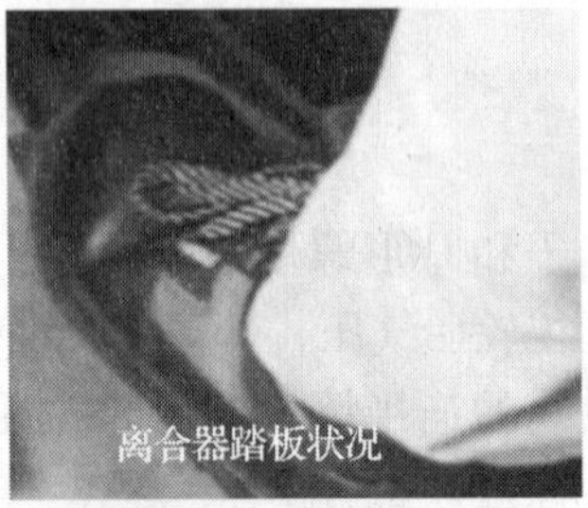 离合器踏板状况	踩踏离合器踏板检查踏板行程，离合器能否分离	正常 □ 不正常 □
4. 检查制动踏板操纵性及自由行程	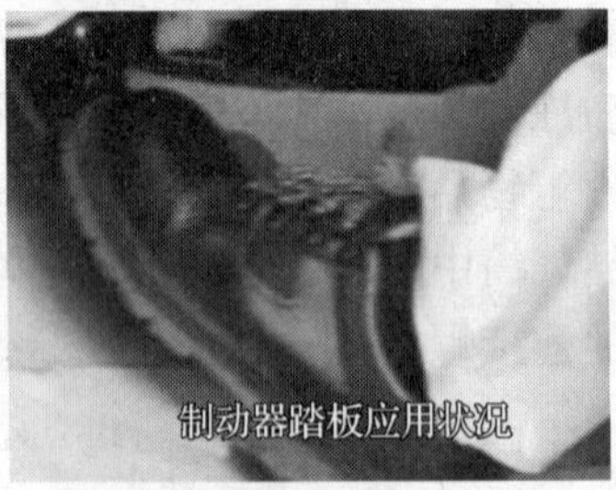 制动器踏板应用状况	踩踏制动踏板检查踏板行程，制动是否有效	正常 □ 不正常 □
5. 检视轮胎气压及外观，检查汽车主要外露部位的螺栓、螺母是否齐全有效，紧固可靠		用压力表检查轮胎气压，螺母有无松动	正常 □ 不正常 □
6. 检视蓄电池电解液液面高度	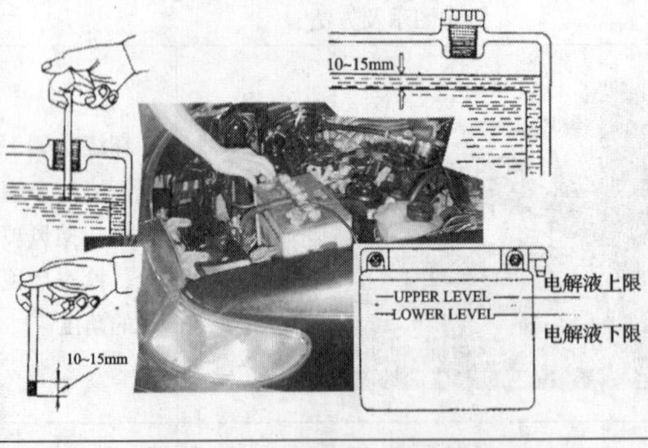 10~15mm UPPER LEVEL LOWER LEVEL 电解液上限 电解液下限 10~15mm	检查电解液液面高度或电量	正常 □ 不正常 □
7. 检视冷却液、制动液、液压油液量是否符合要求，不足时应及时补充	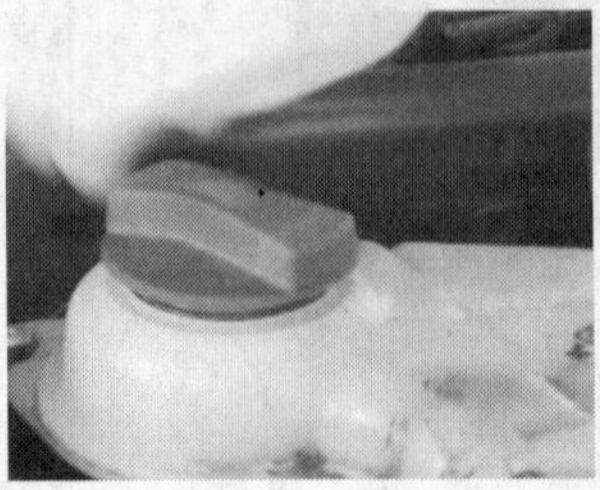	打开发动机罩，观察冷却液、制动液、液压油液量	正常 □ 不正常 □

续表

作业内容	操作图示及方法		检查结果
8. 检查发动机机油量		打开发动机罩，抽出机油尺检查机油量	正常 □ 不正常 □
9. 检视照明、信号、喇叭、刮水器、门锁等是否齐全有效	转向灯 制动灯 倒车灯 雾灯 夜间指示灯	打开灯光开关，检查大小灯、转向灯。检查门锁、刮水器	正常 □ 不正常 □

二、行车中的日常维护作业

1. 车辆在途中行驶时的日常维护作业见表3—1—2。

表3—1—2　　车辆在途中行驶时的日常维护作业

作业内容	操作图示及方法		检查结果
1. 观察仪表显示的水温、机油压力、制动气压是否正常，各仪表工作是否正常		注意观察水温、机油压力指示是否正常，故障灯是否点亮	正常 □ 不正常 □
2. 电器、喇叭、音响是否正常		使用时，注意电器、喇叭、音响是否变化	正常 □ 不正常 □

续表

作业内容	操作图示及方法		检查结果
3. 转向系统、制动系统是否灵活有效，离合器工作是否正常	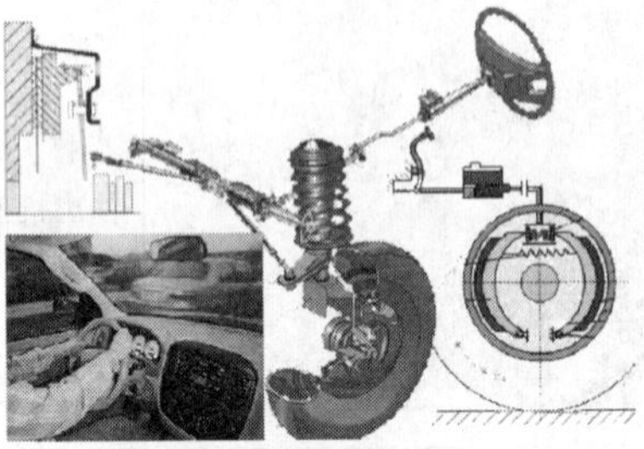	观察转向是否灵活、稳定，制动是否有效，踏板行程是否正常	正常 □ 不正常 □
4. 发动机和底盘有无异响和异味		行驶时，注意发动机、底盘响声是否出现异常，有无异味	正常 □ 不正常 □
5. 检查轮毂温度		用手触摸轮毂检查温度是否过高	正常 □ 不正常 □

2. 车辆在途中停车时的日常维护作业见表3—1—3。

表3—1—3　车辆在途中停车时的日常维护作业

作业内容	操作图示及方法		检查结果
1. 检视车辆有无漏水、漏气、漏油、漏电现象		行车途中停车时，观察发动机有无漏水、漏气、漏油、漏电现象	正常 □ 不正常 □
2. 检视轮胎外表及气压，清除胎纹中的杂物		检视轮胎外表有无明显的破损或裂痕及轮胎气压	正常 □ 不正常 □

续表

作业内容	操作图示及方法		检查结果
3. 检视制动器有无拖滞发热现象，检视钢板弹簧有无折断，卡子有无脱落、缺损，U形螺栓是否紧固可靠		用手在制动器旁感觉温度，若温度过高，说明制动拖刹或轮毂有问题	正常 □ 不正常 □
4. 检视横、直拉杆球头销连接、锁止情况，对于发动机前置后轮驱动的载货汽车而言，还应检视传动轴各凸缘连接螺栓、中间轴承支架螺栓的紧固情况		到车辆前部检视横、直拉杆有无松动或脱落，检视变速器、后桥有无漏油，传动轴连接螺栓是否松动	正常 □ 不正常 □

三、收车后的日常维护作业

车辆收车后的日常维护基本作业见表3—1—4。

表3—1—4　　**收车后的日常维护作业**

作业内容	操作图示		检查结果
1. 检视各连接装置、钢板弹簧的卡子和U形螺栓松动情况		检查转向、轮胎、传动轴各连接是否松动	正常 □ 不正常 □
2. 清洁汽车外表及驾驶室内部		清洁汽车内外部	正常 □ 不正常 □

续表

作业内容	操作图示		检查结果
3. 检视轮胎气压，并清除胎纹中杂物	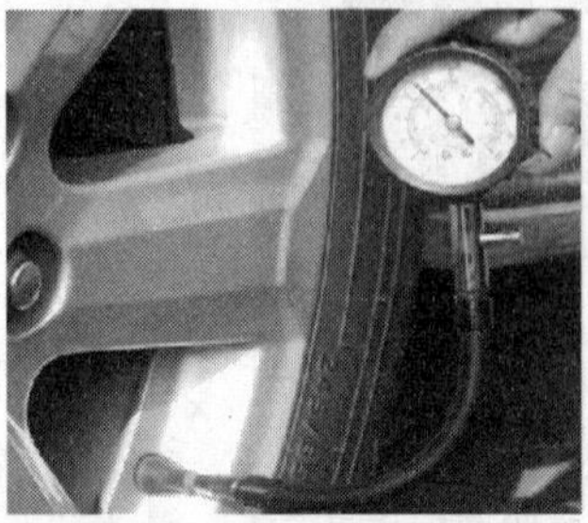	检查轮胎气压	正常 □ 不正常 □
4. 清洁蓄电池外部，检查极柱与电缆的连接情况，冬季气温如果低于 －30℃，露天停放的车辆应拆下蓄电池放入室内保温	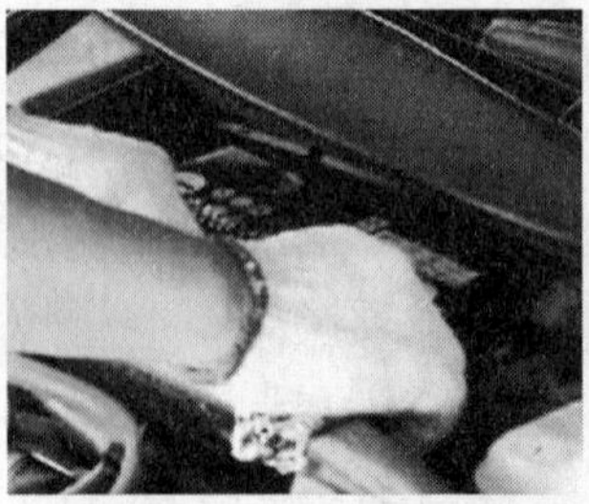	清洁蓄电池，检查接线柱是否松动及电解液液面高度	正常 □ 不正常 □
5. 及时补充燃油、润滑油等工作液		检查或补充机油、燃油	正常 □ 不正常 □
6. 检视冷却系统：夏季需定期换防冻液，冬季应及时放水或采取必要的防冻措施		检查或补充防冻液、制动液、动力转向油、玻璃清洗剂	正常 □ 不正常 □
7. 整理车辆证件、随车工具及附件等物品		检查必要的应急工具、车辆证件是否齐全	正常 □ 不正常 □

续表

作业内容	操作图示		检查结果
8. 对于有储气筒的车子，应放净储气筒中的积水、油污，并关好开关	排水塞	每隔几天应检查或放净第一个储气筒中的积水和油污	正常 □ 不正常 □

✔【任务总结】

一、任务评价与反馈

1. 对本学习任务进行评价，见表3—1—5。

表3—1—5　　　　　　　　　　　　**评分表**

考核项目	评分标准	分数	学生自评	小组互评	教师评价	小计
团队合作	是否和谐	5				
活动参与	是否积极主动	5				
安全生产	有无安全隐患	10				
现场5S	是否做到	10				
任务方案	是否正确、合理	15				
操作过程	1. 外观检视 2. 油液检查 3. 底盘检视	30				
任务完成情况	是否圆满完成	5				
工具和设备使用	是否规范、标准	10				
劳动纪律	是否能严格遵守	5				
工单填写	是否完整、规范	5				
	总分	100				
教师签名：			年　月　日		得分	

2. 能否说出汽车日常维护的作业内容有哪些？如不能，找出原因。
3. 能否独立完成汽车日常维护的作业？如不能，分析原因并提出改进措施。

二、理论知识检验

1. 选择题

（1）汽车日常维护由（　　）来完成。

A. 维修工　　B. 驾驶员　　C. 生产厂　　D. 销售商

（2）汽车日常维护的中心内容是（　　）。

A. 清洁、润滑、紧固　　B. 清洁、补给和安全检视

C. 检查、调整　　D. 拆检

2. 判断题

（　　）（1）保养是高档车的事情，我的车是经济型车，没有必要那么宠它。

（　　）（2）虽然了解养护爱车的必要性，但是拖一段时间维护也没关系。

（　　）（3）汽车日常维护可做可不做。

3. 问答题

（1）汽车日常维护作业主要内容有哪些?

（2）出车前的日常维护作业项目有哪些?

任务 2　新车维护

【任务目标】

1. 能够完成走合期前的维护作业。
2. 能够完成走合期的维护作业。
3. 能够完成走合期结束后的维护作业。

【任务描述】

同一品牌的车辆，由于使用了相同的零件，遵循统一的质量控制标准，并在同一生产线上，按照严格的工艺流程进行装配，因此就每一台发动机的性能指标来说，几乎不存在太大差异。然而在实际使用中，每一台发动机的使用寿命都不尽相同，有的使用 50 万 km 无大

修，而有的却不足 10 万 km，发动机就出现窜烟、烧机油等现象。出现这么大的差异，到底是什么原因造成的呢?

【任务内容】

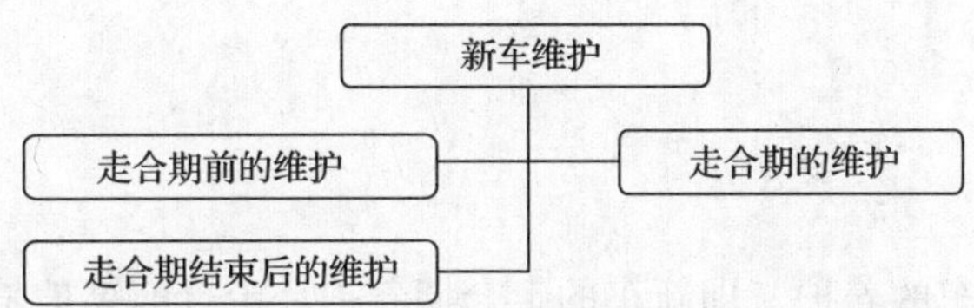

【任务准备】

汽车在新车出厂或大修（包括发动机大修）后，初期行驶的一段里程（一般为 1 000 ~ 3 000 km）称为走合期，在这段时期对汽车所进行的维护，称为走合（或新车）维护。进口汽车按制造厂的走合期规定进行，有些高级轿车按规定无走合期。

一、新车使用

1. 新车走合前期（200 km 左右）

新车在走合前期，各零件加工表面还未经很好磨合，配合间隙比较紧，润滑不够正常，零件表面摩擦热量较多、温度轻高，零件磨损速度最快，因此，在此阶段车辆应空载低速行驶。

2. 新车走合中期（大约走合期总行程一半以内）

汽车在这个阶段，零件已开始形成比较光滑的工作面，摩擦表面的接触情况有所好转，磨损量减少。但切勿以最大油门行驶，车速不能超过最高车速的 3/4，在各挡内均应避免发动机高速运转。同时尽可能避免牵引其他车辆。

3. 新车走合后期（零件表面的磨合正逐渐完成）

汽车在初驶的后期，摩擦面之间形成一定的储油间隙。润滑条件改善，各零件逐步进入正常的工作阶段，这时可逐步提高到最高车速或以发动机的允许最高转速行驶。

汽车的初驶阶段应特别注意以下几点。

（1）发动机处于冷状时，无论几挡都不可以使发动机高速运转。

（2）为节省燃油和减小工作噪声，只要发动机动力允许，应尽可能以高速挡行驶。

（3）不要使发动机工作负荷过大，当发动机工作不平稳（稍有拖挡现象）时应及时换入低速挡。

（4）新轮胎需“磨合”，在第一个 100 km 行驶过程中应小心驾驶。避免打“死方向”

和打“急方向”。

（5）新的制动器摩擦片需“磨合”，因为在200 km内行驶时，摩擦片还不具备理想的摩擦力，需要通过加大踏板力进行补偿。这一点适合于新更换的制动摩擦片。由于这时的制动效果不十分理想，应做到心中有数。

（6）初驶期过后1 000～3 000 km运行中，车主仍要控制车速和载荷，这样才能使新车平稳过渡。

二、新车养护

新车初驶应做好汽车的养护，即新车的走合期养护。走合前维护是为了防止汽车出现事故和损伤，保证汽车顺利地完成走合期的磨合，初驶期间汽车磨合状态的好坏，直接关系着汽车寿命的长短。做好这个期间的养护，会有利于汽车机件的磨合。

在初驶期间的养护比较简单，在不出现特殊情况下，司机完全可以自行完成。汽车初驶养护工作主要以清洁、润滑、紧固等为主。初驶养护可分为初驶前期养护、初驶中期养护和初驶后期养护。

1. 初驶前期养护

（1）彻底清洗汽车，检查各部位的连接、紧固情况。

（2）检查散热器的水量，检查冷却系统各部位有无漏水现象。

（3）检查发动机机油量是否充足，不足应补充。

（4）检查转向盘，手感检查转向机构有无松动或发卡现象。

（5）检查点火、灯光和仪表的工作是否正常，检查电解液液面，不足时添加。

（6）检查轮胎气压，不足时充气。

（7）检查行车和驻车制动系统是否正常，有无漏油现象，检查制动液油面，不足时应补充。

2. 初驶中期养护

初驶中期养护是在汽车行驶500 km左右时进行的，主要是对汽车各部件中技术状况开始发生变化的一部分进行一次及时养护，以恢复其良好的技术状况，保证下阶段初驶的顺利进行。主要内容有更换润滑油和滤芯；润滑全车各润滑点；检查制动效能和各连接处及制动管路的密封程度，必要时加以调整和紧固；检查、调整离合器踏板自由行程；在汽车初驶期行驶过程中，要注意观察各总成的温度情况，并随时检查和排除“四漏”情况。

初驶中期应该注意以下几点：

（1）在操作的时候要尽量缓和一点，不要急加油，不要急刹车。

（2）在冷车起动后，要暖机1 min。在起动时不要踩加速踏板。

（3）行驶第一个1 000 km以内，不要总是以一种速度（高或低）行驶。

（4）一定要用适当的挡位保持一定的车速，不要牵引任何其他车辆。

（5）发动机转速不要超过3 000 r/min，车速不要超过100 km/h。

3. 初驶后期养护

汽车走合期结束后，应及时将汽车送到厂家指定的维修站做走合期维护。做这次维护的目的，一方面是对汽车进行全面的检查、紧固、调整和润滑作业，使汽车达到良好的行驶状态；另一方面也是生产厂家对汽车售后服务的身份认定。

随着汽车厂家售后服务质量的提高和汽车性能的稳定，大部分轿车的初驶养护工作基本上由厂家指定的“4S”店进行，而且其保修里程一般在3年60 000 km左右。对于司机所要做的初驶养护，基本是清洁、检查（观察）和润滑等工作，若发现异常现象，应及时到指定“4S”店咨询解决。

初驶后期汽车的维护内容：

（1）更换机油，更换机油滤芯。

（2）检查、补充发动机冷却液。

（3）检查、调整发动机传动带紧度。

（4）检查、校正点火正时。

（5）检查、调整发动机尾气排放。

（6）检查、调整制动系统。

（7）检查、调整离合器踏板自由行程。

（8）检查、紧固悬挂和转向机构。

（9）检查全车各部泄漏情况并进行排除。

（10）润滑各部铰链。

（11）检查轮胎技术状况。

（12）检查调整电气系统的技术状态。

三、常见汽车初驶维护项目

以桑塔纳轿车的初驶养护为例，桑塔纳轿车的初驶里程为1 500 km。行驶里程1 000 km内，绝不可以进行全速行驶及超速行驶。各挡位行驶的最高限速如下（手动变速器）：一挡为30 km/h；二挡为55 km/h；三挡为80 km/h；四挡为105 km/h；五挡为120 km/h。

在1 000 km内，无论挂几挡，发动机的转速最好不要超过4 200 r/min。

在1 000 ~ 1 500 km时，汽车的行驶速度和发动机的转速可以逐渐提高到上述极限。

走合期以后，发动机最高允许转速为6 300 r/min。

桑塔纳轿车的首保里程为7 500 km，因此桑塔纳的初驶养护可到“4S”店进行。其项目主要有：检查发动机的机油、防冻液、燃油、空调等有无渗漏；检查废气；更换机油，更换机油滤清器，检查变速器、传动轴有无渗漏及损坏；检查冷却系统的防冻液液面高度，必要时更换，检查并润滑发动机盖锁、门铰链、门锁。

任务实施

新车养护作业见表3—2—1。

表 3—2—1　新车养护作业

作业项目	操作方法	操作图示	操作结果
1. 走合前期的维护	(1) 检查整车外观	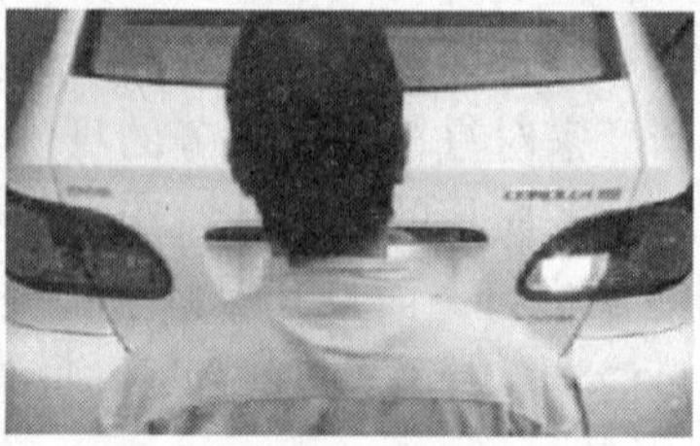	正确 □ 错误 □
	(2) 清洗车辆	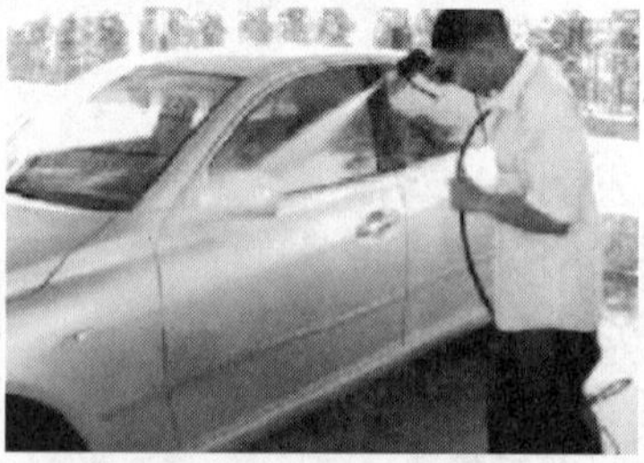	正确 □ 错误 □
	(3) 检查各部位的连接及紧固情况	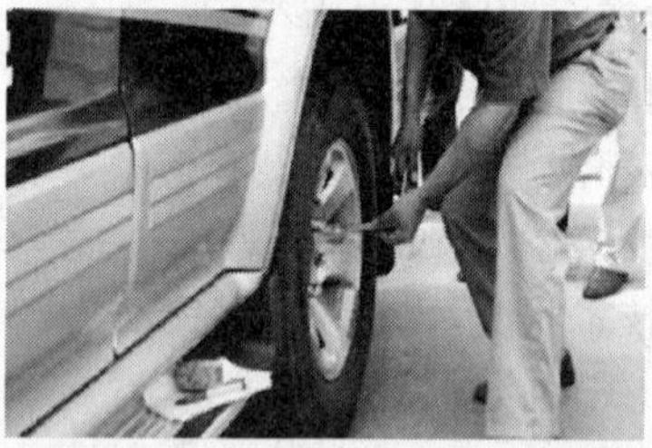	正确 □ 错误 □
	(4) 检查或加注冷却液，并检查冷却系统各部位有无漏水现象	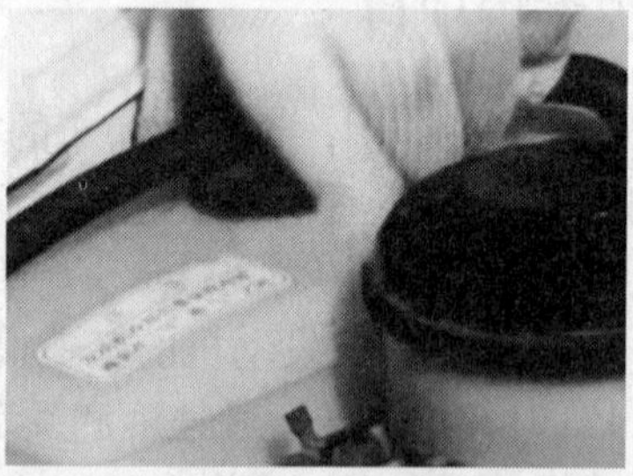	正确 □ 错误 □
	(5) 检查发动机、变速器、后桥、转向器内的油面高度，不足时添加，并检查各部位有无漏油现象	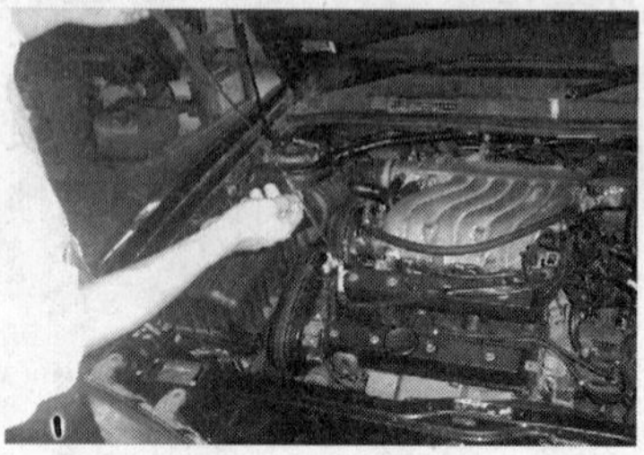	正确 □ 错误 □

续表

作业项目	操作方法	操作图示	操作结果
1. 走合前期的维护	（6）检查制动系统的工作是否正常，各管路接头处有无漏油、漏气现象	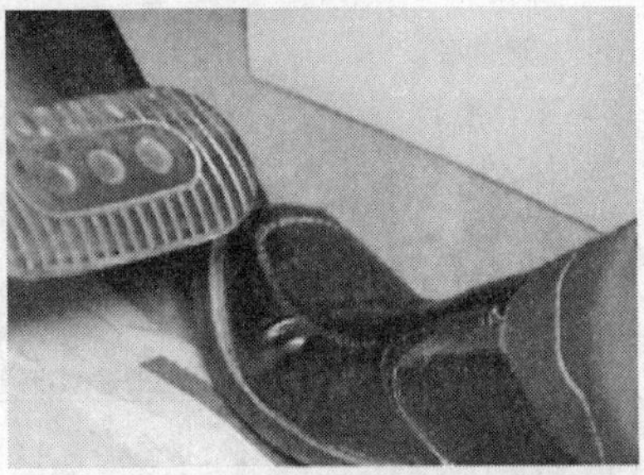	正确 □ 错误 □
	（7）检查转向机构各部位有无松动和发卡现象	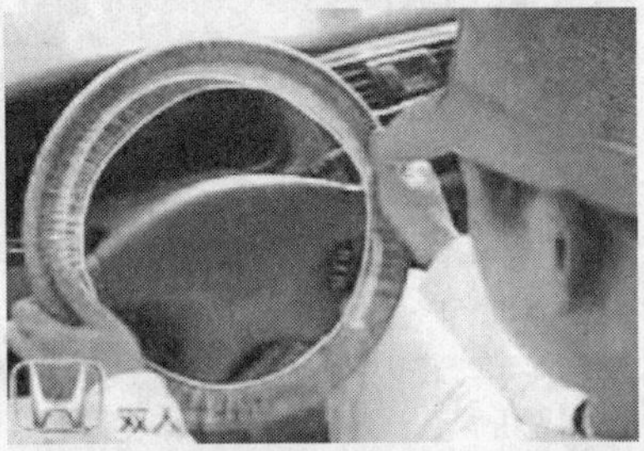	正确 □ 错误 □
	（8）检查电气设备、灯光和仪表工作是否正常		正确 □ 错误 □
2. 走合中期的维护	（1）发动机预热后，车辆方可起步	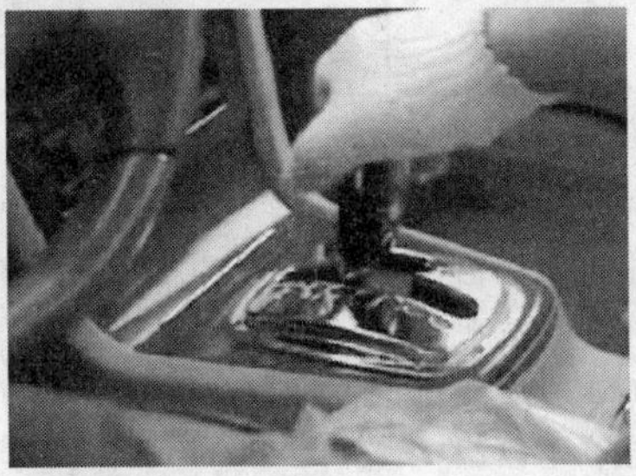	正确 □ 错误 □
	（2）应在平坦良好的路面上行驶		正确 □ 错误 □

续表

作业项目	操作方法	操作图示	操作结果
	(3) 正确驾驶，平稳地接合离合器，及时换挡，严禁硬撑、猛冲，避免突然加速和急剧制动		正确 □ 错误 □
	(4) 限速行驶，各挡每小时的车速要控制在最高时速的3/4范围内，大体为一挡25 km/h，二挡40 km/h，三挡 60 km/h，四挡 90 km/h，五挡100 km/h		正确 □ 错误 □
2. 走合中期的维护	(5) 限载，汽车走合期装载量不能超过额定的75%		正确 □ 错误 □
	(6) 经常注意变速器、后桥、轮毂及制动鼓的温度，如有严重发热时，应找出原因，予以调整或修理		正确 □ 错误 □
	(7) 应特别注意机油压力和控制发动机冷却液的正常温度		正确 □ 错误 □

续表

作业项目	操作方法	操作图示	操作结果
3. 走合后期的维护	（1）检查制动液液面高度	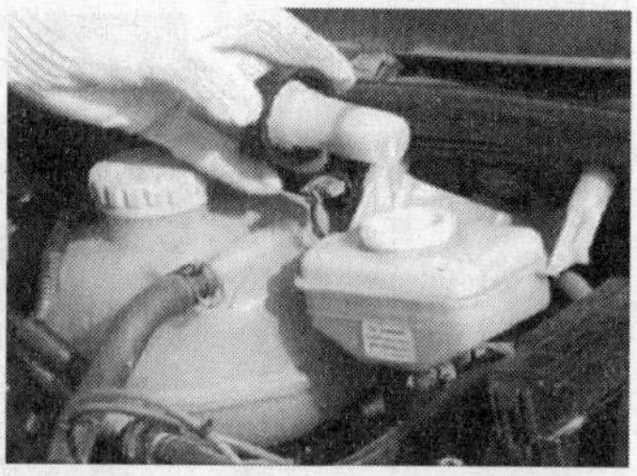	正确 □ 错误 □
	（2）检查或补充冷却液		正确 □ 错误 □
	（3）检查轮胎气压是否符合标准		正确 □ 错误 □
	（4）更换润滑油和滤芯		正确 □ 错误 □
	（5）润滑全车各润滑点	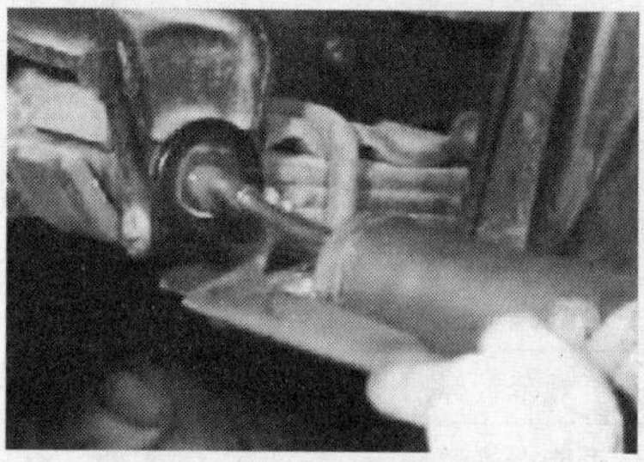	正确 □ 错误 □

续表

作业项目	操作方法	操作图示	操作结果
3. 走合后期的维护	（6）检查和排除“四漏”情况	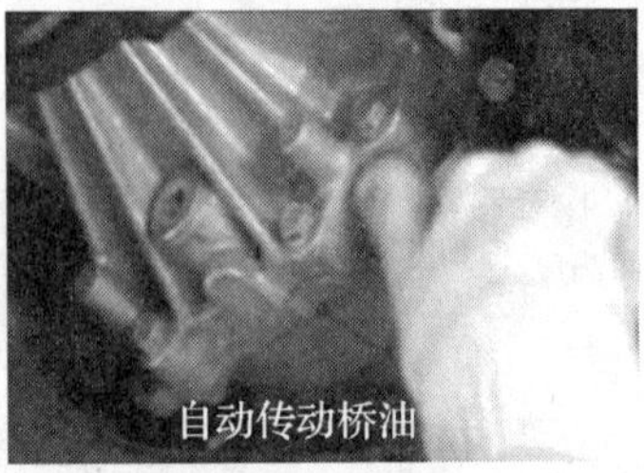 自动传动桥油	正确 □ 错误 □
	（7）检查调整离合器踏板自由行程，有需要时调整	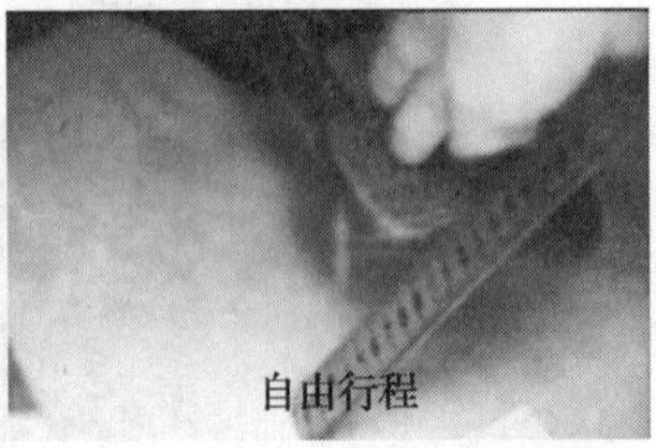 自由行程	正确 □ 错误 □

【任务总结】

一、任务评价与反馈

1. 对本学习任务进行评价，见表 3—2—2。

表 3—2—2　　评分表

考核项目	评分标准	分数	学生自评	小组互评	教师评价	小计
团队合作	是否和谐	5				
活动参与	是否积极主动	5				
安全生产	有无安全隐患	10				
现场 5S	是否做到	10				
任务方案	是否正确、合理	15				
操作过程	1. 走合前期的维护 2. 走合中期的维护 3. 走合后期的维护	30				
任务完成情况	是否圆满完成	5				
工具和设备使用	是否规范、标准	10				
劳动纪律	是否能严格遵守	5				

续表

考核项目	评分标准	分数	学生自评	小组互评	教师评价	小计
工单填写	是否完整、规范	5				
	总分	100				
教师签名：			年 月 日		得分	

2. 能完成走合前期的维护作业吗？如不能，找出原因。
3. 能完成走合后期的维护作业吗？如不能，分析原因并提出改进措施。
4. 通过学习收获了哪些知识？对以后的工作提出哪些改进措施？

二、理论知识检验

1. 选择题

（1）为维持汽车完好技术状况或工作能力而进行的作业称为（　　）。

A. 汽车修理　　B. 汽车检测　　C. 汽车美容　　D. 汽车维护

（2）新车运行初期的维护称为（　　）。

A. 日常维护　　B. 走合期维护　　C. 季节性维护　　D. 一级维护

（3）走合维护的里程数一般为（　　）。

A. 300 ~1 000 km　　B. 800 ~1 500 km

C. 1 000 ~3 000 km　　D. 2 000 ~6 000 km

（4）走合期汽车应在（　　）路面上行驶。

A. 最好　　B. 良好　　C. 恶劣　　D. 无所谓

2. 判断题

（　　）（1）保养是高档车的事情，我的车是新车，没有必要那么宠它。

（　　）（2）虽然了解养护爱车的必要性，但是拖一段时间维护也没关系。

（　　）（3）走合期结束后汽车就可以随心所欲行驶了。

（　　）（4）走合期结束后必须更换机油、机油滤芯。

3. 问答题

（1）新车维护基本作业项目有哪些？

（2）新车走合前期应注意哪些问题？

项目四　发动机维护

任务 1　润滑系的维护

【任务目标】

1. 能收集润滑系的维护相关信息。
2. 会检查和更换发动机机油。
3. 会检查和更换机油滤清器。
4. 会清洗润滑系。

【任务描述】

一辆桑塔纳轿车行驶一段时间后，发动机怠速时机油压力报警灯会点亮，只要轻轻加大油门报警灯就会熄灭。进厂维修，维修人员检查发现机油量正常，但机油变色、变质。询问客户得知相当长时间没换过机油。机油变质后，黏度降低，发动机温度上升黏度更低，造成机油压力降低，报警灯点亮。

【任务内容】

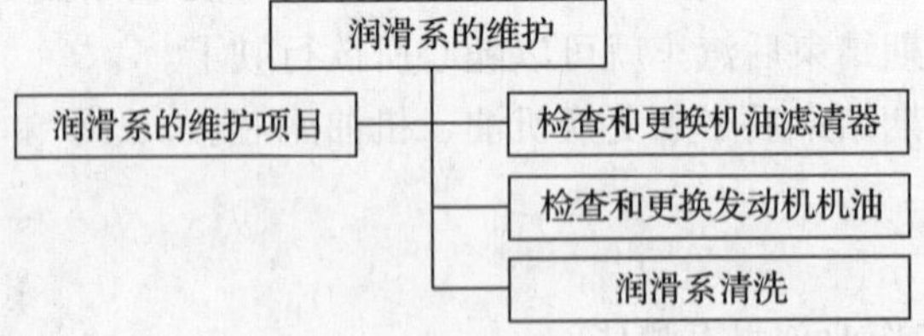

【任务准备】

润滑系的维护基本作业项目如下：

1. 检查发动机润滑油油品和油面高度

（1）用机油尺取出机油滴于中性滤纸上，检查其扩散的油迹。若中心黑色杂质颜色较深、颗粒较大，说明机油含杂质较多、已变质。

（2）用手捻搓取样机油，若机油失去黏性感，说明机油内混有燃油。

（3）从发动机上抽出机油尺并用干净的布擦净，再将机油尺插入发动机内，然后抽出机油尺，查看机油量应在上刻度线与下刻度线之间。若不足时，应补充相同牌号润滑油至规定刻度线。

（4）检查发动机各接合面与各零部件是否有漏油、裂纹，特别是检查曲轴前、后油封是否漏油，气门室盖罩胶垫是否漏油，正时链外罩接合面处是否漏油，正时链张紧器垫片处是否漏油，油底壳接合面是否漏油，机油放油垫处是否漏油，气缸垫处是否漏油，各类传感器与发动机接合处及油底壳是否有变形、裂纹，气缸体是否有裂纹、漏油等。

2. 机油和机油滤清器更换

车辆行驶到规定公里或时间时（5 000 ~ 10 000 km 或 6 ~ 12 个月，不同厂家规定公里数有所不同），应更换发动机机油和机油滤清器。

（1）打开发动机罩，拧下机油加注口盖。

（2）将车辆举升到一定高度，将机油收集器放置在放油螺塞下方，在热车状态下，拆下放油螺塞，将机油放出。待机油放净后，装上放油螺塞。

（3）用专用的机油滤清器拆卸器拆下机油滤清器，在新的滤清器的 O 形圈上涂抹一层机油，用手将滤清器拧紧，再用滤清器的扳手拧紧 3/4 圈。

（4）将举升机降下，加入新机油，使油面达到油标尺的上、下限中间偏上（注：每一款发动机的机油用量均是固定的）。

（5）起动发动机，在怠速的情况下观察滤清器有无泄漏，如有泄漏，可适当拧紧滤清器。以同样方法检查是否漏油。

（6）发动机熄火后（5 min 以上），再次抽出机油尺检查油面高度是否在上、下限之间。

任务实施

一、检查润滑油油面高度及品质作业（见表 4—1—1）

表 4—1—1　　检查润滑油油面高度及品质作业

作业内容	操作图示	操作结果
1. 拉动发动机舱盖拉手，打开发动机舱盖锁		正确 □ 错误 □

续表

作业内容	操作图示	操作结果
2. 按住舱盖锁，打开发动机舱盖		正确 □ 错误 □
3. 拿出发动机舱盖支撑杆，将支撑杆插入支撑孔	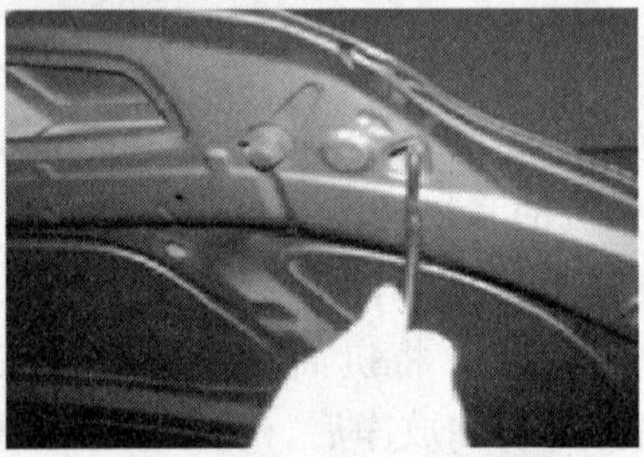	正确 □ 错误 □
4. 拔出机油标尺 预热发动机及停止发动机，过去5 min或者更多时间以后检查机油	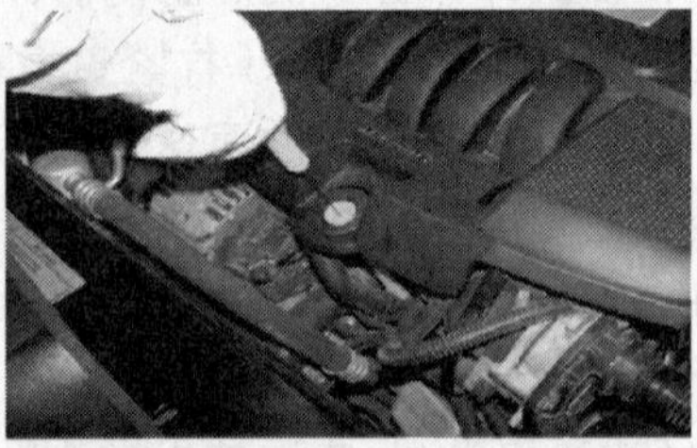	正确 □ 错误 □
5. 检查发动机润滑油质量 (1) 搓捻鉴别：用机油标尺取出油底壳中的少许机油，放在手指上搓捻。搓捻时，若有黏稠感觉，并有拉丝现象，说明机油未变质，仍可继续使用，否则应更换 (2) 油滴检查：在滤纸上滴一滴油底壳中的机油，若油滴中心沉积环很大，呈黑褐色且均匀无颗粒，周围黄色浸润很小，说明机油变质，应更换；若油滴中心沉积环小且颜色较浅，周围的黄色浸润痕迹较大，表明机油还可以使用	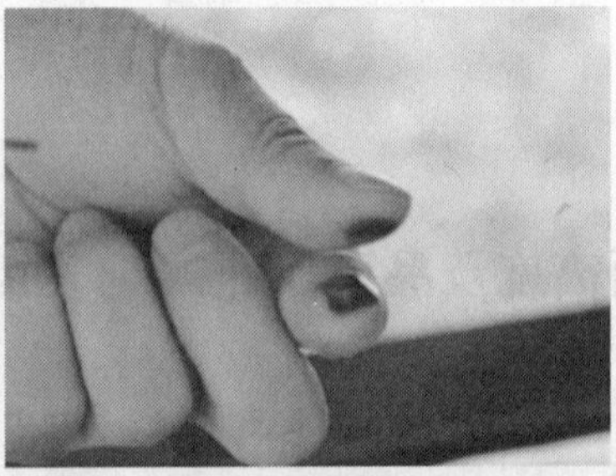 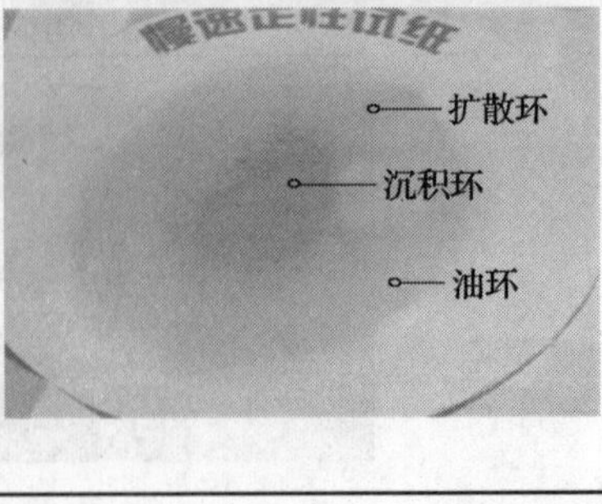	正常 □ 变质 □

续表

作业内容	操作图示	操作结果
6. 将机油标尺擦干净		正确 □ 错误 □
7. 将机油标尺插回原位		正确 □ 错误 □
8. 再拔出机油标尺	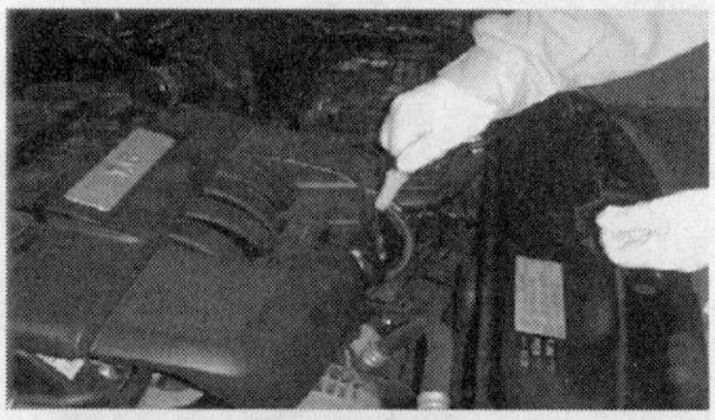	正确 □ 错误 □
9. 检查液面高度	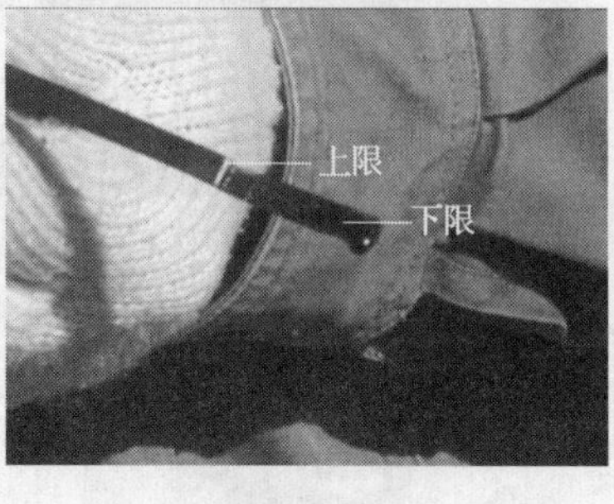 上限 下限	正常 □ 不足 □
10. 插回机油标尺		正确 □ 错误 □

二、机油和机油滤清器更换作业（见表4—1—2）

表4—1—2　　机油和机油滤清器更换作业

作业内容	操作图示	操作结果
1. 打开发动机盖		正确 □ 错误 □
2. 安装四件套	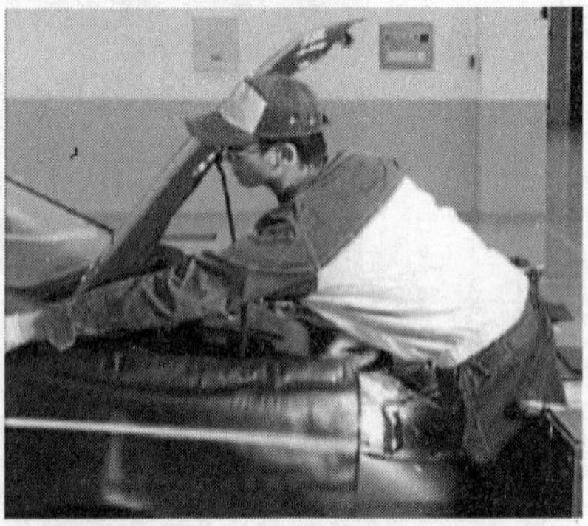	正确 □ 错误 □
3. 打开发动机加油孔盖	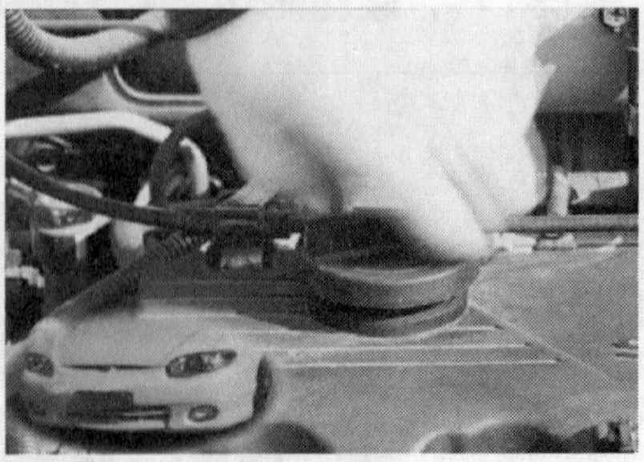	正确 □ 错误 □

续表

作业内容	操作图示	操作结果
4. 检查发动机油底壳是否漏油		泄漏 □ 不泄漏 □
5. 紧固油底壳螺栓	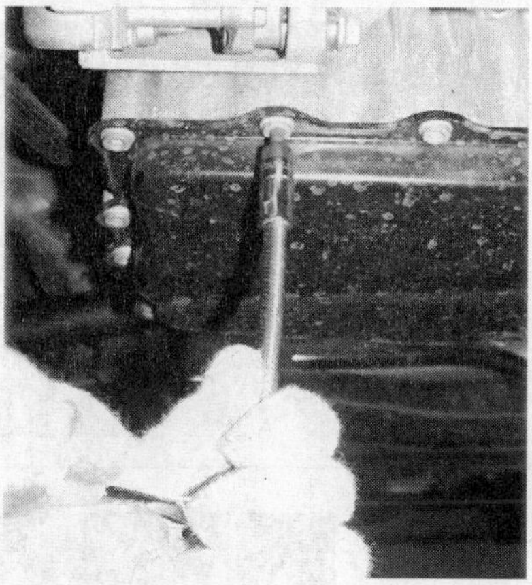	正确 □ 错误 □
6. 将车辆举升到一定高度，将机油收集器放置在放油螺塞下方		正确 □ 错误 □

续表

作业内容	操作图示	操作结果
7. 拆下油底壳放油螺塞	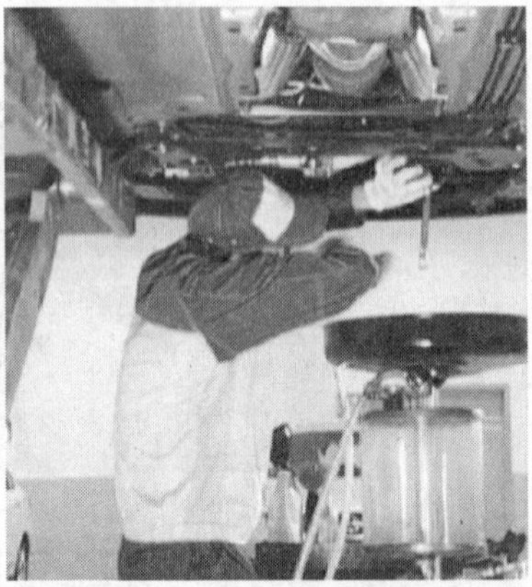	正确 □ 错误 □
8. 放净发动机内机油		正确 □ 错误 □
9. 装上并拧紧油底壳放油螺塞	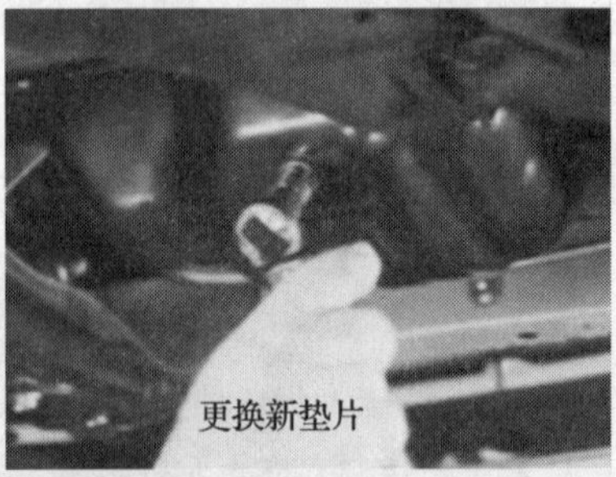 更换新垫片	正确 □ 错误 □
10. 拆下机油滤清器	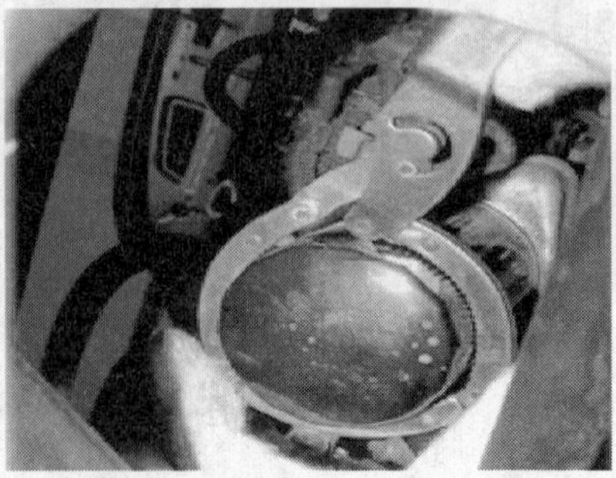	正确 □ 错误 □

续表

作业内容	操作图示	操作结果
11. 用干净布清洁机油滤清器表面	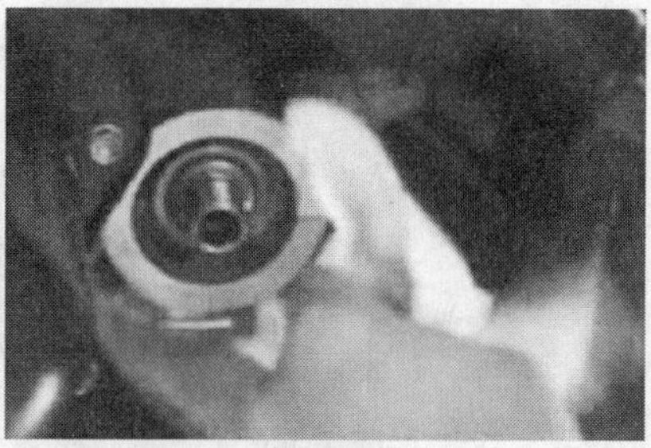	正确 □ 错误 □
12. 在 O 形密封圈上涂机油		正确 □ 错误 □
13. 安装机油滤清器 用手拧紧机油滤清器		正确 □ 错误 □
14. 紧固机油滤清器 用扳手拧紧 3/4 圈		正确 □ 错误 □

续表

作业内容	操作图示	操作结果
15. 加注机油		正确 □ 错误 □
16. 检查机油量 加注机油 10 min 后，抽出机油尺检查机油量	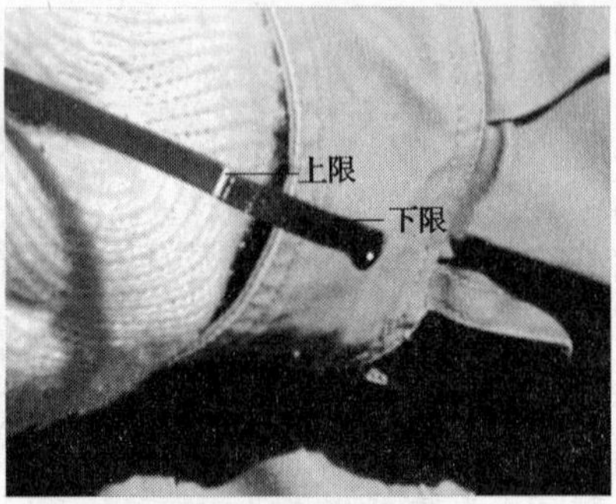 上限 下限	正常 □ 不足 □ 过多 □
17. 起动发动机	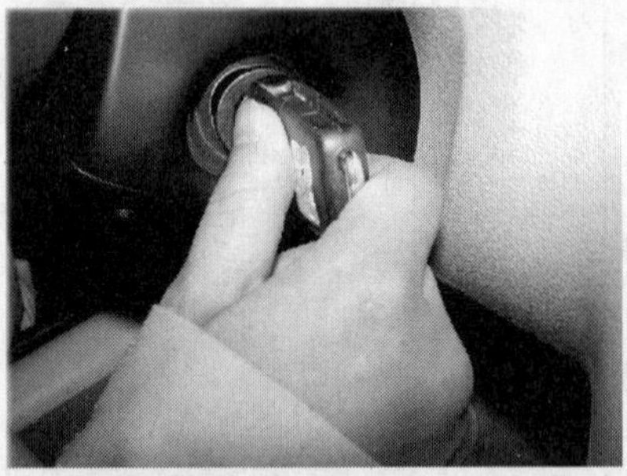	正确 □ 错误 □
18. 检查机油滤清器是否漏油	 检查泄漏	泄漏 □ 不泄漏 □

✓【任务总结】

一、任务评价与反馈

1. 对本学习任务进行评价，见表4—1—3。

表4—1—3　　评分表

考核项目	评分标准	分数	学生自评	小组互评	教师评价	小计
团队合作	是否和谐	5				
活动参与	是否积极主动	5				
安全生产	有无安全隐患	10				
现场5S	是否做到	10				
任务方案	是否正确、合理	15				
操作过程	1. 机油检查 2. 机油及机油滤清器更换	30				
任务完成情况	是否圆满完成	5				
工具和设备使用	是否规范、标准	10				
劳动纪律	是否能严格遵守	5				
工单填写	是否完整、规范	5				
	总分	100				
教师签名：				年　月　日	得分	

2. 能否说出润滑系统的清洗方法？如不能，找出原因。

3. 能否独立完成机油及机油滤清器更换？如不能，分析原因并提出改进措施。

二、理论知识检验

1. 选择题

（1）一般机油滤清器能过滤的最小微粒是（　　）μm。

A. 15　　B. 25　　C. 50　　D. 75

（2）机油压力偏低的故障原因是（　　）。

A. 机油泵损坏　　B. 机油滤清器严重堵塞

C. 机油变质　　D. 机油量过多

(3) 更换发动机机油时，在加注机油后，应检查机油的量，检查应在（　　）进行。

A. 加注机油时

B. 发动机运转时

C. 发动机运转一段时间，熄火后立即

D. 发动机运转一段时间并熄火，等待一段时间后

2. 判断题

(　　)(1) 润滑油加注越多越好。

(　　)(2) 润滑油主要起润滑、清洗、冷却、密封等作用。

(　　)(3) 润滑油的更换一般每隔 2 000 ~ 3 000 km 更换一次。

(　　)(4) 检查润滑油的油量，应观察油标尺，如果油印痕在花纹以上，则为标准量。

3. 问答题

(1) 润滑系的维护基本作业项目有哪些?

(2) 更换发动机润滑油的间隔里程是多少?

【知识拓展】

清洗润滑系统

有些车辆工作环境恶劣，行驶一定里程（45 000 km）后，应清洗润滑系统或拆洗一次油底壳，清洗机油泵集滤器，或使用专用的清洗机对润滑系统进行免拆清洗。

发动机润滑系统免拆清洗机采用最安全的空气动力和专用的发动机润滑系统清洗液，能够有效地把发动机润滑系统的油泥和积炭溶解，将发动机润滑系统清理干净。

该设备配合汽车的定期保养，不需拆卸发动机，只需用接头与发动机机油滤清器和油底壳螺孔连接，利用空气动力，在发动机静态时进行清洗。只要 12 min，发动机润滑系统油泥、积炭和杂质就会一并清除。清洗后可以恢复发动机的效率，减小磨损，减少废气排放，延长发动机的寿命。

工作原理：发动机润滑系统免拆清洗机是利用高压空气驱动气动泵工作，气动泵的一端把发动机油底壳中的清洗液吸出，此清洗液经气动泵加压后进入发动机润滑系统的油道中，并不断进行循环清洗。发动机润滑系统免拆清洗机工作原理如图 4—1—1 所示。

发动机润滑系统免拆清洗操作见表 4—1—4。

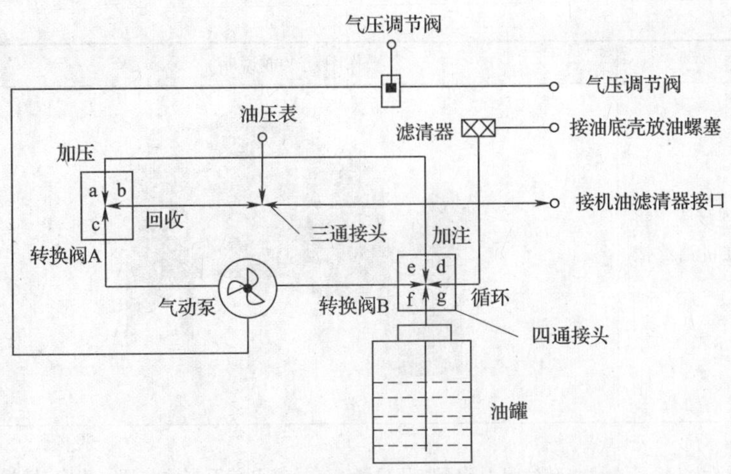

图 4—1—1　发动机润滑系统免拆清洗机工作原理

表 4—1—4　　发动机润滑系统免拆清洗操作

作业内容	操作图示（或说明）	操作结果
1. 拆下油底壳放油螺塞，放净机油	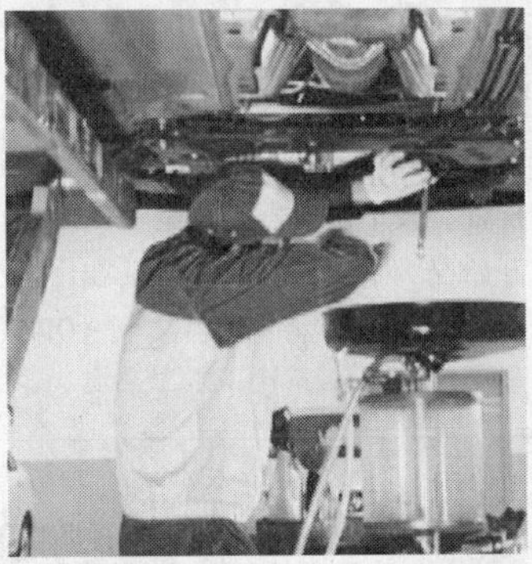	正确 □ 错误 □
2. 从工具盒中找出适合油底壳的螺栓接头，将清洗机回液管装入油底壳放油螺塞孔	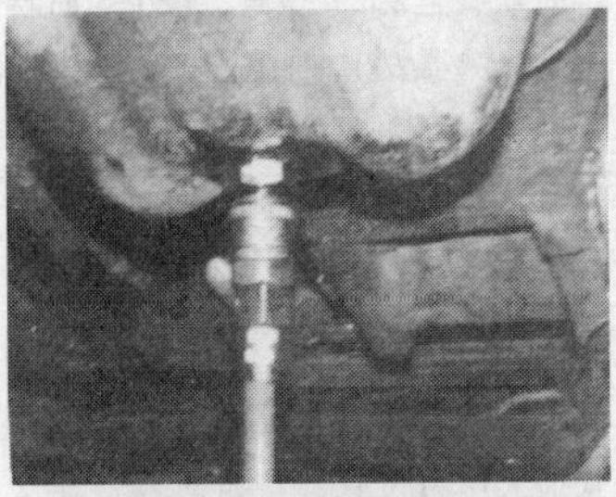	正确 □ 错误 □
3. 拆下机油滤清器		正确 □ 错误 □

续表

作业内容	操作图示（或说明）	操作结果
4. 选择合适的连接头，将清洗机出液管装在机油滤清器座上		正确 □ 错误 □
5. 将清洗液加入清洗机油罐内	将转换阀A旋至加压位置，转换阀B旋至加注位置，将定时器旋至1 min位置，按下定时器开关至“ON”位置，旋转气压调节阀至最大压力，气动泵工作，开始注清洗液，直到蜂鸣器发出“嘀”声，将气压调节阀A旋至“MIN”位置，将定时器按至“OFF”处，结束注液	正确 □ 错误 □
6. 循环清洗	转换阀A不变，将转换阀B旋至循环位置，将定时器旋至4 min位置，按下定时器开关至“ON”位置，气压调节阀旋至最大压力，开始循环，直到蜂鸣器发出“嘀”声，将气压调节阀A旋至“MIN”位置，将定时器按至“OFF”处，结束循环清洗	正确 □ 错误 □
7. 浸泡	转换阀A和转换阀B不变，把气压调节阀旋至最小压力位置，将定时器旋至2 min位置，按下定时器开关至“ON”位置，开始浸泡，直到蜂鸣器发出“嘀”声，将定时开关按至“OFF”处，结束浸泡	正确 □ 错误 □
8. 再次循环清洗	重复步骤6	正确 □ 错误 □
9. 回收清洗液	将转换阀A旋至回收位置，转换阀B保持不变，将气压调节阀旋至最大压力位置，将定时器旋至2 min位置，按下定时器开关至“ON”位置，开始回收清洗液，直到蜂鸣器发出“嘀”声，将定时开关按至“OFF”处，将气压调节阀A旋至“MIN”位置，结束回收	正确 □ 错误 □
10. 加注机油	从油底壳放油螺塞上拆下清洗机回液管，装上放油螺塞；从机油滤清器座上拆下清洗机出液管，装上新的机油滤清器；然后加注新鲜机油	正确 □ 错误 □

任务2　燃料供给系的维护

【任务目标】

1. 能收集燃料供给系维护的相关信息。
2. 会检查和更换空气滤清器。
3. 会清洗节气门体。
4. 会清洗燃油系统。

【任务描述】

一辆丰田轿车，怠速和低速时发动机工作正常，高速时发动机加速困难。经维修人员检查发现怠速和低速时油压正常，高速时油压偏低，初步诊断油路堵塞。拆下燃油滤清器后发现里面很脏，更换燃油滤清器、清洗油路后故障排除。

【任务内容】

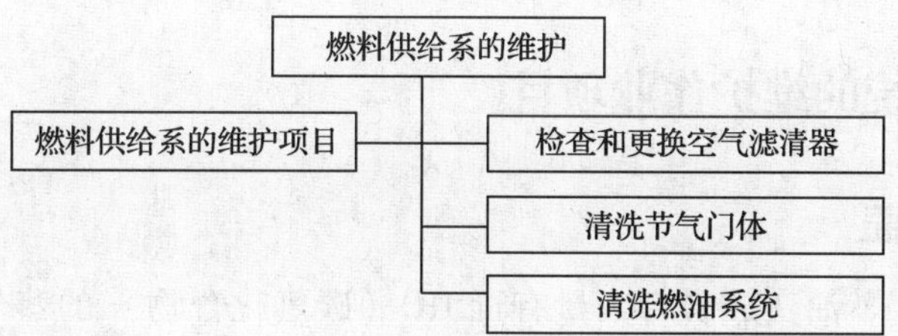

【任务准备】

一、空气供给系统维护作业项目

1. 检查、清洁或更换空气滤清器

如果滤清器滤芯堵塞，造成进入到发动机的空气量变少，发动机的输出功率降低，燃油经济性变差。应检查、清洁发动机空气滤清器、空压机空气滤清器和曲轴箱通风空气滤清

器。滤清器各部应清洁、完好，上下衬垫密封良好、卡箍可靠。

（1）发动机空气滤清器的滤芯为干式滤芯，维护时应拆下滤芯，轻轻拍打，并用小于 0.5 MPa 的压缩空气由里向外吹净。绝不可用汽油或水清洗滤芯。密封垫破损应更换。

（2）检查空压机空气滤清器。洗净外壳及滤芯等零件后，在滤芯上蘸点机油，重新安装好滤芯及滤清器盖等零件。

（3）清洁/更换间隔。根据行驶里程和时间长短来清洁或更换滤芯，因为难以通过目视来判断它的变质程度。一般每行驶 20 000 km 或 2 年应更换滤芯。当行驶在沙地或尘土飞扬的地区时，清洁/更换滤芯的间隔就要变短。

2. PCV（曲轴箱强制通风）阀检查、清洁

如果 PCV 阀堵塞，从气缸窜入油底壳的气体就不能够被吸入进气歧管，就直接排放到大气中。气体还与发动机机油混合，使机油变质。每行驶 20 000 km 或 1 年应检查 PCV 阀。

从发动机的顶部罩盖上拔下曲轴箱通风空滤器，清洁后用压缩空气吹净。

3. 检查或清洗进气歧管及节气门体

检查进气歧管是否损坏，真空软管是否破裂、老化，连接处是否松脱。视使用情况拆洗进气歧管及节气门体。

4. 检查排气管、消声器

检查排气管、消声器是否损坏，检查排气管支架上的 O 形圈是否损坏或者脱离，检查垫片是否损坏。

二、燃油供给系统的维护作业项目

1. 检查燃油箱盖

如果垫片损坏，燃油变成含有大量有毒 HC（碳氢化合物）的蒸气蒸发到空气中会污染空气。如果真空阀损坏，空气不能进入油箱，在油箱中形成的部分真空会造成供油不畅。

每行驶 40 000 km 或 2 年应检查燃油箱盖，通过检查确保油箱盖和垫片都没有变形或者损坏。同时检查真空阀是否锈蚀或者粘住。通过检查确保油箱盖能够被正确上紧。安装油箱盖并上紧，确保油箱盖发出咔嗒声而且能够自由转动。

2. 更换燃油滤清器

滤芯堵塞后，燃油供应量减少，会造成高速时功率输出降低，加速无力。汽油机汽车每行驶 40 000 km 或 4 年，柴油机汽车每行驶 20 000 km 或 2 年，应更换燃油滤清器。如果使用不纯净的燃油，间隔应当减半。

3. 检查活性炭罐

当单向阀阻塞时就不再正常工作，这样蒸气就会排放到大气中污染空气。每行驶 40 000 km 或 2 年应检查活性炭罐。

4. 检查/调整怠速混合气（排放）

如果怠速混合气不当，发动机工作稳定性降低，CO/HC 的排放量增加。汽车每行驶 20 000 km 或 2 年应检查/调整怠速混合气（排放）。

【任务实施】

一、空气供给系统维护作业（见表 4—2—1）

表 4—2—1　　空气供给系统维护作业

作业项目	作业内容	操作图示	操作结果
1. 检查、清洁或更换空气滤清器	（1）打开发动机罩		正确 □ 错误 □
	（2）拆下空气滤清器进气管		正确 □ 错误 □
	（3）松开空气滤清器盖罩紧固螺栓（或卡箍）		正确 □ 错误 □

续表

作业项目	作业内容	操作图示	操作结果
1. 检查、清洁或更换空气滤清器	（4）拆下空气滤清器盖罩		正确 □ 错误 □
	（5）取出空气滤清器滤芯		正确 □ 错误 □
	（6）清洁空气滤清器滤芯（用压缩空气从滤芯内侧向外吹净滤芯上的灰尘，并轻轻地拍打滤芯） 汽车每行驶20 000 km或2年应更换空气滤清器滤芯		正确 □ 错误 □
	（7）清洁空气滤清器壳体		正确 □ 错误 □
	（8）检查真空管和进气歧管的连接		正确 □ 错误 □

续表

作业项目	作业内容	操作图示	操作结果
1. 检查、清洁或更换空气滤清器	(9) 安装滤芯	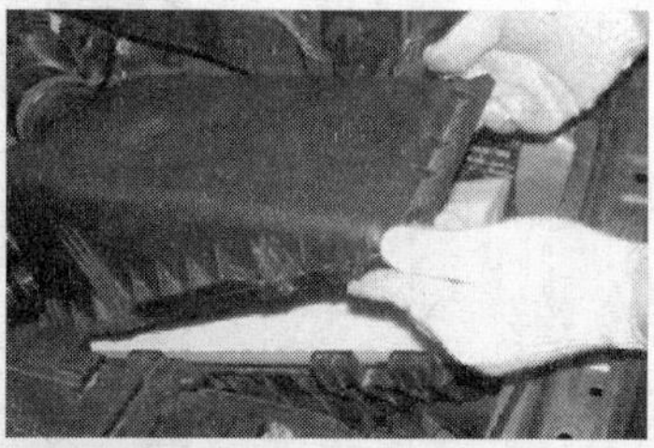	正确 □ 错误 □
2. 清洗进气歧管及节气门体	(1) 拔掉电路插接器	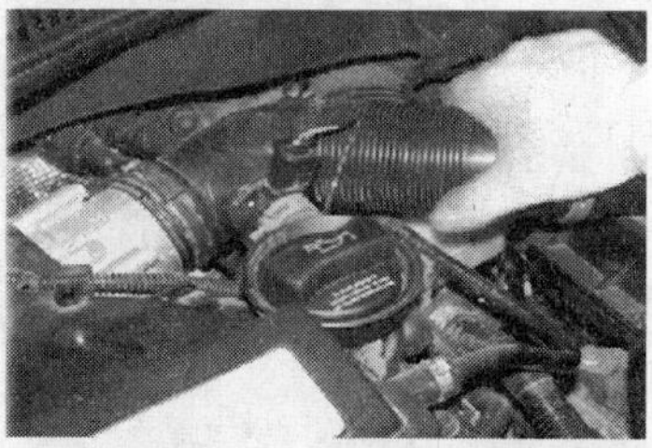	正确 □ 错误 □
	(2) 松开进气管卡箍		正确 □ 错误 □
	(3) 松开空气滤清器卡箍		
	(4) 取出进气总管	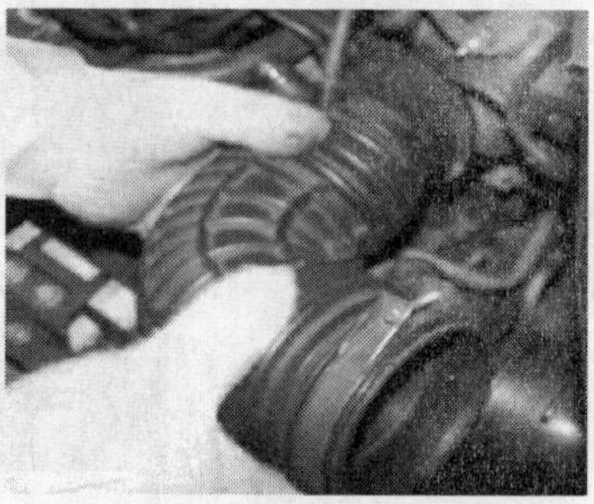	正确 □ 错误 □

续表

作业项目	作业内容	操作图示	操作结果
2. 清洗进气歧管及节气门体	（5）拆下节气门体固定螺钉		正确 □ 错误 □
	（6）用化油器清洗剂清洗节气门体	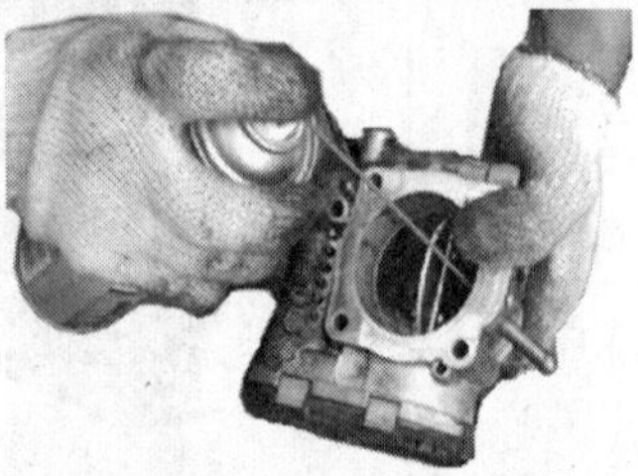	正确 □ 错误 □
	（7）用干净的布擦洗或用压缩空气吹洗节气门体		正确 □ 错误 □
	（8）清洗进气管	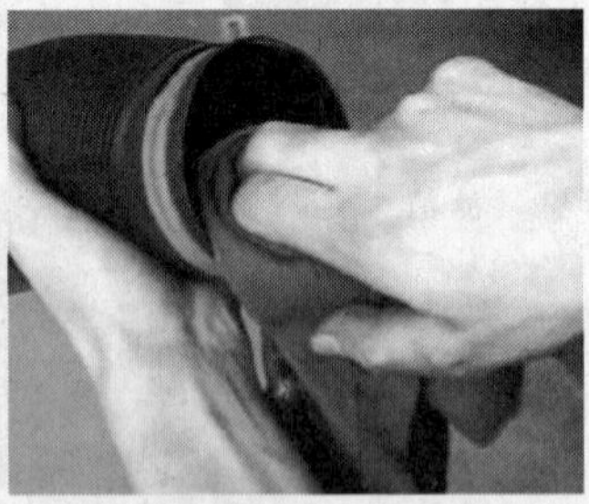	正确 □ 错误 □
	（9）安装好节气门体和进气管	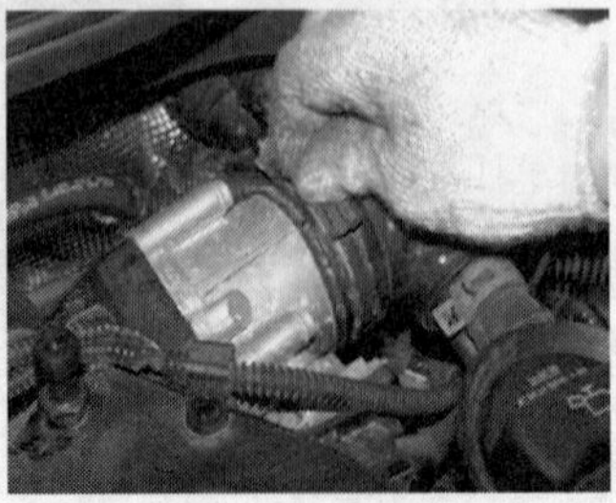	正确 □ 错误 □

二、燃料供给系统维护作业（见表 4—2—2）

表 4—2—2 燃料供给系统维护作业

作业项目	作业内容	操作图示	操作结果
1. 检查燃油箱盖	（1）打开油箱盖挡板	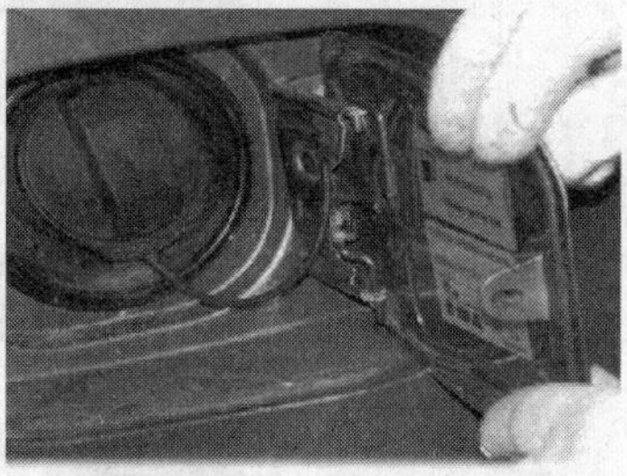	正确 □ 错误 □
	（2）拧下油箱盖	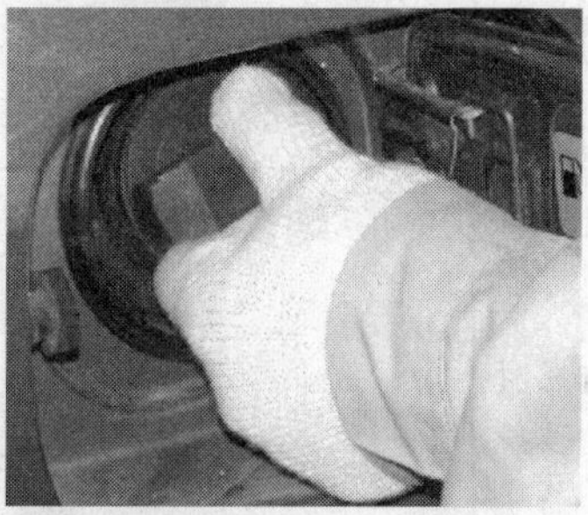	正确 □ 错误 □
	（3）检查油箱盖密封圈		正确 □ 错误 □
	（4）检查油箱盖真空阀		正确 □ 错误 □

续表

作业项目	作业内容	操作图示	操作结果
1. 检查燃油箱盖	（5）装上油箱盖，并进一步上紧	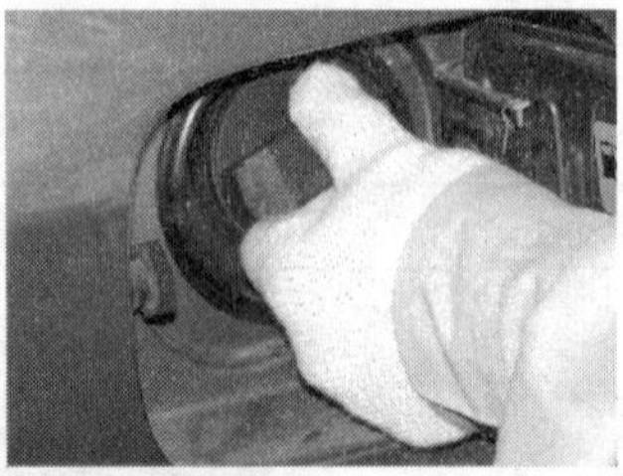 上紧油箱盖，确保油箱盖发出咔嗒声而且能够自由转动	正确 □ 错误 □
2. 检查或更换燃油滤清器	（1）拔下油泵继电器熔丝，起动发动机	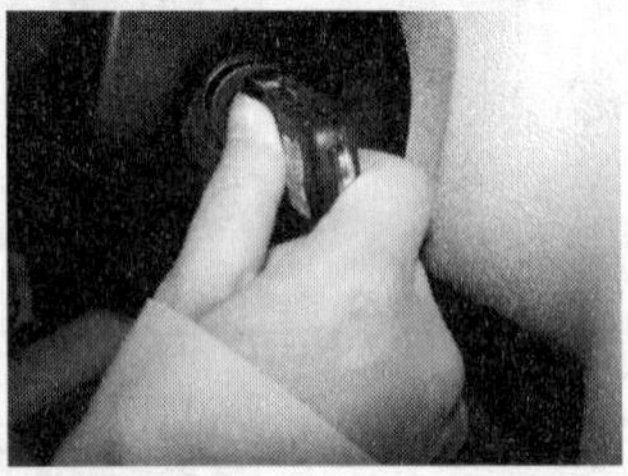 运行发动机，耗尽燃油管中的燃油，直到发动机自动熄火	正确 □ 错误 □
	（2）检查燃油管路松动、破损和泄漏		正确 □ 错误 □
	（3）拆下燃油滤清器固定螺钉	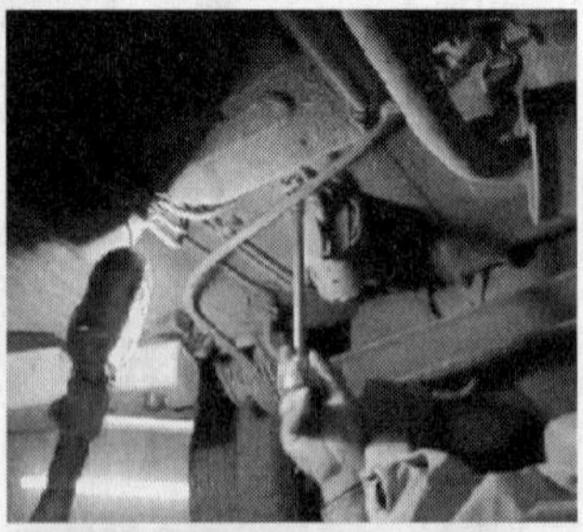	正确 □ 错误 □
	（4）拔下燃油管，取下燃油滤清器	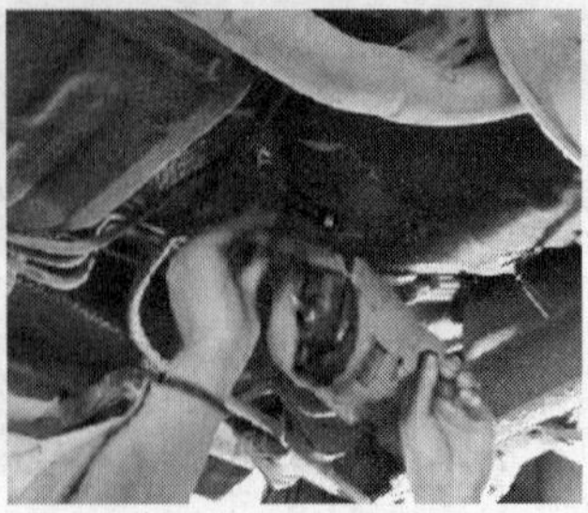	正确 □ 错误 □

续表

作业项目	作业内容	操作图示	操作结果
2. 检查或更换燃油滤清器	(5) 更换新的燃油滤清器，并注意安装方向	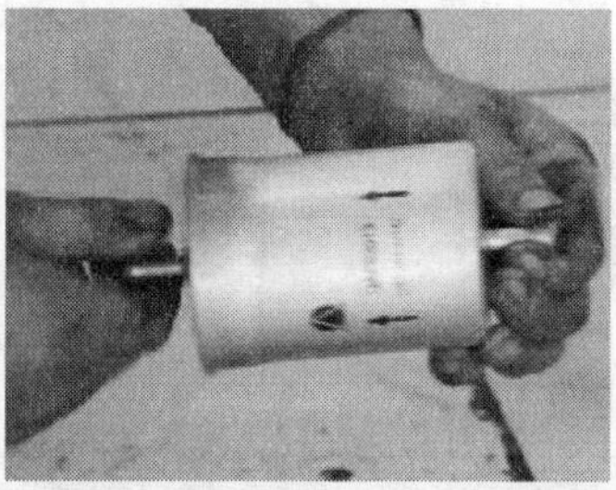	正确 □ 错误 □
	(6) 安装新的燃油滤清器	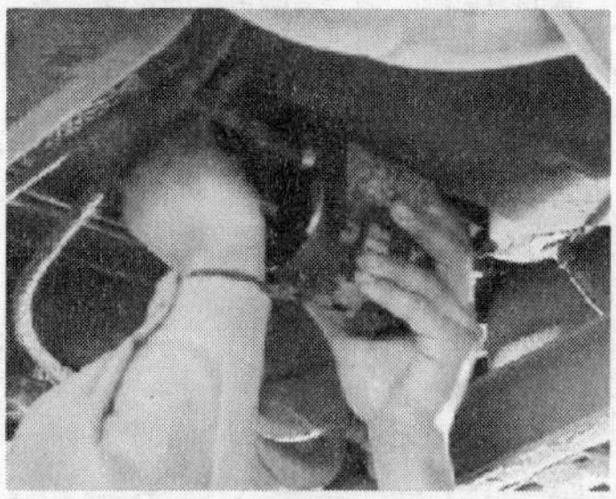	正确 □ 错误 □
3. 检查活性炭罐	(1) 检查炭罐外表及软管破损、松动	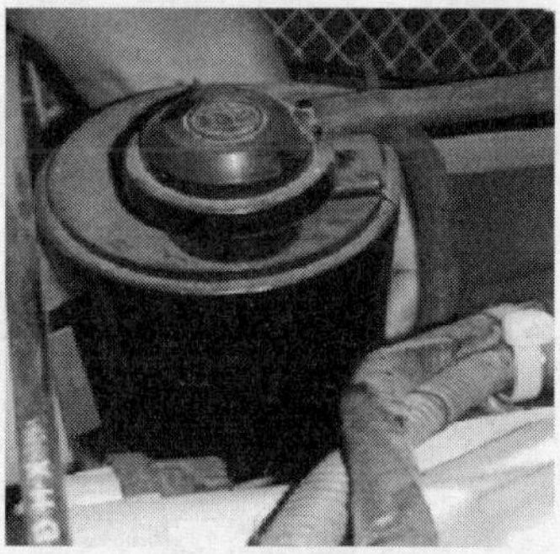	正常 □ 不正常 □
	(2) 拆下连接管及炭罐固定螺钉，取下炭罐	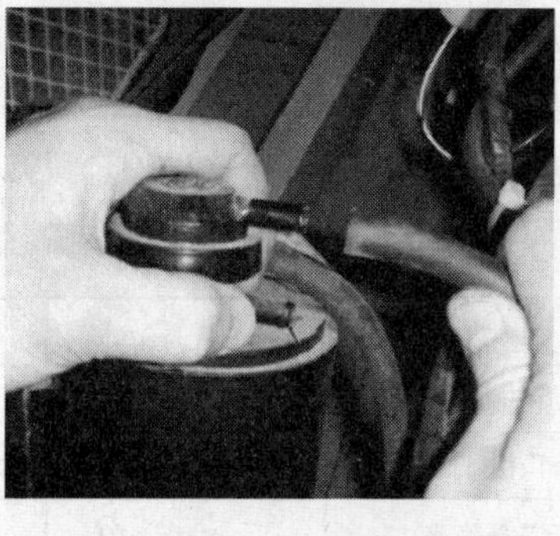	正确 □ 错误 □

续表

作业项目	作业内容	操作图示	操作结果
3. 检查活性炭罐	（3）检查泄漏（堵塞 B、C 口，A 口接入真空，炭罐应无泄漏）	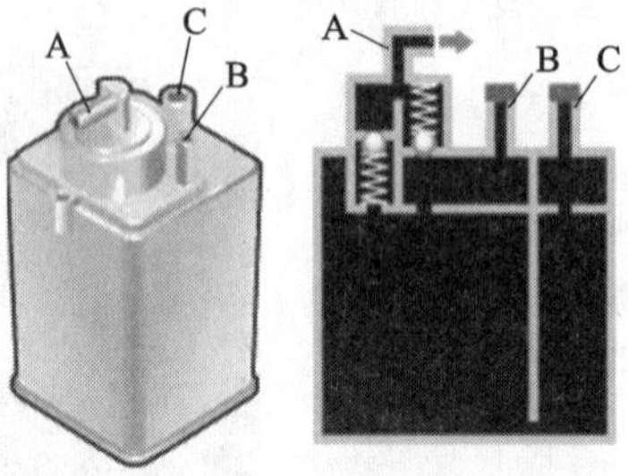 A B C	正常 □ 不正常 □
	（4）检查单向阀（堵塞 C 口，A 口接入真空，空气应从 B 口流入）	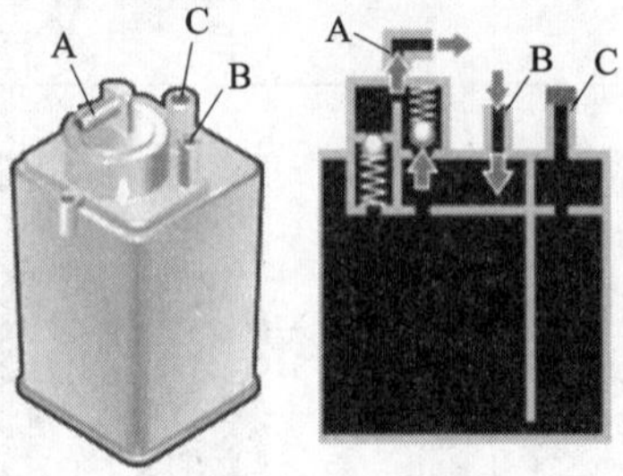 A B C	正常 □ 不正常 □
	（5）检查单向阀（堵塞 C 口，A 口接入压缩空气，空气应从 B 口流出）	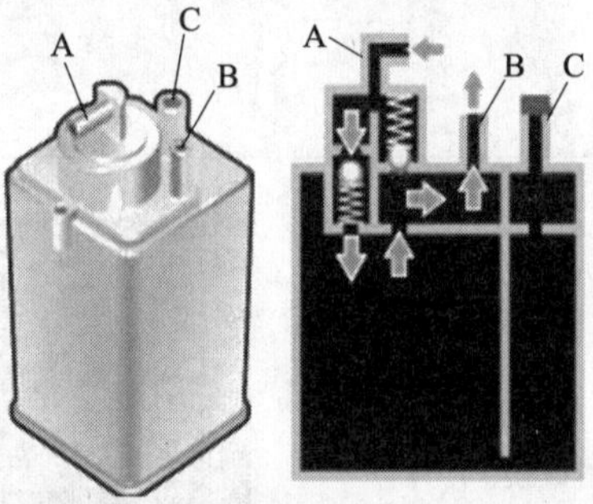 A B C	正常 □ 不正常 □

✓【任务总结】

一、任务评价与反馈

1．对本学习任务进行评价，见表 4—2—3。

表 4—2—3 评分表

考核项目	评分标准	分数	学生自评	小组互评	教师评价	小计
团队合作	是否和谐	5				
活动参与	是否积极主动	5				
安全生产	有无安全隐患	10				

续表

考核项目	评分标准	分数	学生自评	小组互评	教师评价	小计
现场5S	是否做到	10				
任务方案	是否正确、合理	15				
操作过程	1. 检查或更换空气滤清器 2. 节气门清洗 3. 检查、更换燃油滤清器	30				
任务完成情况	是否圆满完成	5				
工具和设备使用	是否规范、标准	10				
劳动纪律	是否能严格遵守	5				
工单填写	是否完整、规范	5				
	总分	100				
教师签名：			年 月 日		得分	

2. 能说出燃油系统维护的作业内容吗？如不能，找出原因。

3. 能独立完成燃油系统的维护吗？如不能，分析原因并提出改进措施。

4. 通过学习收获了哪些知识？对以后的工作提出哪些改进措施？

二、理论知识检验

1. 选择题

（1）丰田汽车的电控发动机供油系统在怠速时的油压是约（　　）MPa。

A. 0.24　　B. 0.2　　C. 0.35

（2）捷达汽车的电控发动机喷油方式是（　　）。

A. 顺序喷射　　B. 双缸喷射　　C. 单点喷射

（3）三元催化器的作用是（　　）。

A. 减少排气污染　　B. 检测爆振

C. 检测进气温度　　D. 曲轴箱通风

（4）电控发动机系统负责收集信号的部件是（　　）。

A. 发动机控制电脑　　B. 传感器

C. 执行器　　D. 线路

（5）燃油压力过高会导致（　　）。

A. 混合气过稀　　B. 混合气过浓

C. 点火时间提前　　D. 发动机更有力

（6）在市区行驶的轿车，空气滤清器的清洁周期一般为（　　）km左右。

A. 100　　B. 1 000　　C. 10　　D. 10 000

（7）空气滤清器的滤芯被污物堵塞，会造成进气量下降，（　　）功率下降。

A. 变速器　　B. 转向机　　C. 发动机　　D. 散热器

2. 判断题

(　　)(1) 在发动机刚刚熄火后安装燃油压力表一定要卸压。

(　　)(2) 发动机压缩比增大则最佳点火提前角减小。

(　　)(3) 多缸汽油发动机在怠速时工作较正常，高速时断火，排气管排黑烟且有放炮声，可能是某缸或多缸不点火。

3. 问答题

(1) 空气供给系统维护作业项目有哪些?

(2) 燃油供给系统的维护作业项目有哪些?

(3) 更换燃油滤清器间隔里程是多少?

【知识拓展】

一、燃油系统的免拆清洗

燃油系统的免拆清洗方法是从输油管输入混有清洗剂的燃料，在发动机运转的同时，混合物燃烧，将分布在化油器、喷油器和燃烧室等处的积炭、胶质与积垢软化、剥落、溶解，并随尾气排出。使用发动机燃油系统清洗机进行清洗，不需拆卸就能够有效地清除发动机燃油系统的积炭。

1. 操作步骤

(1) 清洗液的配制（根据车型需要选配）

1) 将机器电源接头的红色夹子夹在汽车蓄电池的正极上，黑色夹子夹在汽车蓄电池的负极上（或与 DC12V 电源相连）。

2) 将黑色管与车辆的回油管路连接。

3) 将定时器逆时针拨到“ON”挡。

4) 将回油管阀门打开。

5) 起动发动机，汽油将通过回油管输入到清洗机的储油箱内，直到规定值。

6) 关闭发动机。

7) 将清洗剂按规定比例与汽油混合（也可直接通过其他方式将混合液按规定配好，再倒入清洗机的油箱内）。

(2) 发动机清洗

1) 分别用合适的接口将供油管（红色）、回油管（黑色）与车辆供油系统相连。

2) 将车辆汽油泵的继电器拆下，或将熔丝盒内的油泵熔丝摘除，或将进油管与回油管短接，使车辆的汽油又流回油箱。

3）使泄压阀处于关闭状态。

4）将定时器顺时针拨在 30 min 位置上。

5）将压力调节器调到零位，打开流量调节阀。

6）起动发动机使其运转，直到原供油系统所有残余燃油消耗完，大约要 1 min。

7）开启机器电源开关。

8）慢慢旋转调压器和流量计调节压力和流量，使不同形式的车辆发动机均匀平稳地运转；如果是化油器汽车，也可采取调节卸压阀来控制压力和进油流量。对汽油机而言，化油器汽车燃油输入化油器时压力很小，所以在清洗时流量也相应变小；而对电喷车而言，由于喷油器的开启需要一个压力，所以压力调节器亦相应提高压力，要求略高于电喷车的开启压力，一般为 137.9～206.8 kPa。

9）观察混合液面。在最后几分钟内关闭机器回油管阀门，对车辆进行最后的高压清洗。

10）定时器回零报警后关闭发动机。

11）先打开泄压阀后再拆下各管体。

12）关闭机器电源，拆下电源。

13）拆下供油管和回油管，重新连接车辆供油系统，起动发动机检查有无泄漏。

2. 清洗效果

经过清洗后的发动机其内部的胶质、胶漆和积炭等被软化、剥落、溶解，喷油嘴雾化效果明显改善，燃烧室内燃烧更加充分，发动机性能显著提高，油耗降低，废气排放改善。经多次实验验证效果如下：燃料消耗减少 5%～15%；废气温度降低 7%～10%；废气颗粒减少 15%～60%；尖峰功率增加 10%～38%；扭力增加 30%。

3. 燃油系统的免拆清洗注意事项

（1）起动发动机前一定要将电动燃油泵的熔丝拔下，以免起动发动机时电动燃油泵工作造成燃油泄漏引起火灾。

（2）旋转气压调节阀时要缓慢，以免油路油压过高。

（3）拆除接头时应先减压（逆时针旋转油压调节阀）。

（4）在使用设备之前，请仔细阅读说明书，以便正确操作。

（5）设备所选用的清洗剂系易燃、易挥发液体，在清洗过程中严禁烟火。

（6）设备应放在无阳光直射且通风良好的场所，并张贴“严禁烟火”和“易燃品危险警告”标志，需有灭火器等消防设备。

（7）汽车尾气中含有多种有毒有害气体（如一氧化碳、炭化氢、氮氧化物等），测试时要将其引到室外并保持室内良好通风。

（8）汽车发动机排气管和水箱等部件温度较高，勿碰，以防灼伤。

（9）测试时要拉好手制动，并将变速器置于停车挡或空挡，同时挡好前轮。

（10）测试时要戴好防护眼镜。

（11）断开有压力燃油管路接头时要用毛巾捂住接头，避免燃油泄漏到发动机体或其他零件上引起火灾。

4. 燃油系统的免拆清洗作业（见表4—2—4）

表4—2—4　　燃油系统的免拆清洗作业

作业内容	操作图示	操作结果
(1) 判别发动机是电控燃油喷射还是机械式燃油喷射，并确定气缸数		正确 □ 错误 □
(2) 打开汽车油箱盖，减小油路的压力	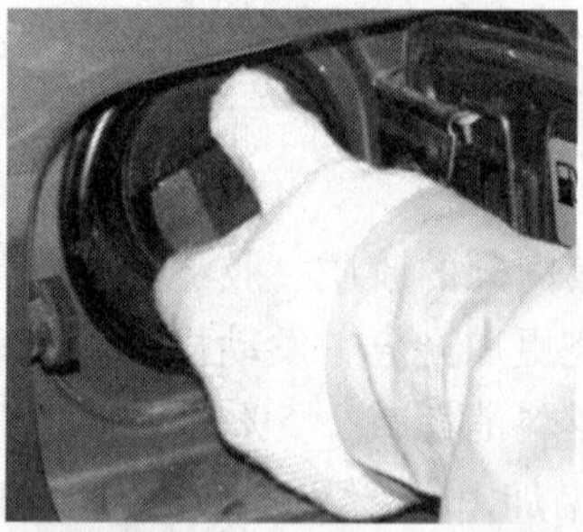	正确 □ 错误 □
(3) 查找发动机的回油管，用合适的接头将其连接到清洗机的回油管，起动发动机，将回油引导至清洗机的储油桶内，并达到相应的油位（如为4缸机则达到4CYL刻度处，6缸机则达到6CYL处，8缸机则达到8CYL处），然后关闭发动机	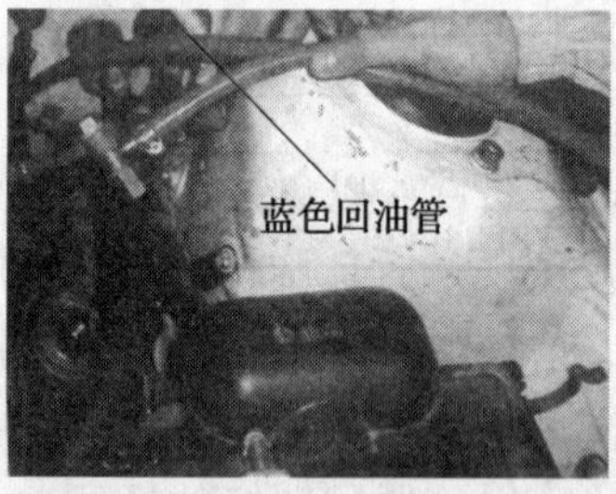 蓝色回油管	正确 □ 错误 □
(4) 拆下发动机的进油管，选择合适的接头、接管，将燃油泵的出油管与回油管连接起来（或堵住出油管）	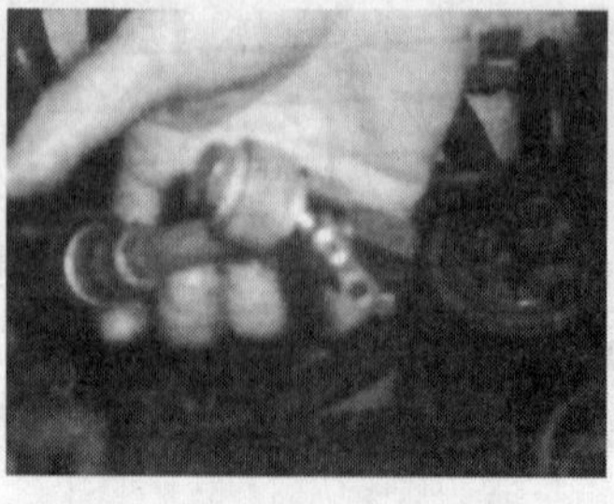	正确 □ 错误 □

续表

作业内容	操作图示	操作结果
（5）将发动机燃油泵熔丝拔下	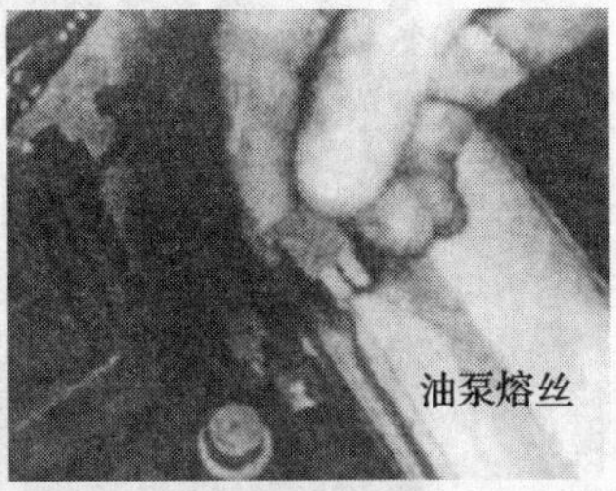 油泵熔丝	正确 □ 错误 □
（6）选择合适的接头，将清洗机的出油管连接到发动机的进油管	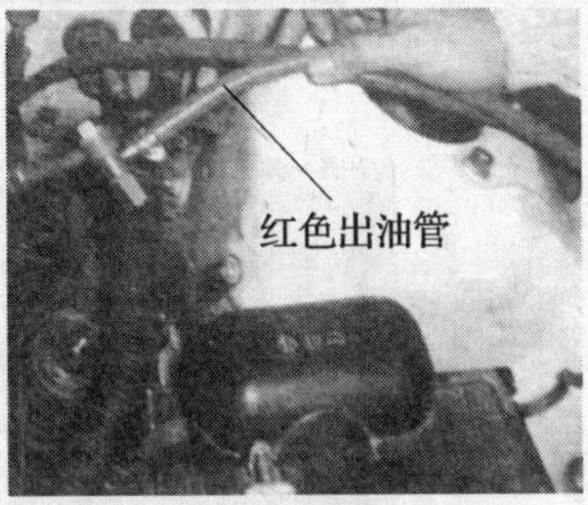 红色出油管	正确 □ 错误 □
（7）将清洗机的油压调节阀顺时针旋转至最小位置	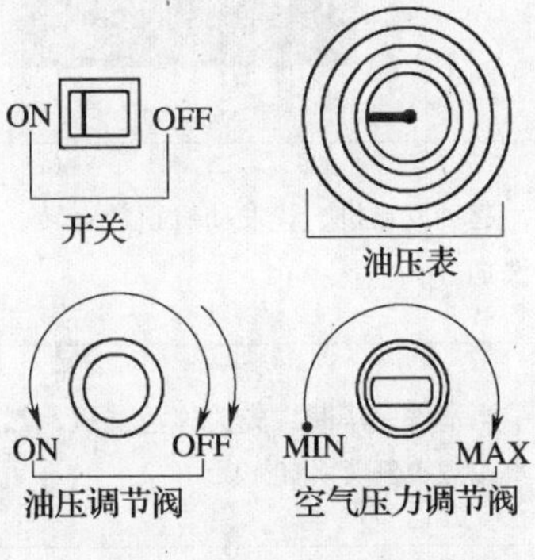 ON OFF 开关 油压表 ON OFF 油压调节阀 MIN MAX 空气压力调节阀	正确 □ 错误 □
（8）将压缩空气连接到快速接头处，把气压调节阀旋钮提起，慢慢顺时针旋转（顺时针旋转为增压，逆时针旋转为减压），旋至压力表指针有轻微往后晃动时停止操作	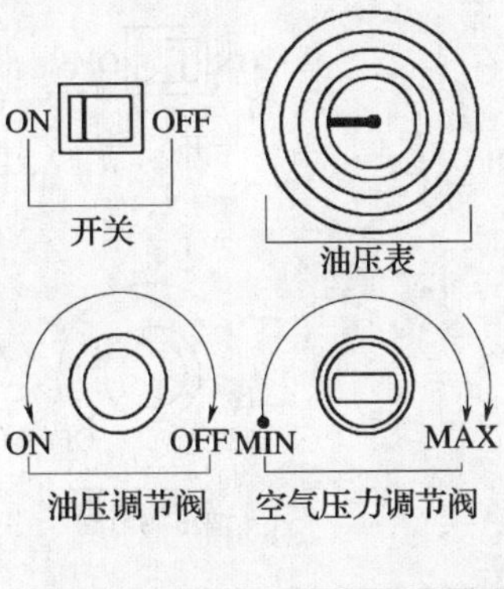 ON OFF 开关 油压表 ON OFF 油压调节阀 MIN MAX 空气压力调节阀	正确 □ 错误 □

续表

作业内容	操作图示	操作结果
（9）检查管路及各接头处是否漏油、渗油，如有渗漏，修复好后方可继续工作	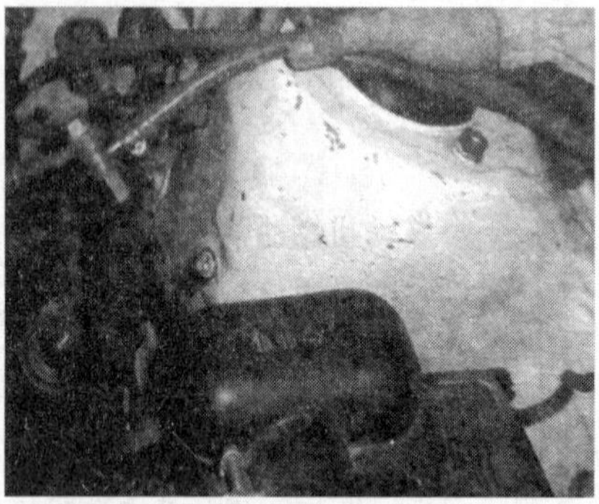	正确 □ 错误 □
（10）继续慢慢调节气压调节阀，直到清洗机油桶内有回油时，将气压调节阀旋钮按下，此时清洗机的供油压力已达到发动机工作压力，这时方能起动发动机		正确 □ 错误 □
（11）起动发动机	起动发动机，让发动机正常运转，并在清洗机油箱内加入适量清洗剂	正确 □ 错误 □
（12）清洗完成	当清洗完毕时，先关掉清洗机，然后汽车会自动熄火，此时应将汽车点火开关关闭	正确 □ 错误 □
（13）先逆时针旋转油压调节阀，减压后才能拆除接头。照原样接好发动机的进、回油管，起动发动机并适当加速，检查各接头处及管路是否渗漏油	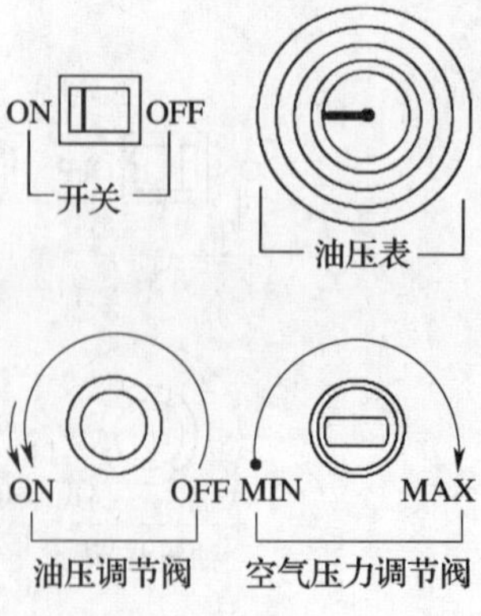 ON OFF 开关 油压表 ON OFF 油压调节阀 MIN MAX 空气压力调节阀	正确 □ 错误 □

二、检查或清洗喷油器

喷油嘴是电控燃油喷射发动机的主要元件，它是一对精密偶件。通过喷油嘴，燃油被雾化后精确地喷射到燃烧室中。在使用中，由于空气中的尘埃和汽油质量问题，会在燃烧过程中产生积炭和胶质，附着在进排气门、节气门和燃烧室上，尤其是附着在喷油嘴上，使喷油嘴出现积炭、结胶，甚至出现堵塞现象。一旦出现这种现象，会造成喷油嘴渗漏、雾化不良甚至不喷油，进而出现发动机抖动、怠速不稳、加速不良、能耗急剧增加、功率下降，更严重的会造成发动机熄火。此时，只能通过清洗或更换喷油嘴来排除故障。但是由于喷油嘴的价格较高，所以对喷油嘴进行清洗成为改善喷油嘴工作性能的主要途径。喷油器检查或清洗一般使用喷油嘴清洗检测仪。

喷油嘴清洗检测仪是一种机电一体化的产品，主要由油路部分和电气部分组成。油路部分主要是提供喷油嘴喷射所需要的清洗液，电气部分主要控制喷油嘴的清洗以及模拟喷油嘴在发动机各种工况下的喷射测试（可模拟发动机各种工况）。喷油嘴清洗检测仪可以对各种汽车的喷油嘴进行清洗、检测，同时还可对汽车喷油嘴及供油系统进行免拆清洗。

1. 喷油嘴清洗检测仪主要功能

（1）超声波清洗功能：同时对多个喷油嘴进行强力清洗，彻底清除喷油嘴上的顽固积炭。

（2）反向冲洗功能：能彻底清除喷油嘴内部及附在滤网上的脏物。

（3）免拆清洗功能：对不易拆卸的喷油嘴进行清洗，操作方便。

（4）均匀性检测功能：检测同一车辆多个喷油嘴喷油量的均匀性。

（5）雾化性检测功能：检测各个喷油嘴的雾化情况和喷油角度。

（6）密封性检测功能：检测喷油嘴的密封性及滴漏情况。

（7）喷油量检测功能：检测喷油嘴在各种工况下的喷油量情况。

2. 喷油嘴清洗检测仪主要特点

（1）采用超声波强力清洗技术，清洗能力强。

（2）采用微机调压控制技术，油压稳定，可调范围宽，能适应装备各种汽油喷射系统的汽车并可实现喷油器清洗检测过程的自动化。

（3）采用微机自动控制与数字显示技术，可对清洗、检测过程进行自动控制，并对主要状态参数进行实时监控。

（4）采用排油自动控制技术，可通过控制面板的按钮进行自动排油。

（5）具有数据通信功能。本设备预留串行通信接口（RS232），方便与外部设备通信和进行功能扩展。

3. 喷油嘴清洗与测试程序

一般完整的清洗测试程序建议按以下顺序进行：

（1）超声波清洗。
（2）反向冲洗（只能对上方供油喷油嘴进行反向冲洗）。
（3）均匀性检测。
（4）雾化性观测。
（5）密封性测试。
（6）喷油量检测。

4. 检查或清洗喷油器作业（见表 4—2—5）

表 4—2—5　　检查或清洗喷油器作业

作业项目	作业内容	操作图示（或说明）	操作结果
1. 超声波清洗	（1）从车上拆下喷油嘴		正确 □ 错误 □
	（2）检查喷油嘴的橡胶密封圈	将喷油嘴的橡胶密封圈取下，检查是否损坏，如有损坏应在清洗测试前及时更换，以免测试时发生泄漏。再将喷油嘴放入汽油或清洗液中，仔细清除外部油污后用软布擦拭干净	正确 □ 错误 □
	（3）连接脉冲信号线，并打开主机电源开关		正确 □ 错误 □

续表

作业项目	作业内容	操作图示（或说明）	操作结果
1. 超声波清洗	（4）将喷油器放入超声波清洗池内，在清洗池内加入适量的超声波清洗剂（要浸过喷油嘴针阀）	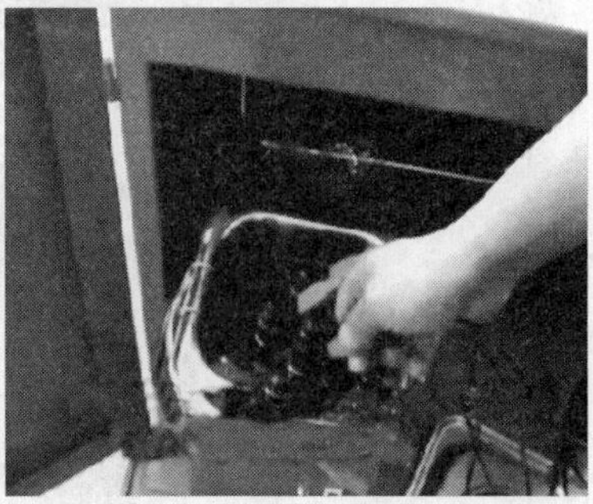	正确 □ 错误 □
	（5）选择“超声波清洗”	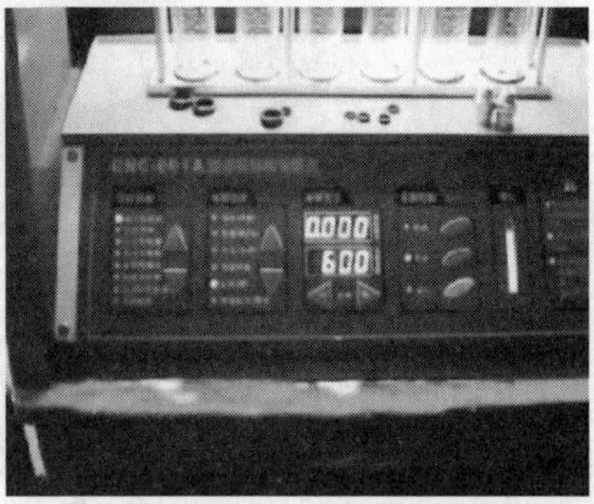	正确 □ 错误 □
	（6）按下“运行”键开始清洗	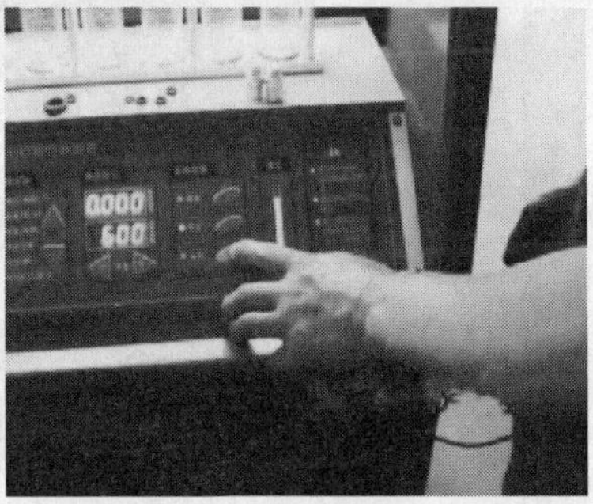	正确 □ 错误 □
	（7）清洗完成，先关闭清洗机电源，再拔下脉冲信号线		正确 □ 错误 □

续表

作业项目	作业内容	操作图示(或说明)	操作结果
2. 喷油均匀性检测	(1)将喷油器装在分油器支架上	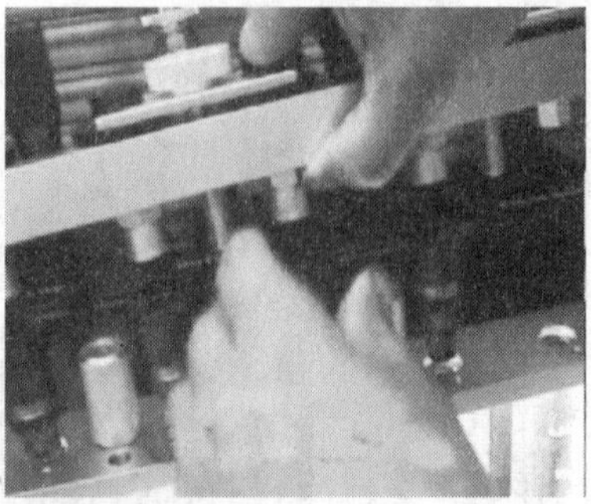	正确 □ 错误 □
	(2)拧紧分油器支架上的螺杆		正确 □ 错误 □
	(3)连接脉冲信号线	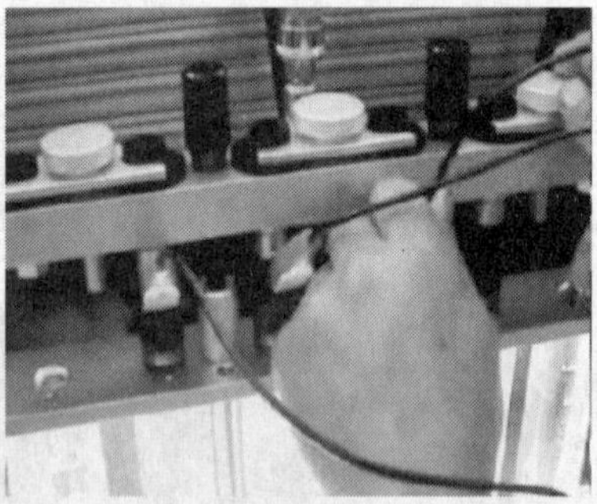	正确 □ 错误 □
	(4)选择“均匀性测试”	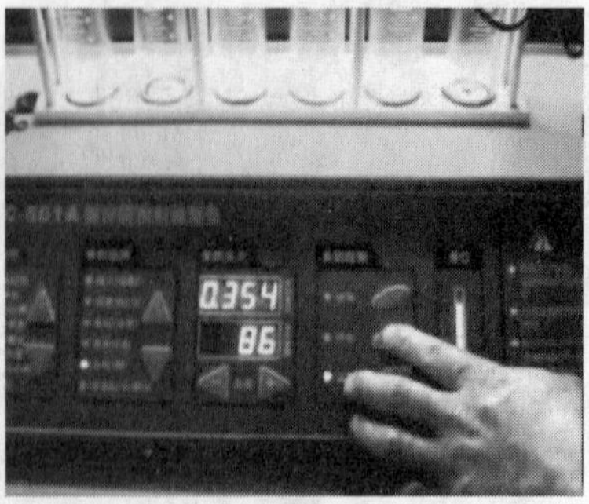	正确 □ 错误 □

续表

作业项目	作业内容	操作图示（或说明）	操作结果
2. 喷油均匀性检测	（5）设定测试参数	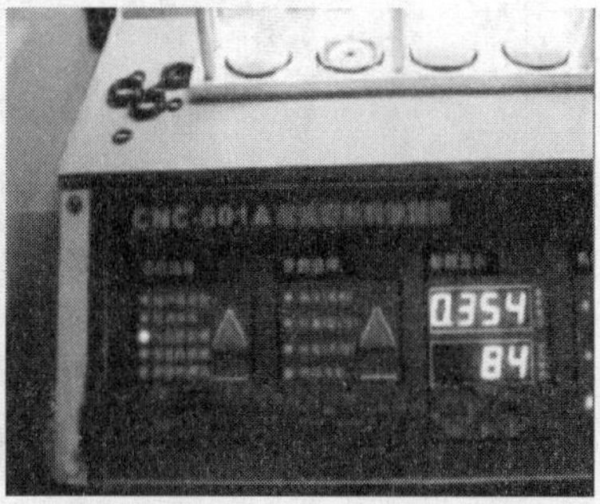	正确 □ 错误 □
	（6）按下“运行”键开始测试	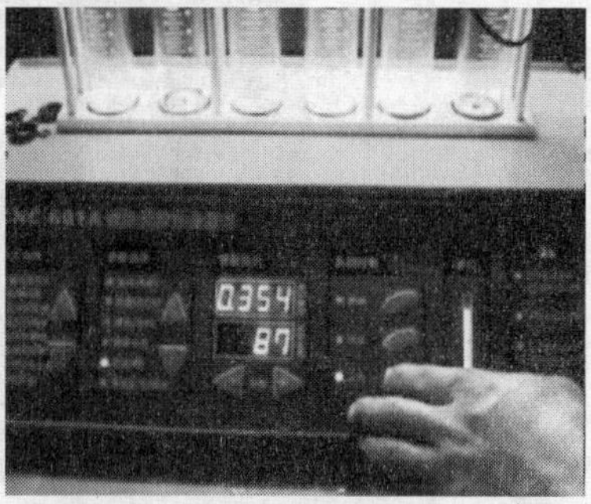	正确 □ 错误 □
	（7）测试完成，检查是否达到要求		正确 □ 错误 □
3. 密封性测试	（1）选择“密封性测试”		正确 □ 错误 □

续表

作业项目	作业内容	操作图示（或说明）	操作结果
3. 密封性测试	(2) 按下“运行”键开始测试	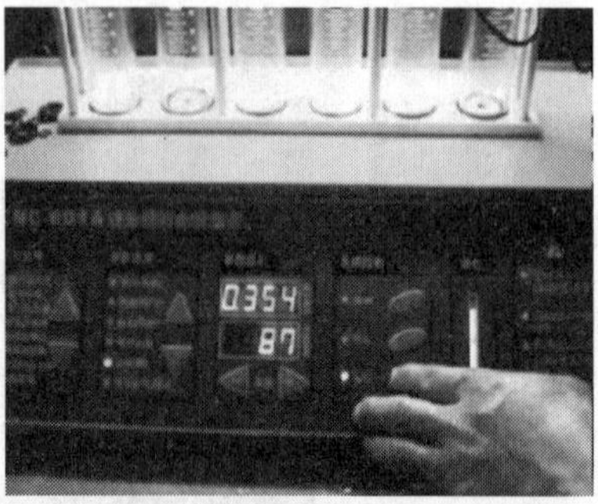	正确 □ 错误 □
	(3) 测试完成，检查测试结果，在1 min内漏油不超过1滴		正确 □ 错误 □
4. 喷油量检测	(1) 选择“喷油量检测”		正确 □ 错误 □
	(2) 按下“运行”键开始测试	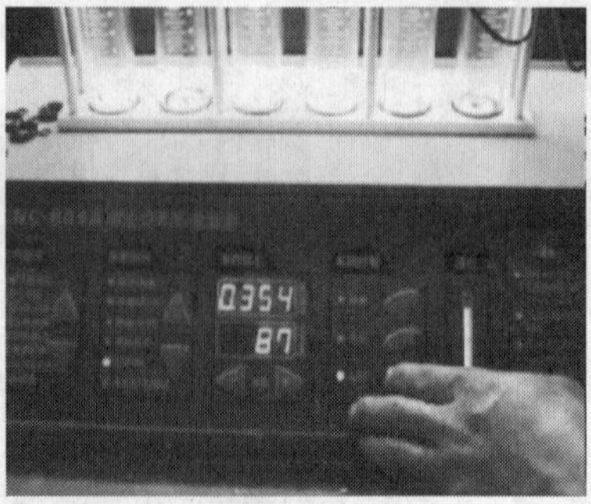	正确 □ 错误 □

续表

作业项目	作业内容	操作图示（或说明）	操作结果
4. 喷油量检测	（3）测试完成，检查测试结果	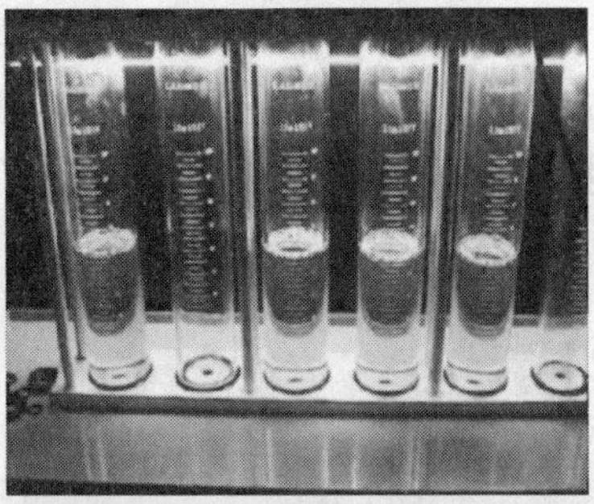	正确 □ 错误 □
	（4）拔下脉冲信号线		正确 □ 错误 □
	（5）拆下喷油器	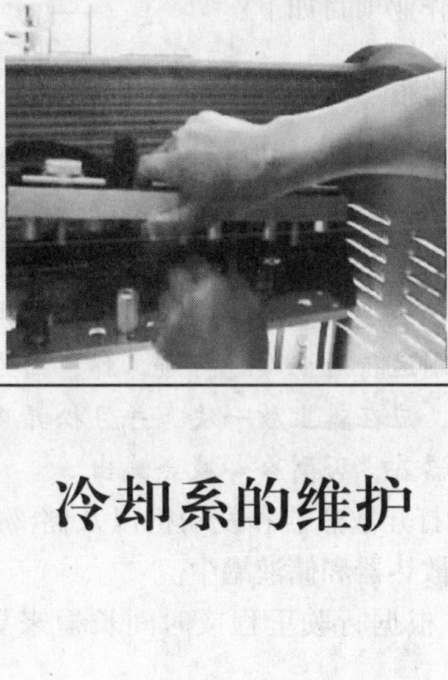	正确 □ 错误 □

任务3　冷却系的维护

任务目标

1. 能收集冷却系维护的相关信息。
2. 会检查和更换、加注冷却液。
3. 会检查和调整风扇皮带的松紧度。
4. 会检查节温器。

任务描述

一辆本田轿车，行驶几公里后，发动机水温很高。经维修人员检查发现节温器有故障，高温时节温器无法开启。拆下节温器后发现节温器支架已断裂，更换节温器后故障排除。

【任务内容】

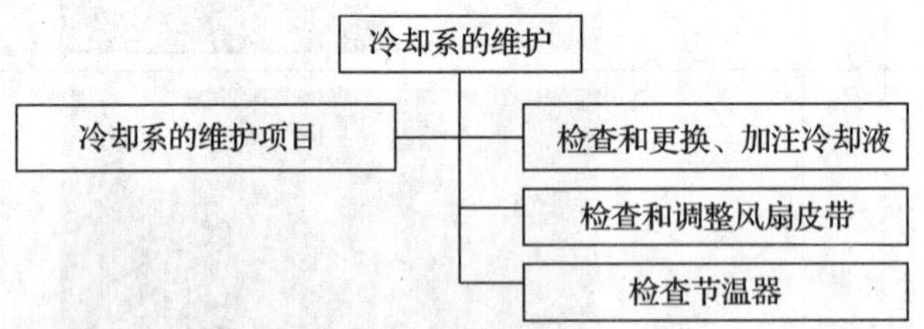

【任务准备】

冷却系的维护基本作业项目如下：

1. 检查、加注冷却液

如果冷却液不足，不仅导致发动机过热，而且会损害发动机。冷却液液位应保证在上下刻度线之间，最多不能超过上刻度线，最少不能低于下刻度线。

(1) 检查冷却液液面。发动机预热后，让发动机冷却下来。然后，拆下散热器盖并检查冷却液液位是否合适，或观察储液罐中的冷却液是否处于规定的范围内。

注意：不要在汽车刚运行后立即进行该工作，因为冷却液将会很热。如果想在发动机仍然发热时拆卸散热器盖，应在盖上放一块布并且松开45°以便释放压力，然后再拆下散热器盖。不要立即拆下散热器盖，否则冷却液会溅出。

(2) 更换冷却液。打开散热器和发动机以及储液罐的排放塞排放发动机冷却液，然后将新鲜的冷却液加入到散热器和储液罐中。

冷却液更换间隔：根据行驶里程或时间长短来更换发动机的冷却液，每40 000 km或2年。

2. 检查或调整传动带

如果传动带损坏，发电机就会停止运转，蓄电池电量就会衰竭；水泵停止运转，导致发动机过热。检查的间隔：根据行驶里程和时间长短来进行检查，每20 000 km或2年。

(1) 检查风扇皮带的松紧度。用拇指以29～49 N的力垂直下压风扇皮带时，其挠度应为10～15 mm。调整时，松开发电机调节臂上的紧固螺栓和发电机固定螺栓，用撬棒向外撬动发电机，使皮带松紧度符合要求。

（2）调整空压机皮带松紧度。松开空压机底座支架上的三个固定螺栓，顺时针拧动调整螺栓则皮带变紧，反之变松。符合技术要求后，拧紧固定螺栓。

3. 检查节温器、风扇及风扇离合器

起动发动机，观察水温表，发动机低温时水温上升的速度较快，当发动机水温达到正常温度时水温应停止上升，说明节温器工作正常。发动机水温低时用手转动风扇应能转动，发动机水温高时用手不能转动风扇，说明风扇离合器工作正常。

4. 检查冷却装置

（1）起动发动机前，检查水管、水箱及各连接处是否漏水。

（2）拧紧水泵固定螺栓，防止结合面漏水。

（3）检查散热器各固定螺栓应无松动，散热器支架开口销应齐全有效。检查散热器盖。散热器允许冷却液保持常压，目的是让冷却液的沸点保持在100℃以上。而且，它通过使冷却液与空气之间的温差更大而提高了制冷效能。压力阀在高压下会打开，将冷却液送入储液罐。另外，真空阀在低压下会打开，将冷却液吸出储液罐。如果阀不能正常工作，将导致过热。检查的间隔：每40 000 km或2年。

5. 紧固发动机各部位连接螺栓

检查并紧固发动机各部位连接螺栓。

6. 冷却系的清洗

发动机冷却系统清洗是使用发动机冷却系统清洗机，利用轻微的液压冲击，在汽车上对发动机冷却系进行免拆清洗。

【任务实施】

冷却系的维护作业见表4—3—1。

表4—3—1　　冷却系的维护作业

作业项目	作业内容	操作图示	操作结果
1. 检查、加注冷却液	（1）打开发动机罩		正确 □ 错误 □

续表

作业项目	作业内容	操作图示	操作结果
1. 检查、加注冷却液	(2) 检查冷却液液面	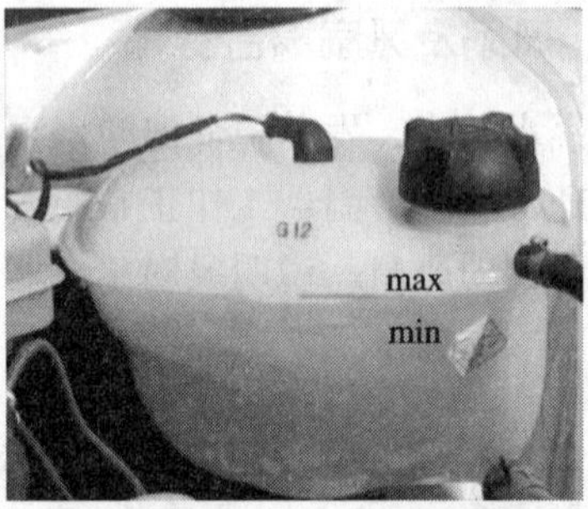 max min	正确 □ 错误 □
	(3) 打开副水箱盖		正确 □ 错误 □
	(4) 观察冷却液的颜色，若变暗、混浊，则表示冷却液质量下降，应进行更换		正确 □ 错误 □
	(5) 检查冷却液渗漏 检查散热器、橡胶软管、散热器盖是否渗漏	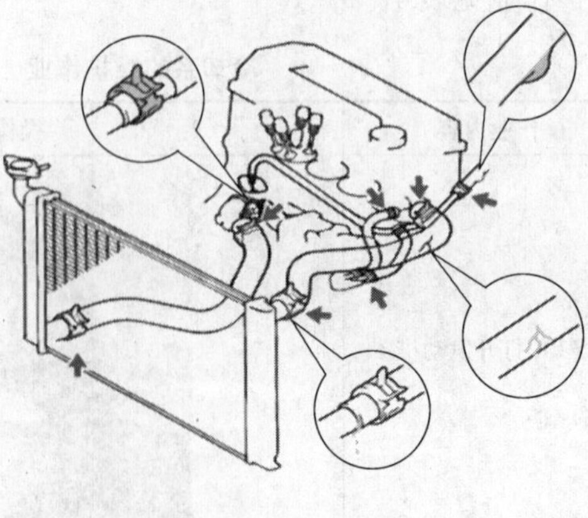	正确 □ 错误 □

续表

作业项目	作业内容	操作图示	操作结果
1. 检查、加注冷却液	(6) 添加冷却液至上下刻度之间	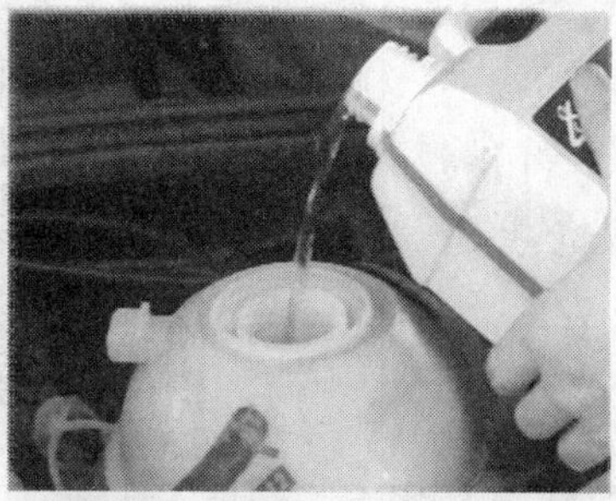	正确 □ 错误 □
2. 检查或调整传动带	(1) 检查皮带整个外围是否有磨损、裂纹或缺损		正确 □ 错误 □
	(2) 用手指压传动皮带以检查皮带变形和挠度		正确 □ 错误 □
	(3) 调整传动皮带挠度 松开发电机的安装螺栓和紧固螺栓，然后通过转动调整螺栓来调整皮带张紧度		正确 □ 错误 □

续表

<table>
<tr><th>作业项目</th><th>作业内容</th><th>操作图示</th><th>操作结果</th></tr>
<tr><td rowspan="2">3. 检查风扇及风扇离合器</td><td>(1) 检查风扇</td><td> 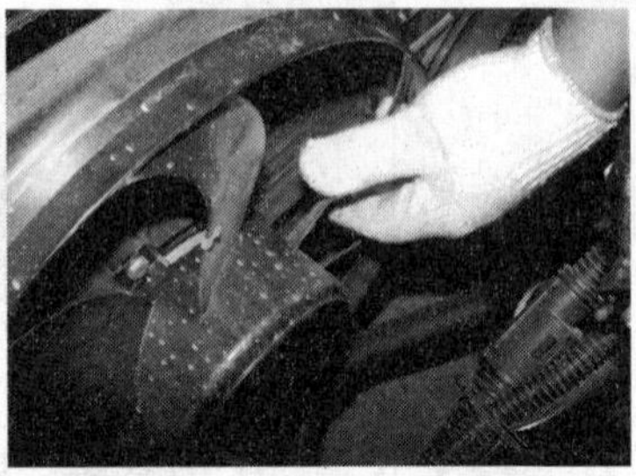</td><td>正确 □
错误 □</td></tr>
<tr><td>(2) 检查风扇离合器
低温时用手应能转动风扇，温度正常后用手应转不动风扇</td><td> 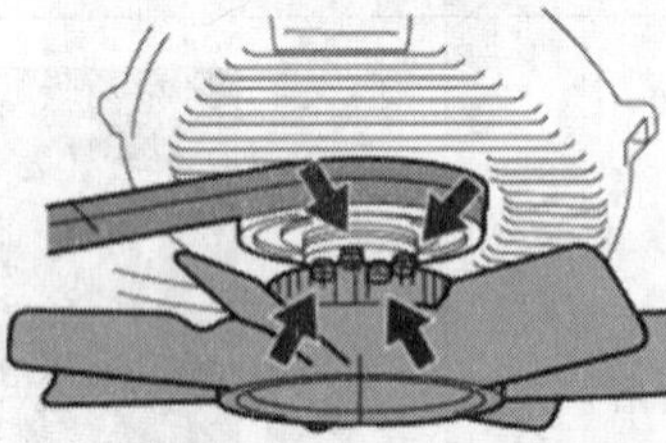</td><td>正确 □
错误 □</td></tr>
<tr><td>4. 检查节温器</td><td>检查节温器工作性能
起动发动机，观察水温表变化，温度低时水温表应快速上升，达到正常温度后水温表不再上升，说明节温器工作正常</td><td> </td><td>正确 □
错误 □</td></tr>
<tr><td rowspan="2">5. 检查冷却装置</td><td>(1) 检查水管
检查水管连接是否可靠，有无裂纹、隆起或硬化、破损和泄漏</td><td> </td><td>正确 □
错误 □</td></tr>
<tr><td>(2) 检查水泵
检查水泵有无漏水、异响</td><td> 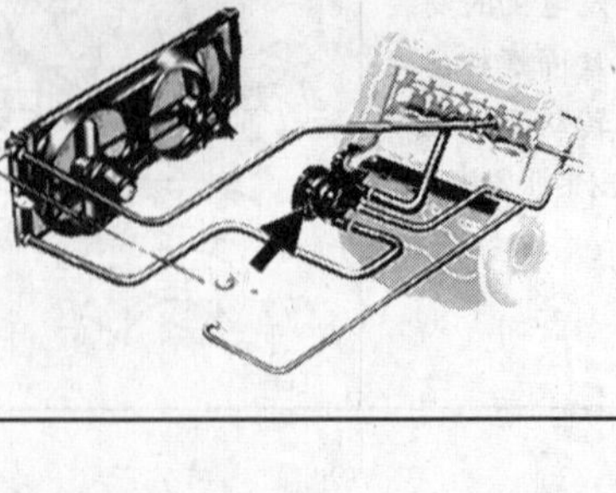</td><td>正确 □
错误 □</td></tr>
</table>

续表

作业项目	作业内容	操作图示	操作结果
5. 检查冷却装置	(3) 检查散热器 检查散热器是否泄漏和积垢，有无破损		正确 □ 错误 □
	(4) 检查散热器盖蒸气阀 使用散热器盖测试仪测量阀门开启压力，并检查其是否在规定的范围内	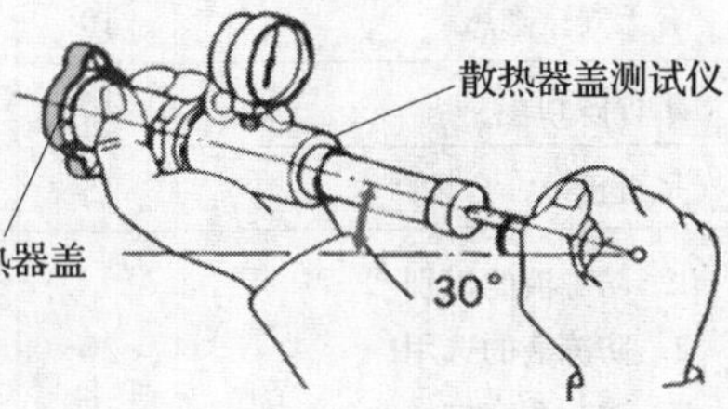	正确 □ 错误 □
	(5) 检查真空阀	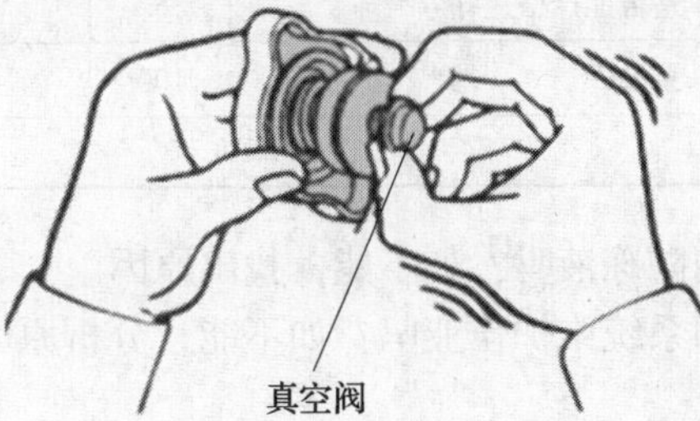	正确 □ 错误 □
	(6) 检查橡胶密封垫是否有裂纹或者破损	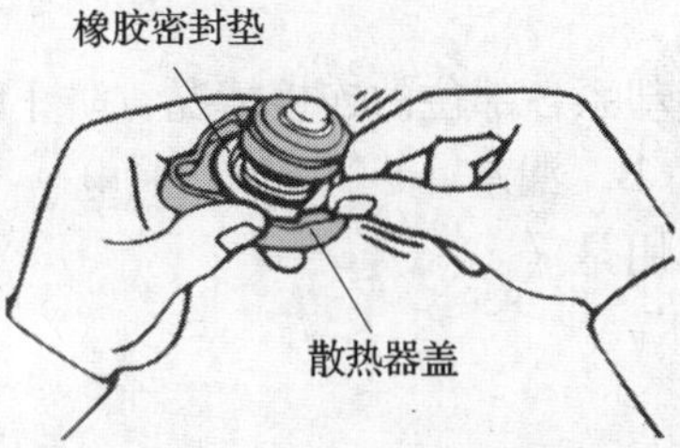	正确 □ 错误 □

【任务总结】

一、任务评价与反馈

1. 对本学习任务进行评价，见表4—3—2。

表4—3—2　评分表

考核项目	评分标准	分数	学生自评	小组互评	教师评价	小计
团队合作	是否和谐	5				
活动参与	是否积极主动	5				
安全生产	有无安全隐患	10				
现场5S	是否做到	10				
任务方案	是否正确、合理	15				
操作过程	1. 防冻液的识别 2. 防冻液的选用 3. 冷却系维护作业	30				
任务完成情况	是否圆满完成	10				
工具和设备使用	是否规范、标准	10				
劳动纪律	是否能严格遵守	5				
	总分	100				
教师签名：				年　月　日	得分	

2. 能正确选用防冻液吗？如不能，找出原因。
3. 能完成冷却系统维护作业吗？如不能，分析原因并提出改进措施。

二、理论知识检验

1. 选择题

（1）经常检查冷却系各部位的连接情况，防止管路（　　）。
A. 松动　B. 漏水　C. 漏电　D. 粘连
（2）节温器的作用是（　　）。
A. 控制大小循环　B. 泵水
C. 冷却　D. 无
（3）发动机冷却液既有大循环又有小循环时，冷却液的温度（　　）。
A. 低于76℃　B. 低于86℃　C. 高于86℃　D. 介于76℃与86℃之间

2. 判断题

(　　)(1) 防冻液的浓度越高效果越好。

(　　)(2) 发动机温度高时冷却系进行小循环，而发动机温度低时冷却系进行大循环。

(　　)(3) 冷却液乙二醇沸点温度高，提高了发动机的冷却能力。

(　　)(4) 冷却系的主要功用是把受热零件吸收的部分热量及时散发出去，使发动机得到适度的冷却，保证发动机在最适宜的温度状态下工作。

3. 问答题

(1) 冷却系的维护基本作业项目有哪些?

(2) 更换冷却液的间隔里程是多少?

【知识拓展】

发动机冷却系统清洗机使用

1. 发动机冷却系统清洗机的工作原理

发动机冷却系统清洗机是利用高压气体驱动气动泵工作，在气动泵的一端形成真空，把水箱中的清洗液吸入气动泵中，并经气动泵加压后从气动泵的另一端接口压入发动机机体内，使冷却液在具有一定的压力的情况下在冷却系统中循环。在整个循环过程中，利用轻微的液压冲击，快速地把水道中的水垢清洗干净。其工作原理如图 4—3—1 所示。

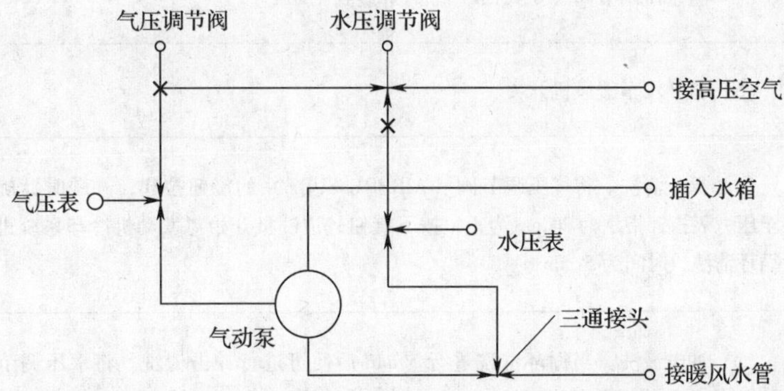

图 4—3—1　发动机冷却系清洗机的工作原理

(1) 循环清洗过程。打开气压调节阀，气动泵工作。气动泵一端把水箱中的清洗液吸出，经气动泵加压后，通过气动泵的另一端进入机体的水道中。清洗液在冷却系统中不断循环，进行循环清洗。

(2)冲击清洗过程。当同时打开气压调节阀和水压调节阀时，经气动泵加压的清洗液在进入发动机机体的水道之前，由一个三通接头引入了一部分高压空气至管路中，高压清洗液和高压空气在此三通接头处汇合形成冲击清洗液，通入冷却系统中进行循环冲击清洗。

2. 冷却系的清洗作业(见表4—3—3)

表4—3—3　冷却系的清洗作业

作业项目	作业内容	操作结果
1. 连接设备	(1)关闭发动机，待冷却液温度降到不烫时方可进行清洗，以免操作时烫伤	正确 □ 错误 □
	(2)将汽车水箱盖打开	正确 □ 错误 □
	(3)找出发动机连接暖风的加热水管，将水管拆下，找一合适的三通接头接上	正确 □ 错误 □
	(4)将发动机冷却系统清洗机的出水管接到三通接头上	正确 □ 错误 □
	(5)将回水管(RETURN)的另一端插入水箱的水中	正确 □ 错误 □
2. 清洗前的准备	(1)将清洗液倒入水箱中	正确 □ 错误 □
	(2)将水箱加满水	正确 □ 错误 □
	(3)将压缩空气管接到清洗机的气管接头(AIR)上	正确 □ 错误 □
	(4)将水压调节阀(WATER)顺时针旋到“OFF”	正确 □ 错误 □
	(5)打开汽车暖风机开关	正确 □ 错误 □
3. 清洗	(1)循环清洗。将气压调节阀(AIRPRESSURE)的旋钮拉起，并顺时针旋转至压力表指针指示为20 psi为止，按下旋钮，清洗机开始对发动机冷却系统进行循环清洗，时间为5 min	正确 □ 错误 □
	(2)冲击清洗。当循环清洗进行5 min后便可进行冲击清洗。将水压调节阀(WATER)旋钮逆时针旋转至20 psi为止(不要超过20 psi。如果清洗的是比较旧的车辆时，冲洗压力应适当减小)，冲洗时间为5 min	正确 □ 错误 □
	(3)再循环清洗。将水压调节阀(WATER)旋钮顺时针旋转至“OFF”，再循环清洗5 min即可	正确 □ 错误 □

续表

作业项目	作业内容	操作结果
4. 更换冷却液	（1）将回水管通过专用水管接到自来水管上。打开自来水，同时将水压调节阀逆时针打开使水压控制在 15 psi，这样直到从水箱中流出的水变为清水为止 （2）复原冷却系管路 （3）将冷却系统加满水，让发动机运转 10 min，再将水放掉 （4）将冷却系加满冷却液，更换冷却液完成	正确 □ 错误 □

任务4 点火系的维护

任务目标

1. 能收集汽车点火系维护的相关信息。
2. 会维护点火系。
3. 会检查或更换火花塞。

任务描述

一辆 BJ2020 越野吉普车，低温起动困难，加速无力，油耗偏高，中央高压线跳火弱，更换点火器后恢复正常。

【任务内容】

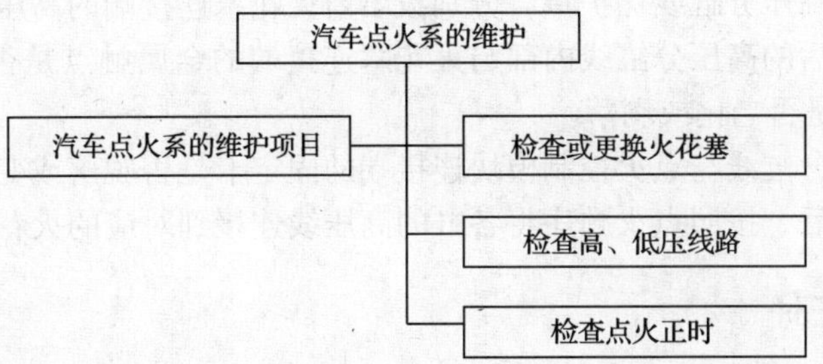

【任务准备】

点火系的维护基本作业项目如下：

1. 检查或更换火花塞

电极磨损后，火花塞间隙会变大，附着脏污物（积炭），会使燃油经济性变差，输出动力下降。

（1）检查/更换间隔

1）根据行驶里程进行更换。每 10 000 km 或者 1 年（只针对没有催化转化器的车辆）检查一次。每 20 000 km 或者 40 000 km，2 年或 4 年应更换。

2）也可以通过目视来检查其状态。

3）参考维修计划，随车型不同而异。

4）没有必要调整铂金头插塞和铱金头火花塞之间的间隙。但是，在运行 100 000 ~ 150 000 km 后需要更换。

（2）检查火花塞

1）电极磨损。检查火花塞电极边缘未被完全磨掉或者变圆。

2）火花塞间隙。使用火花塞间隙规检查中央电极与接地电极之间的间隙是否在规定的范围内。如果未在规定值以内，应调整火花塞间隙。

3）外表绝缘体。检查绝缘体是否有裂纹、端子腐蚀和螺纹损坏。

4）清洁。如果电极上有湿炭痕迹，应使其干燥，然后用火花塞清洁剂清洁。

注意：不要调整间隙或者使用火花塞清洁剂清洁镶铂或者镶铱的火花塞；不是全新的就没有必要调整铱电极型的火花塞或者铂电极型的火花塞。

2. 检查高、低压线路

（1）检查。点火线圈初级线圈的电阻应为 0.52 ~ 0.76 Ω，次级线圈的电阻应为 2.4 ~ 3.5 kΩ。检查线圈外表绝缘层应无破损，否则应予更换。

（2）检查点火控制器线束连接是否牢固、有无松动现象，绝缘层是否老化、是否存在裂纹，若有则应进行更换。

（3）清洁高压分缸线之后，检查高压分缸线绝缘层是否老化、有无裂纹。

（4）用手捏住高压分缸线保护罩，分别拔出与火花塞连接端的高压线。

（5）观察拔出后的高压分缸线内部与火花塞连接端的金属触点是否有烧蚀或腐蚀现象，火花塞固定橡胶套是否老化或剥落。

（6）检查高压分缸线与点火控制模块连接端的固定卡是否脱落或变松。

（7）检查完毕后，按照点火顺序将各缸的高压线连接到对应的火花塞上。

3. 检查点火正时

（1）起动发动机暖机达到正常工作温度。

（2）将点火正时灯两个电源夹头分别接于蓄电池正、负极桩头上，传感器夹于第一缸高压导线上。

（3）调整发动机转速至正常怠速状态，用点火正时灯照射皮带轮或飞轮上的正时标记，查看皮带轮上记号是否为厂家规定角度（一般为8°~12°）。

（4）若需调整，松开分电器螺钉，利用点火正时灯对准正时皮带轮再转动分电器（左右转）直至刻度记号在规定值，最后锁紧分电器螺钉即可。

【任务实施】

点火系的维护作业见表4—4—1。

表4—4—1　点火系的维护作业

作业项目	作业内容	操作图示	操作结果
1. 检查高/低压线路	（1）打开发动机罩		正确 □ 错误 □
	（2）清理发动机上的灰尘		正确 □ 错误 □
	（3）检查点火控制器线束。检查高压分缸线与点火控制模块连接端的固定卡是否脱落或松动，绝缘层是否老化、是否存在裂纹		正确 □ 错误 □

续表

作业项目	作业内容	操作图示	操作结果
1. 检查高/低压线路	(4) 拔出高压分缸线。用手捏住高压分缸线保护罩，分别拔出与火花塞连接端的高压线		正确 □ 错误 □
	(5) 检查高压分缸线外表。检查高压分缸线绝缘层是否老化、有无裂纹，高压分缸线内部与火花塞连接端的金属触点是否有烧蚀或腐蚀现象	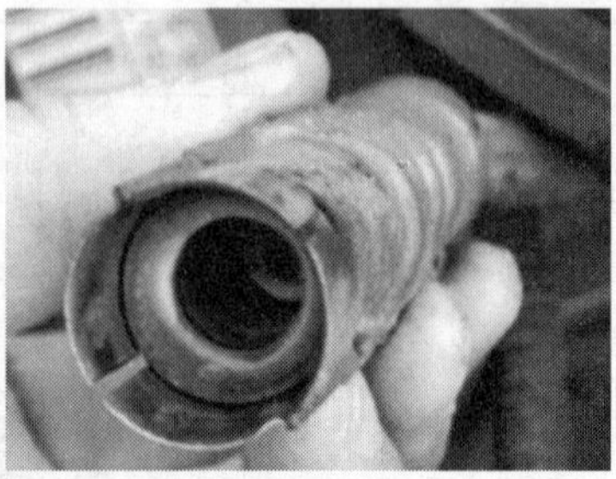	正确 □ 错误 □
	(6) 检查高压线的电阻	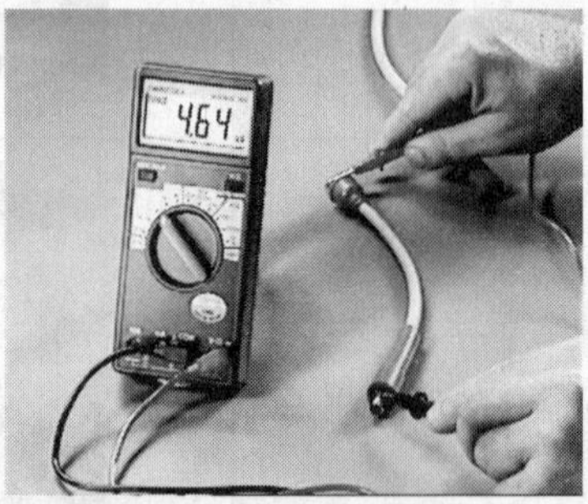	正确 □ 错误 □
2. 检查或更换火花塞	(1) 清洁火花塞孔。取下全部高压分缸线后，用压缩空气清洁火花塞孔周围的灰尘		正确 □ 错误 □

续表

作业项目	作业内容	操作图示	操作结果
2. 检查或更换火花塞	（2）用火花塞套筒拆下火花塞。将火花塞套筒套装于火花塞的外壳螺纹上，逆时针用力，拆下火花塞	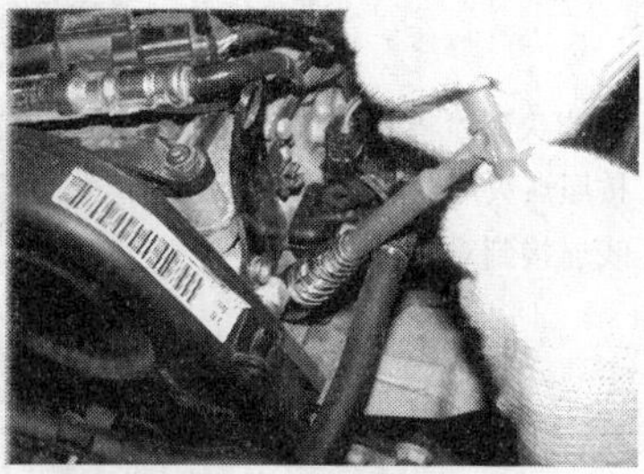	正确 □ 错误 □
	（3）检查火花塞外观。检查火花塞电极的烧蚀情况，并观察火花塞电极的色泽，用铜丝和铂金砂条清理火花塞电极间的积炭等污物	 正常 炭污 油污 过热	正确 □ 错误 □
	（4）测量火花塞间隙。用火花塞间隙规测量火花塞中央电极与侧电极之间的间隙	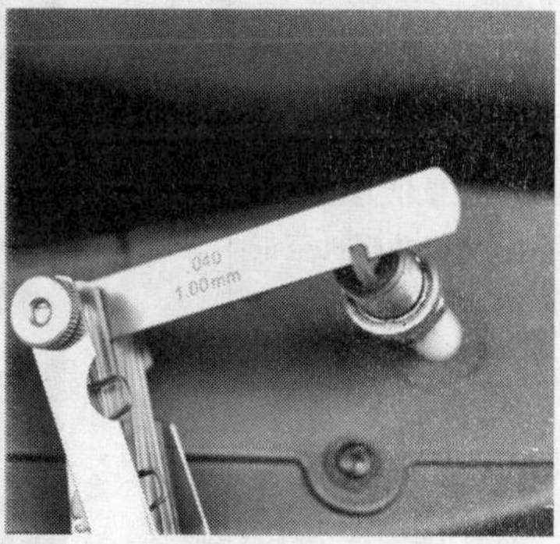	正确 □ 错误 □
	（5）安装火花塞。检查完毕后将火花塞插入扳手的套筒内，放入火花塞孔，对准螺纹之后慢慢转动火花塞，按照规定扭矩扭紧（扭矩为25 N·m）	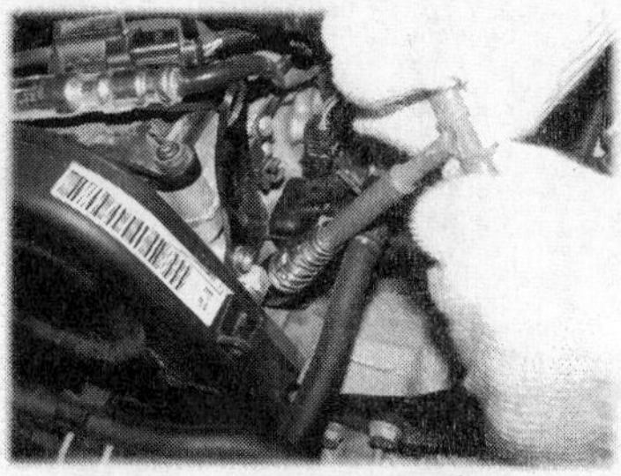	正确 □ 错误 □

续表

作业项目	作业内容	操作图示	操作结果
2. 检查或更换火花塞	（6）按点火顺序将高压线装上。按照点火顺序将各缸的高压线连接到对应的火花塞上		正确 □ 错误 □
3. 检查点火正时	（1）连接电源	将正时灯的正、负极与蓄电池的正负极相接	正确 □ 错误 □
	（2）安装信号线。感应钳按方向接到1缸高压线上		正确 □ 错误 □
	（3）检查点火正时。正时灯对准曲轴皮带轮上正时标记，起动发动机并暖机至正常工作温度，使发动机转速保持在怠速转速		正确 □ 错误 □

【任务总结】

一、任务评价与反馈

1. 对本学习任务进行评价，见表4—4—2。

表 4—4—2　　评分表

考核项目	评分标准	分数	学生自评	小组互评	教师评价	小计
团队合作	是否和谐	5				
活动参与	是否积极主动	5				
安全生产	有无安全隐患	10				
现场 5S	是否做到	10				
任务方案	是否正确、合理	15				
操作过程	1. 火花塞型号的识别 2. 火花塞的选用 3. 点火系统维护作业	30				
任务完成情况	是否圆满完成	5				
工具和设备使用	是否规范、标准	10				
劳动纪律	是否能严格遵守	5				
工单填写	是否完整、规范	5				
	总分	100				
教师签名：			年　月　日		得分	

2. 能正确选用火花塞吗？如不能，找出原因。

3. 能完成点火系统的维护吗？如不能，分析原因并提出改进措施。

4. 通过学习收获了哪些知识？对以后的工作提出哪些改进措施？

二、理论知识检验

1. 选择题

(1) 桑塔纳 LX 型轿车点火电压不低于（　　）kV。

A. 10　　B. 20　　C. 30　　D. 40

(2) 点火线圈如果损坏就会导致（　　）。

A. 发动机不能起动

B. 发动机能起动但是没有高压电

C. 曲轴不能旋转

D. 发动机功率下降

(3) 现代电喷轿车的点火电压高，可达 30 kV 左右，电极间隙为（　　）mm。

A. 1.2 ~ 1.5　　B. 0.3 ~ 0.5　　C. 0.5 ~ 0.8　　D. 0.8 ~ 1.0

(4) 火花塞的绝缘裙部较长，吸收的热量多，称为（　　）火花塞。

A. 冷型　　B. 开放型　　C. 热型　　D. 流线型

（5）汽车维护时，不要对分电器、火花塞、点火线圈等部位进行（　　）。
A. 加热　　B. 冲击　　C. 吹气　　D. 水洗

2. 判断题

（　　）（1）火花塞电极及侧电极应无积炭、无烧蚀、无开裂。
（　　）（2）火花塞电极有积炭可手工清除也可机械清除。
（　　）（3）点火提前角只与发动机转速有关，与发动机负荷无关。

3. 问答题

（1）点火系的维护基本作业项目有哪些？
（2）火花塞检查/更换间隔里程是多少？

任务5　配气机构的维护

【任务目标】

1. 能收集汽车配气机构维护的相关信息。
2. 会检查、调整气门间隙。
3. 会检查或更换正时皮带。

【任务描述】

一辆丰田佳美轿车在行驶中发动机突然发出一声巨响，随即熄火。拖入维修厂维修，维修人员检查发现发动机的正时皮带断裂，活塞与气门相撞造成重大机件事故。

【任务内容】

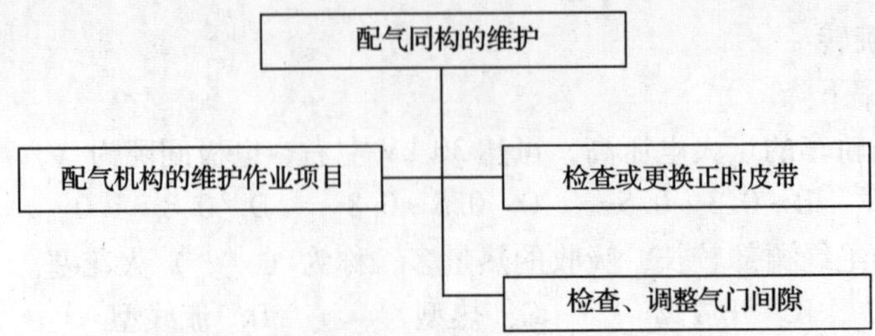

【任务准备】

配气机构的维护基本作业项目如下：

1. 检查、调整气门间隙

气门间隙是保证即使各部分由于加热膨胀，也能使气门在正确的正时打开和关闭。气门间隙过大，会导致发动机发出异常噪声（挺杆噪声）；气门间隙过小，会导致发动机轻微振动、气门关闭不严。

（1）检查/调整间隔：

汽油机：每 40 000 km 或者 80 000 km。

柴油机：每 20 000 km。

（2）提示

1）参考维修计划，随车型不同而异。

2）如果发动机平稳转动没有异常噪声，该检查可以省略。

（3）检查气门液压挺杆的工作情况。发动机以 2 500 r/min 转速运转 2 min，挺杆不应有异响；挺杆自由行程（下压量）应不小于 0.1 mm。由于采用液压挺杆，不需要调整气门间隙。

2. 检查或更换正时皮带（链条）

正时皮带将曲轴的旋转运动传递到凸轮轴，目的是为了气门正常工作。由于发动机的热量，正时皮带会变硬，这有可能导致出现裂纹，或者由于橡胶材料的缘故使皮带被剪切掉。如果正时皮带断裂，气门开关的正时不再与活塞同步，活塞与气门碰撞，气门被撞弯，发动机停止运转。

检查/更换间隔：每行驶 30 000 km 对正时齿形带检查一次，每行驶 100 000 km 应更换正时皮带。

（1）根据行驶里程进行更换。

（2）参考维修计划，随车型不同而异。

（3）正时链不必定期更换。

（4）自动张紧器借助弹簧将张力施加到皮带上，一般没有必要调整张紧度。

（5）齿形带不得沾水和油污。

【任务实施】

1. 配气机构的维护作业（见表4—5—1）

表4—5—1　　配气机构的维护作业

作业项目	作业内容	操作图示	操作结果
1. 检查正时皮带	(1) 打开发动机罩		正确 □ 错误 □
	(2) 清洁正时齿轮盖		正确 □ 错误 □
	(3) 拆下正时皮带盖罩		正确 □ 错误 □
	(4) 检查正时皮带松紧度		正确 □ 错误 □

续表

作业项目	作业内容	操作图示	操作结果
1. 检查正时皮带	（5）检查正时皮带齿面	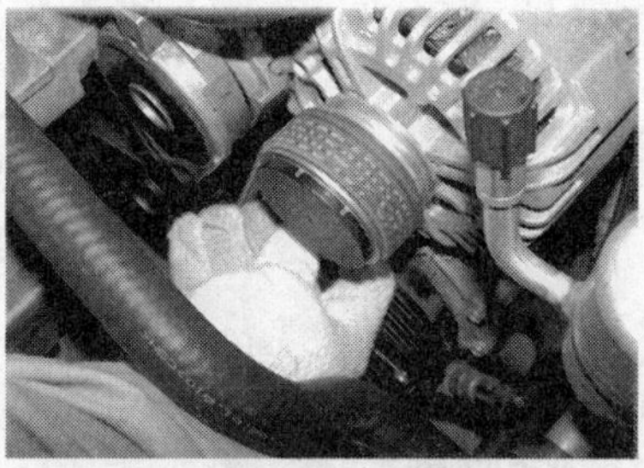	正确 □ 错误 □
	（6）检查自动张紧器	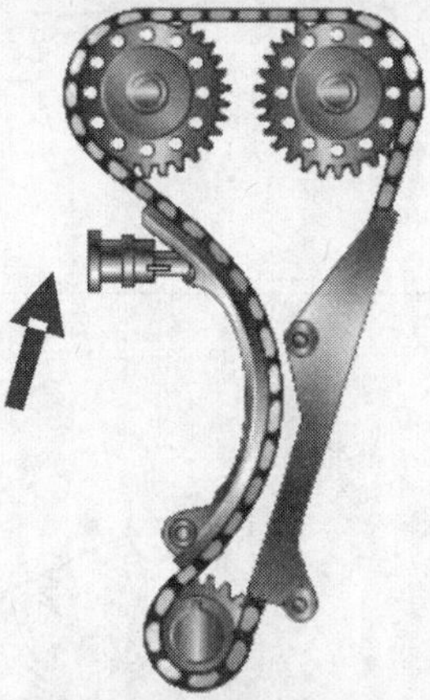	正确 □ 错误 □
	（7）调整正时皮带松紧度	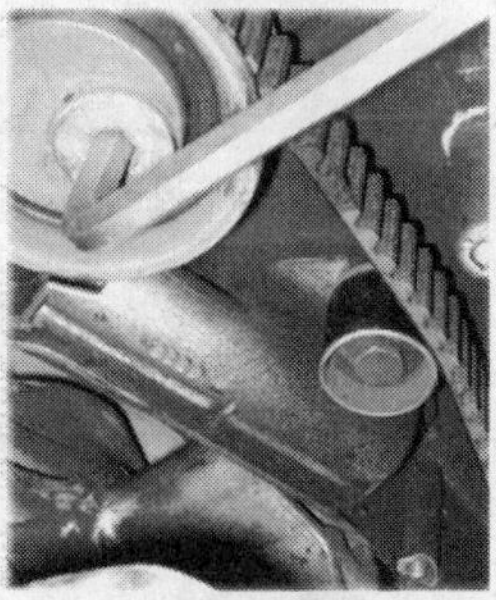	正确 □ 错误 □
2. 更换正时皮带	（1）拆下曲轴皮带轮	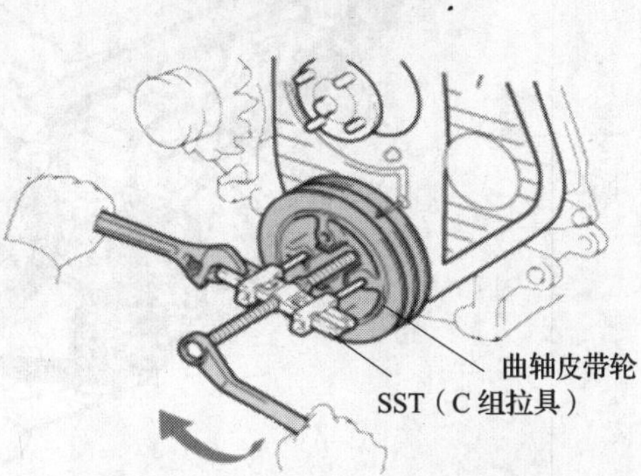 曲轴皮带轮 SST（C 组拉具）	正确 □ 错误 □

续表

作业项目	作业内容	操作图示	操作结果
	（2）转动曲轴对齐正时记号	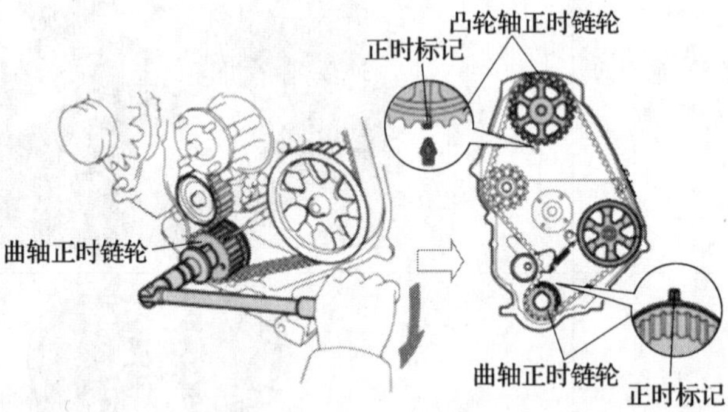 凸轮轴正时链轮 正时标记 曲轴正时链轮 曲轴正时链轮 正时标记	正确 □ 错误 □
2. 更换正时皮带	（3）卸下张紧轮弹簧	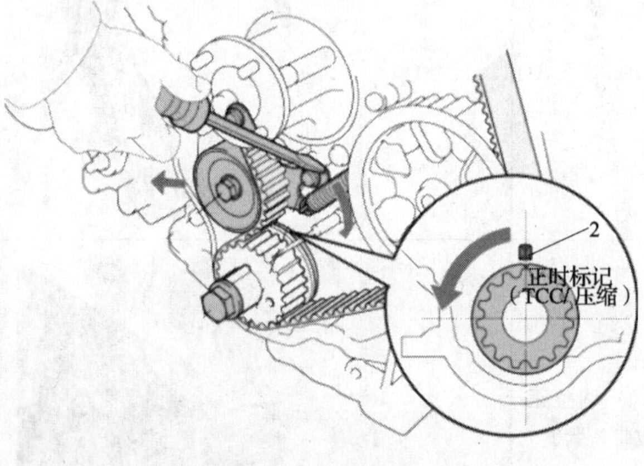 2 正时标记 （TCC/压缩）	正确 □ 错误 □
	（4）拆下正时皮带	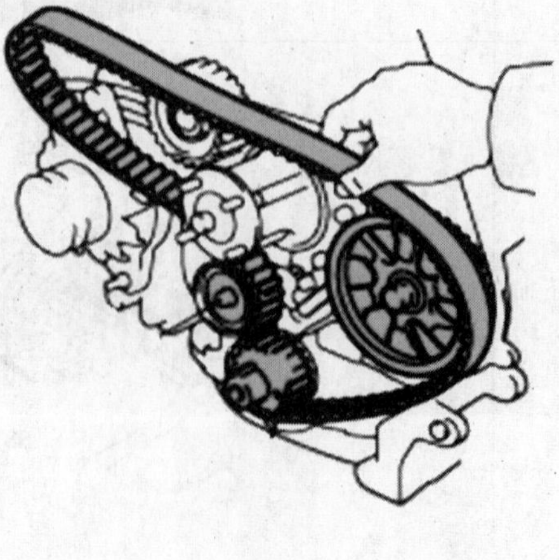	正确 □ 错误 □

续表

作业项目	作业内容	操作图示	操作结果
2. 更换正时皮带	（5）转动曲轴和凸轮轴使正时记号对齐	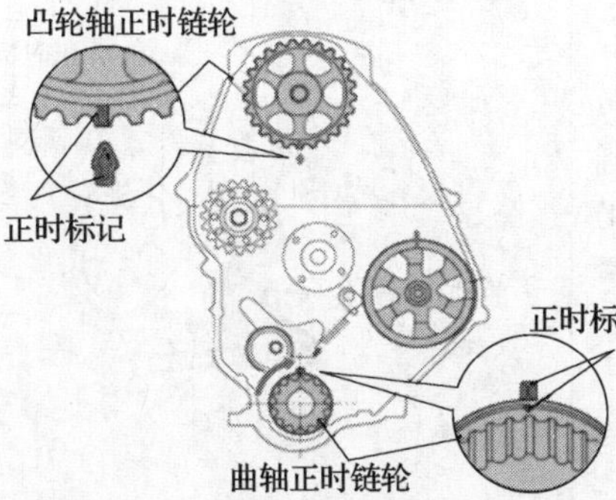 凸轮轴正时链轮 正时标记 正时标记 曲轴正时链轮	正确 □ 错误 □
	（6）安装新正时皮带	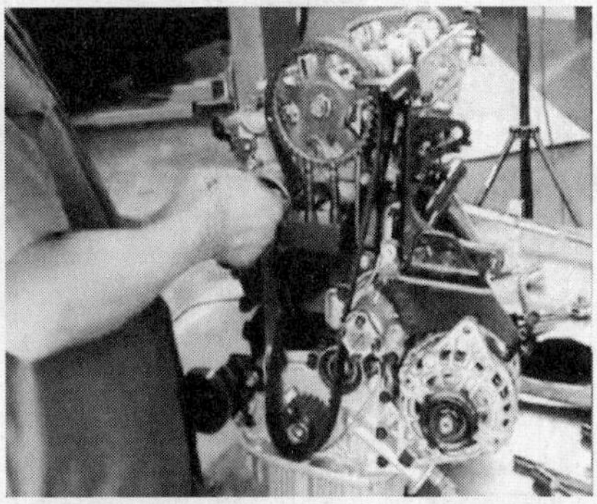	正确 □ 错误 □
	（7）调整张紧轮		正确 □ 错误 □
	（8）检查正时皮带松紧度		正确 □ 错误 □

续表

作业项目	作业内容	操作图示	操作结果
2. 更换正时皮带	（9）转动曲轴几圈，校验正时记号是否对齐	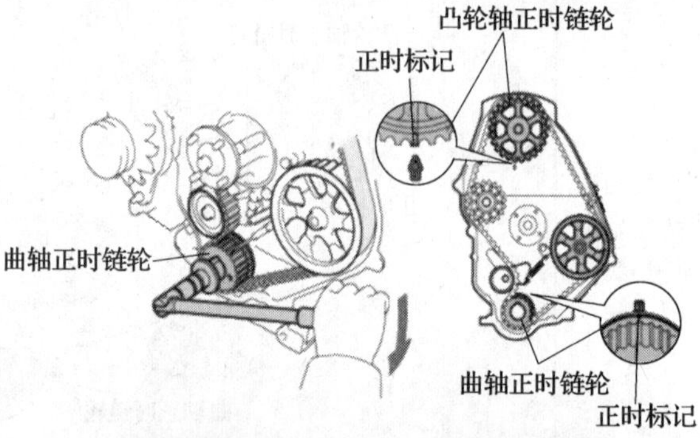	正确 □ 错误 □
	（10）安装正时齿轮罩	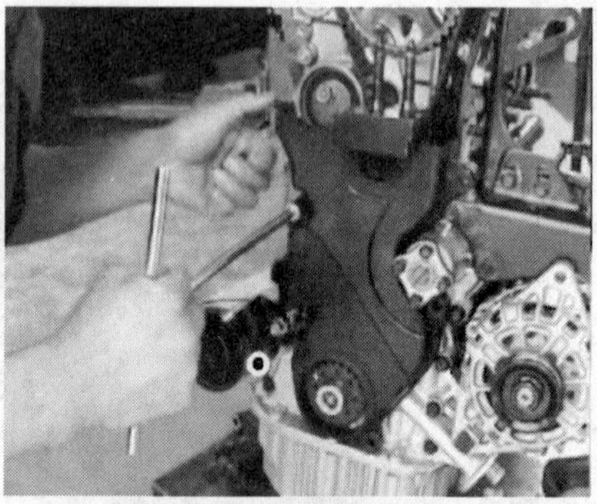	正确 □ 错误 □
	（11）安装曲轴皮带轮		正确 □ 错误 □
	（12）安装发电机、空调压缩机皮带		正确 □ 错误 □

2. 检查或调整气门间隙作业（见表4—5—2）

表4—5—2 检查或调整气门间隙作业

作业项目	作业内容	操作图示	操作结果
检查或调整气门间隙	（1）拆下气缸罩盖	 用专用工具拆下气缸罩盖上的八颗紧固螺栓，并拆下气缸罩盖。	正确 □ 错误 □
	（2）转动曲轴使1～4缸活塞处在上止点位置	 并检查正时记号的对正。	正确 □ 错误 □
	（3）检查气门间隙		正确 □ 错误 □

续表

作业项目	作业内容	操作图示	操作结果
检查或调整气门间隙	（4）调整气门间隙		正确 □ 错误 □

3. 检查气缸压力作业（见表4—5—3）

表4—5—3　　检查气缸压力作业

作业项目	作业内容	操作图示	操作结果
检查气缸压力	（1）拔下各缸高压线	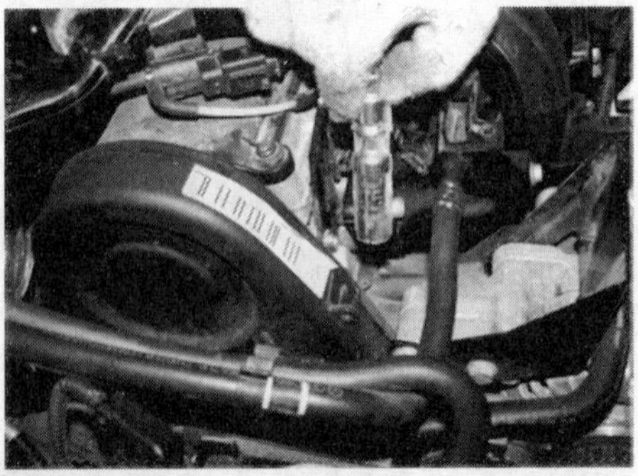	正确 □ 错误 □
	（2）拆下各缸火花塞	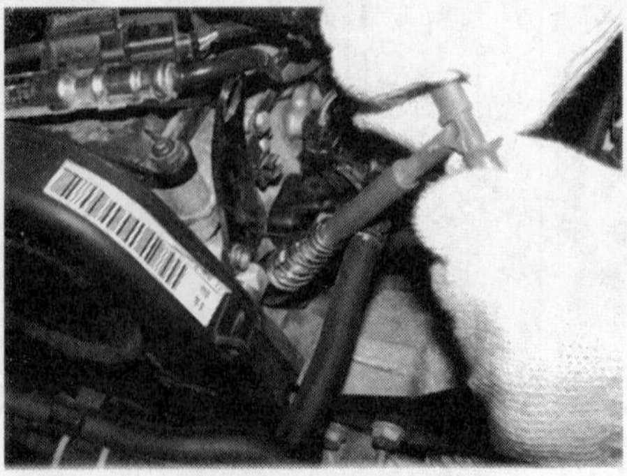	正确 □ 错误 □

续表

作业项目	作业内容	操作图示	操作结果
检查气缸压力	（3）安装气缸压力表		正确 □ 错误 □
	（4）读取气缸压力。将油门踏板踩到底，起动发动机运转几秒钟，读取气缸压力		正确 □ 错误 □

【任务总结】

一、任务评价与反馈

1. 对本学习任务进行评价，见表4—5—4。

表4—5—4　　评分表

考核项目	评分标准	分数	学生自评	小组互评	教师评价	小计
团队合作	是否和谐	5				
活动参与	是否积极主动	5				
安全生产	有无安全隐患	10				
现场5S	是否做到	10				
任务方案	是否正确、合理	15				
操作过程	1. 更换火花塞 2. 更换正时皮带 3. 检测气缸压力	30				
任务完成情况	是否圆满完成	5				

续表

考核项目	评分标准	分数	学生自评	小组互评	教师评价	小计
工具和设备使用	是否规范、标准	10				
劳动纪律	是否能严格遵守	5				
工单填写	是否完整、规范	5				
	总分	100				
教师签名：			年　月　日		得分	

2. 能完成更换火花塞吗？如不能，找出原因。

3. 能完成正时皮带检查或更换吗？如不能，分析原因并提出改进措施。

4. 通过学习收获了哪些知识？对以后的工作提出哪些改进措施？

二、理论知识检验

1. 选择题

（1）凸轮轴中置、下置的配气机构大多采用（　　）传动。

A. 正时齿轮　　B. 正时链条　　C. 正时齿形带

（2）不同机型气门间隙的大小不同。根据实验确定，一般冷态时，排气门间隙（　　）进气门间隙。

A. 大于　　B. 小于　　C. 等于　　D. 不确定

（3）现代汽车发动机普遍采用多气门结构，其作用是（　　）。

A. 提高点火性能　　B. 提高喷油性能

C. 减少爆燃　　D. 提高充气效率

（4）本田汽车发动机采用的 VTEC 机构，是指（　　）。

A. 可变配气相位电子控制机构

B. 可变配气相位与气门升程电子控制机构

C. 可变气门升程电子控制机构

D. 气缸数自动可变化机构

2. 判断题

（　　）（1）四缸发动机的工作顺序有 1—2—4—3 或 1—2—3—4 两种。

（　　）（2）气门间隙是指气门完全关闭（凸轮的凸起部分不顶挺柱）时，气门与座圈之间的间隙。

（　　）（3）正时齿轮装配时，必须使正时标记对准。

（　　）（4）气门间隙过大，发动机在热态下可能发生漏气，导致发动机功率下降。

3. 问答题

（1）配气机构的维护基本作业项目有哪些？

（2）气门间隙检查/调整间隔里程是多少？

（3）正时皮带检查/更换间隔里程是多少？

【知识拓展】

一、发动机清洗护理用品

1. 汽油喷射系统高效清洁剂

汽油喷射系统高效清洁剂是美国专家特别研制用于在驱车行驶中自动清洗燃油喷射系统的用品。该清洁剂可有效溶解清除系统内部的胶质、积炭等有害物质，使供油系中的电动汽油泵、计量控制阀、喷油器以及油管等精密偶件保持良好的工作状态及喷雾质量，并能排除因有害物质所造成的发动机故障。

该清洁剂是一种非常实用的制剂，定期使用可在最经济的情况下免除昂贵的修理费用，节省维修所占用的时间，使发动机不解体就能达到维护的目的。

（1）产品性能

1）随燃油流动自动清除、溶解燃油系中的胶质、积炭、冷凝水分、酸性物等有害物质，并有效抑制这些有害物质的再生成。

2）清除附着在喷油器中的炭质、黏性胶质，保持最佳的喷雾质量，最大限度地提高燃油经济性，发挥发动机有效功率，减少有害气体排放。

3）有效清理润滑喷油器、计量阀、过滤器、汽油泵、进气门及燃油管线等部件，使这些部件处于清洁、良好的工作状态，可减少维修次数，并延长机件使用寿命几倍以上。

4）独特的除炭剂可利用燃烧生成的条件，将燃烧室积存的积炭软化剥落形成粉状物，随废气排除，使燃烧室保持清洁，防止爆燃、续燃等现象发生。

5）对各传感器、催化转换器无害，对金属及橡胶制品无任何腐蚀性。

6）可中和酸性物，吸收分解燃油中的冷凝水分，防止结冰，改善冷起动性能。

7）汽油喷射系统高效清洁剂的技术参数见表4—5—5。

表4—5—5　　汽油喷射系统高效清洁剂的技术参数

状况及气味	无色液体，油味	沸点	>160℃
密度	0.85 kg/m³	可溶性	不溶于水
蒸气压力	<1 Pa	闪点	>51.7℃
蒸气密度	4.5 kg/m³	挥发性	有

（2）使用方法

1）按该清洁剂使用说明书的用量直接加入汽油箱内。

2）50 000 km以上燃油系没有做过清洁的车辆，应连续使用两次，以保证系统的清洁。

3）每18 000 km使用一次，是电喷车的必用品，适用于各等级的汽油（有铅或无铅）。

（3）注意事项：不可入口，应远离火源与儿童；不要涂抹在油漆及玻璃纤维表面；该清洁剂不能排除系统中的机械故障。

2. 燃油系、润滑系清洗剂

燃油系清洗剂可清除燃烧室内积炭及化油器喷油嘴的胶质、油污、油路不畅等；润滑系清洗剂可使油道畅通，减少敲击声。燃油系、润滑系清洗剂系列产品见表4—5—6。

表4—5—6 燃油系、润滑系清洗剂系列产品

型号	容量/mL	适用车型	使用方法及用量	功效
803	360	各型小车燃油系（燃烧室）清洗	每50 L燃油用一瓶，加入燃油箱中（每15 000 ~ 20 000 km用一次）	清除燃烧室积炭及化油器喷油嘴中的胶质、油污，使油路畅通、提高动力
804	360	卡车、工程车燃油系（燃烧室）清洗	每150 L燃油用一瓶，加入QC油箱中（每20 000 ~ 30 000 km用一次）	
701	360	各型发动机润滑系清洗	机油用量为3 ~ 4 L，在换机油前注入本品1瓶，待行驶或怠速30 min后更换机油和滤清器，再加注新机油	能消除发动机润滑系中的油泥、污物以及胶质，令润滑油道畅通，减少发动机磨损，防止油质变坏

3. 油路清洗剂

油路清洗剂可以有效除去燃油中的水分和杂质，提高燃油品质，使燃油混合气燃烧充分，节约燃油，减少废气排放，防止冻结；还可以清除燃油系统及燃烧室内的积炭、胶质、微生物等杂质，防止杂质沉积，保持燃油系统各油道的畅通、洁净和最佳工作状态。其使用方法是将TFT清洗剂直接加到油箱内与燃油混合，当发动机工作时，随着燃油一起沿油管、油道进行清洁，并与燃油一起燃烧。油路清洗剂与汽、柴油的混合比例为1∶1 000。

4. 化油器高效清洁剂

化油器高效清洁剂可随燃油自动清洗化油器及系统内部，溶解清除积炭、胶质和其他沉积物，恢复化油器内部有敏感作用的量孔油道正常流通能力和节流作用，使之达到最佳的空燃比，以确保燃烧充分，排除爆燃，降低油耗与排气污染，从而达到不解体维护的目的。

（1）性能

1）除炭成分可去除燃烧室中的积炭，使之软化剥落，并有效抑制新积炭的再生成，保持燃烧室、活塞、进排气门、火花塞等处的清洁，延长发动机维修周期和使用寿命。

2）催化剂可促进汽油雾化，改善燃烧状况，提高燃烧效率，从而降低油耗，排除爆燃、续燃、怠速不稳等故障，恢复发动机功率。

3）流动中可从内部清洗化油器、汽油泵、滤清器、供油管线等机件，清除积炭、胶质及金属表面的黏附物，保持系统清洁。

4）可有效中和燃烧生成的酸性物质，防止腐蚀金属及破坏润滑油的品质，延长润滑油的换油周期。

5）可防止气阻现象的发生。

6）可吸附、分解燃油中的冷凝水分，消除对金属机件的氧化、催化作用，防止机件腐蚀。

7）化油器高效清洁剂的技术参数见表4—5—7。

表4—5—7　　化油器高效清洁剂的技术参数

性状及气味	淡黄色液体，淡油味	沸点	160℃
密度	0.85 kg/m^3	可溶性	微溶于水
蒸气压力	<13.33 Pa	闪点	52℃
蒸气密度	<4.5 kg/m^3	挥发性	有

（2）使用方法

1）按使用说明书的用量加入汽油箱内。

2）适用于各等级汽油（有铅或无铅）。

3）为确保化油器的清洁，每12 000 km使用一次。

4）60 000 km以上未清洗过化油器的车辆，应连续使用该剂两次。

（3）注意事项

1）该剂为易燃品，应远离火源。

2）不可入口。

3）该剂只限于汽油车使用。

4）该剂不能排除系统中的机械故障。

5）电喷车辆若误加该剂，对各部位传感器无害。

5．燃烧室除炭润滑清洁剂

燃烧室除炭润滑清洁剂的作用是在发动机工作过程中有效地疏松燃烧室内部和气门座合面上的积炭并使之随废气流排出，同时润滑气缸上部区域。含铅汽油中的四乙基铅除了可以提高汽油的辛烷值外，燃烧后还能形成铅化物，这种化合物对工作条件十分恶劣的活塞顶部及第一道气环与进排气门工作面的润滑十分有利，但使用无铅汽油时发动机气缸上部便缺乏润滑，因此使用燃烧室除炭润滑清洁剂显得尤为重要。

（1）性能

1）清除燃烧室及活塞顶部的积炭，防止爆燃、续燃现象发生，使发动机工作顺畅。

2）清洁喷油嘴、化油器、火花塞、进排气门等机件，溶解燃油中的胶质，改善燃烧状况，降低油耗，减少尾气排放，排除进排气门因积炭所造成的空气阻力，恢复发动机动力性和经济性。

3）有效改善气缸上部区域工作机件（活塞顶部第一道气环、进排气门）的润滑条件，延长机件的使用寿命，减少工作噪声，帮助保持曲轴箱、通风阀（PCV）清洁。

4）对电子喷射系统各部传感器无害，使用安全。

5）燃烧室积炭润滑清洁剂的技术参数见表4—5—8。

表 4—5—8 燃烧室积炭润滑清洁剂的技术参数

性状及气味	无色液体，油味	沸点	160℃
密度	0.85 kg/m^3	可溶性	不溶于水
蒸气压力	<1 Pa	闪点	>51.7℃
蒸气密度	4.5 kg/m^3	挥发性	无

(2) 使用方法

1) 使用无铅汽油车辆应定期使用该剂。

2) 60 ~ 80 L 燃油使用一瓶，加入油箱内；8 000 km 使用一次。

(3) 注意事项：应远离火源，勿入口；避免与油漆接触。

6. 柴油高效清洁剂

柴油高效清洁剂是柴油机燃油系内的复合型添加剂。它所含的清洁剂能溶解柴油中的胶质，清洁喷油器所附着的积炭，可有效保持喷油器的正常工作状态，润滑清洁喷射系统中的喷油嘴、柱塞副、出油阀副等机件。它所含的催化剂能促使燃油充分雾化，可以增强油滴的表面活性，使气缸内高温空气混合均匀，从而使滞燃期有所缩短。它所含的助燃剂相应提高了柴油的十六烷值，使燃烧更及时、更迅速、更安全，从而改善燃烧状况、减少排烟、降低油耗、延长机件使用寿命，并防止低温柴油结蜡，提高低温起动性。

(1) 性能

1) 清洁燃油系统内部及管路，清除针阀副、柱塞副、出油阀副等机件所附着的胶质与积炭，提高燃油雾化质量，降低油耗。

2) 相应提高燃油的十六烷值，有效改善燃烧状况，防止或减少黑烟排放，减少有害尾气排放。

3) 对精密偶件提供良好润滑，防止硫化物对机件的腐蚀，延长机件使用寿命。

4) 有效阻止柴油低温结蜡，吸收分解燃油中的冷凝水分，改善冷起动性能。

5) 柴油高效清洁剂的技术参数见表 4—5—9。

表 4—5—9 柴油高效清洁剂的技术参数

性状及气味	淡黄色液体，微油味	沸点	176.7℃
密度	0.85 kg/m^3	可溶性	不溶于水
蒸气压力	<1 Pa	闪点	>51.7℃
蒸气密度	4.5 kg/m^3	挥发性	有

(2) 使用说明

1) 加入柴油箱内，添加量为 100 L 柴油加入一瓶柴油高效清洁剂。

2) 每 5 000 ~ 10 000 km 使用一次。

3) 该剂并不能排除燃油系的机械故障。

4) 该剂只适用于柴油机。

（3）注意事项：应远离火源，不得入口，并应远离儿童；不要涂抹在漆面上。

7. 汽油处理剂

发动机在使用过程中，气缸上部区域的磨损往往比较严重，原因是这一区域工作条件恶劣，润滑困难。解决好气缸上部区域（特别是活塞第一道气环部位）的润滑，减小磨损，是延长发动机使用寿命的一个关键环节。汽油处理剂能有效解决这一问题。

（1）性能

1）润滑气缸上部区域，减小活塞第一道气环及气缸上部的磨损，延长使用寿命（使用无铅汽油的车辆定期使用该剂）。

2）清除燃烧室内的积炭及气门座合面上的沉积物，润滑气门座合面，改善密封。

3）清洁化油器，清洁废气再循环系统，降低排气污染，降低油耗。

4）对催化式排气净化装置及氧传感器无害。

5）清除进、排气通道及燃油管路内的胶质和沉积物，保持燃油供给系各部位的清洁。

6）可与加铅或无铅汽油以及酒精和汽油混合燃料混合使用。

7）汽油处理剂的技术参数见表4—5—10。

表4—5—10　　汽油处理剂的技术参数

密度	0.826 kg/m³	蒸发率	快速
沸点	67.8℃	蒸气密度	比空气重
可溶性	不溶于水	闪点	31.1℃
性状及气味	亮黄色液体，溶剂味		

（2）使用方法

1）将该剂加入到汽油箱中。

2）按一瓶处理80 L汽油的比例添加。

3）加入该剂后运行30 min即可见效。

4）每行驶8 000 km使用一次。

（3）注意事项

1）使用该剂运行约30 min后，可能会出现排气暂时冒黑烟并伴有轻微爆鸣声的现象。

2）严禁喷涂在玻璃纤维和油漆上。

3）该剂蒸气有害，应避免接触皮肤和眼睛。

8. 发动机内部高效清洁剂

发动机内部高效清洁剂是一种发动机润滑系免拆高效清洁制剂，能有效地清洁润滑系各部油道、管路和润滑油所接触的金属表面，并将被溶解的漆膜、积炭、油泥、黏性胶质及其他有害沉积物悬浮于旧机油中，随脏油排掉，以确保发动机内部机件的清洁，中和燃烧所生成的酸性物质，防止残留的脏油对新机油的污染，保证新机油品质，延长润滑油使用周期，使发动机达到最佳的工作状态。

（1）性能

1）高效清除油道及管路中所附着的胶质、积炭、漆膜等沉积物，恢复各油道流通能力，使润滑油为机件提供良好润滑，减少非正常磨损。

2）清洁液压气门挺杆、摇臂轴及被粘连的活塞环等部件，使之运动自如，改善机件工作状态，减小噪声，延长机件使用寿命。

3）使被溶解的有害物质悬浮，以便排掉，防止新机油被残油污染，延长新机油使用周期。

4）中和燃烧生成的酸性物质，保护机件不受腐蚀，减少腐蚀性磨损。

5）清洁曲轴箱通风阀（PCV），防止燃油混合气对润滑油的稀释、氧化。

（2）使用方法

1）在更换脏机油及机油滤芯之前使用本剂。

2）通过机油加注口将本剂加入到曲轴箱内。

3）起动发动机，怠速运转 15 ~ 30 min 后，放出脏机油，更换机油滤芯，清洁完毕。

4）润滑油容量 5 L 以下的车辆，一次使用一瓶；超过 5 L 的车辆按 8% 添加。

5）为确保润滑系清洁，在每次换机油前使用本剂。

（3）注意事项

1）150 000 km 以上没有做过清洁的发动机，第一次使用时应注意机油压力，防止被清洁下来的大量油泥、胶质和沉积物等阻塞机油滤清器（定期使用绝对不会发生上述现象），必要时加倍使用本剂。

2）本剂切勿入口，并应远离儿童。

9. 发动机强力修复剂

发动机强力修复剂是对已磨损发动机具有自行修复功能的润滑添加剂，特别适用于行驶里程在 50 000 km 以上的四缸发动机。运行状态好的车辆，每年使用数瓶可延长发动机的使用寿命三倍左右。已经磨损的发动机使用本剂，五日内可恢复动力性能，可延迟大修周期一倍以上。

（1）性能

1）使用该剂可在因磨损而使配合间隙大的摩擦副表面形成金属修复膜，使过大的配合间隙得到适当的恢复，从而恢复发动机气缸的密封性，使发动机的动力性、经济性得到很好的恢复，并制止住由于气缸壁磨损所造成的窜机油、冒蓝烟的现象。台架实验和广泛使用证明：可恢复气缸压力 68.6 ~ 117.6 kPa。

2）在摩擦副表面形成金属膜，起到抗磨损、减小摩擦阻力的作用，车辆的动力性、起动性能明显提高。

3）在发动机工作过程中，可以抑制燃烧过程中酸和胶质的生成，保持发动机内的机件不受腐蚀，延长机油的使用寿命，换油期可延长到 10 000 ~ 15 000 km。

4）可以改善原有润滑油的品质，满足各种车辆发动机的润滑要求，使发动机的运转更加平稳和安静，抑制噪声。

5）老旧车辆使用该剂，能够降低油耗，抑制排气冒蓝烟，延长发动机大修周期一倍以上。

6）发动机强力修复剂的技术参数见表4—5—11。

表4—5—11　　发动机强力修复剂的技术参数

密度	0.896 kg/m^3	蒸发率	小于醚
沸点	248.9℃	蒸气密度	4.5 kg/m^3
可溶性	微溶于水	闪点	154.4℃
性状及气味	暗黄色，石油味		

（2）使用方法

1）起动发动机，怠速运转，使其温度达到正常。

2）将发动机强力修复剂通过机油加注口加入到发动机内，运转30 min后，气缸压力即开始恢复，运行500 km后效果更佳。

3）添加比例为发动机润滑油总量的5%，四缸以上的发动机加倍使用。

4）每运行12 000～15 000 km加入一次，应在每次换新机油后加入。

（3）注意事项

1）如果发动机内部较脏，应先使用发动机内部清洁剂将发动机内部清洁后，再使用该剂。

2）该剂切勿入口，应远离儿童。

3）新车和大修后的发动机应行驶6 000 km以上，方可使用该剂。

4）更换活塞环和气门后，行驶2 000 km内不要使用该剂。

10. 冷却系高效清洁剂

冷却系高效清洁剂具有超强清洁力与高效溶解性，可在运行时彻底清除冷却系统内已生成的水垢、锈蚀、沉积物等，恢复冷却系各管道流通能力，确保散热性能，避免发动机过热。使用该剂绝不会产生各种腐蚀，不会对冷却系带来伤害。

（1）性能

1）该剂在运行中能有效可靠地清除用一般方法无法清洁到的部位（水箱、缸盖、水套）的硬水垢及沉积物，并随冷却水排出，使冷却系内部清洁如新。

2）具有高效溶解分散性，恢复冷却液的能力，绝不会堵塞散热器的细小管道。

3）该剂为中性物质，无须中和，对金属及橡胶制品无腐蚀性。

4）该剂适用于所有水冷式冷却系统，可与各类型冷却液相溶。

5）该剂的技术参数见表4—5—12。

表4—5—12　　冷却系高效清洁剂的技术参数

性状及气味	清亮液体，淡氨气味	沸点	99.4℃
密度	1.02 kg/m^3	可溶性	可溶于水
蒸气压力	<1 Pa	闪点	93.3℃
蒸气密度	>1 kg/m^3	挥发性	87.6%

（2）使用方法

1）关闭发动机后，将该剂加入冷却液中，拧好散热器盖。

2）行驶 300 km 后，排出冷却液，清洗完毕。

3）冷却液容量:12 L 的车辆一次用一瓶，12 L 以上的车辆应加倍使用。

4）如冷却系长期未清洗，硬水垢较多，应加倍使用该剂。

（3）注意事项：清洗后，建议使用冷却系防锈垢保护剂以抑制锈垢再生；该剂切勿入口，应远离儿童。

11. 冷却系防锈垢保护剂

该剂可有效抑制冷却液中水垢、锈斑和酸性物质的生成，充分发挥冷却效能，避免因锈垢所产生的过热对发动机机件的损坏。该剂内含高效防泡剂、抗氧化剂，可防止系统内机件的穴蚀和氧化腐蚀。定期使用该剂，对冷却系统可以起到长久保护作用。

（1）性能

1）有效地阻止冷却系中水垢、穴蚀与锈垢的生成，确保冷却效果。

2）中和酸性物质，维护系统中的酸碱平衡，防止机件腐蚀，延长机件使用寿命。

3）可与各种冷却液相溶，避免一般防冻液对水箱的浸蚀。

4）内含优良的乳化剂，可有效润滑节温器、水泵，消除水泵的异常鸣响。

5）对金属及橡胶制品无腐蚀性。

6）该剂的技术参数见表 4—5—13。

表 4—5—13　　冷却系防锈垢保护剂的技术参数

性状及气味	清亮液体，无异味	沸点	99.4℃
密度	1.11 kg/m^3	可溶性	可溶于水
蒸气压力	1.33 Pa	闪点	120℃
蒸气密度	2.10 kg/m^3	挥发性	不挥发

（2）使用方法

1）关闭发动机后，将该剂加入到水箱内。

2）起动发动机使其与冷却液充分混合，保护剂发生作用。

3）每瓶兑 10 L 冷却液，每 5 000 km 使用一次。

4）每次更换冷却液时加一瓶效果更佳。

（3）注意事项：如有锈垢，应先使用水箱清洁剂将水箱清洁后再使用该剂；该剂不可入口，应远离儿童。

二、发动机系统的清洗护理

1. 燃油供给系统的清洁护理

汽车发动机燃油供给系统在长期的工作过程中，其油箱、化油器和进气歧管中易产生胶质和沉积物，喷油嘴、进气门和燃烧室等处易产生积炭，从而破坏正常的燃油供给，影响混合空燃比和正常燃烧，导致发动机怠速不稳、加速不良、爆燃、熄火、增加油耗和排气污染等现象的发生。因此，对燃油供给系统必须定期进行清洁护理，以保证系统的正常工作，从而延长发动机的使用寿命。

燃油供给系统的清洁护理是在发动机不解体的情况下，通过专业设备（发动机燃油供给系统清洗机）或不采用专业设备但使用专业用品来达到清洁护理的目的。其具体的清洗护理步骤应结合具体的设备操作步骤来进行。

2. 润滑系统的清洁护理

润滑系统在汽车的运行过程中，由于润滑油经常在高温、高压的条件下工作，极易生成油泥、胶质等沉积物，这些沉积物黏附在润滑系统的内表面，不但影响了润滑油的正常流动，而且加速了润滑油的变质，使运动摩擦副表面磨损加剧。因此，对润滑系统必须定期进行清洁护理，以保证系统的正常工作，从而延长发动机的使用寿命。

发动机润滑系统的清洁护理是在发动机不解体的情况下，通过专业设备（发动机润滑系统清洗机）或不采用专业设备但使用专业用品来提高润滑油的抗氧化性能，抑制沉积物的生成，并中和润滑油中的酸性物质，防止发动机内部零件的腐蚀，减少运动摩擦副的磨损，延长其使用寿命。

汽车长期运动必然导致运动摩擦副的磨损，致使振动、噪声加大，动力性、经济性下降。通过对润滑系中加入护理修复剂，便可恢复磨损配合件的间隙，使发动机工作更平稳有力。

另外，由于发动机密封垫的磨损和老化，会引起其内、外部润滑油渗漏。通过对润滑系统内添加专用的止漏用品，便可使润滑系统的密封件恢复其密封功能。

3. 冷却系统的清洁护理

发动机冷却系的冷却液中不同程度地含有钙、镁的盐类物质，如钙和镁的碳酸盐、硫酸盐和氯化盐等。这些盐类在水热后蒸发，当盐浓度达到饱和状态时就从水中析出，一部分形成沉淀渣，一部分沉积在冷却系统的内表面形成水垢（即硫酸钙、碳酸钙等物质）。

冷却系统是由不同性质的金属（铸铁、铝、钢、铜和焊锡等）组成的。当这些金属与水、乙醇等酸质防冻液、冷却液接触时，电解作用即开始，酸化反应使冷却液带电，其结果是金属被腐蚀，其表面被“咬出凹坑”。冷却液的主要成分是水，水遇到铁和空气中的氧就起化学作用而产生铁锈，致使金属件逐渐被锈蚀。

防冻液和冷却液中均含有硅酸盐，当冷却液温度从高至低发生变化时，硅酸盐容易产生“扩散”现象，在冷却液中形成条条青苔状的物质，此物质的形成将降低冷却液的流速，从而导致散热功能减退。

综上所述，冷却系统的结垢、锈蚀、沉积物将降低发动机的冷却能力，使发动机过热而烧机油，促使机油变质，从而产生发动机运动摩擦副零件卡死（如拉缸等）或摩擦加剧，以及发动机不正常燃烧（如爆燃和早燃）等。另外，车辆低速行驶和车用空调重负荷长时间工作也会引起冷却系高温，使零件产生质量问题而引起冷却系渗漏等。因此，对冷却系统必须进行定期清洁护理和不定期故障排除，以保证系统的正常工作，从而延长发动机的使用寿命。

发动机冷却系统的清洁护理是在发动机不解体况下，通过专业设备（水箱清洗机等）或不采用专业设备但使用专业用品来达到清洁、防锈除锈、止漏防漏的目的。

项目五　底盘维护

任务1　传动系的维护

【任务目标】

1. 能收集汽车传动系维护的相关信息。
2. 会检查、调整离合器踏板自由行程。
3. 会检查或更换变速器油液。
4. 会检查、润滑传动轴。
5. 会检查或更换驱动桥油液。

【任务描述】

在进行车辆维护时，你知道传动系有哪些总成部件需要维护，哪些部位需要定时润滑吗？

【任务内容】

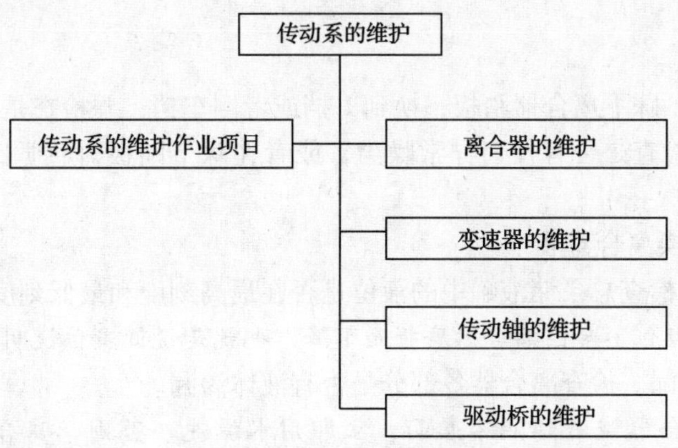

【任务准备】

传动系的维护基本作业项目如下：

1. 离合器的维护

（1）检查、调整离合器踏板自由行程。若离合器踏板的自由行程过小，会造成离合器打滑；若自由行程过大，则会造成离合器不能分离。

使用手指按压离合器踏板并使用一把测量标尺测量踏板的自由行程量，检查踏板自由行程是否处于标准范围内。轿车的离合器踏板自由行程为 15 ~ 25 mm，大车的离合器踏板自由行程为 30 ~ 40 mm。如果超出标准范围，应调整踏板高度。

提示： 用手指按压踏板时，感觉踏板逐渐变重的过程分为两步。

第一步，踏板运动直到踏板推杆接触总泵活塞。

第二步，踏板运动直到总泵引起液压上升。

（2）检查、调整离合器踏板高度。使用一把测量标尺检查离合器踏板高度应在 170 ~ 190 mm 之间。如果超出标准范围，应调整踏板高度。

提示： 测量从地面到离合器踏板上表面的距离。如果必须要从地毯表面开始测量，则从标准值中扣除地毯的厚度，或者地毯和沥青纸毡的厚度。

（3）检查离合器分离点。发动机怠速运转。在没有踩下离合器踏板时，慢慢地换挡至倒车挡；逐渐踩下离合器踏板，测量踏板到齿轮噪声停止的位置的行程量。

（4）检查离合器操纵机构。检查离合器拉索是否生锈卡滞，钢丝是否断裂；检查油面高度是否在上下刻度线之间，检查油管、总泵、分泵有无漏油现象，总泵、分泵有无卡滞。

（5）检查离合器的工作情况。离合器工作时应接合平稳，不发抖、不打滑，分离彻底，操纵轻便、无异响。踩下离合器踏板时，应该不存在以下故障：

1）踏板回弹无力。

2）异常噪声。

3）过度松动。

4）感觉踏板重。

发动机怠速时，踩下离合器踏板，换到 1 挡或者倒车挡，并检查是否有异常噪声和换挡是否平稳。同时，检查是否有任何异常噪声，或者在踩下踏板时感觉踏板是否沉重（可以接受）。

（6）检查或更换离合器液

1）检查液位。检查总泵储液罐中的液位是否在最高刻度和最低刻度之间。

提示： 离合器液位不会因离合器磨损而下降，也就是说低液位说明可能漏液。

2）检查液体渗漏。检查离合器各部分是否有液体渗漏。

注意： 如果离合器液溅到油漆表面，立即用水漂洗。否则，离合器液将损坏油漆表面。

2. 变速器的维护

（1）检查或更换手动传动桥油液

1）检查/更换间隔。根据行驶进程或时间长短进行检查/更换。

检查：每 40 000 km 或 4 年。

2）检查传动桥的下述区域是否漏油：

a. 壳接触面。

b. 换挡轴和拉索伸出的区域。

c. 油封。

d. 排放塞和加注塞。

3）检查油位（面）。从手动变速器壳侧拆卸加注塞，将手指插入塞孔，检查油与手指接触的位置。

4）更换手动传动桥油。步骤如下：

a. 拆卸加注塞、排放塞和两个垫片，然后排放传动桥（变速器）油。

b. 将油排放之后，用新垫片重新安装排放塞。

c. 重新加注规定量的油。

d. 用一个新垫片重新安装加注塞。

（2）检查或更换自动传动桥油液。ATF 会由于使用而变质引起换挡时的冲击变大，燃油经济性变差，变速器发出异常噪声。

1）检查/更换间隔：

检查：每 40 000 km 或 2 年。

更换：每 80 000 km 或 4 年。

提示：请参考维修计划，随车型不同而异；根据行驶里程和时间长短进行检查/更换。

2）检查自动传动桥油液（面）。检查 ATF 液位，它不应当随着行驶里程或使用时间的延长而降低。如果 ATF 液位降低，毫无例外是由液体泄漏引起的，应当更换油封。

a. 若液体量超过了规定的数值，ATF 会从排放塞中溢出造成换挡冲击。

b. 液位过低会造成自动传动桥机构的润滑不足从而造成滞塞。

发动机怠速时，按照从 P 到 L 的顺序转换换挡杆，然后再从 L 到 P 拉回，使油温达到正常（油温 75℃ ± 5℃），然后拔出油尺，检查液位是否在“热”范围内。

3）检查自动传动桥的下述区域是否漏油：

a. 壳接触面。

b. 换挡轴和拉索伸出的区域。

c. 油封。

d. 排放塞。

e. 油管及接头。

4）更换自动传动桥油液。步骤如下：

a. 拆卸排放塞和垫片，排放自动传动桥（变速器）液（ATF）。

b. 将液体排放完之后，重新安装带有一个新垫片的排放塞。

c. 通过量油尺指示重新加注规定量的自动传动桥（变速器）液。

d. 检查液位。

5）检查油冷却管。检查油冷却软管是否有裂纹、隆起或者损坏。

3. 传动轴的维护

（1）检查裂纹和其他损坏。手动转动轮胎，检查驱动轴护套的整个外围是否有裂纹或者其他损坏；检查护套卡箍，确保其已经正确安装并且没有损坏；检查传动轴是否变形，是否有裂纹。

（2）检查螺母和螺栓、万向节的松动。检查传动轴连接的螺栓和螺母是否松动，对称校紧传动轴各凸缘和固定螺栓；检视中间轴承、十字轴轴承，应无松旷。检查传动轴滑动叉的配合有无松旷。

（3）检查油脂渗漏。检查护套是否有油脂渗漏。

（4）润滑（更换油脂）。润滑万向节、传动轴滑动叉和中间轴承。使用一把润滑脂枪，从润滑脂嘴将润滑脂压入，直到新鲜的润滑脂从对面的润滑脂嘴、润滑脂出口或者护套端慢慢流出。

4. 驱动桥的维护

（1）检查驱动桥下述区域是否漏油：

1）壳接触面。

2）油封。

3）排放塞、加注塞。

（2）检查螺母和螺栓的松动。校紧驱动桥各部固定螺栓，检查主减差器啮合间隙。

（3）检查或更换驱动桥油液

1）检查/更换间隔：

检查：每 20 000 km 或 1 年。

更换：每 40 000 km 或 4 年。

提示：参照维修计划，因车型或使用条件的不同而异；根据行驶进程或时间长短进行检查/更换。

2）检查油位（面）从驱动桥壳后侧拆卸加注塞，将手指插入塞孔，检查油与手指接触的位置，油面高度应不低于检查孔下缘 15 mm。

3）更换手动传动桥油。步骤如下：

a. 拆卸驱动桥壳加注塞、排放塞和两个垫片，然后排放驱动桥内的油液。

b. 将油排放完之后，用新垫片重新安装排放塞。

c. 重新加注规定量的油。

d. 用一个新垫片重新安装加注塞。

【任务实施】

1．离合器的维护作业（见表5—1—1）

表5—1—1　　离合器的维护作业

作业项目	操作方法	操作图示	操作结果
1．检查离合器踏板高度	（1）将直尺支在驾驶室地板上，其倾斜度以直尺与踏板踏下时的弧线相切为准 （2）量出踏板完全放松时的高度		正确 □ 错误 □
2．调整离合器踏板高度	拧松锁紧螺母，转动踏板高度调整螺钉，使踏板高度达到规定值，然后锁死锁紧螺母即可		正确 □ 错误 □
3．检查离合器踏板自由行程	（1）用直尺量出踏板完全放松时的高度 （2）用力轻推离合器踏板，感觉阻力增大时停止推压，测出被压下后的踏板高度 （3）计算两次测量值之差		正确 □ 错误 □

续表

作业项目	操作方法	操作图示	操作结果
4. 调整离合器踏板自由行程	（1）调整离合器拉索的长度。首先拧松分离叉一端拉索上的锁紧螺母，转动调整螺钉将离合器踏板的自由行程调整到规定值，然后将锁紧螺母锁死	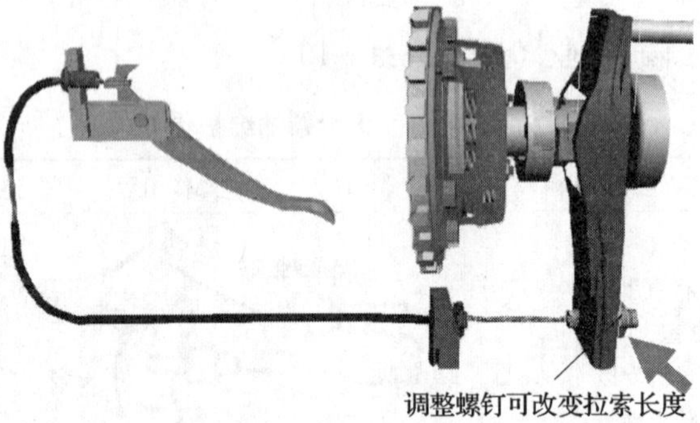	正确 □ 错误 □
	（2）调整主缸活塞与推杆间隙（主缸活塞与推杆间隙为0.5～1.0 mm）。拧松总泵上推杆的锁紧螺母，调整推杆长度，然后将锁紧螺母锁死	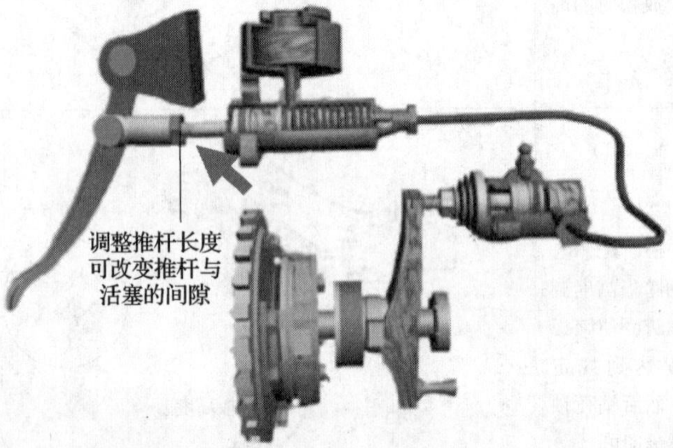	正确 □ 错误 □
	（3）调整分离杠杆端部与分离轴承平面之间的间隙（即调整工作缸推杆的长度，该间隙的规定值为3～6 mm）。拧松分泵推杆上的锁紧螺母，调整推杆长度，然后将锁紧螺母锁死	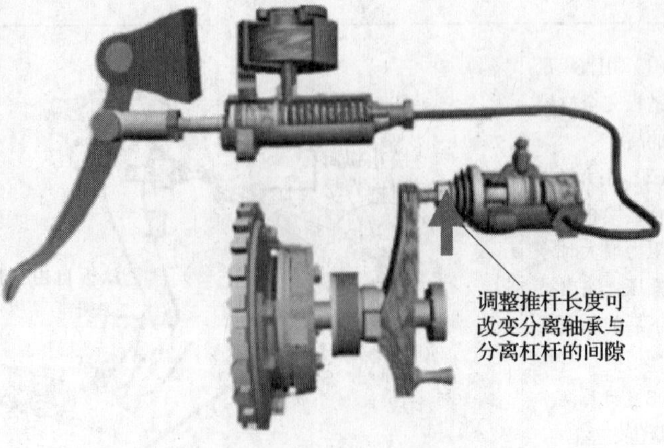	正确 □ 错误 □

续表

作业项目	操作方法	操作图示	操作结果
4. 调整离合器踏板自由行程	（4）调整分离杠杆端部与分离轴承平面的间隙。调整压盘盖上的调整螺钉。拧紧调整螺钉，自由行程减小；拧松调整螺钉，自由行程增大		正确 □ 错误 □
5. 检查离合器操纵机构	检查离合器拉索是否卡滞，钢丝是否有断裂，分离叉是否变形、回位是否正常，分离轴承是否发响，离合器总泵、分泵是否锈蚀卡滞	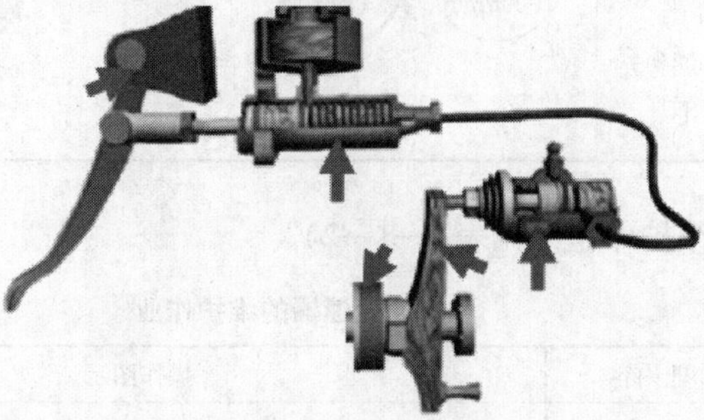	正确 □ 错误 □
6. 检查离合器液	（1）检查离合器液面	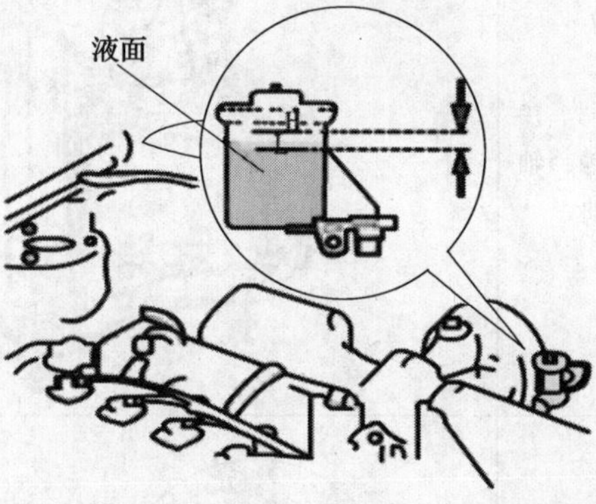	正确 □ 错误 □
	（2）检查液压系统泄漏	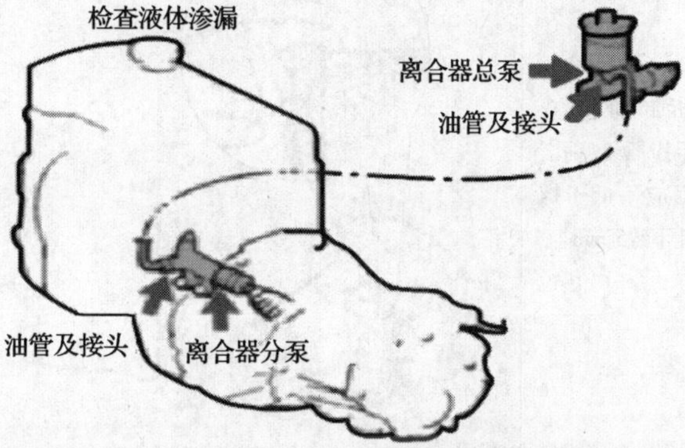	正确 □ 错误 □

续表

作业项目	操作方法	操作图示	操作结果
7. 检查离合器的工作情况	起动发动机，拉紧手刹，变速器挂入二挡，放松离合器时发动机应熄火，车辆不能起步；踩下离合器踏板行程不超过 140 mm 情况下，离合器就能彻底调分离，接合平稳、不发抖，操纵轻便、无异响	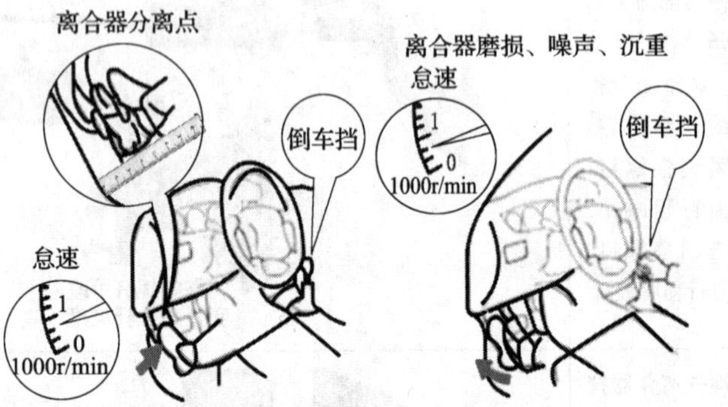	正确 □ 错误 □

2. 变速器的维护作业（见表5—1—2）

表5—1—2　　变速器的维护作业

作业项目	作业内容	操作图示	操作结果
1. 检查油液泄漏	检查油封、接合表面和换挡轴处是否漏油		正确 □ 错误 □
2. 检查手动变速器液位	拆卸加注塞。将手指插入塞孔，油面应不低于螺塞孔下缘5 mm	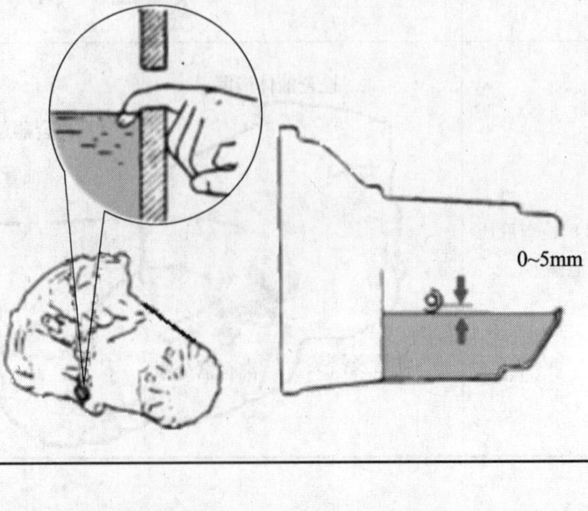	正确 □ 错误 □

续表

作业项目	作业内容	操作图示	操作结果
3. 检查变速器螺栓松动	检查并拧紧变速器连接螺栓和固定螺栓	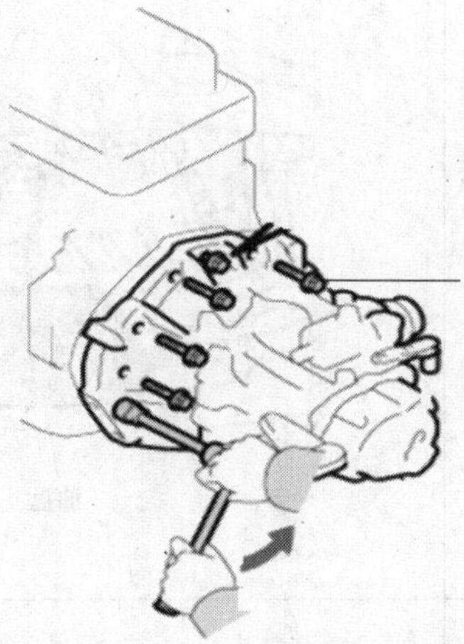	正确 □ 错误 □
4. 检查与调整变速器换挡操纵机构	检查换挡操纵机构各铰接点球节是否严重磨损、松旷，有无卡滞，换挡是否顺畅	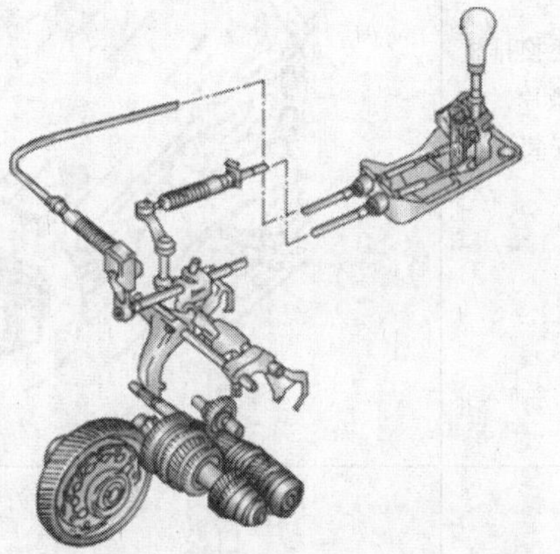	正确 □ 错误 □
5. 更换自动变速器油液（ATF）	（1）拆下放油螺塞		正确 □ 错误 □

续表

作业项目	作业内容	操作图示	操作结果
5. 更换自动变速器油液(ATF)	(2) 将ATF排放到排放油盘内	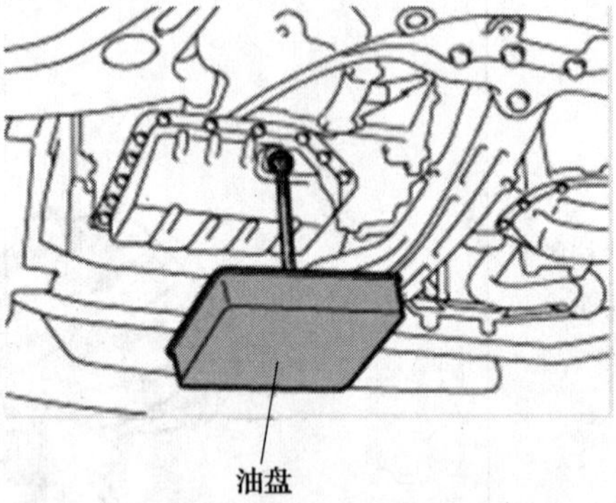 油盘	正确 □ 错误 □
	(3) 更换排放塞内的垫片，将排放塞安装到油底壳上	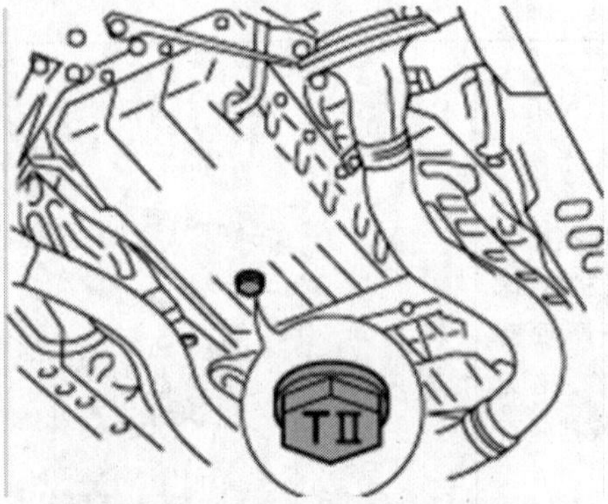 TⅡ	正确 □ 错误 □
	(4) 加入规定量的ATF	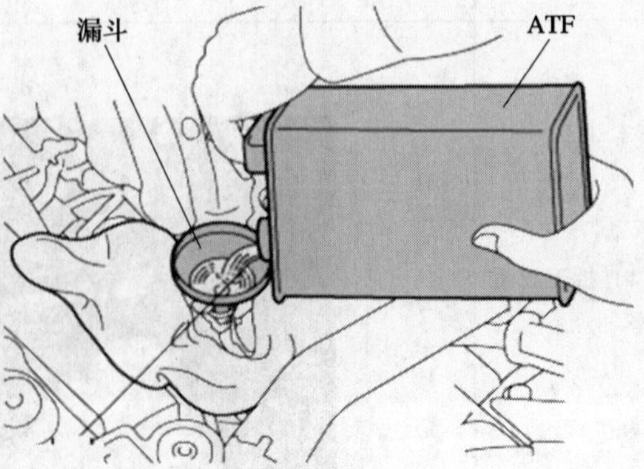 漏斗 ATF	正确 □ 错误 □

续表

作业项目	作业内容	操作图示	操作结果
6. 检查自动变速器液位	（1）将车辆停放在平整地面上，拉上驻车制动器。起动发动机前拔出油尺，用布擦去油液，然后将油尺重新装入，再拔出油尺检查 ATF 的液位	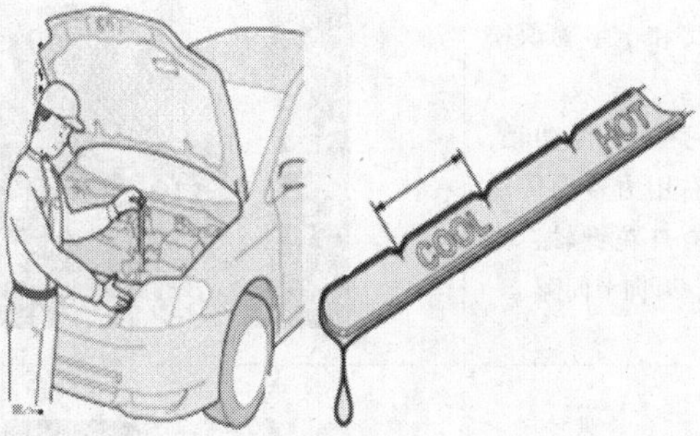 COOL HOT	正确 □ 错误 □
	（2）空转发动机，踩下制动踏板，拉动驻车制动杆并慢慢将换挡杆从 P 挡经过每一个挡位直到 L 挡，然后再回到 P 挡，或驾车 15 min 以完全预热 ATF 后，再拔出油尺检查 ATF 的液位	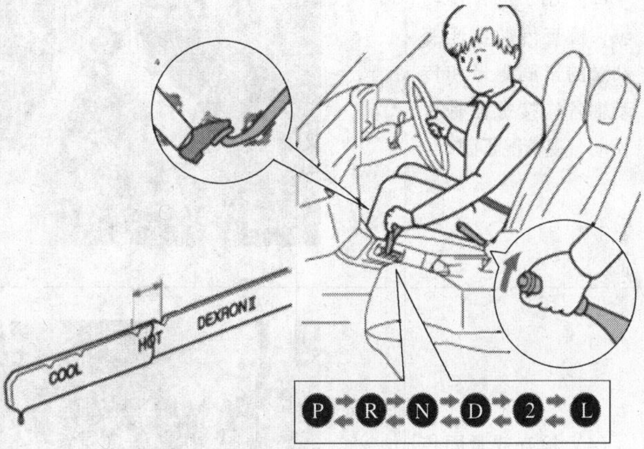 DEXRON Ⅱ HOT COOL P R N D 2 L	正确 □ 错误 □

3. 传动轴的维护作业（见表 5—1—3）

表 5—1—3　　传动轴的维护作业

作业项目	作业内容	操作图示	操作结果
1. 检查传动轴	（1）检视传动轴各部有无变形、弯曲、裂纹等损伤		正确 □ 错误 □

续表

作业项目	作业内容	操作图示	操作结果
1. 检查传动轴	（2）检查花键轴、滑动叉和十字轴承松旷 用手握住传动轴，向左右用力转动传动轴，检查花键轴、滑动叉、万向节间隙	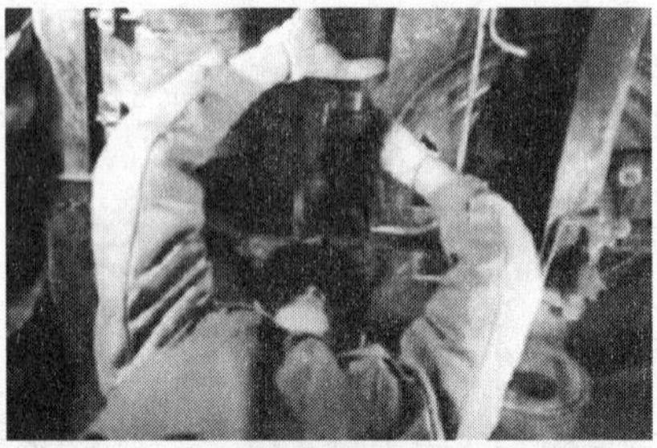	正确 □ 错误 □
	（3）用手推拉传动轴，检查传动轴连接凸缘的紧固螺母和传动轴各连接螺栓是否松动，视情况紧固	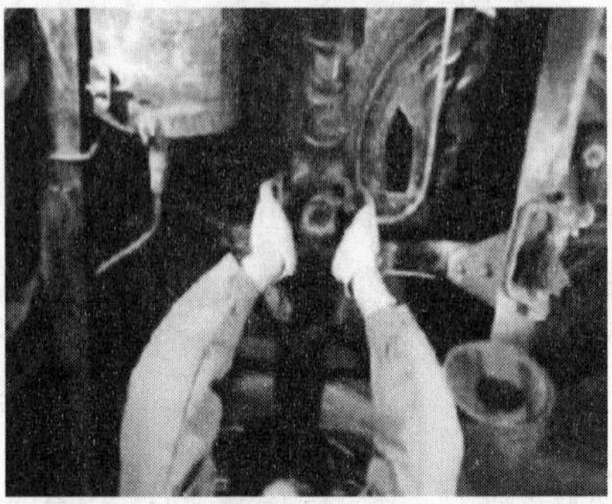	正确 □ 错误 □
	（4）检查或紧固传动轴凸缘叉连接螺栓螺母		正确 □ 错误 □
	（5）检查或紧固中间支承支架固定螺栓螺母		正确 □ 错误 □

续表

作业项目	作业内容	操作图示	操作结果
2. 润滑传动轴各润滑部位	用滑脂枪润滑传动轴十字轴轴承、中间支承轴承、滑动叉，挤出润滑脂为止	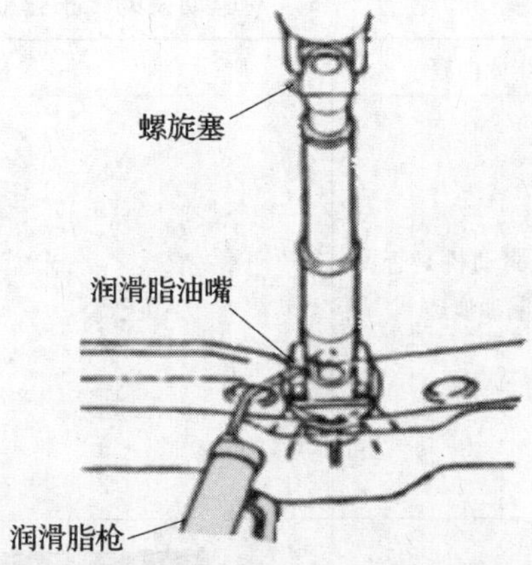 螺旋塞 润滑脂油嘴 润滑脂枪	正确 □ 错误 □
3. 检查驱动轴	（1）检查驱动轴防尘罩有无破损，卡箍紧固是否可靠		正确 □ 错误 □
	（2）检查内外万向节是否松旷、运动是否自如、有无异响和明显卡滞现象，如有损坏需更换总成	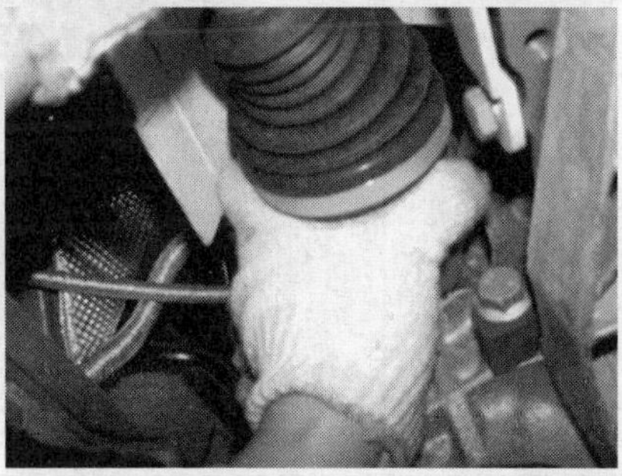	正确 □ 错误 □
	（3）检查驱动轴有无变形和损伤	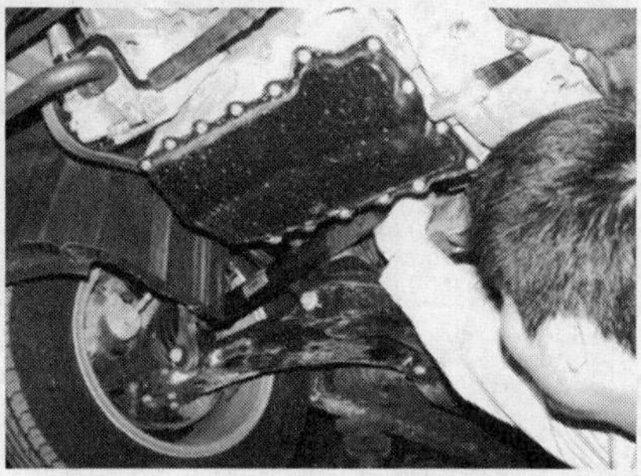	正确 □ 错误 □

4. 驱动桥的维护作业（见表5—1—4）

表5—1—4 驱动桥的维护作业

作业项目	作业内容	操作图示	操作结果
1. 检查泄漏	检视驱动桥是否漏油或有漏油痕迹	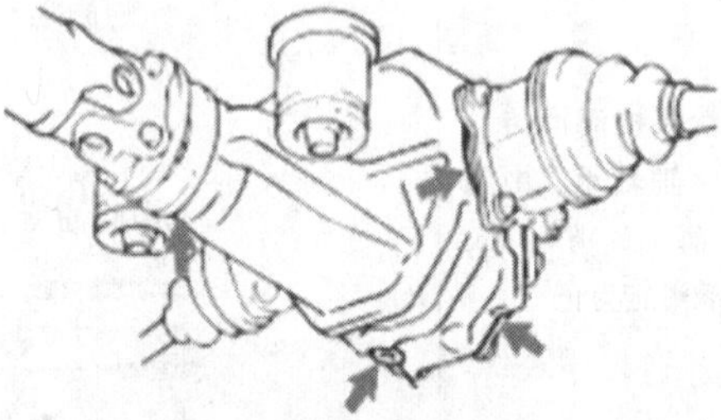 排放塞	正确 □ 错误 □
2. 检查与紧固螺栓	检查或紧固各部螺栓		正确 □ 错误 □
3. 检查油面	（1）拆下加注螺塞		正确 □ 错误 □
	（2）检查油面		正确 □ 错误 □

续表

作业项目	作业内容	操作图示	操作结果
3. 检查油面	（3）安装加注螺塞		正确 □ 错误 □

✓【任务总结】

一、任务评价与反馈

1. 对本学习任务进行评价，见表5—1—5。

表5—1—5 评分表

考核项目	评分标准	分数	学生自评	小组互评	教师评价	小计
团队合作	是否和谐	5				
活动参与	是否积极主动	5				
安全生产	有无安全隐患	10				
现场5S	是否做到	10				
任务方案	是否正确、合理	15				
操作过程	1. 离合器的维护 2. 变速器的维护 3. 传动轴的维护 4. 后驱动桥的维护	30				
任务完成情况	是否圆满完成	5				
工具和设备使用	是否规范、标准	10				
劳动纪律	是否能严格遵守	5				
工单填写	是否完整、规范	5				
	总分	100				
教师签名：			年 月 日		得分	

2. 能独立完成离合器维护作业吗？如不能，找出原因。
3. 能完成变速器的维护作业吗？如不能，分析原因并提出改进措施。
4. 通过学习收获了哪些知识？对以后的工作提出哪些改进措施？

二、理论知识检验

1. 选择题

（1）桑塔纳轿车离合器踏板自由行程是（　　）mm。

A. 5～15　　B. 10～20
C. 15～25　　D. 20～30

（2）离合器从动盘安装在（　　）上。

A. 发动机曲轴　　B. 变速器输入轴
C. 变速器输出轴　　D. 变速器中间轴

（3）以下三个故障中造成换挡困难的原因是（　　）。

A. 离合器打滑　　B. 离合器分离不彻底
C. 离合器片太薄　　D. 离合器踏板自由行程过小

（4）采用发动机前置前驱动汽车使汽车总重量（　　）分配到车轮上。

A. 前重后轻　　B. 左重右轻
C. 左轻右重　　D. 平均

（5）两轴式变速器适用于（　）的布置形式。

A. 发动机前置前轮驱动　　B. 发动机前置全轮驱动
C. 发动机后置后轮驱动　　D. 发动机前置后轮驱动

2. 判断题

（　　）（1）离合器主、从动部分和压紧机构的作用：保证离合器处于接合状态。
（　　）（2）扭转减振器的作用：避免共振和缓和可能发生的冲击。
（　　）（3）随着汽车的正常使用，离合器的自由行程会越来越小。
（　　）（4）机械变速器有两轴式变速器和三轴式变速器。
（　　）（5）上海桑塔纳轿车变速器的同步器是惯性锁销式。
（　　）（6）上海桑塔纳轿车采用前置发动机前轮驱动的汽车传动系布置。
（　　）（7）主减速器的作用是实现降速和增大转矩。

3. 问答题

（1）传动系的维护基本作业项目有哪些？
（2）离合器踏板自由行程是多少？
（3）手动传动桥油液检查/更换间隔里程是多少？

任务 2 转向系的维护

【任务目标】

1. 能收集汽车转向系维护的相关信息。
2. 能完成转向系维护作业。
3. 会更换动力转向油液。

【任务描述】

有客户反映其车辆在高速行驶时，转向盘会发抖，方向摆振。你如何进行检查并排除这个故障?

【任务内容】

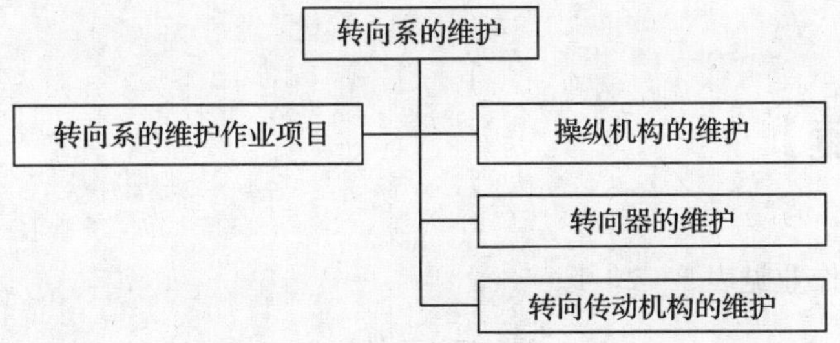

【任务准备】

转向系的维护基本作业项目

1. 转向传动机构的维护

检查的间隔：每 20 000 km 或 1 年。

(1) 检查松动和摆动。用手摇晃转向横、直拉杆，检查球节、螺母是否松动或者摆动，固定螺栓是否松动，球头销是否转动灵活。

（2）检查变形和损伤。检查转向连接机构是否弯曲或者损坏，检查球节防尘罩是否有裂纹、撕裂或者其他损坏。

2. 转向器的维护

（1）检查渗漏。检查齿轮箱是否有润滑油渗漏（或者浸润），检查油管、油泵和连接点是否有渗漏，检查软管是否有裂纹和其他损坏。

（2）检查松动和损伤。检查转向器固定螺栓是否松动，检查齿条护套是否有裂纹或者破损，检查转动是否灵活轻便、有无阻滞现象。

3. 检查或更换动力转向液

检查间隔：根据行驶里程或时间进行检查，每 10 000 km 或 6 个月。

检查液量是否在标尺的上下刻度之间，是否变白或起泡。

4. 操纵机构维护

（1）检查转向盘自由行程。使车辆笔直向前，轻轻转动转向盘，在车轮就要开始转动时，使用直尺测量转向盘的移动量。

（2）检查松动和摆动。用两手握住转向盘，将转向盘向上下、前后、左右方向推动，检查转向盘有无松动或者摆动。将点火开关转动到 ACC，检查转向盘是否不会锁定和可自由转动；将点火开关拔出，检查转向盘是否能锁定和不可自由转动。

（3）检查万向节轴承松旷、卡滞。左右转动转向盘，检查转动是否轻便自如，有无卡滞。

【任务实施】

转向系的维护作业见表 5—2—1。

表 5—2—1　　转向系的维护作业

作业项目	操作方法	操作图示	操作结果
1. 操纵机构维护	（1）检查转向盘自由行程。轻轻转动转向盘，在车轮就要开始移动时，使用直尺测量转向盘的转动量		正确 □ 错误 □

续表

作业项目	操作方法	操作图示	操作结果
1. 操纵机构维护	（2）检查转向盘松动。两手握住转向盘，将转向盘向上下、前后、左右方向摇动推拉，应无松旷的感觉	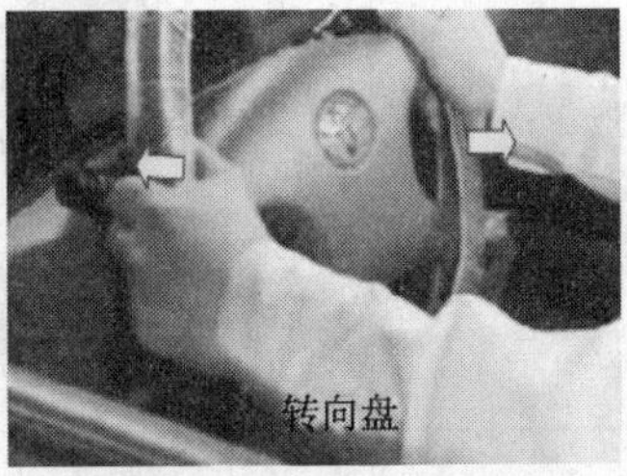	正确 □ 错误 □
	（3）检查转向盘锁止情况。将点火开关转动到ACC，转向盘应不会锁定和可自由转动；将点火开关钥匙拔出，转向盘应能锁定和不可自由转动	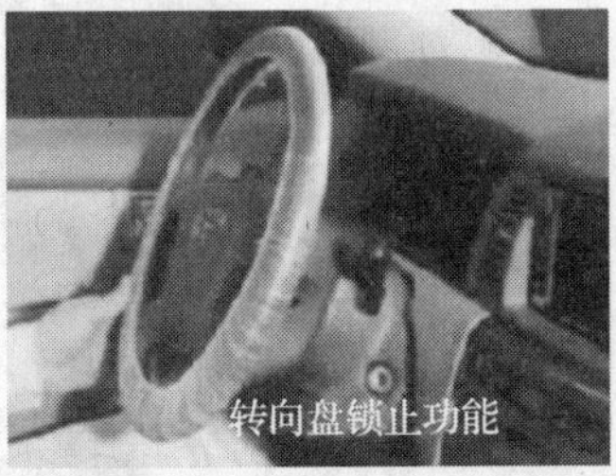	正确 □ 错误 □
	（4）检查万向节及连接螺栓松动	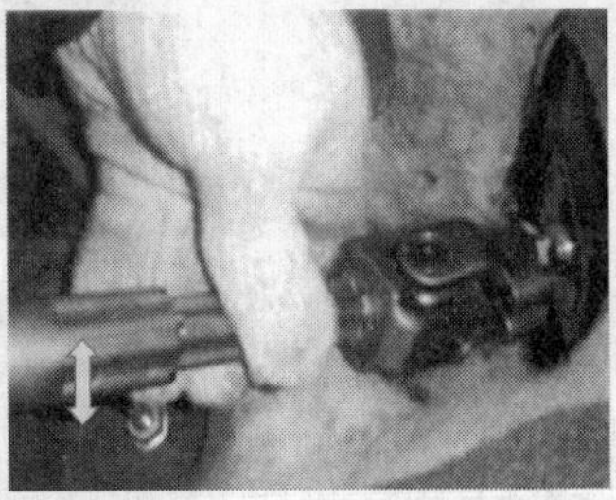	正确 □ 错误 □
	（5）润滑万向节		正确 □ 错误 □

续表

作业项目	操作方法	操作图示	操作结果
2. 转向器维护	(1) 检查齿条护套是否有裂纹或者破损	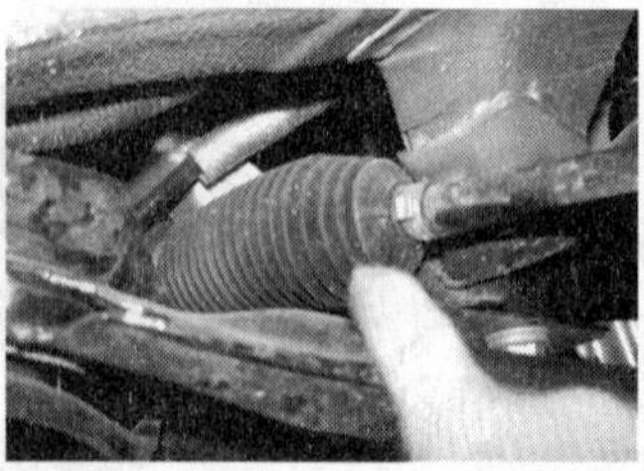	正确 □ 错误 □
	(2) 检查齿轮箱是否有润滑油渗漏，检查油管、油泵和连接点是否有渗漏	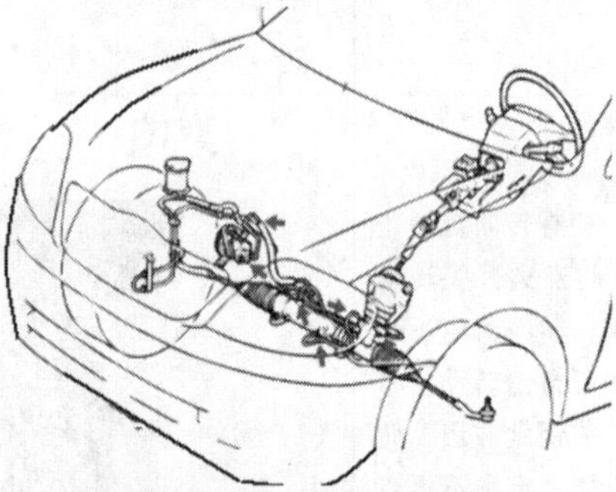	正确 □ 错误 □
3. 传动机构维护	(1) 检查球节防尘罩是否有裂纹、撕裂或者其他损坏	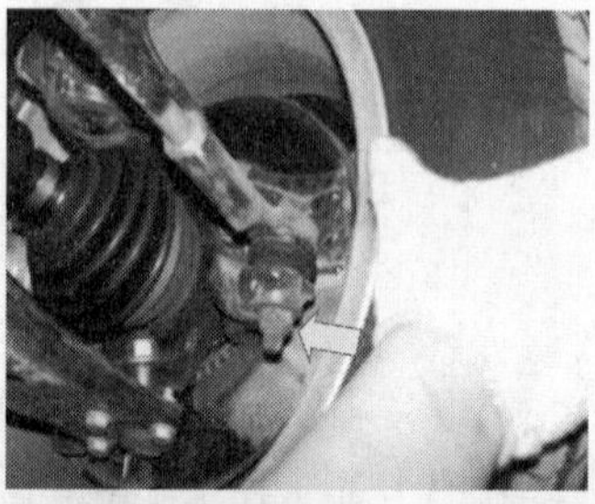	正确 □ 错误 □
	(2) 检查松动和摆动。用手摇晃转向横拉杆、直拉杆，检查球节、螺母是否松动或者摆动，固定螺栓是否松动，球头销是否转动灵活		正确 □ 错误 □
	(3) 检查变形和损伤。检查转向连接机构是否弯曲或者损坏	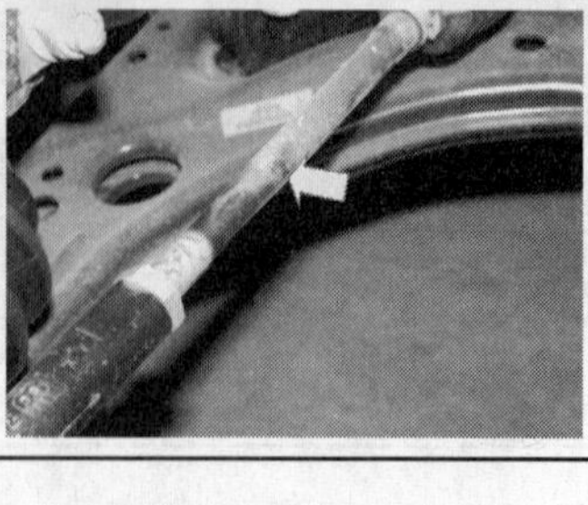	正确 □ 错误 □

续表

作业项目	操作方法	操作图示	操作结果
4．检查动力转向液	（1）发动机怠速，保持汽车原地不动，转动转向盘数次，以便使转向液温度上升到40～80℃，然后回退转向盘到中间位置		正确 □ 错误 □
	（2）停止发动机，检查储液罐中的液位是否处于规定的范围内	A型 液位 热 冷 最大 最小 B型 最大 最小 （在5 mm以内） 最小 最大 发动机怠速在1 000 r/min或更低　发动机停	正确 □ 错误 □

【任务总结】

一、任务评价与反馈

1．对本学习任务进行评价，见表5—2—2。

表5—2—2　　评分表

考核项目	评分标准	分数	学生自评	小组互评	教师评价	小计
团队合作	是否和谐	5				
活动参与	是否积极主动	5				
安全生产	有无安全隐患	10				
现场5S	是否做到	10				
任务方案	是否正确、合理	15				
操作过程	1．转向系维护作业 2．动力转向油液检查 3．维护作业范围	30				

续表

考核项目	评分标准	分数	学生自评	小组互评	教师评价	小计
任务完成情况	是否圆满完成	5				
工具和设备使用	是否规范、标准	10				
劳动纪律	是否能严格遵守	5				
工单填写	是否完整、规范	5				
总分		100				
教师签名:			年　月　日		得分	

2. 会更换动力转向油液吗？如不能，找出原因。

3. 能完成转向系维护作业吗？如不能，分析原因并提出改进措施。

4. 通过学习收获了哪些知识？对以后的工作提出哪些改进措施？

二、理论知识检验

1. 选择题

(1) 汽车行驶时向一个方向跑偏，停车检查时车身向一侧倾斜的原因之一是（　　）。

A. 前轮前束大　　B. 主销松旷，间隙过大

C. 左右钢板弹簧弹力不一致或弹簧断裂　　D. 钢板U形螺栓松动，车桥移位

(2) 转向盘为消除间隙、克服弹簧变形所空转过的角度称为（　　）。

A. 转向盘自由行程　　B. 转向器自由行程

C. 转向系自由行程　　D. 转向传动机构自由行程

(3) 转向系统转向沉重的原因之一是（　　）。

A. 转向器啮合间隙过小　　B. 前轮毂轴承间隙过大

C. 前轮前束过大　　D. 转向轴配合松动

(4) 转向不灵敏的原因之一为（　　）。

A. 转向器啮合间隙过大，安装松动　　B. 轮胎气压过低　　C. 变形

(5) 转向器的检修包括壳体及盖检修、转向摇臂轴检修、轴承检修和（　　）检修。

A. 转向螺杆及螺母总成　　B. 车轮

C. 车架　　D. 悬架

2. 判断题

（　　）(1) 齿轮齿条式转向器结构复杂，传动效率低，操纵轻便。

（　　）(2) 转向操纵机构的主要作用是操纵转向器和转向传动机构，使转向轮偏转。

（　　）(3) 动力式动力转向系统具有转向既轻便又灵敏的特点，广泛应用于高速轿车和重型汽车。

（　　）（4）自由行程过大会导致转向灵敏。

（　　）（5）转向器的自由行程一般不超过 10°～15°。

（　　）（6）转向器的检修包括壳体及盖检修、转向摇臂轴检修、转向螺杆及螺母总成检修和轴承检修。

（　　）（7）转向有异响的原因之一是转向器缺少润滑油。

3. 问答题

（1）转向系的维护基本作业项目有哪些？

（2）动力转向液检查/更换间隔里程是多少？

（3）转向盘自由行程是多少？

任务3　行驶系的维护

【任务目标】

1. 能收集汽车行驶系维护的相关信息。
2. 能完成悬架的维护作业。
3. 会拆装、检查轮胎。
4. 会检查和调整车轮定位。

【任务描述】

有客户反映其车辆在更换轮胎后高速行驶时振动很大，方向左右摇摆不定，速度越高越严重，而且轮胎出现斑状磨损。你如何处理？

【任务内容】

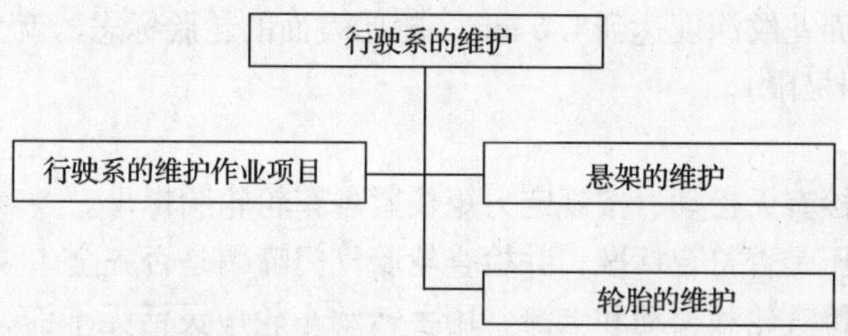

【任务准备】

行驶系的维护基本作业项目如下：

1. 悬架的维护

（1）校紧减振器及其支架的固定螺栓，检查各悬架组件是否松动或损坏。

（2）检查减振器有无漏油现象，检查减振器上是否有凹痕，检查防尘罩上是否有裂纹或者其他损坏。

（3）检查减振器减振力、性能是否满足要求。通过上下摇动车身确定减振器的缓冲力大小，并且检查车身停止摇动需要花多长时间。

（4）检查弹簧损坏。检查钢板弹簧和扭矩杆弹簧是否损坏。

（5）检查钢板弹簧有无错位及裂纹现象，检查钢板弹簧夹箍紧固情况，校紧钢板弹簧U形螺栓，并在钢板后端与滑板之间涂抹一些石墨润滑脂。

（6）通过用手摇晃钢板弹簧连接检查其是否磨损和松动，检查钢板弹簧之间的间隙。

（7）润滑前后钢板弹簧销。

（8）通过用手摇晃悬架接头上的连接检查衬套是否磨损或有裂纹，并且检查是否摆动。同时检查连接是否损坏。

（9）检查车辆倾斜。目测检查车辆是否倾斜。

2. 车轮的维护

（1）检查轮胎的重要性

1）若轮胎气压过低，当轮胎接触路面时，异物（如金属颗粒）有可能进入轮胎；同时轮胎会变形，无法正常工作，导致异常磨损（如胎肩磨损），轮胎寿命缩短，行驶中可能发生“驻波”导致轮胎爆裂。

2）如果轮胎磨损、沟槽消失，当高速行驶在潮湿的地面上时，由于不能排水，会在水面滑动（滑水效应），导致车辆失控。而且容易发生瘪胎，轮胎容易爆裂，缩短寿命。

（2）检查/更换间隔

1）检查：每10 000 km或6个月。

2）当轮胎的胎面花纹深度磨损到小于3 mm时，应更换轮胎。

3）如果轮胎胎面花纹深度达到1.6 mm，轮胎表面的轮胎标志器就会出现，表明需要更换（它表明轮胎磨损极限）。

（3）检查内容

1）检查轮胎螺栓有无松动，按规定力矩校紧各车轮轮胎螺母。

2）检查轮胎气压是否符合标准，并检查轮胎气门嘴帽是否齐全。

3）支起车桥，检查轮毂松动和卡滞，用手转动车轮应灵活无卡滞，轴向推拉车轮时应无间隙感。

4）检查轮胎胎面和胎壁是否有裂纹、割痕或其他损坏。

5）检查轮胎的胎面和胎壁是否嵌入金属颗粒、石子或者其他异物，若有应及时清除。

6）测量胎面花纹的深度。用轮胎深度规测量轮胎胎面花纹的深度，同时可以通过观察与地面接触的轮胎表面的胎面磨耗指示标记检查胎面深度。

7）检查轮胎的异常磨损。检查车胎的整个外围是否有非正常磨损或者阶段性磨损，如两边磨损、中间磨损、羽状磨损、单侧磨损（内侧或外侧）、双肩磨损、中间磨损、薄边磨损、单肩磨损和跟部磨损。

8）检查轮胎气压。用气压表测量轮胎的气压。

9）检查轮胎漏气。检查气压后，通过在气门周围涂肥皂水检查是否漏气。

10）检查轮圈和轮盘。检查轮圈和轮盘是否损坏、腐蚀、变形和跳动。

11）轮胎换位。每 10 000 km 执行具体细节参考用户手册。

12）轮胎动平衡。

3. 检查或调整车轮定位

当车辆出现跑偏，轮胎出现异常磨损，转向时转向盘太重、太轻以及快速行驶时转向盘发抖，更换轮胎、转向节以及减振器等悬架系统配件后，车辆发生碰撞事故后，新车行驶 3 000 km 或行驶 10 000 km 后，均应进行定位检测。

【任务实施】

1. 悬架的维护作业（见表 5—3—1）

表 5—3—1　　悬架的维护作业

作业项目	操作方法	操作图示	操作结果
悬架的维护	（1）检查车身左右高度是否一致	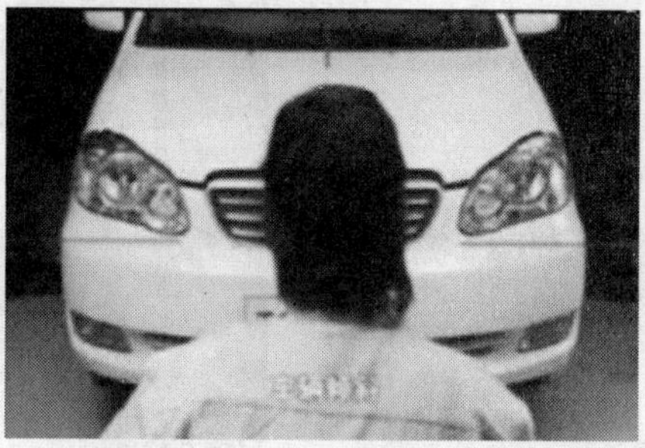	正确 □ 错误 □

续表

作业项目	操作方法	操作图示	操作结果
悬架的维护	(2) 检查减振器工作性能。用两手压车身，然后迅速放手，车身上下跳动 2～3 次，说明减振器减振性能已有所减弱	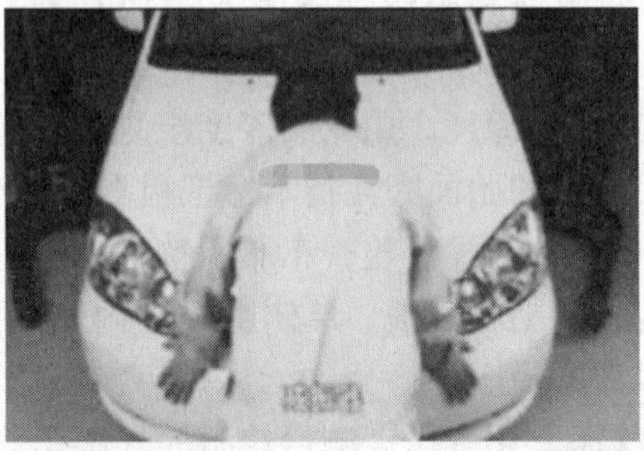	正确 □ 错误 □
	(3) 检查后桥拖臂是否变形或损伤	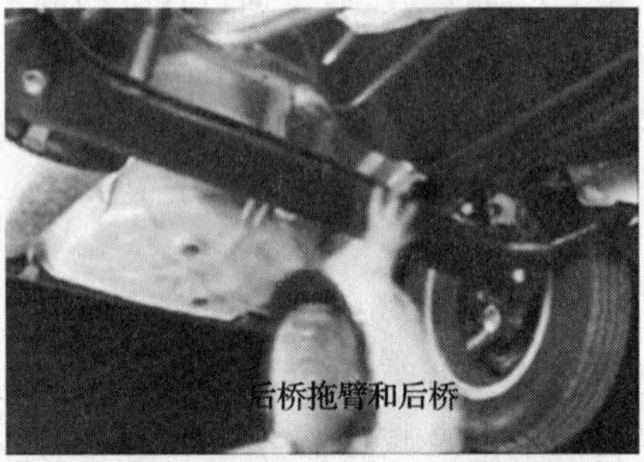 后桥拖臂和后桥	正确 □ 错误 □
	(4) 检查前桥是否变形或损伤		正确 □ 错误 □
	(5) 校紧钢板 U 形螺栓		正确 □ 错误 □

续表

作业项目	操作方法	操作图示	操作结果
悬架的维护	（6）检查钢板弹簧是否断裂、错位	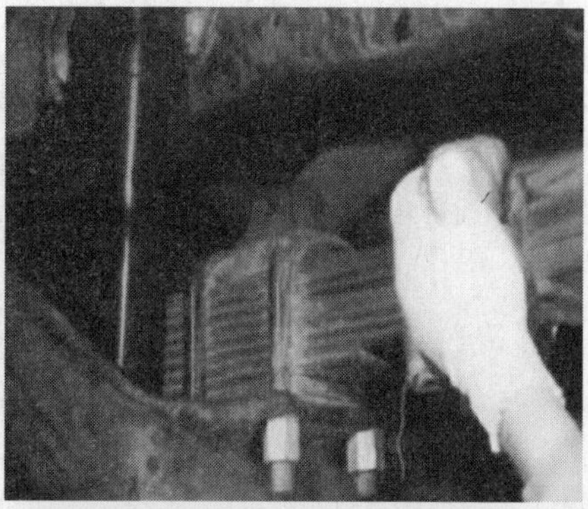	正确 □ 错误 □
	（7）校紧钢板夹螺栓		正确 □ 错误 □
	（8）润滑钢板销		正确 □ 错误 □
	（9）检查悬架下臂球形节是否松动、变形或损伤，防尘套是否破损		正确 □ 错误 □

续表

作业项目	操作方法	操作图示	操作结果
悬架的维护	(10)校紧前后悬架下托臂螺栓	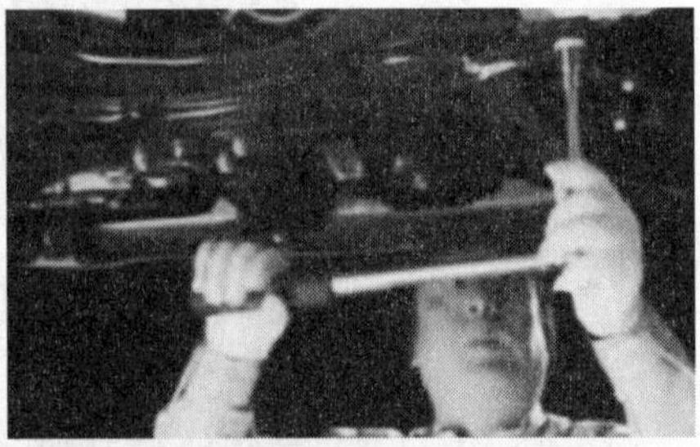	正确 □ 错误 □
	(11)检查悬架弹簧有无损伤、定位是否可靠、支座橡胶有无损坏	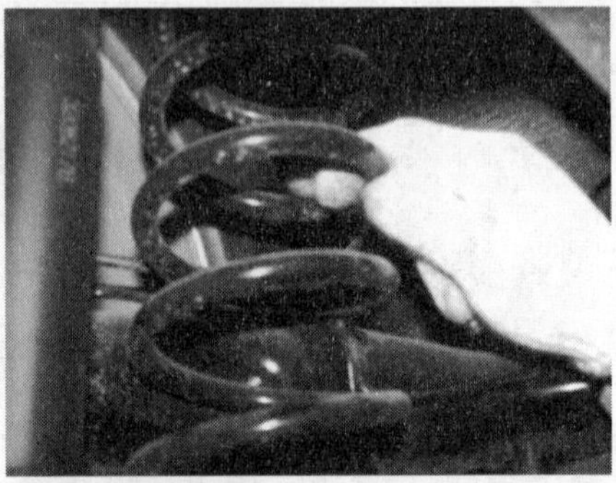	正确 □ 错误 □
	(12)检查减振器是否漏油,防尘套是否破损、变形		正确 □ 错误 □
	(13)检查减振器连接的支承套有无松动、衬套是否完好	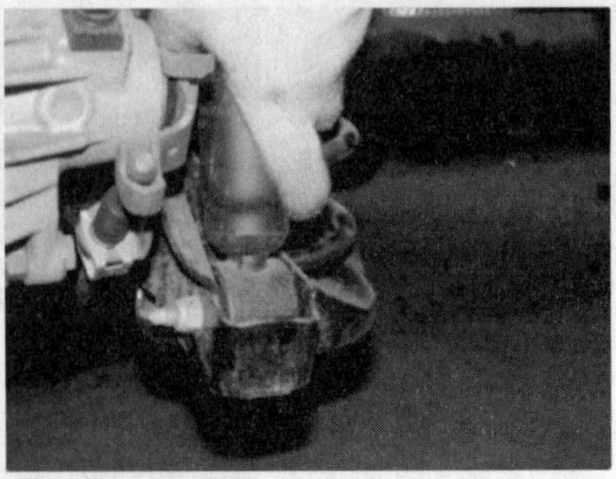	正确 □ 错误 □

续表

作业项目	操作方法	操作图示	操作结果
悬架的维护	（14）校紧减振器上支座固定螺栓	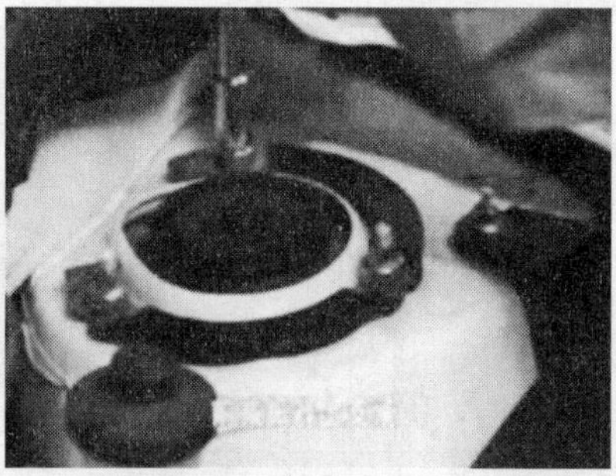	正确 □ 错误 □

2．轮胎的维护作业（见表5—3—2）

表5—3—2　　轮胎的维护作业

作业项目	操作方法	操作图示	操作结果
1．轮毂轴承检查	（1）检查轮毂轴承松动。两手分别放在车轮的上下、左右，用力晃动车轮，检查轴承是否松动		正确 □ 错误 □
	（2）检查轮毂轴承松紧程度。用手转动轮胎，检查轮毂轴承转动是否灵活、有无卡滞、有无异常噪声或咔嗒声	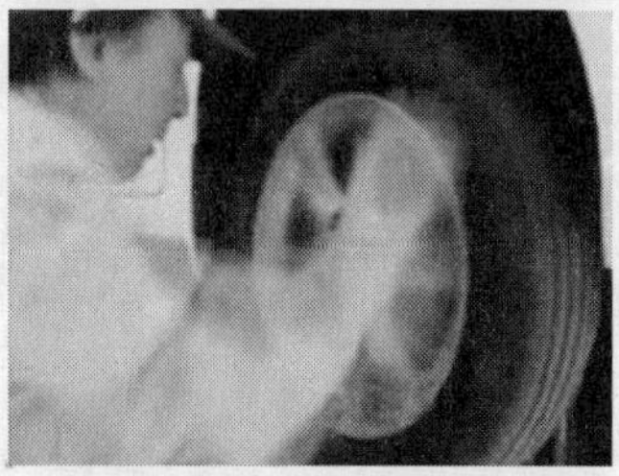	正确 □ 错误 □
2．轮胎检查	（1）检查轮胎气压		正确 □ 错误 □

续表

作业项目	操作方法	操作图示	操作结果
2. 轮胎检查	(2) 检查和清除轮胎胎面和胎壁嵌入的金属微粒、石子或者其他异物		正确 □ 错误 □
	(3) 检查异常磨损。检查胎面有无异常磨损，有无裂纹、割痕或脱层、起鼓和变形等现象		正确 □ 错误 □
	(4) 检查花纹深度。用轮胎深度规测量轮胎的胎面花纹，深度应大于1.6 mm		正确 □ 错误 □
	(5) 检查轮圈和轮盘是否损坏、腐蚀、变形和跳动	 轮圈和轮盘	正确 □ 错误 □
	(6) 检查是否漏气。在气门周围涂肥皂水检查气门嘴是否漏气	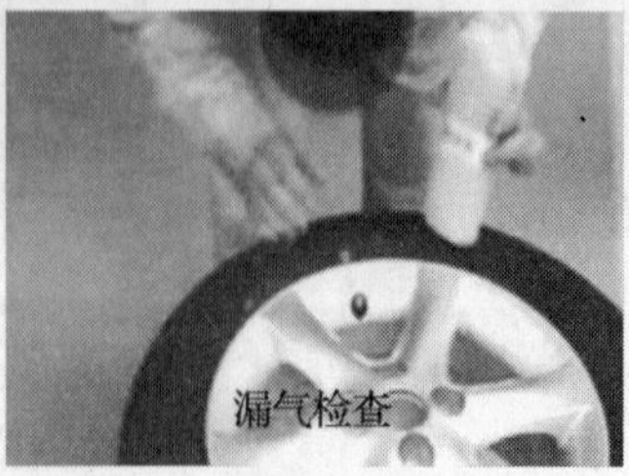 漏气检查	正确 □ 错误 □

✓【任务总结】

一、任务评价与反馈

1. 对本学习任务进行评价，见表5—3—3。

表5—3—3　　　　　　　　　　评分表

考核项目	评分标准	分数	学生自评	小组互评	教师评价	小计
团队合作	是否和谐	5				
活动参与	是否积极主动	5				
安全生产	有无安全隐患	10				
现场5S	是否做到	10				
任务方案	是否正确、合理	15				
操作过程	1. 悬架维护作业 2. 轮胎检查作业 3. 轮胎拆装	30				
任务完成情况	是否圆满完成	5				
工具和设备使用	是否规范、标准	10				
劳动纪律	是否能严格遵守	5				
工单填写	是否完整、规范	5				
	总分	100				
教师签名：			年　月　日		得分	

2. 能完成悬架维护作业吗？如不能，找出原因。
3. 能完成轮胎动平衡作业吗？如不能，分析原因并提出改进措施。
4. 通过学习收获了哪些知识？对以后的工作提出哪些改进措施？

二、理论知识检验

1. 选择题

（1）轿车轮胎磨损后花纹深度应大于（　　）mm。

A. 0.8　　B. 1.6　　C. 3.2　　D. 4.0

（2）在非独立悬架中大多数采用（　　）弹簧作为弹性元件。

A. 空气　　B. 螺旋　　C. 汽油　　D. 钢板

（3）轮胎两侧严重磨损，最可能的原因是（　　）。

A．气压过高　　B．气压过低　　C．径向跳动严重　　D．横向跳动严重

（4）一个轮胎标有 215/60R ×1 592T，其中 92 是指（　　）。

A．速度等级　　B．胎冠磨损等级　　C．载荷等级　　D．耐热等级

（5）轮胎断面高宽外形比是指（　　）。

A．宽度与直径之比　　B．高度与宽度之比

C．宽度与高度之比　　D．滚动阻力的比例

2．判断题

（　　）（1）安装转向横拉杆时和检查前轮前束时，应保证左右转向横拉杆的长度基本相同。

（　　）（2）正主销后倾角可以使车辆在转向后靠自重恢复直线行驶。

（　　）（3）轮胎是汽车上唯一接触路面的零件。

（　　）（4）钢板弹簧利用了扭矩的弹性并且主要用在卡车上。

3．问答题

（1）行驶系的维护基本作业项目有哪些？

（2）轮胎的胎面花纹深度应大于多少？

【知识拓展】

一、轮胎拆装

1．拆卸轮胎作业（见表 5—3—4）

表 5—3—4　　拆卸轮胎作业

操作步骤和方法	操作图示	操作结果
1．轮胎放气 将轮胎放在地面上，使用气门嘴丝攻将气门嘴拆下，放尽轮胎内的空气		正确 □ 错误 □

续表

操作步骤和方法	操作图示	操作结果
2．拆松轮缘 （1）用手将压胎铲向外推，将车轮靠住橡胶减振垫，使压胎铲靠在离轮辋边缘1 cm的轮缘处 （2）踩下压胎踏板，将压胎铲推进轮胎，使胎缘与轮辋脱开 （3）在轮胎周边的不同位置和两面均重复上述过程直至轮缘完全松开	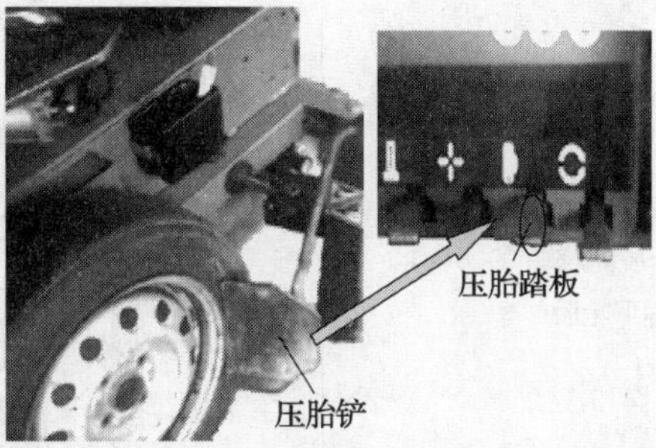	正确 □ 错误 □
3．夹紧车轮 （1）踩下放松脚踏板，使四爪夹头收拢 （2）将车轮放在转台的中央位置，踩下夹紧脚踏板，让四个夹头张开，将车轮夹紧 （3）在车轮上把轮胎的位置标记好	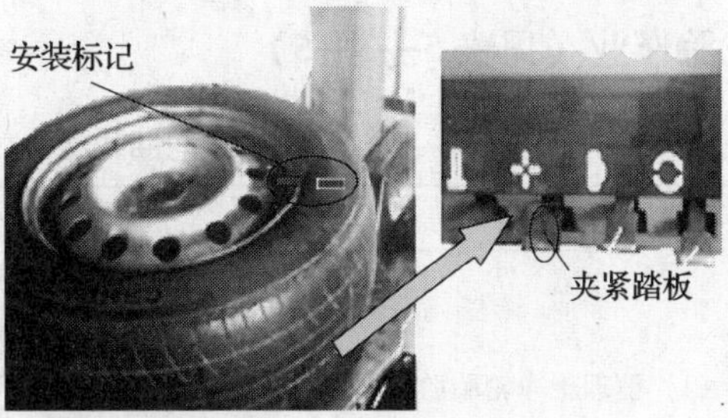	正确 □ 错误 □
4．在轮缘上涂少许轮胎润滑剂或皂液	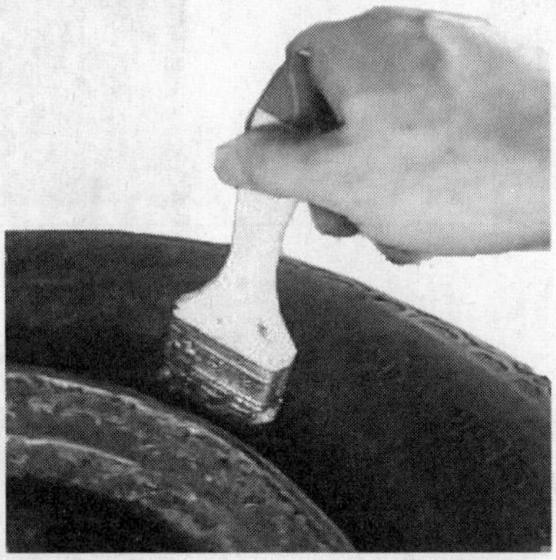	正确 □ 错误 □
5．固定拆装头 （1）将滑柱向前拉至工作位置 （2）将六方柱压下，用手将拆装头靠在轮辋边沿，按下把手上的按钮，将六方柱和滑柱锁定 （3）将撬棍插入拆装头的上翘端，使其伸到上轮缘下面，将上轮缘撬到拆装头的隆起结上		正确 □ 错误 □

续表

操作步骤和方法	操作图示	操作结果
6．拆卸轮胎 (1) 踩下转动脚踏板，转盘顺时针方向转动，直至轮胎完全脱离轮辋 (2) 取掉内胎，拆下轮胎		正确 □ 错误 □

2．安装轮胎作业（见表5—3—5）

表5—3—5　　安装轮胎作业

作业项目	操作方法	操作图示	操作结果
1．安装轮胎准备	(1) 清理干净轮胎胎圈的密封处，以便安装新的轮胎 (2) 用橡胶润滑剂润滑气门嘴孔		正确 □ 错误 □
	(3) 在轮胎胎圈的内外侧都涂上橡胶润滑剂或轮胎安装皂		正确 □ 错误 □
2．安装轮胎	(1) 重新将轮辋夹紧于转台上 (2) 将滑柱拉回至其工作位置 (3) 用手将拆装头靠在轮辋边沿，将六方柱和滑柱锁定 (4) 使轮胎的下轮缘位于拆装头的隆起结下方		正确 □ 错误 □

续表

作业项目	操作方法	操作图示	操作结果
2. 安装轮胎	（5）踩下转动脚踏，转盘开始顺时针方向转动。车轮转动时，利用撬棍将已压下的轮胎侧壁向下按 （6）若轮胎有内胎，装入内胎，紧固气门嘴，以防漏气 （7）当轮胎已安装好，将滑柱向前拉至非工作位置 （8）踩下放松脚踏，从转盘上取下车轮		正确 □ 错误 □
3. 充气	（1）取掉气门芯 （2）用充气夹头夹紧气门 （3）给轮胎间断充气。充气时，检查气表的压力，并检查轮缘是否已定位 （4）把气门嘴装好，把气压加到规定值		正确 □ 错误 □

二、车轮动平衡检测作业（见表5—3—6）

表5—3—6　　　　车轮动平衡检测作业

操作步骤和方法	操作图示	操作结果
1. 开机 打开电源开关，检查指示装置是否指示正确，显示与控制装置是否正常，车轮护罩是否完好	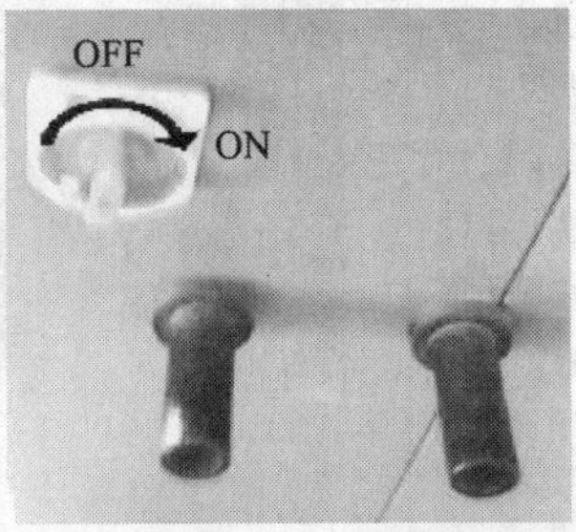 OFF ON	正确 □ 错误 □

续表

操作步骤和方法	操作图示	操作结果
2. 检查轮胎气压 检查轮胎气压并加至标准值		正确 □ 错误 □
3. 拆除所有的旧平衡块 拆除旧平衡块，清除轮胎表面杂物	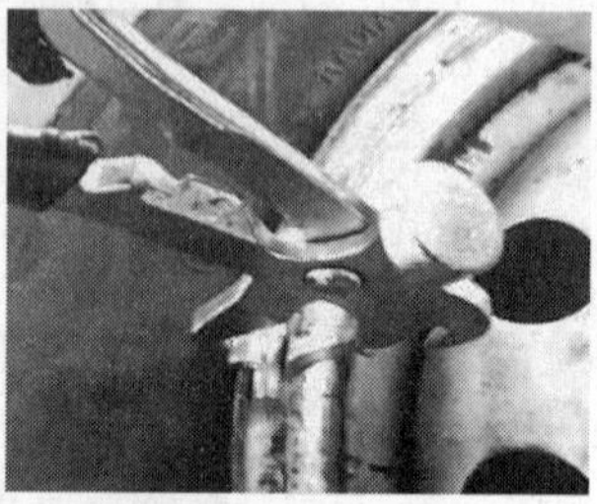	正确 □ 错误 □
4. 安装轮胎 将轮胎安装于平衡机上，选择合适的锥套，用快速螺母锁紧	 锥套 快速螺母	正确 □ 错误 □
5. 测出轮辋边缘到机箱之间的距离并键入 将测量尺移至轮辋边缘，移动到测量位置后，保持测量尺静止不动约 2 s，电脑读取并存储测量数据后，显示 [——] [5.7] [——]，将测量尺移回 “0” 位置，测量值自动显示在左显示屏上。设备没有宽度自动测量功能，需手动输入，按 “↑” 或 “↓” 键更改	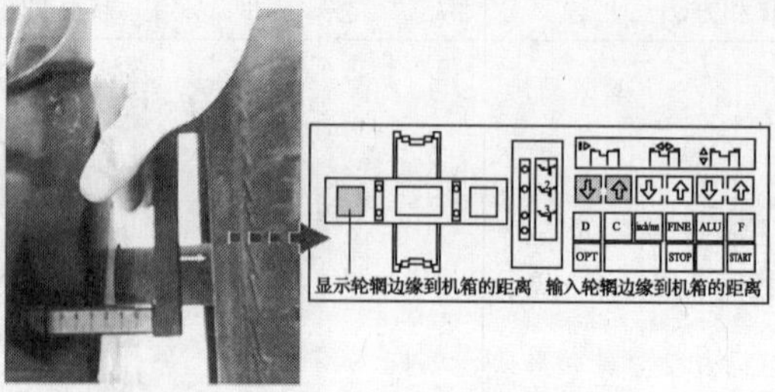 显示轮辋边缘到机箱的距离 输入轮辋边缘到机箱的距离	正确 □ 错误 □

续表

操作步骤和方法	操作图示	操作结果
6．测出轮辋的宽度并键入 用测量尺测量轮辋边缘的宽度，并输入轮辋的宽度，按“↑”或“↓”键更改	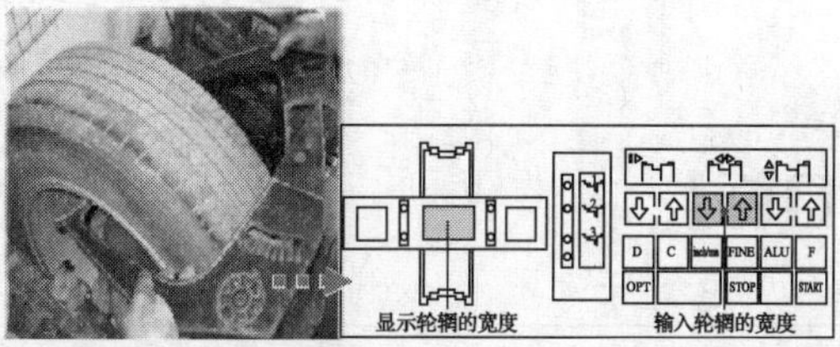	正确 □ 错误 □
7．从轮胎上读取轮辋的直径 从轮胎侧面的规格代号上读取轮辋的直径，并输入轮辋的直径，按“↑”或“↓”键更改	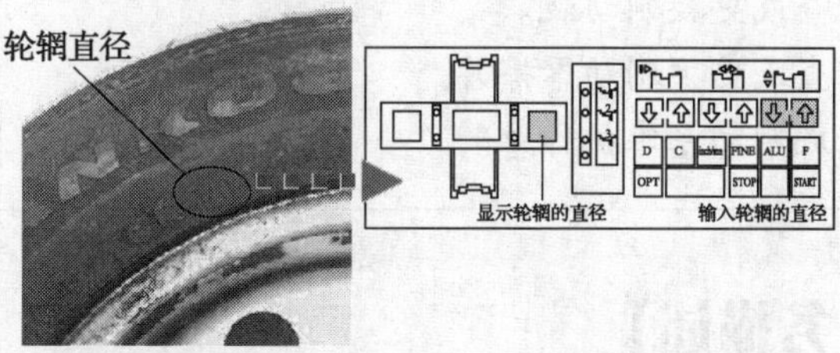	正确 □ 错误 □
8．测量 放下防护罩，按下按“START”启动键，轮胎转动。当车轮自动停转后，从指示装置读出车轮内、外动不平衡量（左边指示装置指示轮胎内侧不平衡量，右边指示装置指示轮胎外侧不平衡量）	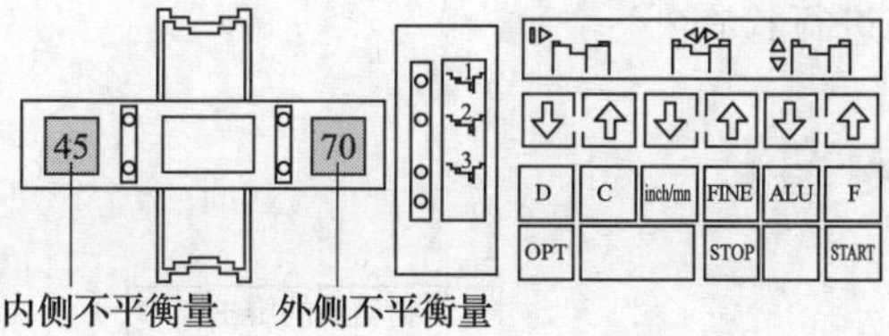	正确 □ 错误 □
9．加装相应的平衡块 用手慢慢旋转车轮，同时观察指示装置，当信号灯全部亮时，停止转动车轮，表示此时轮辋最高点（时钟12点）位置为不平衡位置，在此位置加上相应的平衡块（注意内侧信号灯全部亮加内侧，外侧信号灯全部亮加外侧）	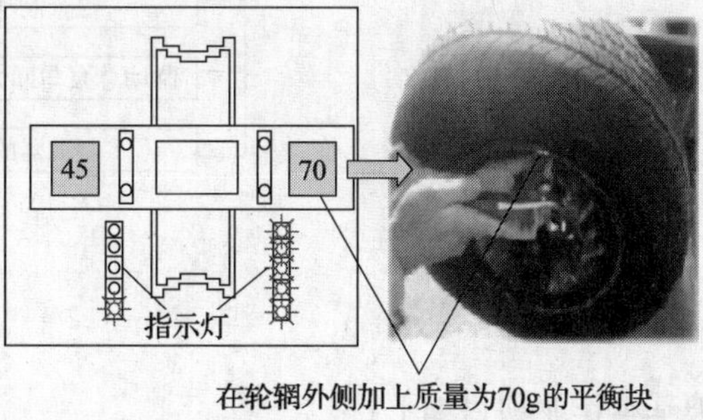	正确 □ 错误 □
10．再测量	重新启动动平衡机，重复进行上述动平衡试验，直至动不平衡量小于5 g，两边显示［0］［0］时为止（一般重复操作三次）	正确 □ 错误 □
11．取下车轮，关闭电源，检测结束		正确 □ 错误 □

任务4 制动系的维护

【任务目标】

1. 能收集汽车制动系维护的相关信息。
2. 会检查或更换制动液。
3. 会检查或更换制动摩擦片。
4. 能完成制动系维护作业。

【任务描述】

有客户反映其车辆在制动时，踩下制动踏板沉重，制动效果较差，有时会向左边跑偏。进厂维护，你如何进行检查？

【任务内容】

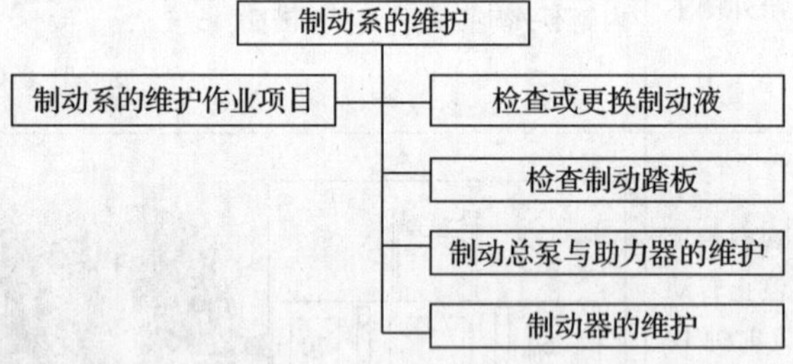

【任务准备】

制动系的维护基本作业项目如下：

1. 检查或更换制动液

(1) 更换制动液的重要性

1) 制动液具有吸水性，这意味着制动液可以吸收空气中的湿气，从而沸点会降低。当制动产生热量时，制动液沸腾，产生气泡（“气阻”）。当产生气泡时，它们吸收了施加在制动分泵上的液压制动力，在总体上使制动效能下降。

2）湿气还会使制动分泵产生锈蚀，使制动液在密封圈处泄漏。

（2）检查/更换间隔：每10 000 km或6个月应检查制动液，每40 000 km或2年应更换制动液。

（3）检查制动总泵储液罐中的液位是否在最高线和最低线之间。

提示：如果制动衬片或者制动器摩擦片磨损，制动液液位就会下降；如果制动液液位明显偏低，则需要检查制动系统是否渗漏。

2. 检查制动管路

制动软管应当定期检查，发现任何问题应立即更换软管。

（1）检查/更换的间隔：每20 000 km或1年。

（2）检查内容

1）液体渗漏。检查制动管路连接部分是否有液体渗漏。

注意：如果制动液溅出或者粘在油漆上，应立即用水漂洗。否则，制动液将损坏油漆表面。

2）检查损坏。检查制动管路是否有凹痕或者其他损坏（如果保护盖上有飞石的痕迹，制动管路可能有相同的损坏），检查制动软管是否扭曲、磨损、开裂、隆起和老化等。检查气压制动管路是否漏气。

3）检查安装状况。检查制动管道和软管的安装是否正确，确保在车辆运动时，或者转向盘完全转动到任何一侧时，不会因为振动而与车轮或者车身接触。手动转动轮胎直到转向盘被完全转向一侧，检查油管是否会与车身或车轮接触，固定是否可靠。

3. 检查制动踏板

（1）调整制动踏板的重要性

1）为了获得合适的制动力，需要正确的制动踏板行程。

2）调整制动器，使未踩下制动踏板时不会“拖延”或“卡滞”。

（2）检查的间隔：每10 000 km或6个月。

（3）检查踏板状况。通过踩放踏板检查，确保制动踏板没有下述任何故障：

1）反应灵敏度差。

2）踏板不完全落下。

3）异常噪声。

4）过度松动。

（4）检查或调整踏板高度。使用直尺测量制动踏板高度（测量从地面到制动踏板上表面的距离），如果超出规定范围，应调整踏板高度。

（5）检查或调整制动踏板自由行程。发动机停止后，踩下制动踏板几次，以便解除制动助力器的真空。然后，使用手指轻轻按压制动踏板并且使用直尺测量制动踏板自由行程。

提示：调整制动踏板的高度时，制动踏板的自由行程会自动调整。

（6）检查踏板行程余量。发动机运转和驻车制动器松开时，用490 N（50 kgf）力踩下制动踏板，然后使用直尺测量踏板行程余量，以便检查其是否处于规定的范围内。标准值请参阅维修手册。

4. 检查制动总泵

检查制动总泵是否泄漏，防尘套是否破损。检查当制动踏板被完全压下后，制动踏板和地面之间是否有足够的距离，制动踏板踩下不放高度是否变化。重复踩下制动踏板，检查制动踏板是否发软，当制动感觉过于柔软或者压下踏板后感觉不明显，说明在制动系统管路内可能存在剩余的空气或制动总泵工作不良。

5. 检查制动助力器

(1) 工作性能检查。踩下制动踏板并检查制动助力器是否正常工作。

(2) 真空检查。检查制动助力器室中的真空压力是否有泄漏。

(3) 气密性功能检查。起动发动机，踩下制动踏板，连续保持 30 s 后发动机熄火，如果制动踏板高度不变，说明单向阀和真空助力器正常。

6. 检查驻车制动器

(1) 检查或调整驻车制动杆行程

1) 检查并确保驻车制动杆拉动时，驻车制动杆行程在预定的槽数内（拉动时可以听到咔嗒声)。如果不符合标准，应调整驻车杆的行程。

提示： 当驻车制动器杆行程超出规定值，则首先调整后制动蹄片或驻车制动蹄片的间隙，然后调整驻车制动杆行程。

2) 检视各连接构件有无变形、松旷，润滑连接销、钢丝、钢丝绳套管、棘爪和棘轮机构。

(2) 驻车制动器制动效能的检查

1) 拉紧驻车制动器操纵手柄，空车在平地用二挡不能起步为合格。

2) 在坡道驻车，在 20%（即 11°30′）的坡道上驻车不能滑溜。

3) 放松驻车制动器操纵手柄，变速器处于空挡位置，支起一只驱动轮，用手转动车轮应能转动，无明显阻力卡滞。

7. 检查车轮制动器

(1) 检查盘式制动器

1) 更换盘式制动器摩擦片的重要性。当盘式制动器摩擦片磨损后，转子盘和摩擦片背面直接接触，导致转子盘损坏。

2) 检查的间隔：每 10 000 km 或 6 个月；或制动器摩擦片的剩余厚度不足 1.0 mm 时；或摩擦片磨损指示器接触到转子盘，指示器发出噪声或指示灯点亮时，进行更换。

3) 检查制动盘磨损和损坏。检查制动盘上是否有刻痕、不均匀或者异常磨损以及裂纹和其他损坏。使用外径千分尺测量制动盘的厚度。使用百分表测量制动盘跳动。

4) 检查制动液渗漏。检查制动卡钳中分泵是否有液体渗漏，防尘套是否破损，活塞是否卡滞。

5）检查制动衬片的厚度。使用直尺测量制动衬片的厚度，检查制动衬片是否有任何碎屑、层离或者其他损坏。

（2）检查鼓式制动器

1）更换制动蹄衬片的重要性。当制动衬片磨损后，由于制动蹄和制动鼓之间的间隙变大，使制动效力下降；由于制动蹄片直接接触到制动鼓，会损害制动鼓。

2）在滑动部分涂润滑脂的重要性。当滑动部分生锈后，制动蹄片工作不顺畅。

3）检查/更换间隔。根据行驶里程或时间长短进行检查/更换，也可以通过目视检查。每 20 000 km 或 1 年应检查一次；当衬片的剩余厚度少于 1.0 mm 时，应进行更换。

4）检查制动蹄片。使用直尺测量外制动器摩擦片的厚度，或通过制动底板上的检查孔目测检查制动蹄片的厚度，如果制动器摩擦片的厚度低于磨损极限，则应更换制动器摩擦片。检查制动摩擦片有无不均匀磨损、开裂、脱落、油污、烧蚀。手动移动制动蹄片并检查制动蹄片移动是否顺利。检查制动蹄片和背板的接触面是否磨损、生锈。

提示：根据行驶里程估计制动器摩擦片的磨损量。由本次检查和上一次检查之间的行驶里程，估计出下一次检查前的行驶里程。通过自从上一次检查到现在的制动器摩擦片的磨损量，来估计制动器摩擦片在下一次检查时的剩余量，如果估计制动器摩擦片的剩余厚度小于可接受的磨损值时，建议更换制动器摩擦片。更换制动蹄片时，所有的制动蹄片都必须同时更换。

5）检查制动液渗漏。检查车轮制动分泵缸是否有液体渗漏，防尘套是否破损，活塞是否卡滞。

6）检查制动鼓磨损和损坏。使用内径规测量制动鼓内径，检查制动鼓有无刻痕、不均匀或者异常磨损以及裂纹。使用砂纸清洁制动鼓的内表面。

8. 检查制动器拖刹

踩下制动踏板几次，用手转动制动盘或者制动鼓，检查是否有任何拖滞现象。

9. 调整制动蹄与制动鼓间隙

使用旋具转动调节螺帽并扩展制动蹄直到制动鼓锁定，然后再将调整螺母转回到规定的缺口数（2 ~3 齿），规定的缺口数量请参阅维修手册。

10. 检查或润滑车轮轴承

如果轴承过紧，就没有间隙，它就不能运动。润滑脂会由于使用而变质，因为它受热，或者混入水或灰尘。润滑脂变质会使轴承产生锈蚀，或者通过衬套的磨损而产生松弛现象。

（1）检查车轮轴承摆动。将一只手放在轮胎上面，另一只手放在轮胎下面，紧紧地推拉轮胎，检查是否有任何摆动。

（2）检查转动状况和噪声。用手转动轮胎，检查其是否能够无任何噪声地平稳转动。

（3）清洁、润滑车轮轴承。拆下轮毂和车轮轴承，用清洁剂清洗轮毂和车轮轴承，将适量的新鲜润滑脂加入轮毂，用手将新鲜润滑脂压入车轮轴承内。

（4）调整车轮轴承预紧度。用扳手拧紧轮毂调整螺母（一边转动轮毂），直至轮毂转不动为止。然后将调整螺母退回 1/4 ~ 1/3 圈，轮毂应转动灵活，用手用力推拉无明显间隙感。

11. 检查气压制动系

检查气压表指示是否正常，发动机熄火后压力是否会下降。起动发动机，检查空气压缩机工作是否正常，压力上升是否正常，有无异响。

【任务实施】

制动系统维护作业见表 5—4—1。

表 5—4—1　　制动系统维护作业

作业项目	操作方法	操作图示	操作结果
1. 检查制动踏板	（1）检查制动踏板高度。使用直尺测量制动踏板高度		正确 □ 错误 □
	（2）检查制动踏板自由行程。发动机停止后，踩下制动踏板几次，以便解除制动助力器。然后，使用手指轻轻按压制动踏板并且使用直尺测量制动踏板自由行程		正确 □ 错误 □
	（3）检查制动踏板行程余量。发动机运转和驻车制动器松开时，用 490 N（50 kgf）的力踩下制动踏板，然后使用直尺测量踏板行程余量		正确 □ 错误 □

续表

作业项目	操作方法	操作图示	操作结果
1. 检查制动踏板	(4) 调整制动踏板自由行程。松开制动踏板推杆上的锁止螺母，调整推杆的长度	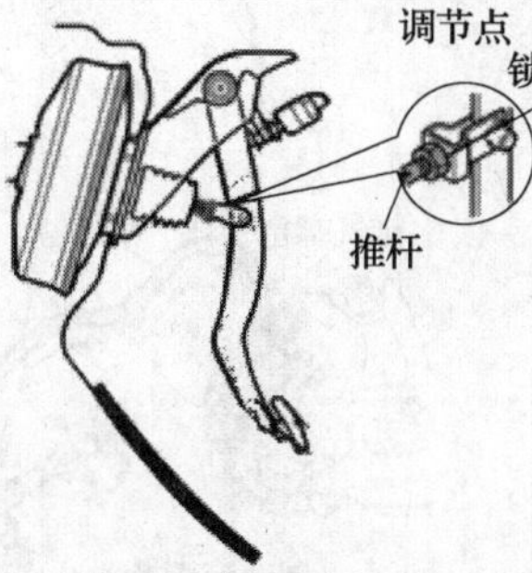	正确 □ 错误 □
2. 检查或更换制动液	(1) 检查油面。检查制动总泵储液罐中的液位是否在最高线与最低线之间。如果制动液液位明显偏低，则需要检查制动系统是否渗漏 (2) 检视制动液是否变质	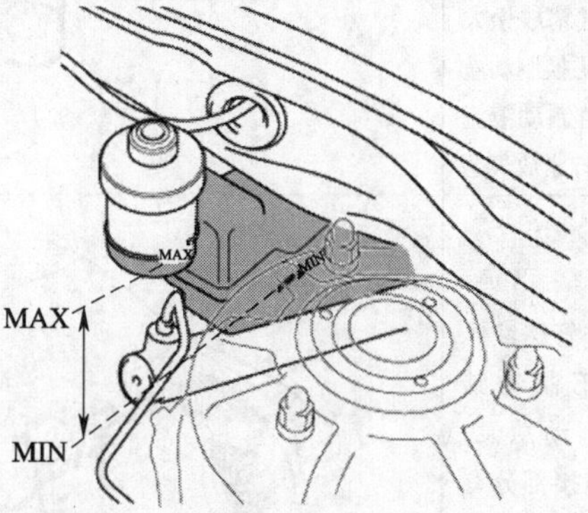	正确 □ 错误 □
	(3) 排干制动液。 1) 在制动总泵下铺开一块布以防止制动液溢出到其他零件和油漆上 2) 用吸油器从总泵储液罐内除去制动液	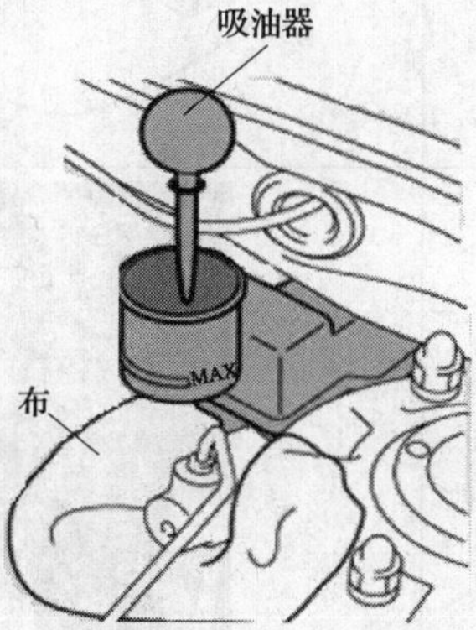	正确 □ 错误 □
	(4) 安装制动液更换器。将制动液更换器放置到制动总泵储液罐上	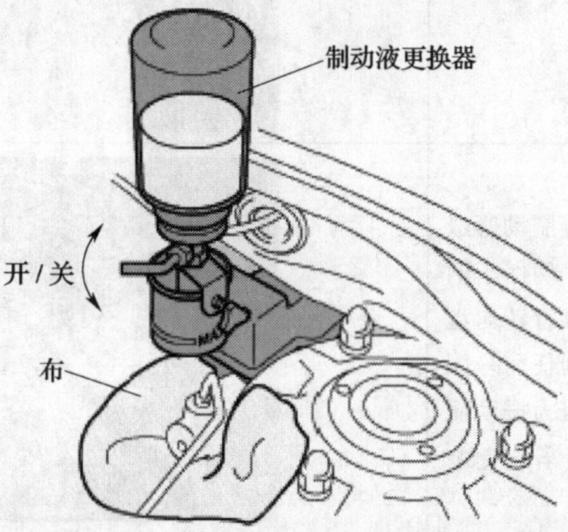	正确 □ 错误 □

续表

作业项目	操作方法	操作图示	操作结果
2. 检查或更换制动液	(5) 更换制动液。按照左前、左后、右后、右前的顺序更换制动液。 1) 将制动液更换器和空气压缩机连接起来 2) 将软管插进放气塞 3) 将放气塞放松大约1/4圈，更换制动液 4) 当新鲜制动液流出时，重新拧紧放气塞	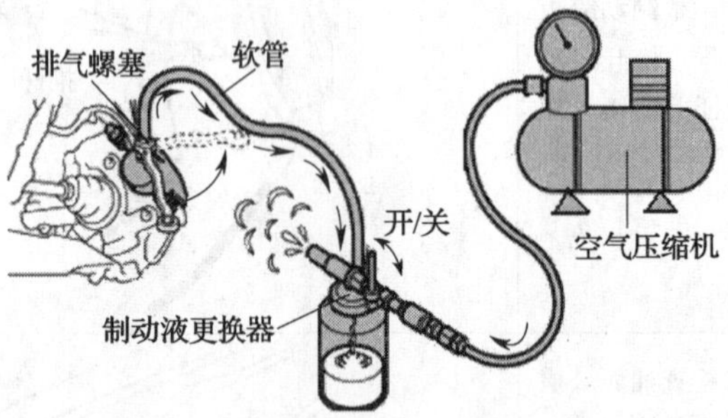 排气螺塞 软管 开/关 空气压缩机 制动液更换器	正确 □ 错误 □
	(1) 检查管路液体渗漏。踩下制动踏板，检查制动总泵、制动管路连接部分有无渗漏	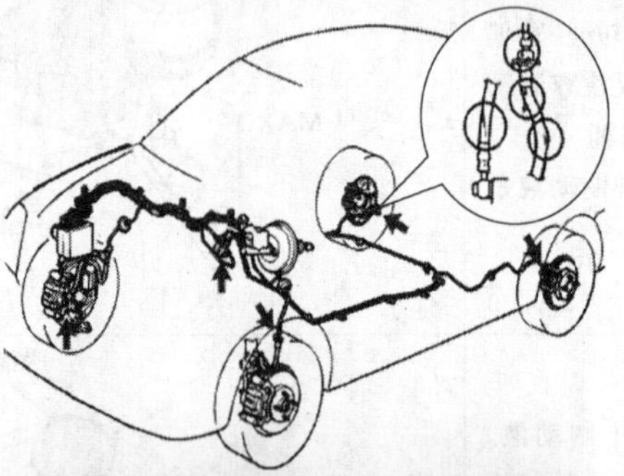	正确 □ 错误 □
3. 检查制动管路	(2) 检查制动管路是否有凹痕、扭曲、开裂、隆起或者其他损坏	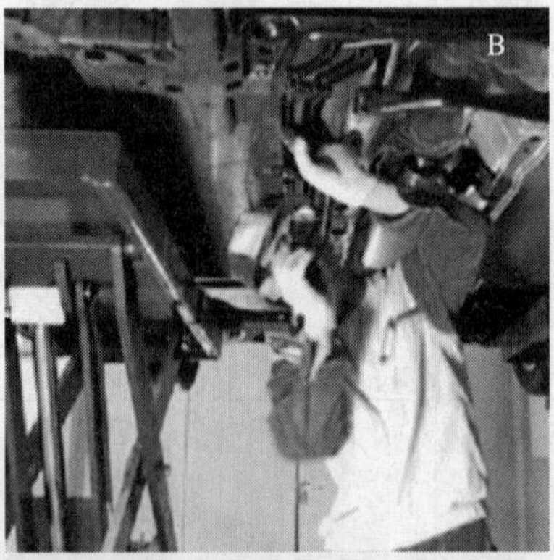 B	正确 □ 错误 □
	(3) 检查制动管道安装状况。确保车辆运动时，或者转向盘完全转动到任何一侧时，不会因为振动而与车轮或者车身接触		正确 □ 错误 □

续表

作业项目	操作方法	操作图示	操作结果
4. 检查制动助力器	（1）工作性能检查 1）踩下制动踏板不放，起动发动机，如果制动踏板略有下沉，说明真空助力器工作正常 2）不起动发动机，踩下制动踏板感觉踏板沉重；起动发动机后，踩下制动踏板感觉踏板轻松，说明真空助力器工作正常	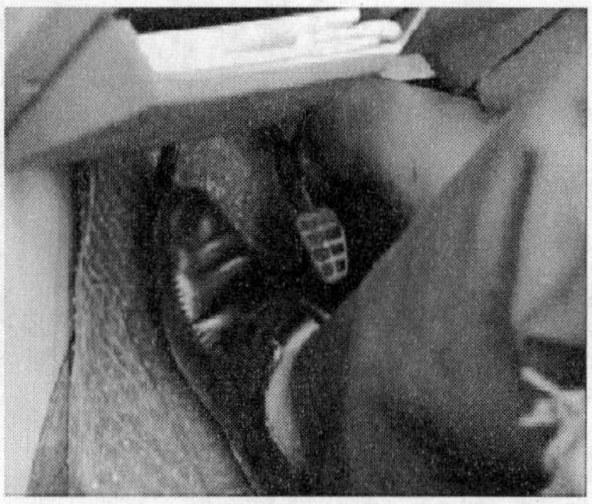	正确 □ 错误 □
	（2）真空检查。让发动机运转1～2 min后熄火，连续踩下踏板，踏板一脚比一脚高，说明真空正常	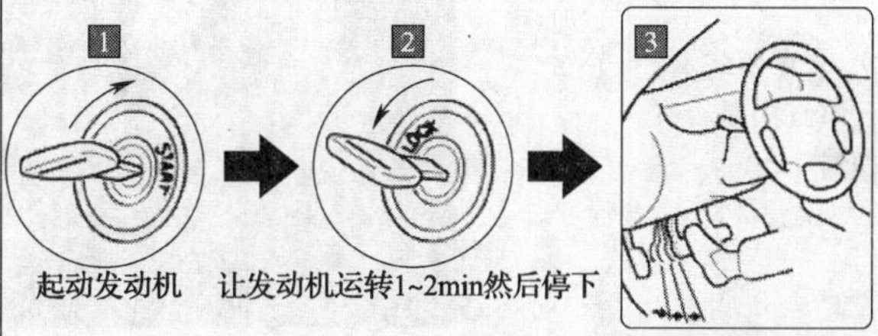 1 起动发动机 2 让发动机运转1~2min然后停下 3 检查是否在踏板每次踩压后（踩压数次后）踏板返回距离越来越大	正确 □ 错误 □
	（3）气密性检查。起动发动机，踩下制动踏板连续保持30 s后发动机熄火。如果制动踏板高度不变，说明真空助力器密封性正常	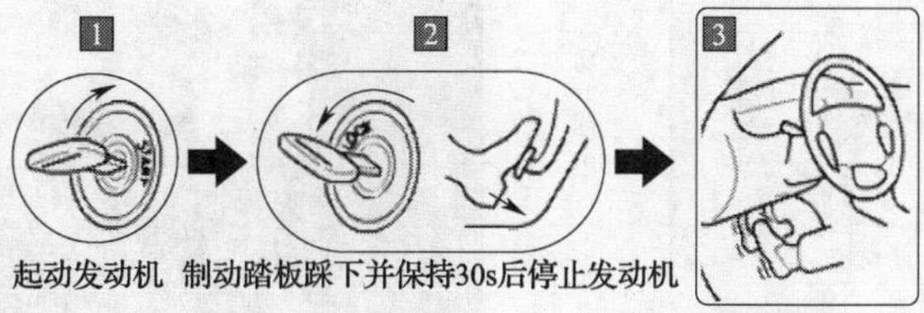 1 起动发动机 2 制动踏板踩下并保持30s后停止发动机 3 检查：要求踏板高度没有变化	正确 □ 错误 □
5. 检查盘式制动器	（1）拆下轮胎		正确 □ 错误 □

续表

作业项目	操作方法	操作图示	操作结果
5. 检查盘式制动器	(2) 拆下制动钳体	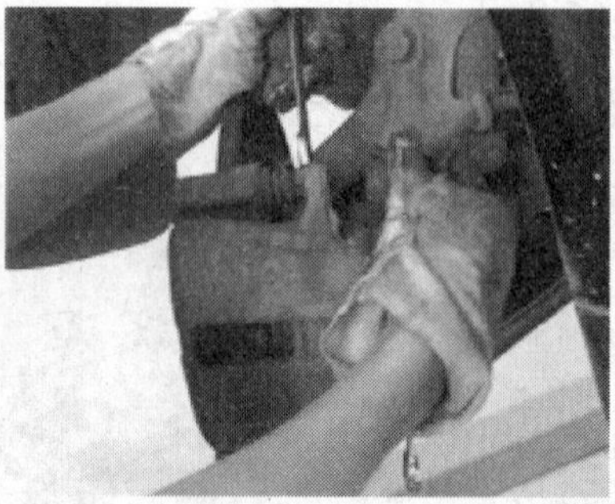	正确 □ 错误 □
	(3) 检查防尘套、制动分泵缸中是否有液体渗漏		正确 □ 错误 □
	(4) 检查导向销	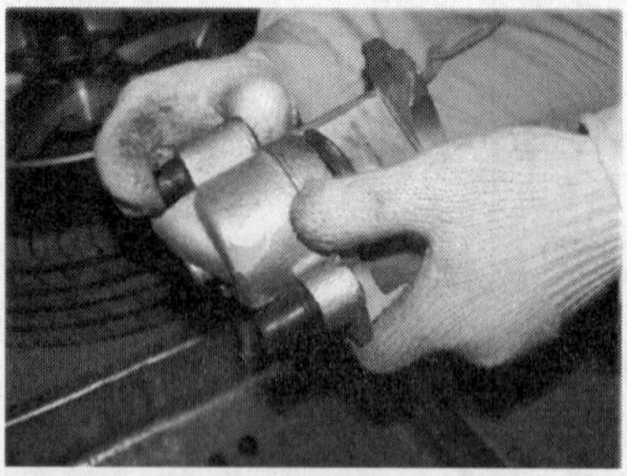	正确 □ 错误 □
	(5) 检查制动盘裂纹、凹槽、锈蚀	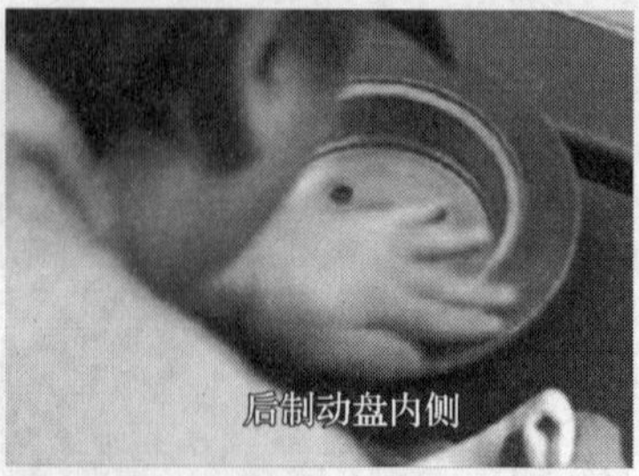 后制动盘内侧	正确 □ 错误 □

续表

作业项目	操作方法	操作图示	操作结果
	（6）检查制动盘厚度。用游标卡尺测量制动盘厚度		正确 □ 错误 □
	（7）检查制动盘摆动量。将百分表表头触在制动盘边缘 10 mm 处，转动制动盘测量制动盘摆动量	 前制动盘	正确 □ 错误 □
5. 检查盘式制动器	（8）检查摩擦片的厚度 1）使用直尺测量外制动器摩擦片的厚度 2）通过制动卡钳内的检查孔目测检查内制动器摩擦片的厚度，确保其与外制动器摩擦片没有明显的偏差 3）确保制动器摩擦片没有不均匀磨损	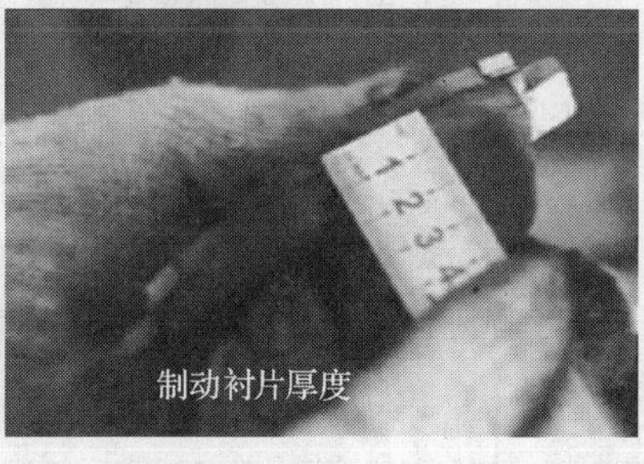 制动衬片厚度	正确 □ 错误 □
	（9）安装制动块。在消音垫片上涂盘式制动器润滑脂	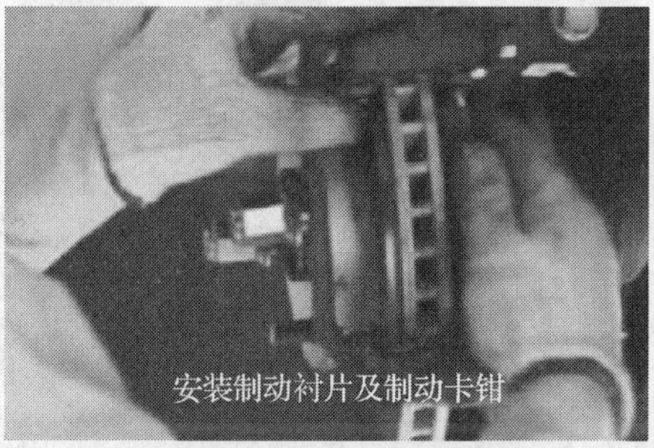 安装制动衬片及制动卡钳	正确 □ 错误 □

续表

作业项目	操作方法	操作图示	操作结果
5. 检查盘式制动器	（10）安装制动钳。使用锤柄或者类似的工具将活塞推入。如果推入活塞困难，在推入活塞的同时应松开放气塞以便排放一些制动液		正确 □ 错误 □
	（11）检查拖刹。踩下制动踏板并立即放松，检查转动是否灵活和有无异响	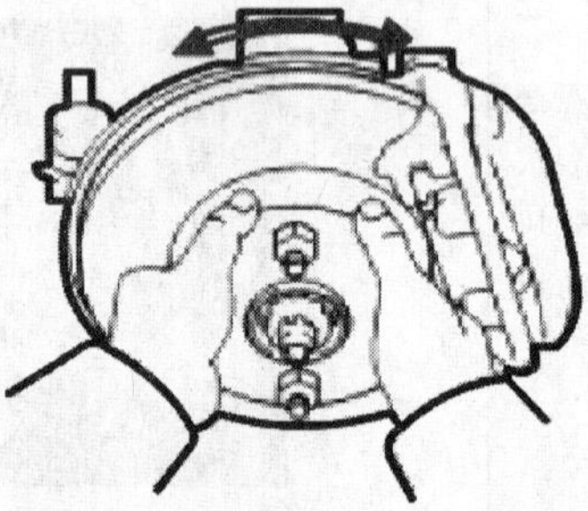	正确 □ 错误 □
6. 检查鼓式制动器	（1）拆下轮毂防尘盖		正确 □ 错误 □
	（2）拆下开口销		正确 □ 错误 □

续表

作业项目	操作方法	操作图示	操作结果
6. 检查鼓式制动器	（3）拆下轮毂螺母		正确 □ 错误 □
	（4）取下轮毂轴承		正确 □ 错误 □
	（5）取下制动鼓 注意：制动鼓拆下后，不要踩制动踏板	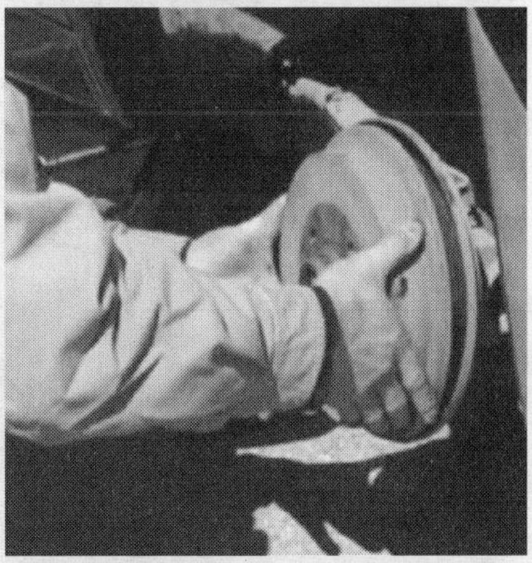	正确 □ 错误 □
	（6）检查车轮制动分泵缸是否有液体渗漏		正确 □ 错误 □

续表

作业项目	操作方法	操作图示	操作结果
6. 检查鼓式制动器	（7）制动衬片的损坏 1）检查制动衬片是否有裂纹、脱皮和损坏 2）手动前后移动制动蹄片并检查制动蹄片移动是否顺利 3）检查制动蹄片与背板和固定件之间的接触面是否磨损、生锈	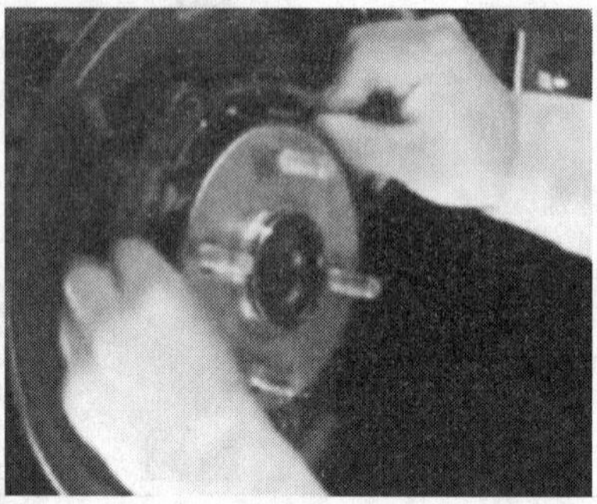	正确 □ 错误 □
	（8）检查制动衬片的厚度。使用直尺测量制动衬片的厚度。如果厚度低于磨损极限，则应更换制动蹄片 更换制动蹄片时，所有的制动蹄片都必须同时更换	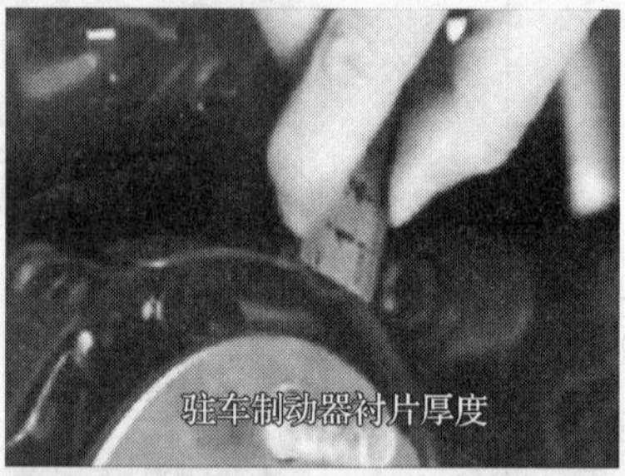	正确 □ 错误 □
	（9）清洁制动蹄衬片。使用砂纸清洁制动蹄衬片并清除油污		正确 □ 错误 □
	（10）测量制动鼓内径。使用制动鼓测量规或者类似器具测量制动鼓内径 检查制动鼓是否有任何磨损和损坏。如有必要，应同时清洁制动鼓的内表面	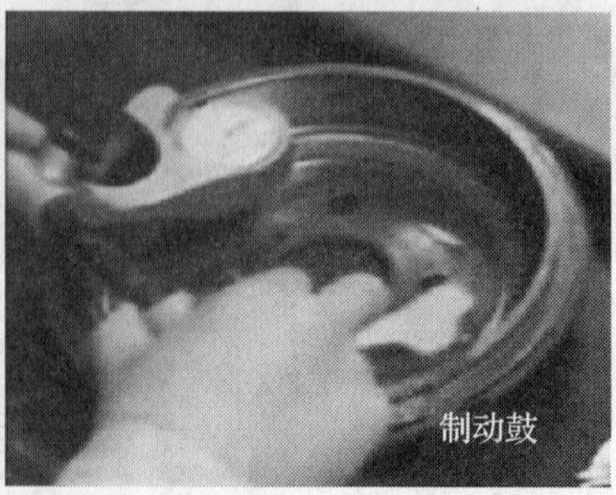	正确 □ 错误 □

续表

作业项目	操作方法	操作图示	操作结果
6. 检查鼓式制动器	（11）检查摩擦片与制动鼓的接触面积。在摩擦片上涂上粉笔，将摩擦片贴靠在制动鼓内圆上进行摩擦，然后观察摩擦后摩擦片与制动鼓的接触面积和位置	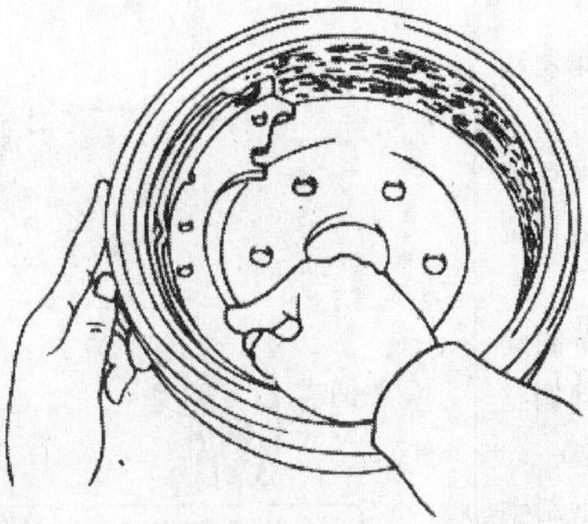	正确 □ 错误 □
	（12）调整制动鼓与制动蹄间隙。一边转动车轮，一边转动调整凸轮螺栓或用一字旋具拨动调整棘轮，直至制动蹄压紧制动鼓为止。然后退回 3 ~4 齿，直到车轮能自由转动而蹄片与鼓不再摩擦为止	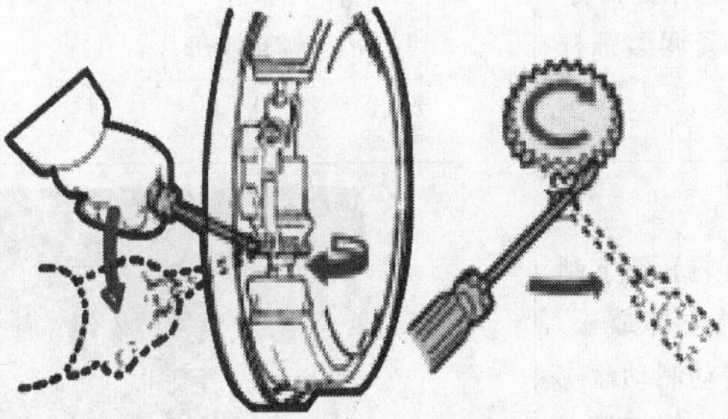	正确 □ 错误 □
7. 检查驻车制动器	（1）检查驻车制动杆行程 1）工作行程不能超过全行程 3/4 2）驻车制动器手柄拉出 5 ~6 个齿位时，驻车制动器达到完全制动 3）制动手柄推回到最低位置时，驻车制动能彻底解除	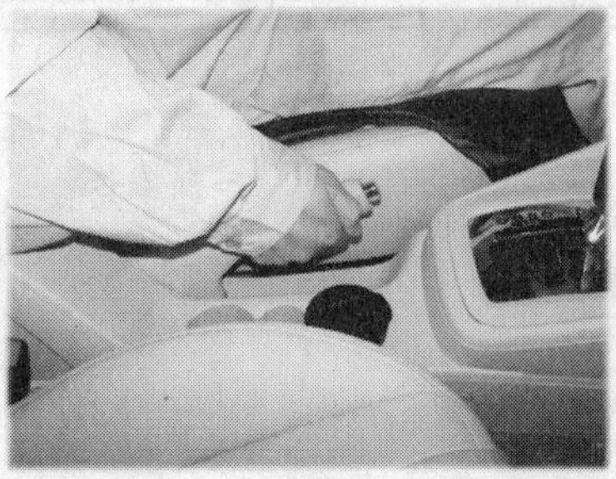	正确 □ 错误 □
	（2）检查驻车制动器拉索 1）检视各连接构件有无变形、松旷 2）清洁各操纵连接件 3）润滑连接销、钢丝、钢丝绳套管、棘爪和棘轮机构	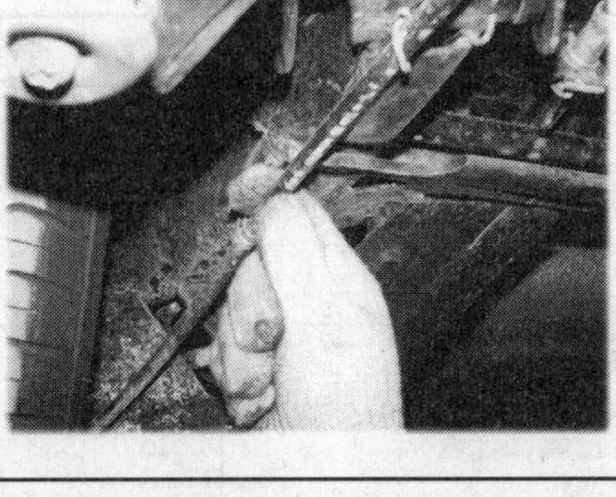	正确 □ 错误 □

续表

作业项目	操作方法	操作图示	操作结果
7. 检查驻车制动器	（3）调整驻车制动杆行程 1）将驻车制动器操纵手柄推到最低位置 2）调整驻车制动器蹄片间隙（即调整车轮制动器间隙） 3）旋松驻车制动拉索调整螺杆锁止螺母，调整拉索的长度 4）拧紧调整螺杆锁止螺母	杆式 锁止螺母 调整螺母 手柄式 调整螺母 锁止螺母 踏板式 调整螺母 锁止螺母	正确 □ 错误 □
8. 检查拖滞现象	顶起车轮，踩下制动踏板并立即放松，用手动转动制动盘或者制动鼓，检查是否有拖滞现象	车轮	正确 □ 错误 □

✓【任务总结】

一、任务评价与反馈

1. 对本学习任务进行评价，见表5—4—2。

表5—4—2　评分表

考核项目	评分标准	分数	学生自评	小组互评	教师评价	小计
团队合作	是否和谐	5				
活动参与	是否积极主动	5				
安全生产	有无安全隐患	10				
现场5S	是否做到	10				
任务方案	是否正确、合理	15				

续表

考核项目	评分标准	分数	学生自评	小组互评	教师评价	小计
操作过程	1. 制动油液的检查 2. 制动踏板的检查 3. 制动器维护作业	30				
任务完成情况	是否圆满完成	5				
工具和设备使用	是否规范、标准	10				
劳动纪律	是否能严格遵守	5				
工单填写	是否完整、规范	5				
	总分	100				
教师签名：			年 月 日		得分	

2. 能检查制动液吗？如不能，找出原因。

3. 能完成制动器维护作业吗？如不能，分析原因并提出改进措施。

4. 通过学习收获了哪些知识？对以后的工作提出哪些改进措施？

二、理论知识检验

1. 选择题

(1) 盘式制动器在重型汽车和小客车上采用的主要原因和作用是（　　）。

A. 制动力大　　B. 制动时不尖叫　　C. 制动热稳定性能好　　D. 便于调整

(2) 当液压制动系统管路漏损时，其制动效率和制动踏板行程产生的变化是（　　）。

A. 制动效率降低　　B. 制动行程增大

C. 制动效率不变，制动行程增大　　D. 制动效率降低，制动行程增大

(3) 为了能充分利用前后轮的（　　）使车轮制动时不滑拖，有些汽车增设了前后轮制动力分配调节装置。

A. 附着力　　B. 载荷　　C. 驱动力　　D. 反作用力

(4) 汽车制动力的大小取决于（　　）。

A. 制动力矩的大小　　B. 轮胎与路面的附着条件

C. 脚踏踏板的力　　D. 制动力矩和轮胎与路面的附着力

2. 判断题

（　　）(1) 自动增力式车轮制动器，两制动蹄提供的摩擦力是相等的。

（　　）(2) 双管路液压制动就是全车的所有车轮制动器的液压管路分属于两套各自独立的回路。

（　　）(3) 制动踏板自由行程过大会造成制动拖滞。

（　　）(4) 全面质量管理的四个环节又称为 PDCA 循环。

(　　)(5)鼓式制动器利用推制动衬片压紧制动鼓时产生的摩擦力来停止车轮的转动。

3. 问答题

(1)制动系的维护基本作业项目有哪些?

(2)检查或更换制动液间隔里程是多少?

(3)盘式制动器检查/更换间隔里程是多少?

底盘的清洗护理用品

1. 自动变速器调节剂

该产品是针对车辆自动变速器而专门设计的,对于改善自动变速器的工作效能,减少故障及延长使用寿命具有很好的效果。

(1)产品性能

1)能使自动变速器中机械部件减摩、抗磨、降低噪声,并使操作平顺,延长使用寿命。

2)清洁自动变速器中的精密偶件及传动液经过的通道,以保持传动液正常的动力传输作用,减少变速器的故障发生。

3)防止传动液中生成胶质及沉积物,避免了由于传动液受到污染而可能产生的传动效率下降及过热等故障的发生。

4)该剂可防止自动变速器中的各密封件干硬老化,减小变速器泄漏的可能性。

5)可与任何种类的自动变速器传动液及润滑脂溶合使用。

6)自动变速器调节剂的技术参数见表5—4—3。

表5—4—3　　自动变速器调节剂的技术参数

密度	0.886 kg/m³	蒸发率	0.17
沸点	146.1℃	蒸气密度	<1 kg/m³
可溶性	微溶于水	闪点	36.7℃
性状及气味	石油味		

(2)使用方法。通过传动液加注口加入,每次加入一瓶,不可过量;每16 000 km使用一次;用于动力转向装置时,每次按10%的比例添加;运行5 000 km后的车辆,维护时应使用该剂,以防止故障发生。

(3)注意事项。该剂不可入口。

2. 自动变速器止漏剂

自动变速器是一套精密的动力传输装置，靠液力耦合传动，不宜分解维护或修理。而装置中的密封元件经过一段时间的使用，往往会干硬老化而发生泄漏。自动变速器止漏剂是专用于自动变速器止漏的添加剂。

（1）性能

1）使干硬、老化的油封恢复弹性及密封性能，制止住已发生的泄漏。

2）运行车辆最好在维护时提前使用，防止密封元件变干变硬和老化，从而防止泄漏。

3）清除已有的并防止生成新的有害胶质及沉积物。

4）有减摩、抗磨功能，使自动变速器不过热，延长使用寿命，并可使操纵平顺。

5）可与各种自动变速器传动液溶合使用。

6）自动变速器止漏剂的技术参数见表5—4—4。

表5—4—4　　自动变速器止漏剂的技术参数

密度	0.88 kg/m³	蒸发率	0.17
沸点	145℃	蒸气密度	<1 kg/m³
可溶性	微溶于水	闪点	33.9℃
性状及气味	石油味		

（2）使用方法

1）在发动机处于正常工作温度下，检查传动液的液面应在规定位置。

2）通过传动液加注口，加入一瓶自动变速器止漏剂，加入后液面应符合要求，不得有溢出现象。

3）泄漏通常会在运行5天以后或运行500 km后被止住。在检查泄漏时要分清泄漏出的是发动机机油还是传动液。

4）如果运行规定时间后仍有泄漏，需进行机械维修以及更换密封件。

5）添加比例为一瓶兑11~13 L传动液（约为4%）。

（3）注意事项。该剂不可入口，只适用用于自动变速器。

3. 离合器及制动系清洁剂

离合器及制动系清洁剂是一种高效清洁剂，可快速简便地去除离合器片及制动蹄片上的油泥、制动液、烧蚀物和胶质等污物，能有效改善制动效能和离合器性能。

（1）性能

1）不需拆卸，能快速清洁制动装置和离合器。

2）去除各种影响制动效能和离合性能的胶质、油污及烧蚀物等，防止离合器打滑。

3）改进制动效能，消除制动噪声，干燥后无残渣。

4）可清除制动分泵、制动底板、制动鼓和制动凸轮轴等各部位。

5）该剂不含四氯化碳、硅有机化合物以及汽油溶剂，遇火不燃，使用安全。

（2）使用方法

1）将清洁剂喷在需要清洁的部位。

2）使之风干，如有必要可重复清洁。

3）使用时注意保护橡胶件，免除清洁剂的侵害。

（3）注意事项

1）不要用于清洁聚碳酸酯塑料零件。

2）该剂为压力罐装，注意储存温度不要过高，且不要猛烈撞击。

4. 转向助力调节密封剂

转向助力调节密封剂可恢复老化、干硬橡胶油封的密封性，消除因转向液渗漏而造成的转向迟钝、转向沉重等现象，提高转向平顺性和可靠性。该剂能清洁并润滑助力转向系统内部机件，防止胶质和油泥产生，减少机件磨损，延长使用寿命。

（1）性能

1）制止和防止转向液的渗漏；恢复老化、干硬橡胶件的密封性，保持其柔韧性；确保转向系统的平顺性和可靠性。

2）清洁并润滑动力转向系统内部的弹簧和阀门等，减少机件磨损，延长使用寿命。

3）消除转向迟钝及噪声。

4）适用于各型动力转向液（本田车除外）。

5）转向助力调节密封剂的技术参数见表5—4—5。

表5—4—5　　转向助力调节密封剂的技术参数

性状及气味	淡黄色液体；油味	沸点	387.8℃
密度	0.9 kg/m³	可溶性	不溶于水
蒸气压力	>1 Pa	闪点	>150℃
蒸气密度	<1 kg/m³	挥发性	无

（2）使用方法

1）将该剂加入到助力液储液罐内，行驶中自动制止渗漏。

2）每次使用一瓶，每30 000 km使用一次。

（3）注意事项

1）加入该剂行驶500 km后仍不能制止泄漏，说明密封件已完全损坏，须更换后再使用该剂。

2）该剂切勿入口。

5. 轮胎清洁增黑剂

（1）性能。该剂为液体，有轻微溶剂味，主要用于清洁、翻新乙烯树脂、橡胶、塑料和皮革制品，有助于降低紫外线的辐射，减缓老化。其独特的配方，能迅速渗透于橡胶内层，分解清除酸碱性污染物，延长橡胶等的使用寿命，使整饰表面光亮如新。适用于橡胶轮胎、装饰条、仪表台、前后保险杠、皮革制品的清洁、上光翻新。

(2) 使用方法。喷射或擦拭被整饰表面，使其渗透并自然干燥，即可得到光亮如新的持久保护层。

(3) 注意事项

1) 该剂勿涂于地板、玻璃或挡风玻璃上。

2) 该剂含有硅酮，勿在烤漆房使用，应密封存放于干燥通风处，并远离儿童，勿溅入眼中或吞服。

6. 轮胎泡沫清洗剂

(1) 性能。该剂采用特殊配方，对所有污渍、油垢可起到最佳清洗效果。其独特的表面活性剂，可对所清洗的物件起到保护作用，防止老化。

(2) 使用方法。轻轻摇晃该剂使其均匀。车轮冷却后将起其喷在污渍处，稍微用水冲净。不易清洁处，可用刷子刷洗或用洁布擦拭。车轮较脏时可用水冲洗，再用该剂效果更佳。

(3) 注意事项。该品应远离火源及儿童。

7. 轮胎上光剂

(1) 性能。该剂具有保护轮胎、上光增亮的功能，适用于黑色橡胶、保险杠、仪表台、密封条及硬质人造革等。

(2) 使用方法。轻轻摇晃该剂，垂直均匀喷在轮胎表面，3 ~ 5 min 可自动变干（开始会出现不均匀的表面层，很快即消失）。有些小面积区域，可将上光剂喷于干布上擦涂。

(3) 注意事项。该剂勿与玻璃接触，应远离儿童，且应注意保护。

项目六　电气与车身维护

任务1　充电、起动系的维护

【任务目标】

1. 能收集汽车充电、起动系维护的相关信息。
2. 能检查、维护蓄电池。
3. 会维护发电机。
4. 会维护起动机。

【任务描述】

小王是一个不注重汽车保养的人，常抱怨爱车起动无力，灯光不够亮，电池经常亏电。车子买来才三年，蓄电池已经换了三个。这次小王吸取了教训，决定好好地检查充电、起动系，但是该如何检查呢？该注意些什么呢？

【任务内容】

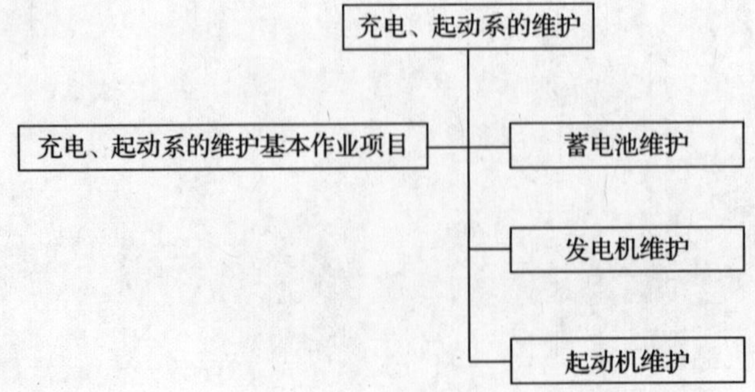

【任务准备】

充电、起动系的维护基本作业项目如下：

1. 蓄电池维护

蓄电池为起动发动机和用电设备提供电力。蓄电池使用一段时间后，电解液容量会降低，蓄电池放电，充电能力会降低。蓄电池有正负极端子，如果与水接触，两个端子形成电气连接而发生线路短路。当正负极端子接反时，会损坏电气元件。

检查的间隔：每 10 000 km 或 1 年。

（1）损坏、腐蚀检查。检查蓄电池盖是否有裂纹或者渗漏，检查蓄电池端子是否腐蚀、导线是否松动。

1）检查、加注电解液。

2）清洁。清洁蓄电池表面脏污、氧化物、沉积物，疏通电池盖上通气孔（若通气孔堵塞，产生的氢气和氧气排不出去，电解液膨胀时会把蓄电池外壳撑破，影响蓄电池寿命），清理蓄电池接线柱上的氧化物。

（2）检查蓄电池电解液。检视蓄电池各个单元的电解液的液面高度是否处在上线和下线之间（液面应高出极板 15 ~ 20 mm），不足应补充蒸馏水。用比重计测量电解液密度（电解液的相对密度：夏季为 1.25 ~ 1.27，冬季为 1.27 ~ 1.30）。

（3）检查蓄电池的电量。用高率放电计测量蓄电池端电压或通过检视孔观察蓄电池电量，若电压低于 9.6 V 或电量不足时，应及时充电。

2. 发电机维护

（1）损伤、松动。检查发电机外壳有无裂损、变形，检查并校紧固定螺栓。检查各接线柱是否松动、氧化。起动发动机，检查发电机运转是否平稳，有无异响。

（2）性能。先关闭汽车上所有的用电设备，将万用表连接至蓄电池正、负极接线柱，然后起动发动机，将发动机转速保持在 3 000 r/min，若此时万用表显示蓄电池电压高于 14 V，则表示发电机性能良好。

打开点火开关，充电指示灯点亮。当发动机起动后该灯熄灭，说明发电机已向蓄电池充电；若该灯不熄灭或在行车时该灯突然亮起，说明充电系统出现故障，应立即检查排除。

（3）解体检测。如有必要，每行驶 4.5 万 km 解体维护一次。检查电刷磨损情况：电刷的标准长度应符合要求；电刷支架应完好，弹簧弹性良好。调节器工作正常，并在装复后进行性能测试，性能要求如下：空载转速不大于 1 050 r/min 时，输出电压应不小于 14 V；转速为 6 000 r/min 时，输出电流应不小于 90 A。

3. 起动机维护

检查起动机的搭铁线和连接电路是否连接牢固，有无锈蚀现象，利用工具进行紧固。用试电笔检查端子 30，若试电笔点亮，表示蓄电池与电磁开关间线路连接良好。拔下起动机端子 50 插头，使用万用表 20 V 电压挡检查，当点火开关旋至起动挡，正常时显示一个接近蓄电池的电压值。

接通点火开关起动挡，检查起动机工作是否有力、无异响、不打滑，起动电磁开关工作是否灵敏、可靠、无异响。

【任务实施】

1. 蓄电池维护作业（见表6—1—1）

表6—1—1　　蓄电池维护作业

作业项目	操作方法	操作图示	操作结果
1. 清洁	（1）用布或清水清洗蓄电池表面脏污		正确 □ 错误 □
	（2）用砂布清除蓄电池端子氧化物		正确 □ 错误 □
2. 紧固	（1）用手晃动蓄电池，检查蓄电池固定是否可靠		正确 □ 错误 □
	（2）校紧蓄电池接线柱螺母		正确 □ 错误 □

续表

作业项目	操作方法	操作图示	操作结果
3. 检查电解液	（1）检查电解液高度		正确 □ 错误 □
	（2）用比重计测量电解液密度	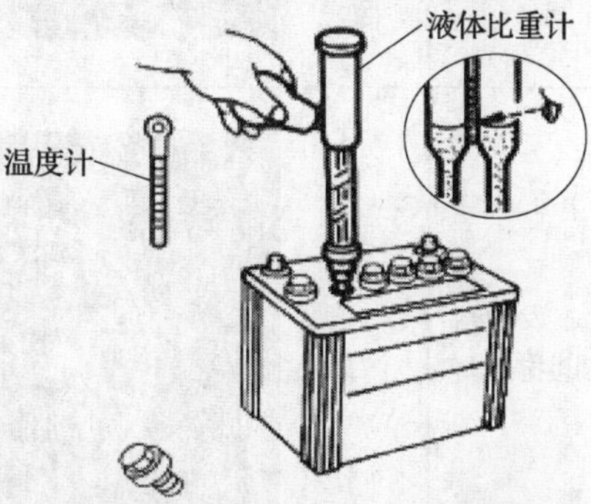	正确 □ 错误 □
4. 检查蓄电池的电量	（1）用高率放电计测量蓄电池端电压	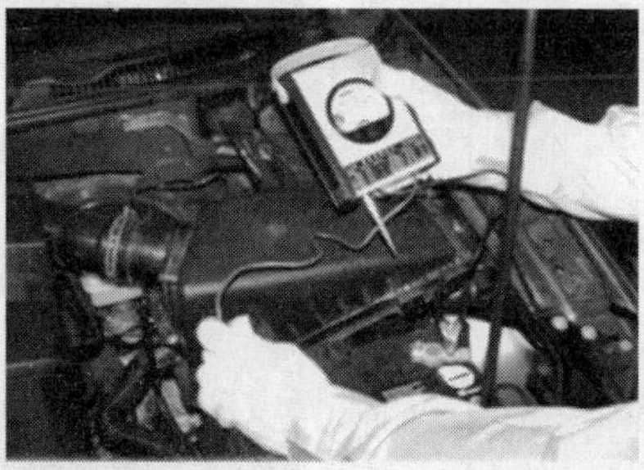	正确 □ 错误 □
	（2）通过检视孔观察蓄电池电量	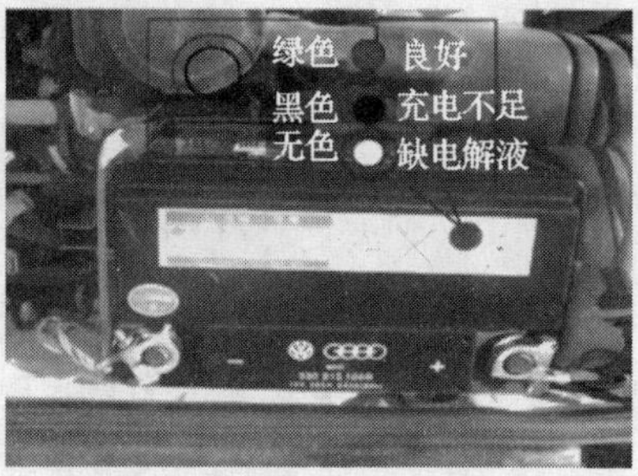	正确 □ 错误 □

2. 发电机、起动机维护作业（见表 6—1—2）

表 6—1—2　　发电机、起动机维护作业

作业项目	操作方法	操作图示	操作结果
1. 发电机维护	(1) 起动发动机，检查发电机运转是否平稳，有无异响		正确 □ 错误 □
	(2) 检查发动机起动后充电指示灯是否熄灭		正确 □ 错误 □
2. 起动机维护	(1) 检查起动机的连接电路	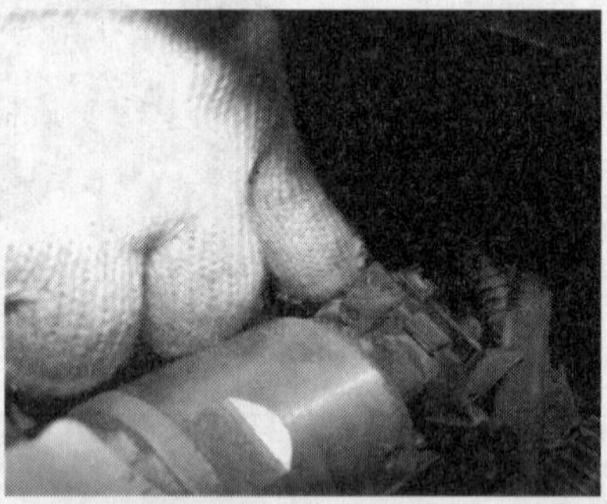	正确 □ 错误 □
	(2) 起动发动机，检查起动机工作是否有力、不打滑，起动电磁开关工作是否灵敏、可靠、无异响		正确 □ 错误 □

✓【任务总结】

一、任务评价与反馈

1. 对本学习任务进行评价，见表6—1—3。

表6—1—3　　评分表

考核项目	评分标准	分数	学生自评	小组互评	教师评价	小计
团队合作	是否和谐	5				
活动参与	是否积极主动	5				
安全生产	有无安全隐患	10				
现场5S	是否做到	10				
任务方案	是否正确、合理	15				
操作过程	1. 蓄电池维护 2. 发电机维护 3. 起动机维护	30				
任务完成情况	是否圆满完成	5				
工具和设备使用	是否规范、标准	10				
劳动纪律	是否能严格遵守	5				
工单填写	是否完整、规范	5				
	总分	100				
教师签名：			年　月　日		得分	

2. 能独立完成蓄电池维护吗？如不能，找出原因。
3. 能完成发电机、起动机维护吗？如不能，分析原因并提出改进措施。
4. 通过学习收获了哪些知识？对以后的工作提出哪些改进措施？

二、理论知识检验

1. 选择题

（1）蓄电池电解液液面应高出极板（　　）mm。

A. 5~10　　B. 10~15　　C. 15~20　　D. 25~30

（2）桑塔纳LX型轿车发电机电刷磨损极限为（　　）mm。

A. 2　　B. 5　　C. 7　　D. 10

(3) 装复蓄电池时，接线桩头必须（　　），并在桩头涂上一层保护剂。

A. 干净　　B. 润滑　　C. 拧紧　　D. 增白

(4) 丰田发电机的调节充电电压为（　　）V。

A. 10～12.4　　B. 14.2～14.8　　C. 15.2～15.5

(5) 起动机空转的原因之一是（　　）。

A. 蓄电池亏电　　B. 单向离合器打滑

C. 电刷过短

2. 判断题

(　　)(1) 蓄电池的电解液是由纯硫酸和纯净水配制而成的。

(　　)(2) 拆卸蓄电池时，应先拆下正极接线。

(　　)(3) 电动车窗一般装有两套开关，分别为总开关和分开关，两个开关之间是互相独立的。

(　　)(4) 无须维护铅蓄电池与普通铅蓄电池比较，自放电多得多。

3. 问答题

(1) 汽油车用蓄电池的端电压是多少?

(2) 蓄电池电解液的密度是多少?

(3) 充电、起动系的维护基本作业项目有哪些?

(4) 蓄电池检查/更换间隔里程是多少?

任务2　照明、仪表的维护

【任务目标】

1. 能收集汽车照明、仪表维护的相关信息。
2. 会维护照明系统。
3. 会维护仪表系统。

【任务描述】

一辆丰田轿车，当灯光开关打到远光位置时，左大灯照射位置偏右，灯光亮度不够。进厂维护，你该如何操作?

【任务内容】

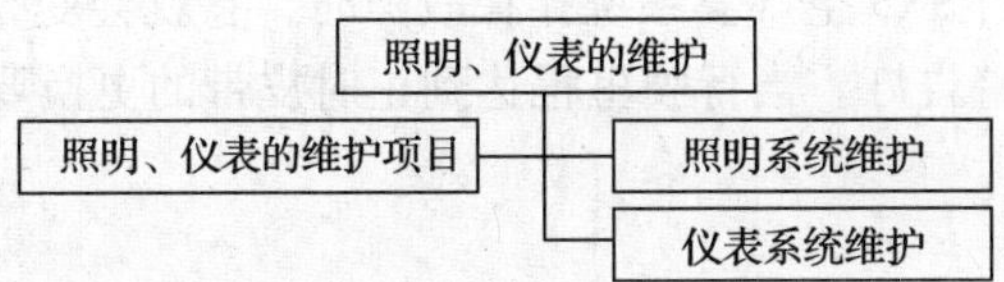

【任务准备】

照明、仪表的维护基本作业项目如下：

1. 检查/更换车灯的重要性

（1）灯丝会随着使用而退化，进而会烧断。

（2）如果转向信号灯灯丝烧断，变换车道或者转向时会变得很危险。

（3）如果制动灯灯丝烧断，就存在后部碰撞的危险。

2. 灯泡的更换

（1）当一对灯泡中的一只灯丝烧断后，建议同时将另外一只也更换掉，因为另外一只灯泡也达到了它的使用寿命。

（2）使用合适的灯泡，因为灯泡随瓦数和使用位置不同而异。

3. 检查的间隔

每10 000 km或6个月。

4. 警告灯检查

（1）当系统存在故障，该灯就变亮或闪烁，以便帮助驾驶员安全驾驶。

（2）制动系统警告灯

1）当驻车制动杆被拉起时，它就会变亮。

2）当制动液液位降低时，它就会变亮。

3）当柴油发动机的制动管路的真空度降低时，它就会变亮。

4）当EBD系统存在故障时，它就会变亮。

（3）燃油滤清器警告灯。当燃油滤清器中的水位达到指定的极限时，它就会变亮。

（4）座椅安全带提示灯。当座椅安全带没有系紧时，它就会变亮。

（5）放电警告灯。当充电系统在某处存在故障时，它就会变亮。

（6）故障指示灯。当发动机控制系统或变速器控制系统存在故障时，它就会变亮。

（7）低燃油液位警告灯。当燃油箱中的燃油接近用完时，它就会变亮。

（8）发动机机油低压警告灯。如果发动机机油的压力降低（机油液位降低），它就会变亮。

(9) ABS 警告灯。当 ABS 系统存在故障时，它就会变亮。

(10) 开门警告灯。当车门未关时，它就会亮。

(11) SRS 警告灯。当 SRS 空气囊系统存在故障时，它就会变亮或闪烁。

(12) 正时皮带更换警告灯。当行驶里程达到正时皮带的更换要求时，它就会变亮。

5. 灯光检查

小灯、指示灯检查：

(1) 用手检查车灯是否松动，检查确保各灯的灯罩和反光镜没有褪色或者因为碰撞而损坏，检查灯内是否有污物或者有水进入。

(2) 将点火开关旋至“ON”，将灯控开关转至一挡，检查车辆的左右小灯、尾灯、示宽灯、牌照灯是否正常点亮。

(3) 把变光器关向前拉，或上下移动信号转换开关，检查左右、前后转向灯是否正常点亮并闪烁。

(4) 将灯光控制开关旋至二挡，检查左右大灯（近光灯）是否点亮。将变光器开关推至远光位置，检查远光灯是否点亮。

(5) 打开危险警告灯开关，检查危险警告灯正常点亮并闪烁。

(6) 将变速器挂入倒挡，检查倒车指示灯是否点亮。

(7) 踩下制动踏板，检查制动指示灯、高位制动指示灯是否点亮。

(8) 打开雾灯开关，检查前后雾灯是否点亮。

6. 组合仪表检查

(1) 将点火开关转到“ON”，检查充电指示灯、故障指示灯、仪表灯是否点亮。检查机油压力警告灯、燃油表、发动机转速表、里程表、水温表指示是否正常。起动发动机，检查充电指示灯、故障指示灯、机油压力警告灯是否熄灭，检查发动机转速表、水温表指示是否正常。

(2) 拉起和放松手刹，检查制动系统警告灯是否点亮或熄灭。

(3) 打开和关闭车门，检查开门警告灯是否点亮或熄灭。

(4) 将灯控开关转至左或右转向位置，检查左右转向指示灯是否正常点亮并闪烁。将灯控开关转至二挡，检查近光指示灯是否正常点亮。再将灯控开关转至远光位置，检查远光指示灯是否正常点亮。

(5) 将自动变速器换挡手柄由 P 移到 L，然后移回，检查指示的挡位与换挡手柄挡位是否一致。

【任务实施】

照明、仪表系统的维护作业见表 6—2—1。

表 6—2—1　　照明、仪表系统的维护作业

作业项目	操作方法	操作图示	操作结果
1. 后尾灯外观检查	用手推压灯外壳，检查灯是否松动；检查各灯的灯罩和反光镜有无褪色或损坏	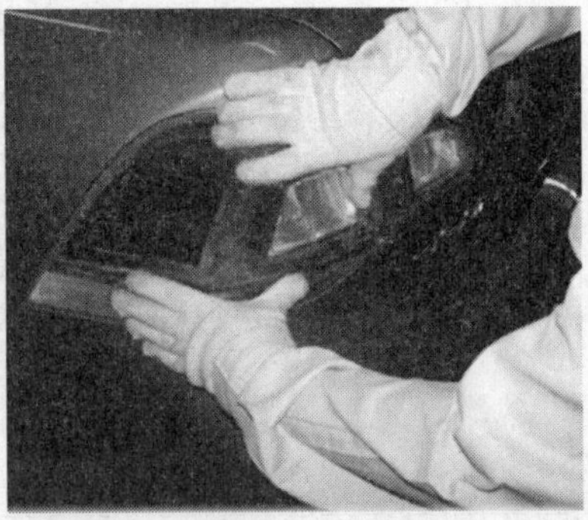	正确 □ 错误 □
2. 前照灯外观检查	用手推压灯外壳，检查灯是否松动；检查各灯的灯罩和反光镜有无褪色或损坏		正确 □ 错误 □
3. 仪表指示灯检查	（1）打开点火开关，检查充电指示灯、故障指示灯、仪表灯、机油压力警告灯是否点亮。检查燃油表、发动机转速表、里程表、水温表指示是否正常		正确 □ 错误 □
	（2）起动发动机，检查充电指示灯、故障指示灯、机油压力警告灯是否熄灭，检查发动机转速表、水温表指示是否正常		正确 □ 错误 □

续表

作业项目	操作方法	操作图示	操作结果
3. 仪表指示灯检查	(3) 移动自动变速器换挡手柄，检查仪表指示的挡位与手柄所处的挡位是否一致		正确 □ 错误 □
4. 小灯、尾灯、牌照灯检查	将灯控开关转至一挡，检查车辆的左右小灯、尾灯、示宽灯、牌照灯是否正常点亮	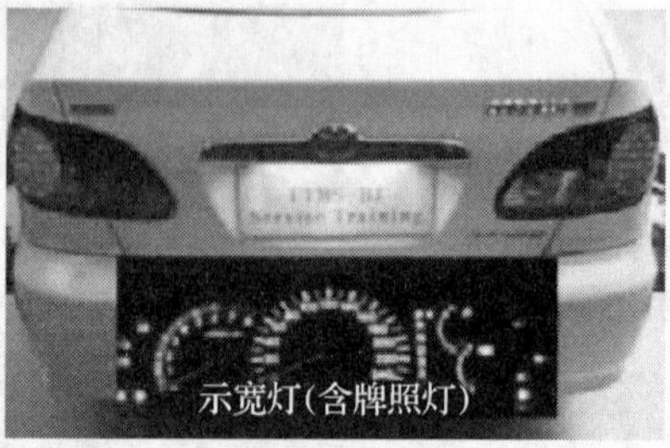 示宽灯(含牌照灯)	正确 □ 错误 □
5. 转向灯检查	将灯控开关转至一挡，并前后推拉或上下移动信号转换开关，检查左右、前后转向灯是否正常点亮并闪烁，并检查仪表转向指示灯是否闪亮	前左右转向灯（含侧灯）和开关回位	正确 □ 错误 □
		后左右转向灯	正确 □ 错误 □

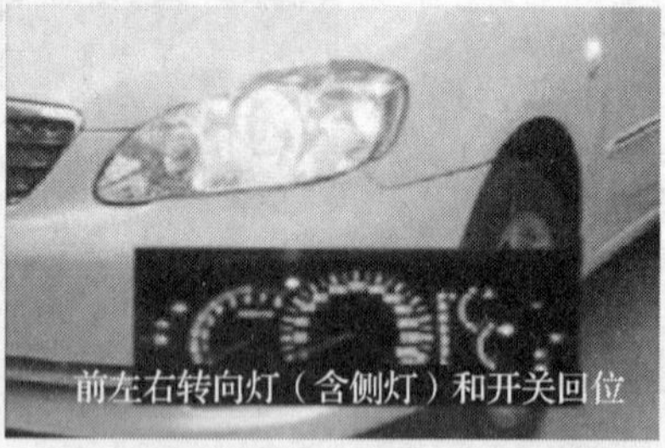

续表

作业项目	操作方法	操作图示	操作结果
6. 危险警告灯检查	打开危险警告灯开关，检查前后、左右危险警告灯是否闪亮，并检查仪表危险警告指示灯是否闪亮	 前危险警告灯	正确 □ 错误 □
		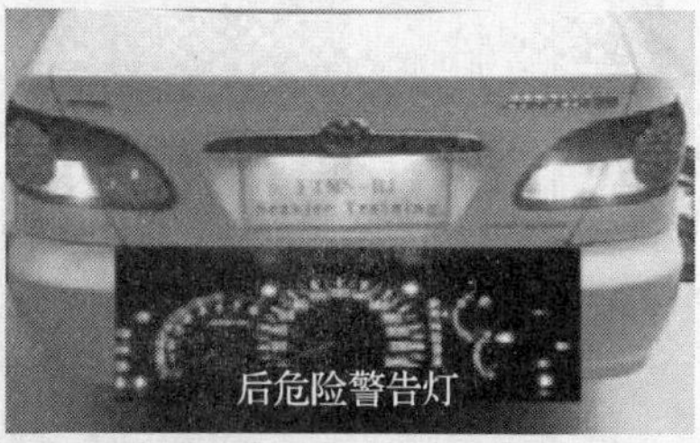 后危险警告灯	正确 □ 错误 □
7. 大灯检查	（1）将灯光控制开关旋至二挡，检查左右近光灯是否点亮	 大灯近光	正确 □ 错误 □
	（2）将变光器开关推至远光位置，检查远光灯是否点亮	 大灯远光	正确 □ 错误 □
	（3）将变光器开关推至超车位置，检查大灯是否闪亮	 闪光	正确 □ 错误 □

续表

作业项目	操作方法	操作图示	操作结果
8. 驻车指示灯检查	拉起或放松手刹，检查制动系统警告灯是否点亮或熄灭	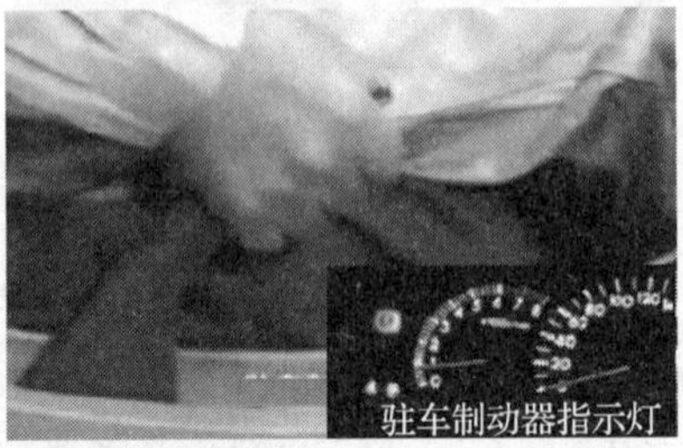	正确 □ 错误 □
9. 倒车灯检查	将变速器挂入倒挡，检查倒车指示灯是否点亮	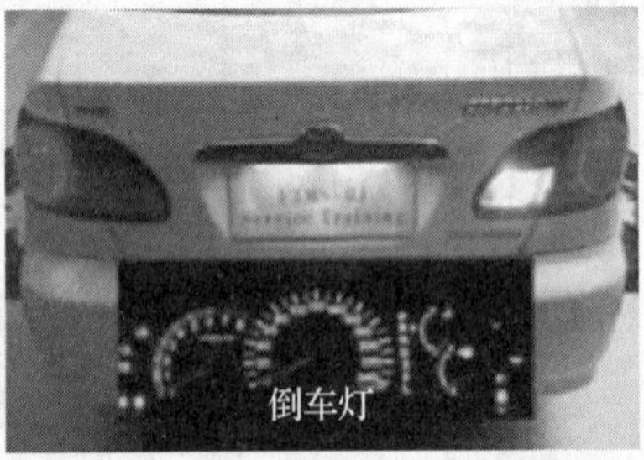	正确 □ 错误 □
10. 雾灯检查	(1) 打开雾灯开关，检查前雾灯是否正常点亮		正确 □ 错误 □
	(2) 检查后雾灯是否正常点亮	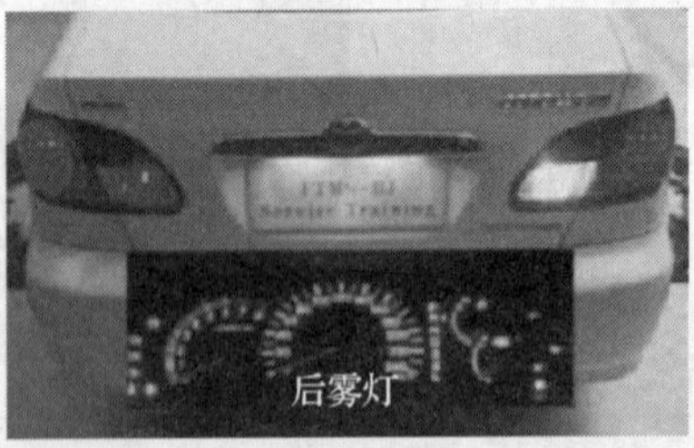	正确 □ 错误 □
11. 制动灯检查	踩下制动踏板，检查制动指示灯、高位制动指示灯是否点亮		正确 □ 错误 □

续表

作业项目	操作方法	操作图示	操作结果
12. 车内照明灯检查	打开阅读灯开关，检查阅读灯是否点亮		正确 □ 错误 □

【任务总结】

一、任务评价与反馈

1. 对本学习任务进行评价，见表6—2—2。

表6—2—2 评分表

考核项目	评分标准	分数	学生自评	小组互评	教师评价	小计
团队合作	是否和谐	5				
活动参与	是否积极主动	5				
安全生产	有无安全隐患	10				
现场5S	是否做到	10				
任务方案	是否正确、合理	15				
操作过程	1. 仪表维护作业 2. 灯光维护作业	30				
任务完成情况	是否圆满完成	5				
工具和设备使用	是否规范、标准	10				
劳动纪律	是否能严格遵守	5				
工单填写	是否完整、规范	5				
	总分	100				
教师签名：			年 月 日		得分	

2. 能独立完成仪表维护作业吗？如不能，找出原因。
3. 能完成灯光维护作业吗？如不能，分析原因并提出改进措施。
4. 通过学习收获了哪些知识？对以后的工作提出哪些改进措施？

二、理论知识检验

1. 选择题

(1) 汽车发动机正常工作时，水温表指针应指在（　　）℃。

A. 65 ~ 80　　B. 75 ~ 90　　C. 85 ~ 100

(2) 在发动机正常的工况下，油压表的指针应指在（　　）kPa。

A. 15 ~20　　B. 20 ~40　　C. 50 ~60

(3) 主转向灯功率一般为（　　）W。

A. 40　　B. 21　　C. 5　　D. 18

(4) 一般轿车后窗玻璃采用的除霜方式是（　　）。

A. 将暖风机热风吹至后风窗玻璃

B. 采用独立式暖风装置并将热风吹至风窗玻璃

C. 电热丝加热

2. 判断题

（　　）(1) 转速表是用来指示汽车行驶的里程。

（　　）(2) 汽车照明灯有前照灯、防雾灯、转向灯、顶灯、仪表灯和工作灯。

（　　）(3) 四灯制前照灯，装于外侧的一对应为远光束灯。

（　　）(4) 负温度系数水温传感器在短路后，电磁式水温表指针将指向高温。

3. 指出下列图标各代表什么含义?

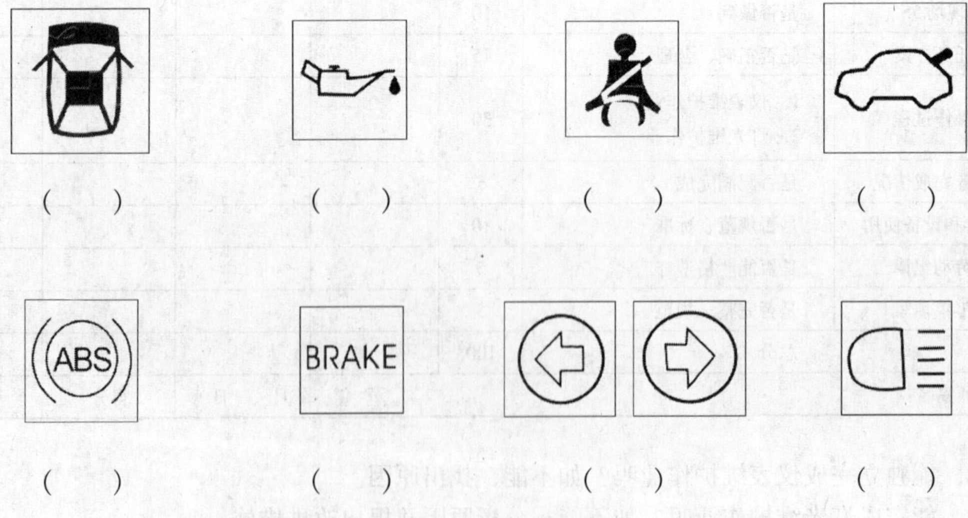

(　　)　(　　)　(　　)　(　　)

(　　)　(　　)　(　　)　(　　)

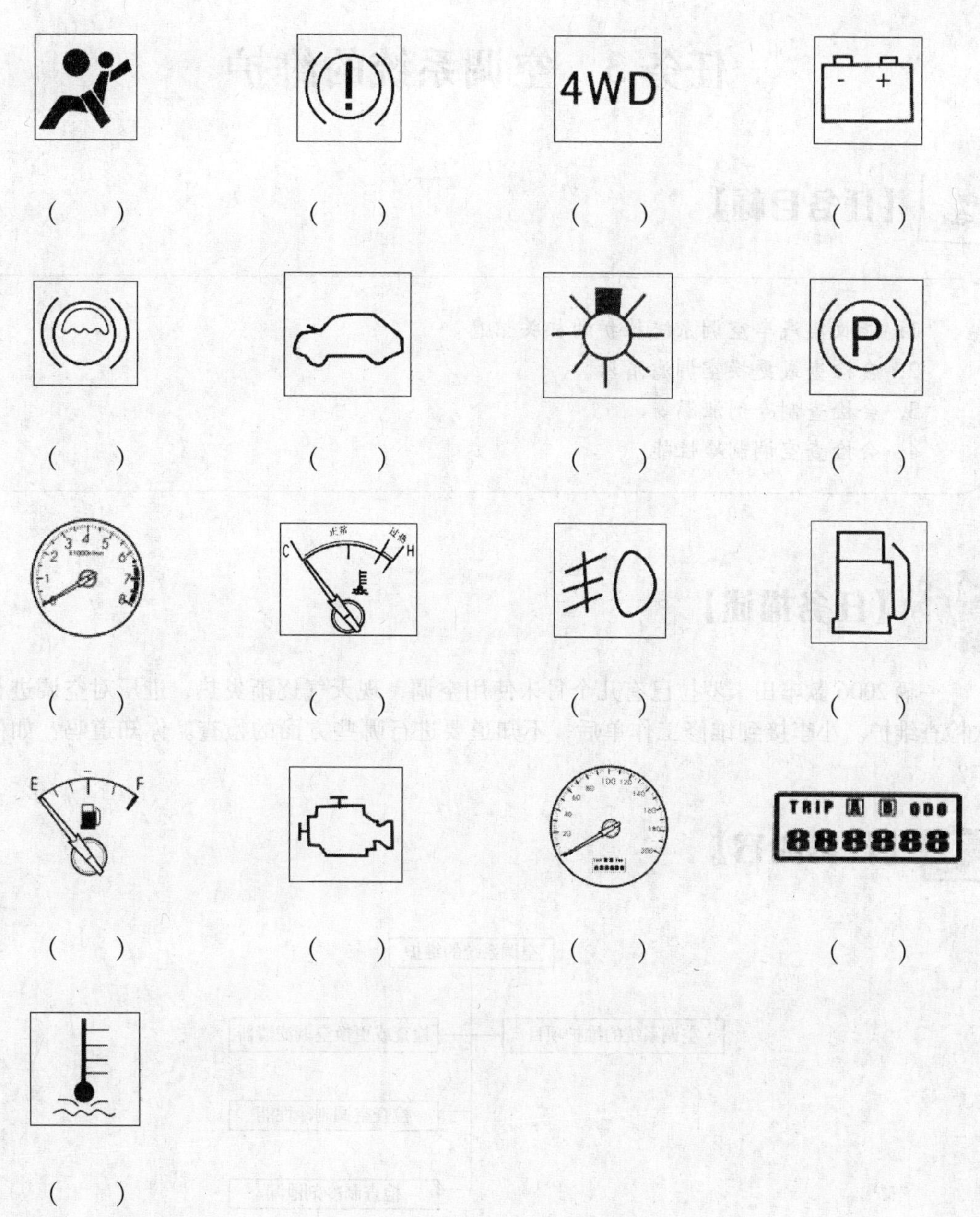

a. 后备门指示灯　b. 门开指示灯　c. 机油压力信号灯　d. ABS 信号灯　e. 座椅安全带指示灯　f. 转向信号指示灯　g. 制动系统故障指示灯　h. 远光指示灯　i. 安全气囊指示灯　j. 制动指示灯　k. 制动液面报警指示灯　l. 四驱指示灯　m. 充电系统指示灯　n. 灯光总开关信号灯　o. 发动机罩盖指示灯　p. 发动机转速表　q. 雾灯指示信号　r. 水温表　s. 驻车制动指示灯　t. 燃油报警灯　u. 车速表　v. 里程表　w. 水温过热指示灯　x. 燃油表　y. 发动机故障指示灯

任务3　空调系统的维护

【任务目标】

1. 能收集汽车空调系统维护的相关信息。
2. 会检查或更换空调滤清器。
3. 会检查制冷剂泄漏。
4. 会检查空调制冷性能。

【任务描述】

一辆2006款丰田卡罗拉已有几个月未使用空调，现天气逐渐炎热，进厂对空调进行一次检查维护。小李接到维修工作单后，不知道要进行哪些方面的检查。你知道吗？如何操作？

【任务内容】

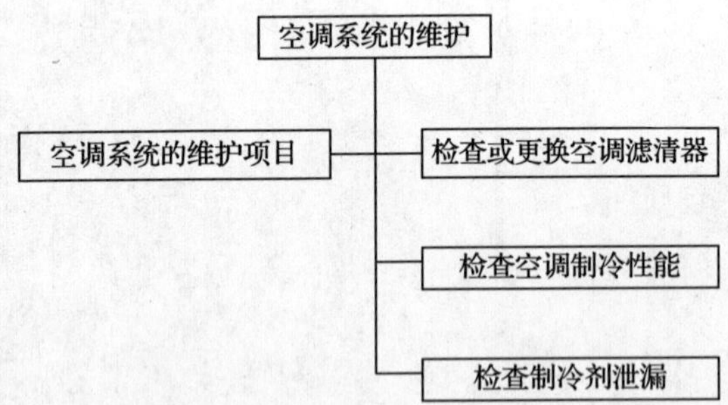

【任务准备】

空调的维护基本作业项目如下：

空调制冷效能是通过在管路中重复地将气体变成液体、液体变成气体而吸收或排放热量获得的。如果制冷剂泄漏，会使制冷效能降低，所以需要检查制冷剂的液面。

检查的间隔：每20 000 km或1年。

1. 检查制冷剂渗漏

将点火开关关闭后，使用气体泄漏测试仪检查制冷剂是否渗漏。

提示： 当发动机运行时，不要进行渗漏检查，这是因为：

（1）渗漏的制冷剂会通过来自风扇或者鼓风机的空气稀释，从而不可能进行渗漏检查。

（2）冷却器装置中的制冷剂压力会下降，使得制冷剂不太容易渗漏。

（3）气体渗漏测试仪对湿度的突然变化作出反应，这是来自排放软管的湿空气造成的，从而导致误推断。

2. 检查制冷剂量

通过观察窗观察制冷剂的流量，并检查制冷剂的量。检查条件：

（1）发动机转速为 1 500 r/min。

（2）鼓风机速度控制开关处于“高”位。

（3）A/C 开关置于“ON”。

（4）温度控制设为“最凉”。

（5）完全打开所有车门。

（6）检查空调观察窗是否有气泡产生。

3. 清洁

清洁冷凝器外部，清洁或更换空调滤清器。检查制冷管路是否松动和损伤。

4. 检查空调制冷性能

起动发动机，打开空调开关，检查空调出风口温度，调节空调控制面板，检查空调出风口。

5. 制冷剂加注

（1）抽空

1）使用真空泵抽空制冷系统。

2）停止抽空系统并等待 5 min 或者更长时间，确保制冷系统没有渗漏（通过检查歧管压力表上的指示有无变化）。

（2）制冷剂泄漏

1）在系统中加注制冷剂直到歧管压力表显示约为 98 kPa（1 kgf/cm^2，14 psi）。

2）使用气体泄漏检测器检查制冷剂是否渗漏。

（3）在系统中加注制冷剂

【任务实施】

空调维护基本作业见表 6—3—1。

表 6—3—1　　空调维护基本作业

作业项目	操作方法	操作图示	操作结果
1. 检查制冷剂量	（1）起动发动机，打开空调开关		正确 □ 错误 □
	（2）观察空调观察窗是否有气泡	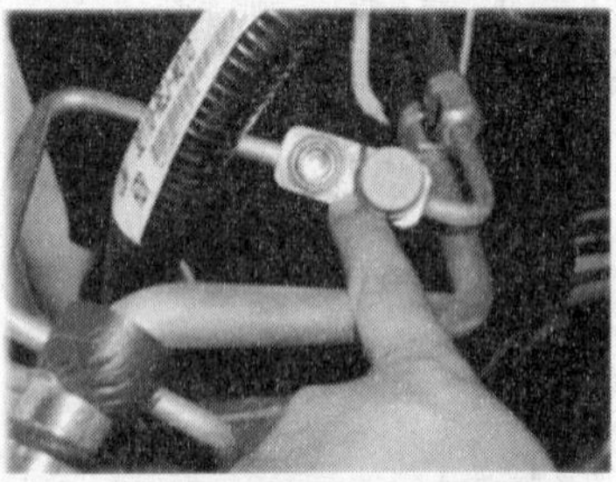	正确 □ 错误 □
2. 检查空调制冷效能	（1）检查空调出风口		正确 □ 错误 □
	（2）检查前窗除霜		正确 □ 错误 □
	（3）检查空调出风口温度	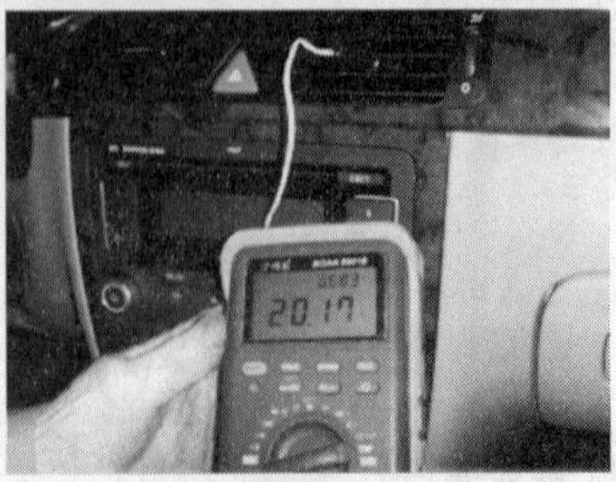	正确 □ 错误 □

续表

作业项目	操作方法	操作图示	操作结果
3. 检查制冷剂渗漏	将点火开关关闭后，使用气体泄漏测试仪检查制冷剂是否渗漏	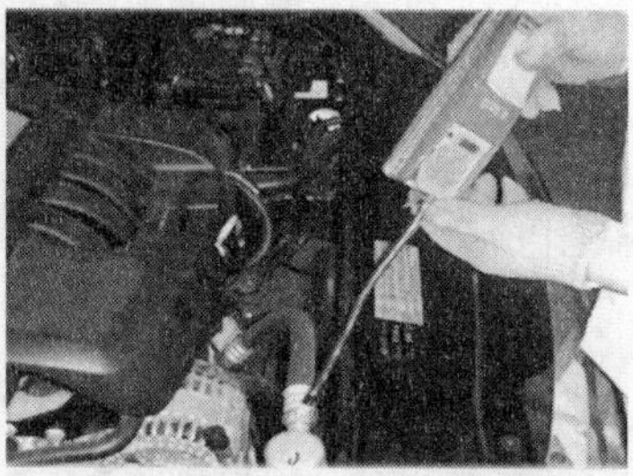	正确 □ 错误 □
4. 清洁和更换空调滤清器滤芯	（1）检查制冷管路是否松动和损伤		正确 □ 错误 □
	（2）拆下杂货箱	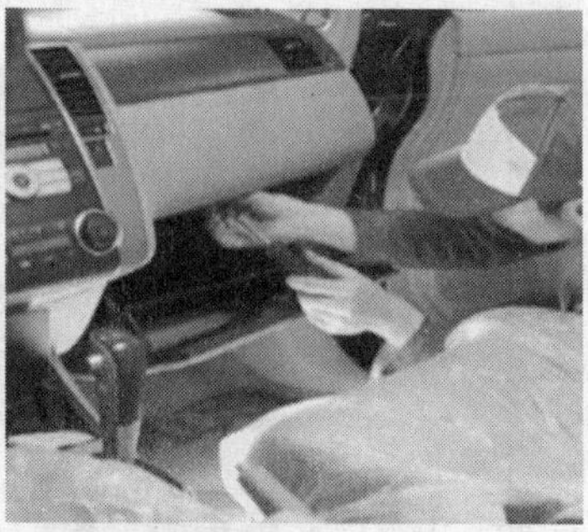	正确 □ 错误 □
	（3）取出杂货箱	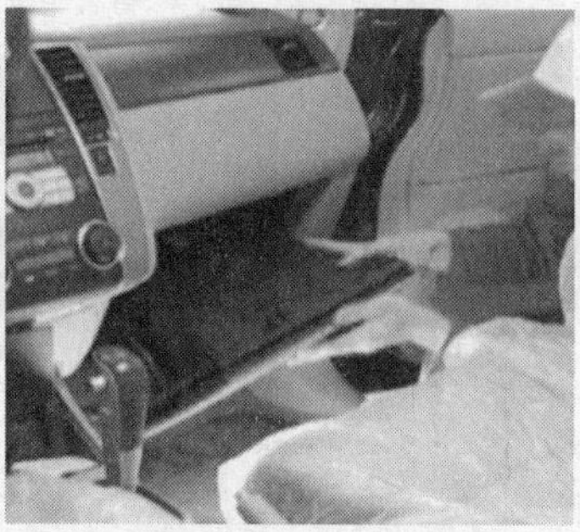	正确 □ 错误 □

续表

作业项目	操作方法	操作图示	操作结果
4. 清洁和更换空调滤清器滤芯	(4) 取出空调滤清器滤芯	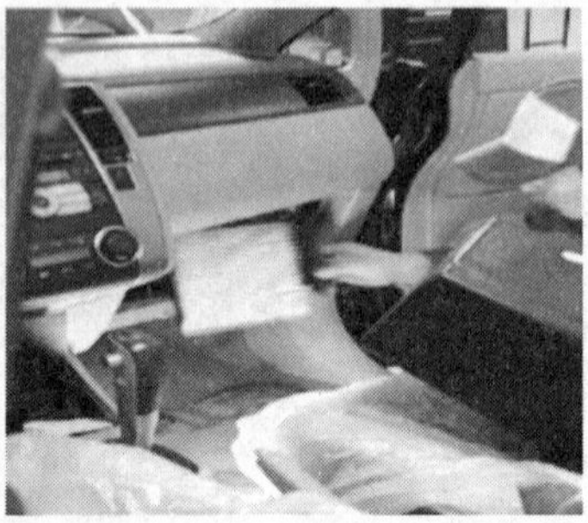	正确 □ 错误 □
	(5) 装上新的空调滤清器滤芯		正确 □ 错误 □
	(6) 装上杂货箱		正确 □ 错误 □
5. 清洁冷凝器	(1) 拆下水箱固定螺栓		正确 □ 错误 □

续表

作业项目	操作方法	操作图示	操作结果
5. 清洁冷凝器	(2) 拔下电子风扇线束	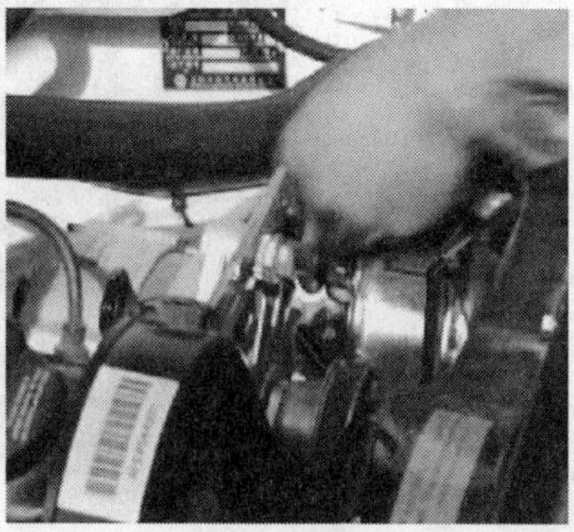	正确 □ 错误 □
	(3) 提起水箱，将其放在发动机上		正确 □ 错误 □
	(4) 用毛刷清洁冷凝器表面	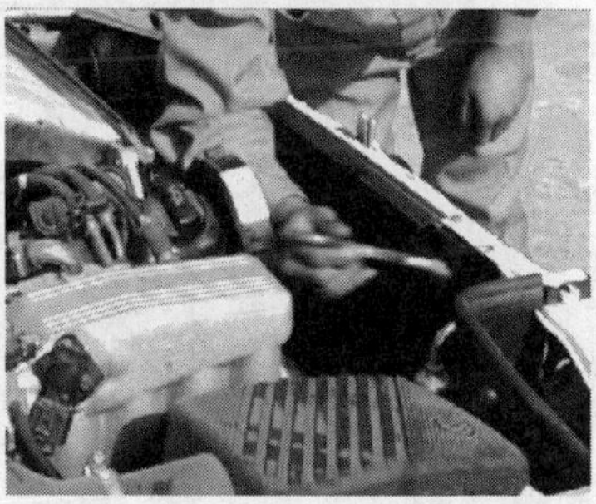	正确 □ 错误 □
	(5) 装回水箱及固定螺栓		正确 □ 错误 □

续表

作业项目	操作方法	操作图示	操作结果
5. 清洁冷凝器	（6）装好电子风扇线束	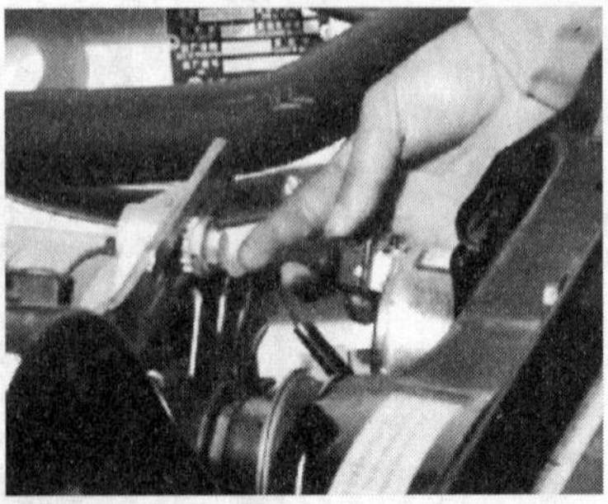	正确 □ 错误 □
6. 制冷剂加注	（1）抽真空 1）将空调压力表的中间管接头接入真空泵	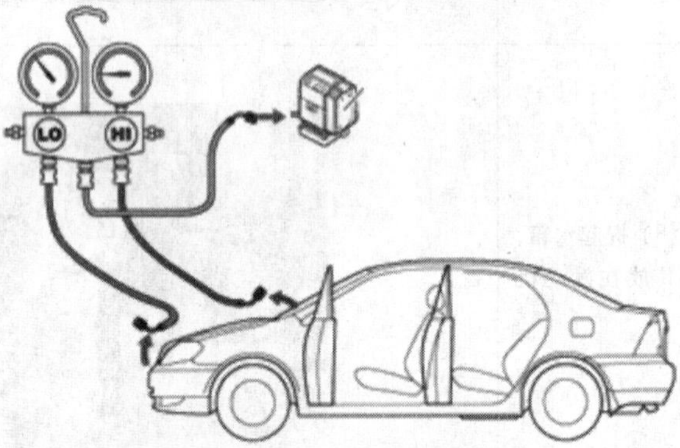 LO HI	正确 □ 错误 □
	2）完全关闭压力表高压侧和低压侧的阀门	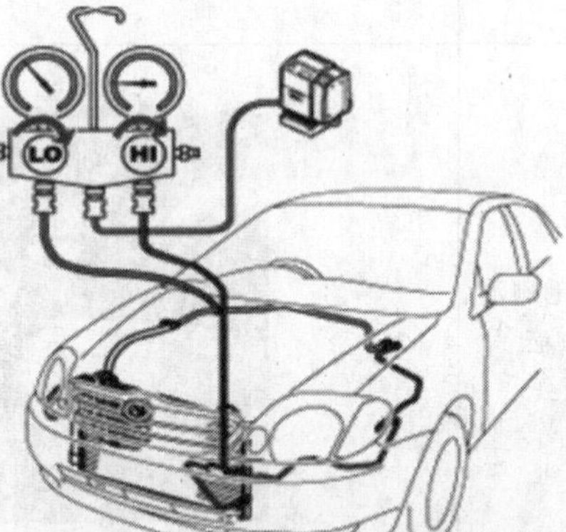 LO HI	正确 □ 错误 □
	3）将空调压力表的低压管装入系统的低压端	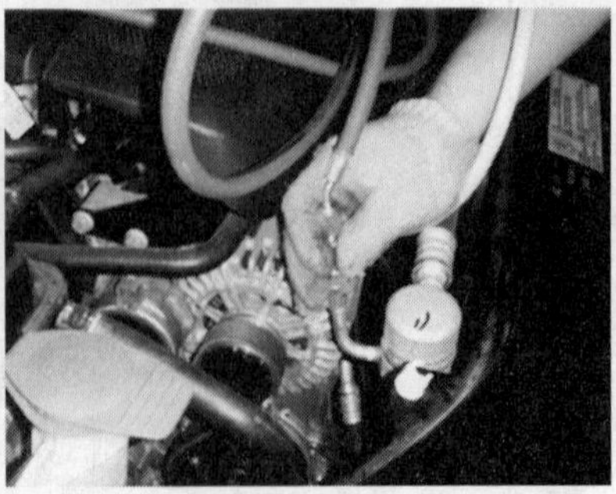	正确 □ 错误 □

续表

作业项目	操作方法	操作图示	操作结果
6. 制冷剂加注	4）将空调压力表的高压管装入系统的高压端		正确 □ 错误 □
	5）打开压力表高低压侧开关，启动真空泵抽真空	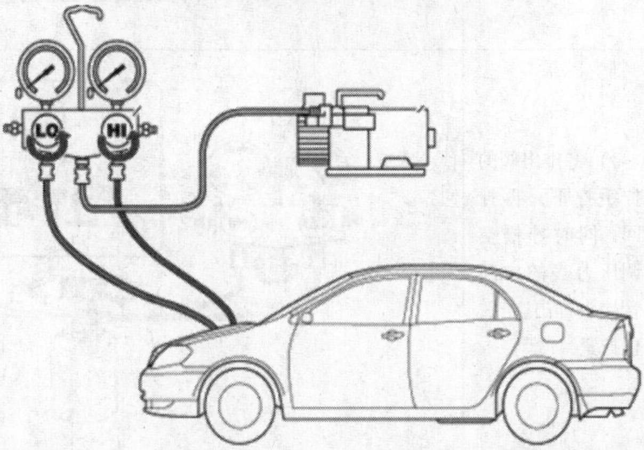	正确 □ 错误 □
	（2）检查泄漏 关闭压力表高压侧和低压侧的阀门，关停真空泵，检查真空泄漏，5 min后压力表读数应不变化	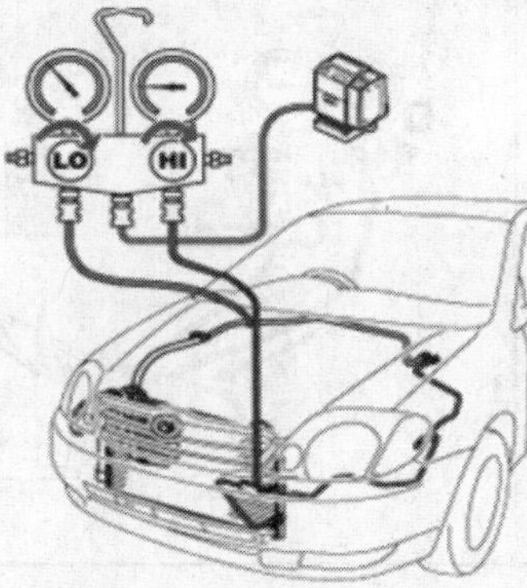	正确 □ 错误 □
	（3）加注制冷剂 1）将排出阀安装在制冷罐上	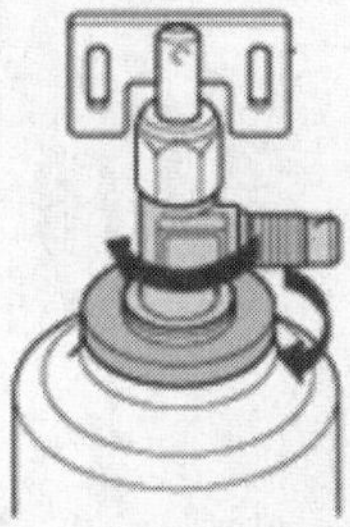	正确 □ 错误 □

续表

作业项目	操作方法	操作图示	操作结果
6. 制冷剂加注	2）将空调压力表的中间管接头接在排出阀接头上	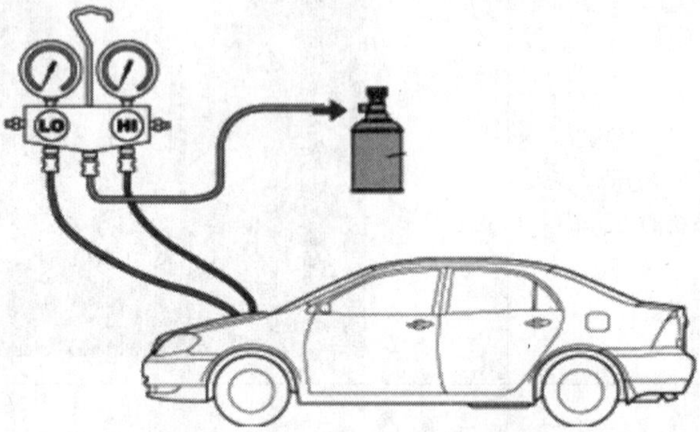	正确 □ 错误 □
	3）将排出阀的拧手拧下，再拧回；同时拧松空调压力表的中间管接头排出空气，再拧紧	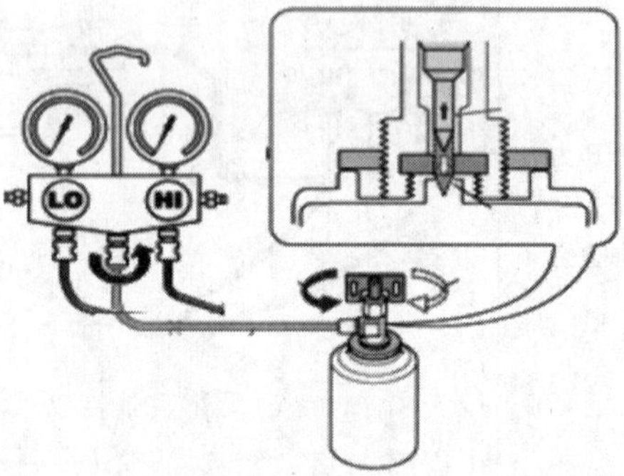	正确 □ 错误 □
	4）打开压力表低压侧开关，起动发动机，打开空调开关，加注制冷剂	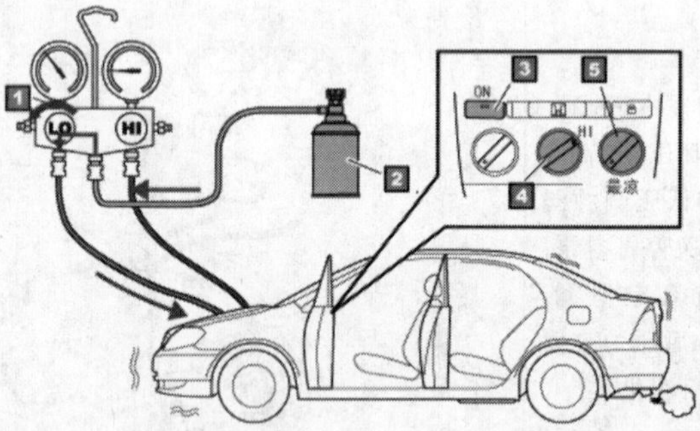	正确 □ 错误 □

【任务总结】

一、任务评价与反馈

1. 对本学习任务进行评价，见表6—3—2。

表 6—3—2　评分表

考核项目	评分标准	分数	学生自评	小组互评	教师评价	小计
团队合作	是否和谐	5				
活动参与	是否积极主动	5				
安全生产	有无安全隐患	10				
现场 5S	是否做到	10				
任务方案	是否正确、合理	15				
操作过程	1. 检查和更换空调滤芯 2. 空调检漏 3. 制冷剂加注	30				
任务完成情况	是否圆满完成	5				
工具和设备使用	是否规范、标准	10				
劳动纪律	是否能严格遵守	5				
工单填写	是否完整、规范	5				
	总分	100				
教师签名：			年　月　日		得分	

2. 能完成检查或更换空调滤芯吗？如不能，找出原因。
3. 能完成制冷剂加注作业吗？如不能，分析原因并提出改进措施。
4. 通过学习收获了哪些知识？对以后的工作提出哪些改进措施？

二、理论知识检验

1. 选择题

（1）为防止空调压缩机损坏，每周应打开空调系统工作（　　）min。

A. 2 ~ 5　　B. 5 ~ 10

C. 10 ~ 15　　D. 15 ~ 30

（2）液态制冷剂经过膨胀阀的（　　）后进入蒸发器产生沸腾蒸发，温度降低。

A. 节流　　B. 分流

C. 合流　　D. 混合

（3）空调制冷系统由压缩机、冷凝器、膨胀阀和（　　）组成。

A. 热水器　　B. 冷水器

C. 蒸发器　　D. 储能器

（4）轿车的空调系统采用了电脑全自动系统，其优点是（　　）。

A. 发热量大　　B. 制冷量大

C. 制冷速度快　　D. 速度慢

（5）完成对空调系统的清洁后，应起动发动机，开启（　　）系统。

A. 发电机　　B. 换气
C. 冷却　　D. 空调
(6) 经常检查制冷压缩机传动皮带的表面和（　　）。
A. 光洁　　B. 分解
C. 松紧　　D. 疲劳
(7) 通过储液干燥罐的（　　）定期检查制冷剂量。
A. 透明镜　　B. 反光镜
C. 视液镜　　D. 聚光镜

2. 判断题

（　　）(1) 用于 R－134a 的仪器、设备等能用于 R－12 的互换。
（　　）(2) 空调系统中如果冷凝器过脏，高压侧压力会升高。
（　　）(3) 空调管路抽真空的目的是让 R－134a 气体多灌一些。
（　　）(4) 空调制冷压缩机中的电磁离合器的作用是根据需要控制发动机和压缩机之间的动力传递，又只受空调电路中的温度控制器的控制。

3. 问答题

(1) 空调的维护基本作业项目有哪些？
(2) 空调系统的低压端和高压端的压力是多少？

任务 4　车身维护

【任务目标】

1. 能收集汽车车身维护的相关信息。
2. 会清洗车身内外。
3. 会检查门窗、玻璃、座椅。
4. 会维护刮水器和喷洗器。

【任务描述】

一辆大众帕萨特已行驶 25 000 km，进厂进行维护。你知道如何维修车身，检查哪些部位吗？

【任务内容】

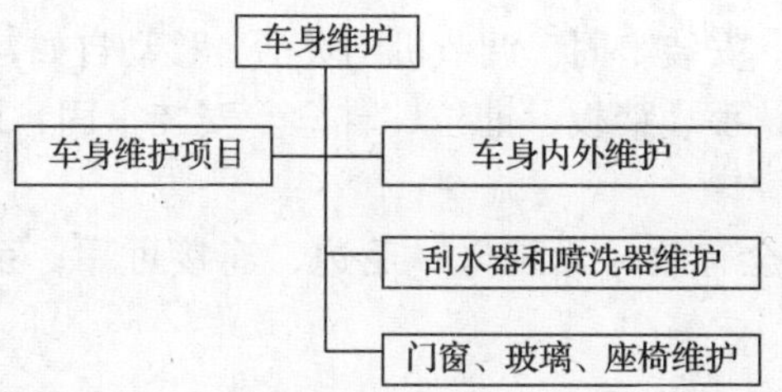

【任务准备】

车身维护基本作业项目如下：

1. 车身维护

（1）检查车身外表有无脱漆、裂纹，图案、字体、厂标是否清晰、齐全，补漆颜色与原车是否一致。检查车身有无凹凸翘起，有无锈蚀、脱焊、脱铆、开裂。

（2）检查发动机舱。检查发动机罩盖锁止装置是否完好，开启是否灵活，锁止是否安全可靠，隔热、隔音措施是否有效；检查舱门支撑杆或气弹簧工作是否有效；检查翼子板、挡泥板各紧固螺栓是否松动。校紧发动机罩盖铰链、车头前端保险钩固定螺栓。

（3）检查车厢的技术状况。校紧车厢 U 形螺栓。检查边板、底板应无明显变形、断裂，外部无明显脱焊、缺漆，挂钩、铰链连接牢固、无断裂，各部连接紧固可靠。

（4）检查车架的技术状况。纵、横梁应无变形和裂纹现象，铆钉无松动；保险杠无变形，连接螺栓紧固可靠；车架上各支架连接可靠、无断裂；拖钩磨损不大于 5 mm，缓冲弹簧良好，拖钩与衬套配合间隙不大于 3 mm。车身承载部位无裂纹，无变形，车身外壳、底板无严重锈蚀、损伤和变形。

（5）检查整车外观。车体应周正，车体外缘左右对称部位高度差：普通级客车不大于 40 mm，中级客车不大于 30 mm，高级客车不大于 20 mm。

（6）检查内顶、座椅套、地板、地毯、检视孔盖、窗帘等内饰应清洁、齐全、牢固，密封良好、功能有效、地板平整、不翘曲。

（7）清洁车身外表、车轮，清洁和整理车身内部、脚垫、座椅套、地毯，清理烟灰缸内的烟灰。

（8）检查车门。检查车门开关是否灵活，有无下沉现象；车门铰链固定螺栓紧固是否可靠；门饰是否完好、密封胶条是否齐全有效；车门终端时减慢、缓冲器工作是否有效。润滑车门铰链。

2. 门窗、玻璃、座椅维护

（1）检查门锁、玻璃、升降器、后视镜各部应齐全完好、工作正常，玻璃升降器升降灵活、不卡滞，并对转动部位进行润滑。车门锁止功能良好、可靠，童锁安全、可靠。

（2）检查、清洁前后挡风玻璃。玻璃完整清洁、无裂纹，密封良好；侧窗拉动灵活，锁扣可靠。

（3）检查驾驶员座椅。安装牢固，调节机构灵活，移动自如，锁止功能有效、可靠。

（4）检查乘客座椅、扶手、踏板、铺位、鞋盒。安装牢固，调整机构功能有效、锁止可靠。

（5）检查安全带应齐全有效，无裂口、毛边，连接可靠；系上安全带时指示灯应熄灭。

3. 刮水器和喷洗器维护

（1）检查/更换刮水器橡胶件的重要性

1）刮水器安装的橡胶件在挡风玻璃表面滑过，刮去表面的水分，随着时间的流逝会逐渐磨损。

2）由于黏附在挡风玻璃上的细沙或灰尘颗粒侵入橡胶件，在其上产生划痕，也会在挡风玻璃上留下刮痕。

3）喷洗液当气温低于它的凝结点时，就会结冰。

（2）检查的间隔：每 10 000 km 或 6 个月。

（3）检查内容

1）检查刮水电动机运转应无异响；刮水片安装可靠，动作位置正确，刮水效果良好；后除雾系统工作正常；洗涤装置工作有效。

2）检查挡风玻璃喷洗器。起动发动机，检查挡风玻璃喷洗器喷洒压力是否足够，喷洒区是否集中在刮水器工作范围内，必要时进行调整。

3）检查刮水器。打开刮水器开关，检查是否每一只刮水器正常工作。将刮水器开关分别拨到高挡、低挡和间歇挡，检查刮水器性能。关闭刮水器开关，检查当刮水器开关关闭时刮水器能否自动复位。

4）检查喷洗液。使用液位尺检查喷洗器罐中的喷洗液是否充分注满。

4. 其他附件维护

（1）检查后视镜应齐全，无裂纹，功能良好，镜面清洁，操纵灵活，安装牢固可靠，调整后能可靠定位。

（2）检查冷气通风道、空调出风口、内行李架、照明设备。应安装可靠，无松旷，功能良好、有效，无堵塞。

（3）检查换气装置。应安装牢固，工作正常。

（4）检查灭火器、应急锤应齐全、有效。

（5）检查倒车监视系统。系统功能有效，显示图像清晰。

（6）检查门控灯开关。打开一扇车门时顶灯变亮，而所有车门关闭时顶灯熄灭。

（7）检查喇叭。在方向盘转动一周的同时按喇叭，检查喇叭是否发声，音量和音调是否稳定。

【任务实施】

车身维护基本作业见表 6—4—1。

表 6—4—1　　车身维护基本作业

作业项目	操作方法	操作图示	操作结果
1. 检查整车外观	(1) 检查车体是否周正，车体外缘左右是否对称	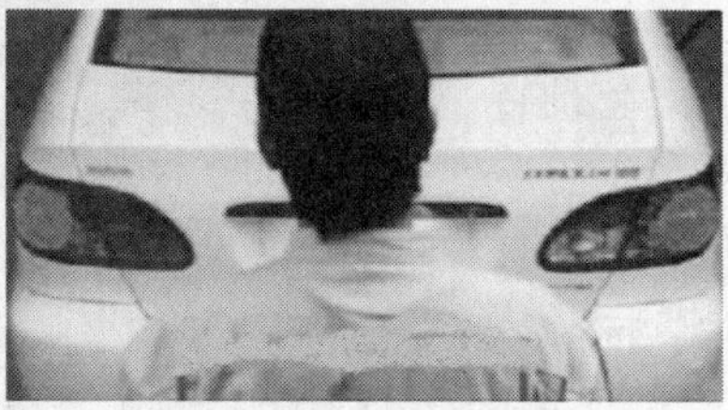	正确 □ 错误 □
	(2) 检查车身外表有无脱漆、裂纹，图案、字体、厂标是否清晰、齐全		正确 □ 错误 □
	(3) 检查保险杠有无变形，连接螺栓是否紧固可靠		正确 □ 错误 □
	(4) 检查车厢的技术状况。校紧车厢 U 形螺栓；检查边板、底板应无明显变形、断裂，挂钩、铰链连接牢固、无断裂，各部连接紧固可靠		正确 □ 错误 □

续表

作业项目	操作方法	操作图示	操作结果
1. 检查整车外观	(5) 检查车架技术状况。纵、横梁应无变形和裂纹现象，铆钉无松动；保险杠无变形，连接螺栓紧固可靠；车架上各支架连接可靠		正确 □ 错误 □
2. 检查行李箱	检查行李箱铰链是否松动	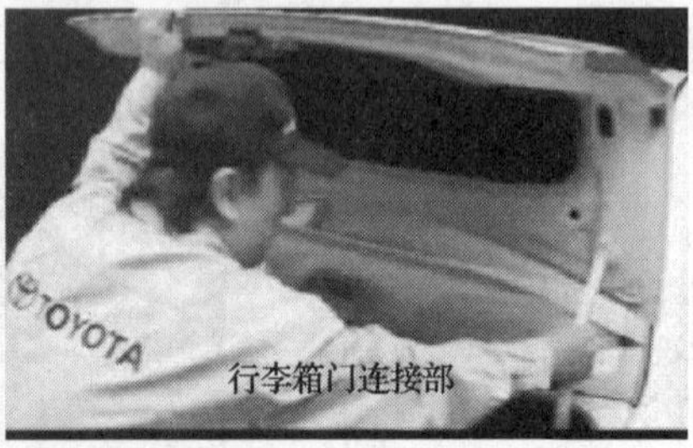 行李箱门连接部	正确 □ 错误 □
3. 检查发动机舱	(1) 检查发动机罩铰链是否松动		正确 □ 错误 □
	(2) 检查发动机罩盖锁开启是否灵活，锁止是否安全可靠	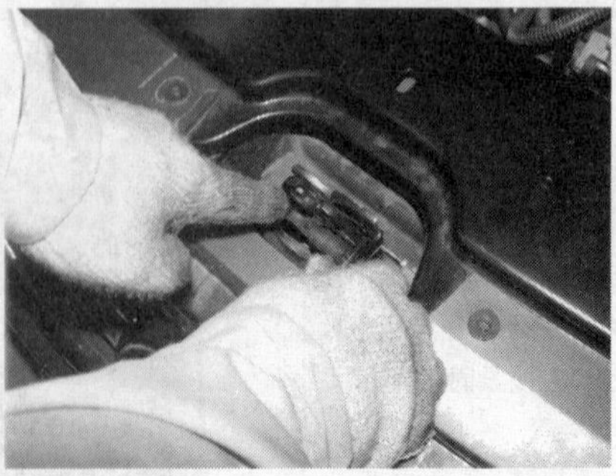	正确 □ 错误 □

续表

作业项目	操作方法	操作图示	操作结果
3. 检查发动机舱	（3）检查发动机罩盖感应开关。按下感应开关，检查指示灯是否点亮；放开感应开关，检查指示灯是否熄灭		正确 □ 错误 □
4. 车门检查	（1）检查车门开关是否灵活，有无下沉现象；车门铰链固定螺栓紧固是否可靠		正确 □ 错误 □
	（2）检查门饰、密封胶条是否完好、齐全有效	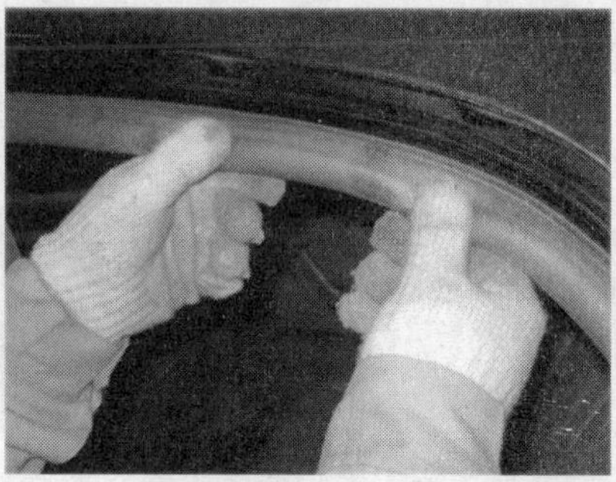	正确 □ 错误 □
	（3）检查门控灯开关。将车门打开和关闭，检查门控灯是否点亮和熄灭		正确 □ 错误 □

续表

作业项目	操作方法	操作图示	操作结果
	(4) 检查儿童锁。按下儿童锁，检查从车内、车外能否打开车门	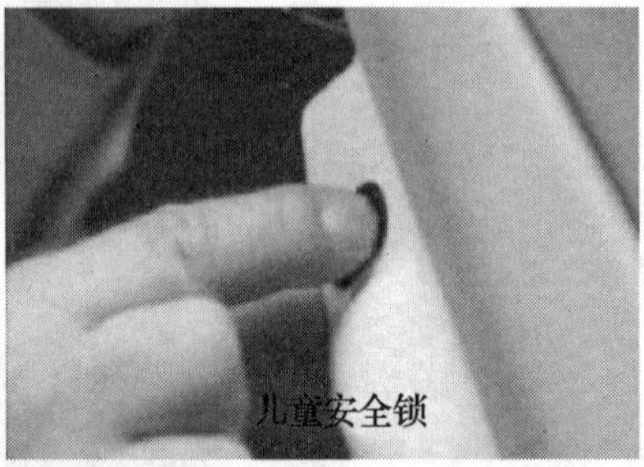	正确 □ 错误 □
4. 车门检查	(5) 检查车门锁机构能否正常锁止和打开	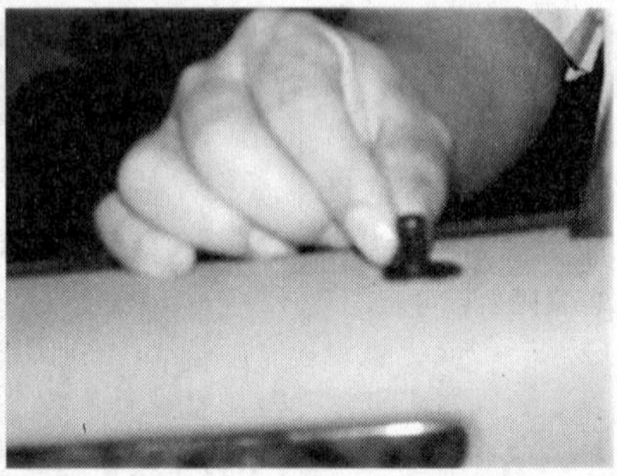	正确 □ 错误 □
	(6) 检查中控门锁。打开和关闭中控门锁开关，检查车门能否打开和锁止	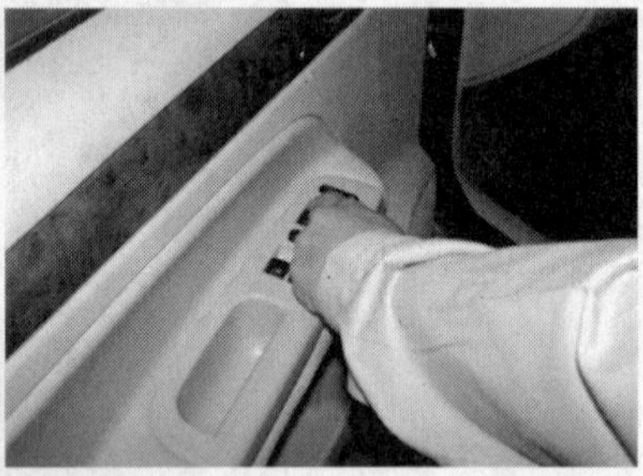	正确 □ 错误 □
5. 边窗检查	检查玻璃升降器升降是否灵活		正确 □ 错误 □

续表

作业项目	操作方法	操作图示	操作结果
6. 检查座椅	（1）检查安装是否牢固	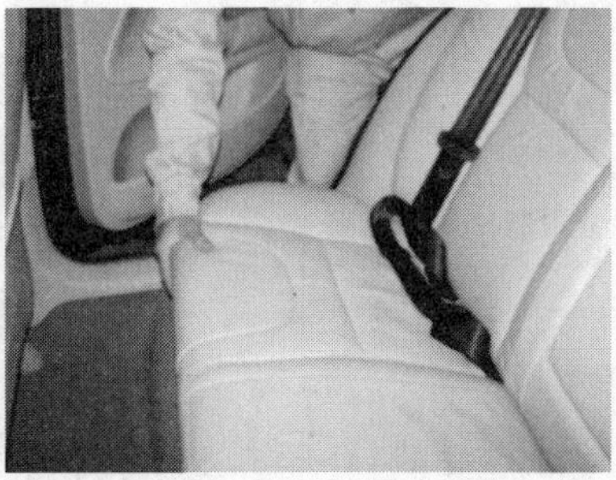	正确 □ 错误 □
	（2）检查调节机构是否灵活、移动自如，锁止功能是否有效、可靠	 座椅螺母螺栓	正确 □ 错误 □
7. 检查安全带	（1）检查安全带固定座能否正常调整和锁止	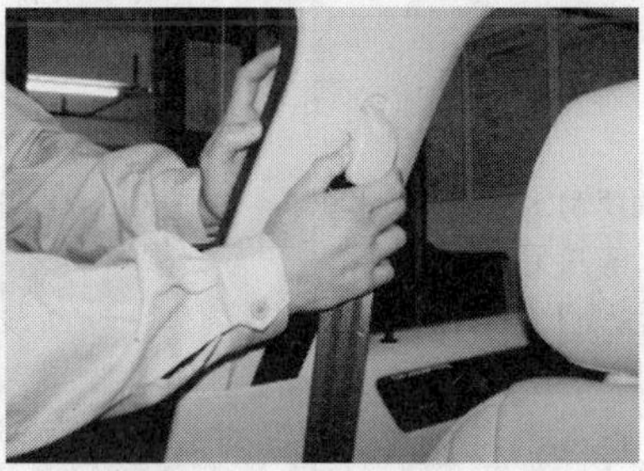	正确 □ 错误 □
	（2）慢慢拉出或放松安全带，检查安全带能否轻松拉出或收回 （3）突然拉出安全带检查能否锁止	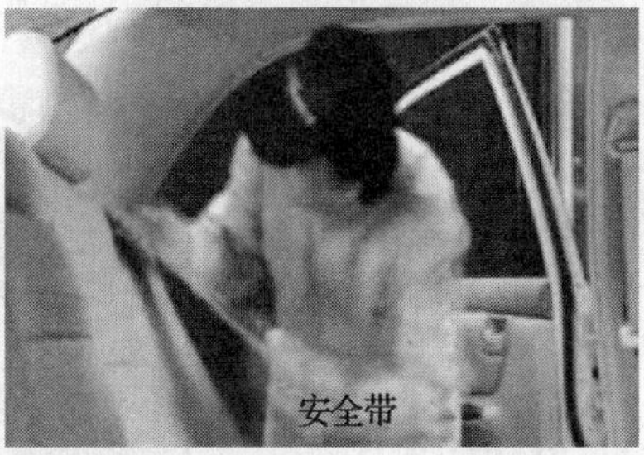 安全带	正确 □ 错误 □

续表

作业项目	操作方法	操作图示	操作结果
8. 检查刮水器、喷洗器	(1) 检查雨刮片是否有破损		正确 □ 错误 □
	(2) 打开刮水器开关检查是否每一只刮水器正常工作 (3) 将刮水器开关分别拔到高挡、低挡和间歇挡,检查刮水器性能		正确 □ 错误 □
	(4) 关闭刮水器开关,检查当刮水器开关关闭时刮水器能否自动复位		正确 □ 错误 □
	(5) 起动发动机,打开刮水器开关,检查喷洗器喷洒压力是否足够,喷洒区是否集中在刮水器工作范围内		正确 □ 错误 □

续表

作业项目	操作方法	操作图示	操作结果
9. 检查天窗及后视镜	（1）检查后视镜是否有破损	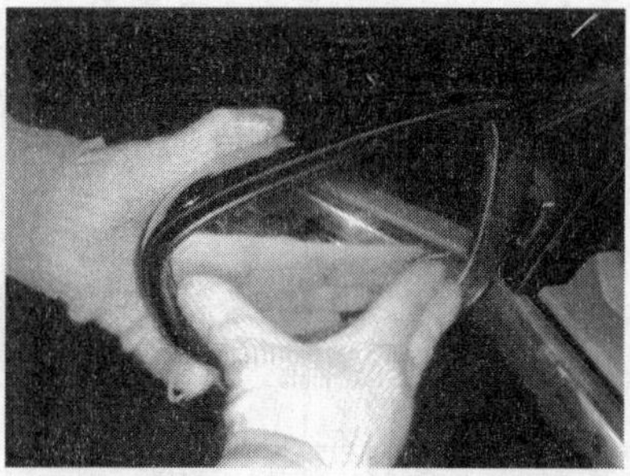	正确 □ 错误 □
	（2）按压后视镜调整开关，检查后视镜能否正常调整，照射位置是否正常		正确 □ 错误 □
	（3）检查、清洁天窗导轨		正确 □ 错误 □
	（4）检查天窗是否正常打开或关闭		正确 □ 错误 □

续表

作业项目	操作方法	操作图示	操作结果
10. 检查喇叭	转动方向盘并按压喇叭开关，检查喇叭是否发声，音量和音调是否正常	喇叭	正确 □ 错误 □
11. 检查音响	打开音响，检查音响各个按键是否正常，音量和音调是否正常		正确 □ 错误 □
12. 检查车内照明	打开阅读灯开关，检查阅读灯是否点亮		正确 □ 错误 □

【任务总结】

一、任务评价与反馈

1. 对本学习任务进行评价，见表6—4—2。
2. 能正确完成座椅维护吗？如不能，找出原因。
3. 能独立完成刮水器维护吗？如不能，分析原因并提出改进措施。
4. 通过学习收获了哪些知识？对以后的工作提出哪些改进措施？

表 6—4—2　评分表

考核项目	评分标准	分数	学生自评	小组互评	教师评价	小计
团队合作	是否和谐	5				
活动参与	是否积极主动	5				
安全生产	有无安全隐患	10				
现场 5S	是否做到	10				
任务方案	是否正确、合理	15				
操作过程	1. 刮水器维护 2. 车门维护 3. 座椅维护	30				
任务完成情况	是否圆满完成	5				
工具和设备使用	是否规范、标准	10				
劳动纪律	是否能严格遵守	5				
工单填写	是否完整、规范	5				
	总分	100				
教师签名：			年　月　日		得分	

二、理论知识检验

1. 选择题

（1）紫外线的照射，使面漆表层逐渐（　　）。

A. 湿润　　B. 干燥　　C. 龟裂　　D. 脱落

（2）中控门锁总开关装在（　　）侧。

A. 驾驶员　　B. 副驾驶员　　C. 乘客右　　D. 乘客左

（3）带有间歇挡的刮水器在下列情况下使用间歇挡（　　）。

A. 大雨天　　B. 中雨天　　C. 毛毛细雨或大雾天

（4）按下儿童锁后，车门在（　　）能打开。

A. 车内　　B. 车外　　C. 车内和车外　　D. 车内和车外不

2. 判断题

（　　）（1）车身外表应无脱漆、裂纹，图案、字体、厂标应清晰、齐全，无凹凸翘起、锈蚀、脱焊。

（　　）（2）车体应周正，车体外缘左右对称部位高度差：普通级客车不大于 40 mm，中级客车不大于 30 mm，高级客车不大于 20 mm。

（　　）（3）检查安全带时，慢慢拉出或突然拉出安全带，安全带都能轻松拉出和收回，不应锁止。

3. 问答题

（1）车身维护基本作业项目有哪些？

（2）刮水器和喷洗器检查间隔里程是多少？

【知识拓展】

丰田车辆维护

1. 顶起位置1（车辆未顶起）维护作业（见表6—4—3）

表6—4—3　　顶起位置1（车辆未顶起）维护作业

作业项目	操作步骤	操作图示	操作结果
1. 维护作业准备			正确 □ 错误 □
2. 预检工作	（1）安装座椅套	安装四件套	正确 □ 错误 □
	（2）安装方向盘套	安装四件套	正确 □ 错误 □
	（3）安装换挡手柄套	安装四件套	正确 □ 错误 □

续表

作业项目	操作步骤	操作图示	操作结果
2. 预检工作	(4) 安装地板垫	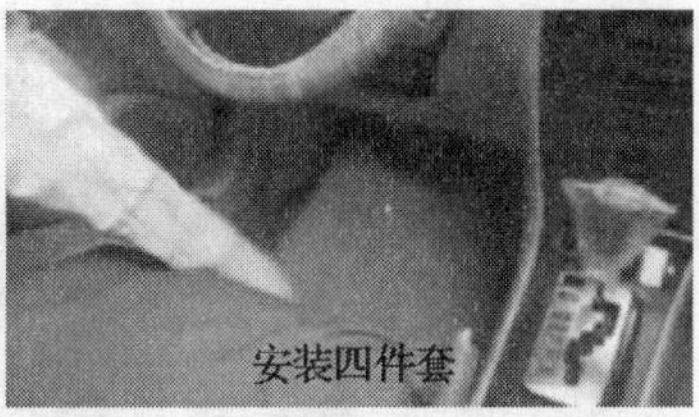 安装四件套	正确 □ 错误 □
	(5) 拉起发动机盖释放杆	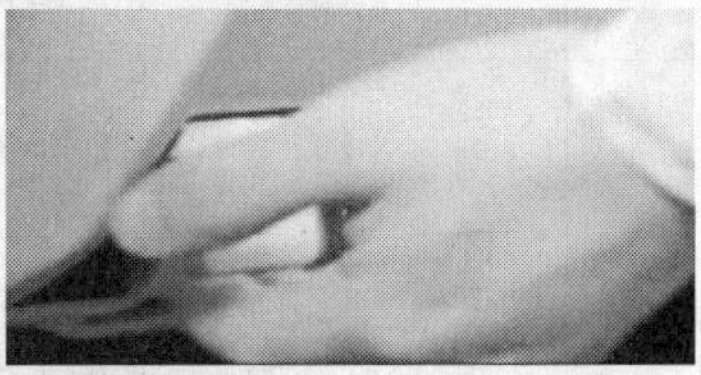	正确 □ 错误 □
	(6) 打开发动机盖	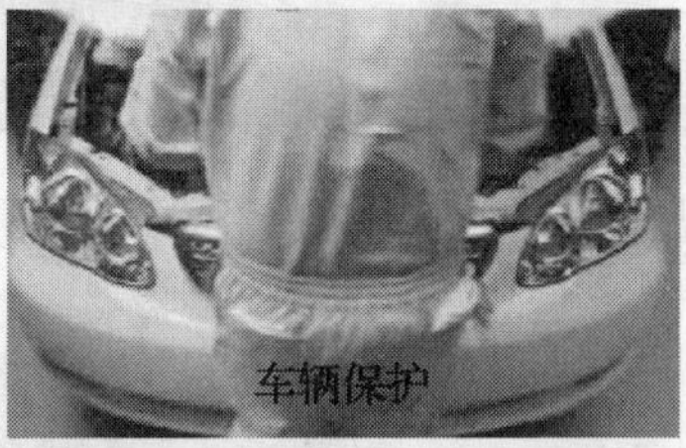 车辆保护	正确 □ 错误 □
	(7) 安装翼子板布	 车辆保护	正确 □ 错误 □
	(8) 安装车轮挡块	 车轮挡块	正确 □ 错误 □
	(9) 安装排气管接管	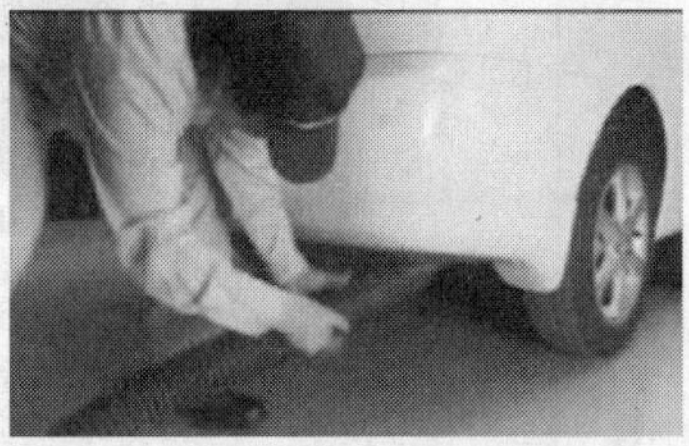	正确 □ 错误 □

续表

作业项目	操作步骤	操作图示	操作结果
3. 检查液位	（1）检查发动机机油	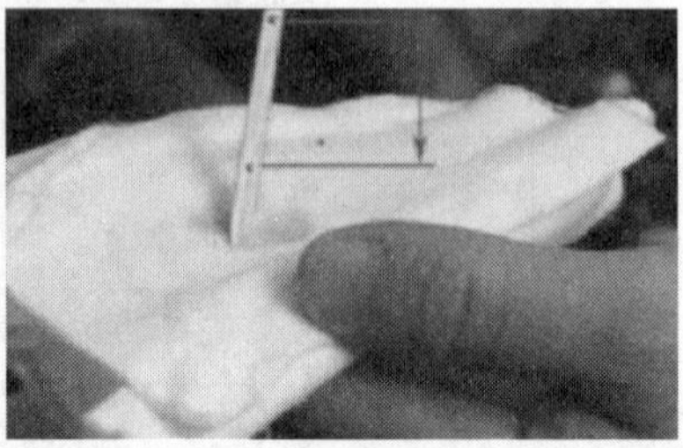	正确 □ 错误 □
	（2）检查喷洗器液面	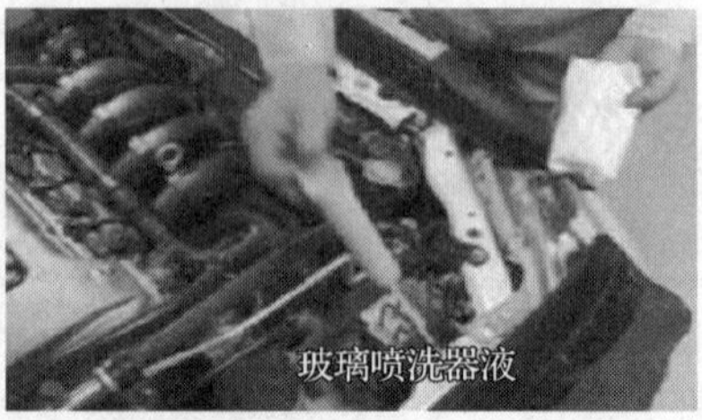	正确 □ 错误 □
	（3）检查发动机冷却液液位	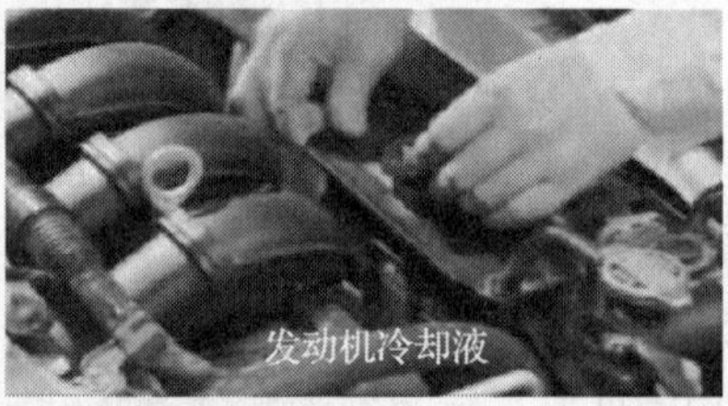	正确 □ 错误 □
	（4）检查制动液液位		正确 □ 错误 □
	（5）收起翼子板布，并关闭发动机盖	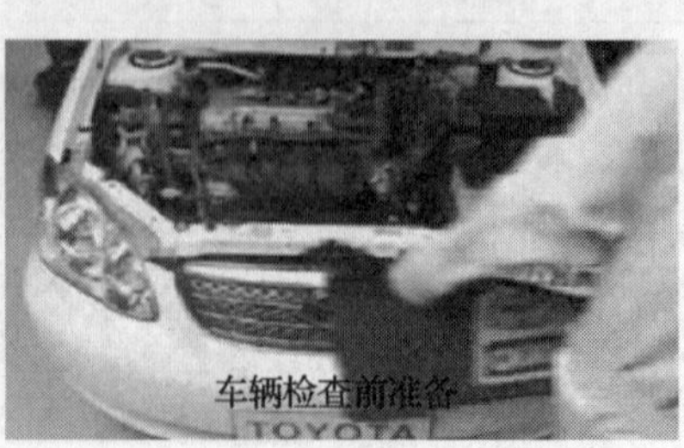	正确 □ 错误 □

续表

作业项目	操作步骤	操作图示	操作结果
4. 灯光检查	（1）检查近光灯和指示灯点亮	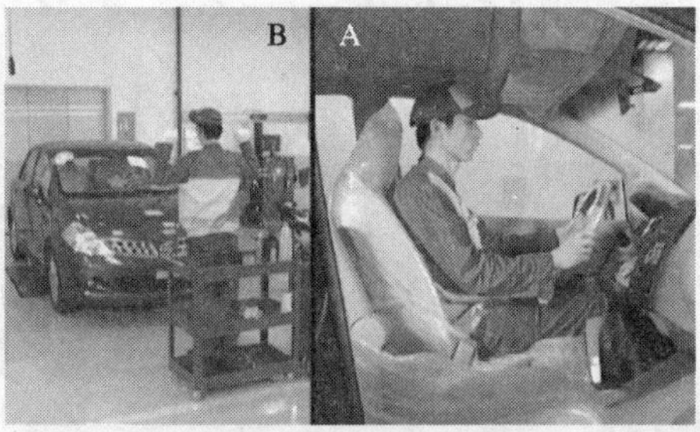 B A	正确 □ 错误 □
	（2）检查远光灯和指示灯点亮	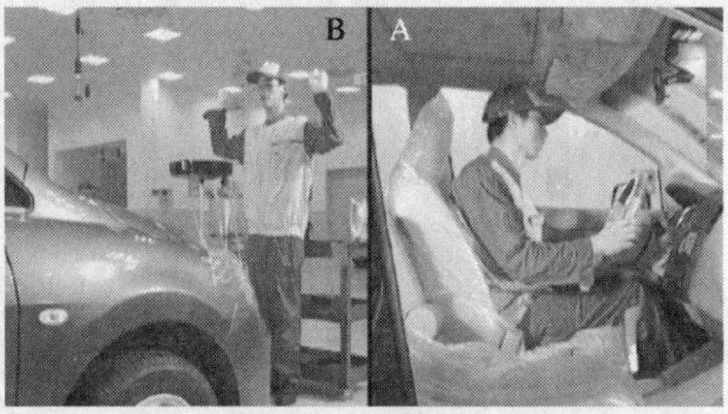 B A	正确 □ 错误 □
	（3）检查雾灯和指示灯点亮	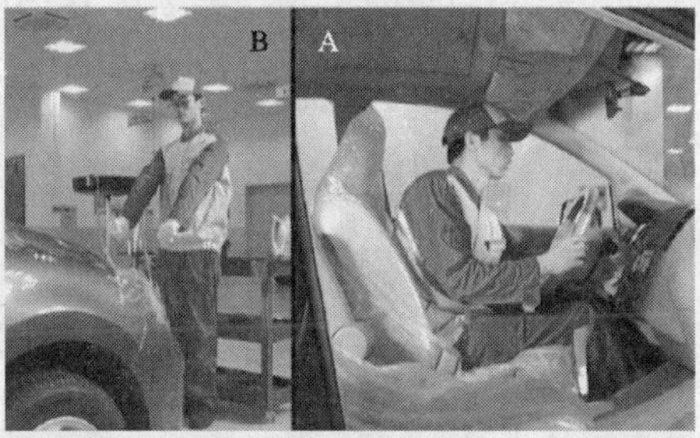 B A	正确 □ 错误 □
	（4）检查左前转向灯和指示灯点亮	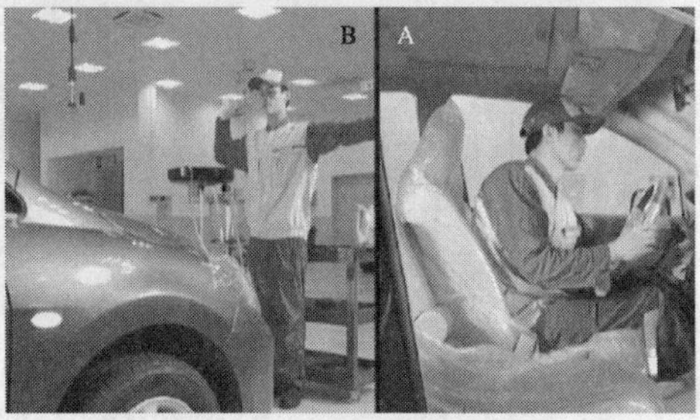 B A	正确 □ 错误 □
	（5）检查右前转向灯和指示灯点亮	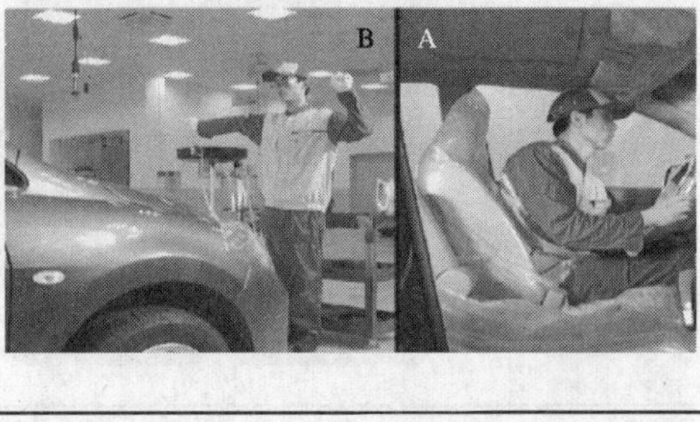 B A	正确 □ 错误 □

续表

作业项目	操作步骤	操作图示	操作结果
4. 灯光检查	（6）检查前危险警告灯点亮	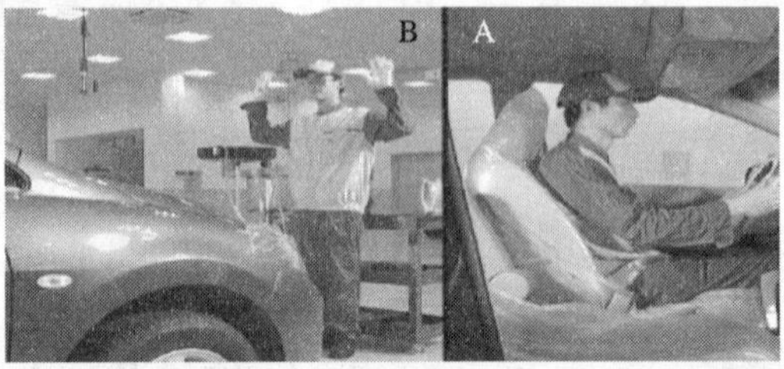 B A	正确 □ 错误 □
	（7）检查后尾灯点亮	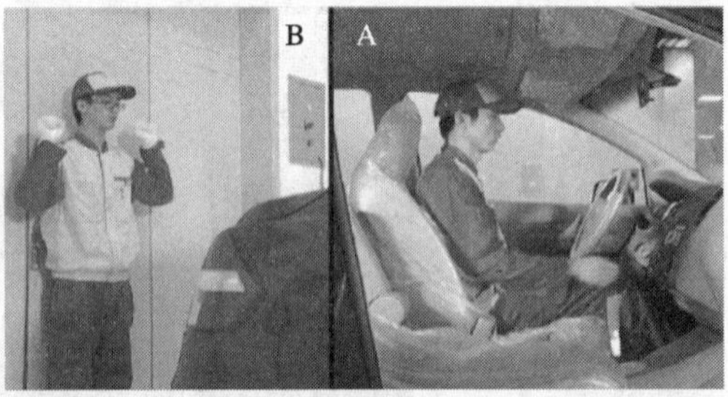 B A	正确 □ 错误 □
	（8）检查后雾灯点亮	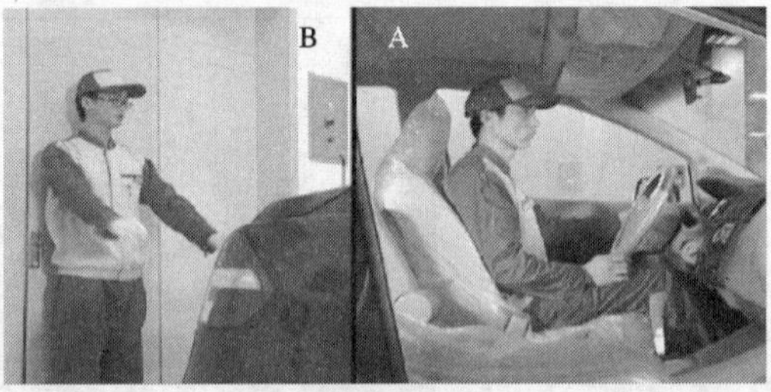 B A	正确 □ 错误 □
	（9）检查倒车灯和指示灯点亮	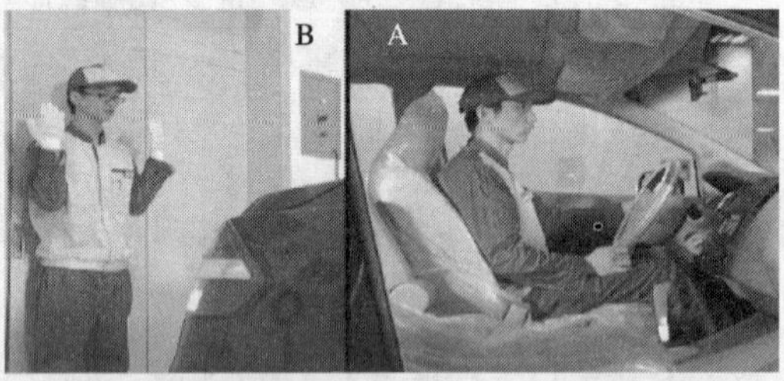 B A	正确 □ 错误 □
	（10）检查左后转向灯点亮	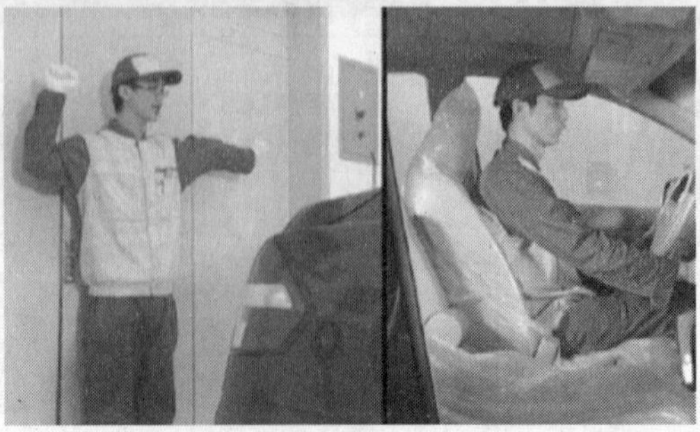	正确 □ 错误 □

续表

作业项目	操作步骤	操作图示	操作结果
4. 灯光检查	（11）检查右后转向灯点亮	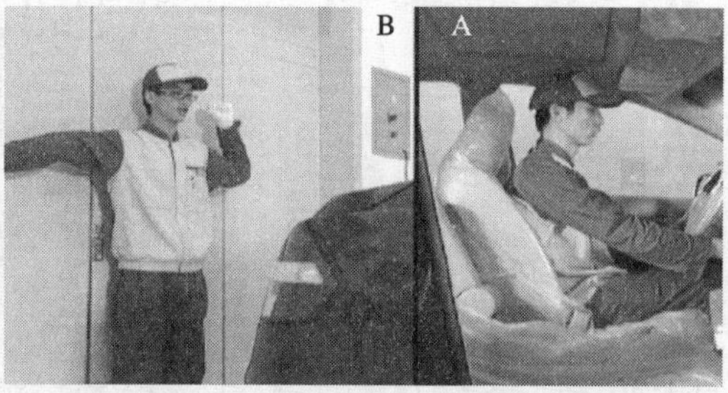 B A	正确 □ 错误 □
	（12）检查制动灯和指示灯点亮	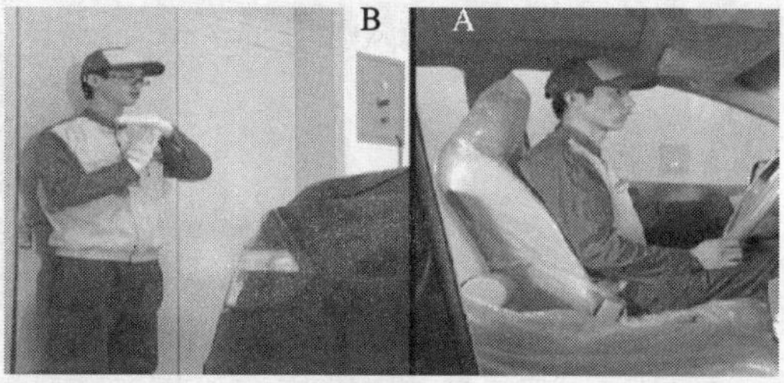 B A	正确 □ 错误 □
	（13）检查后危险警告灯点亮	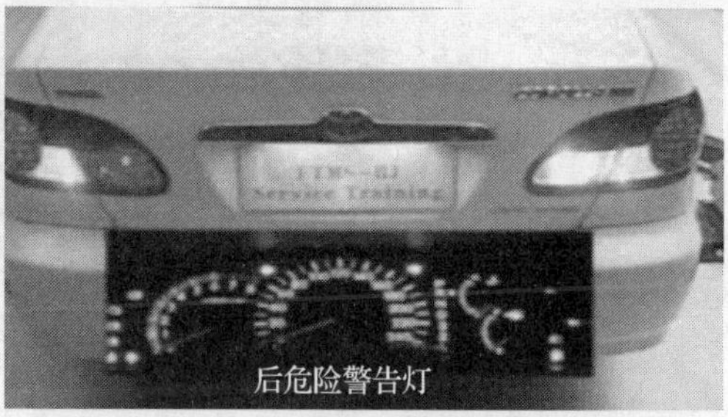 后危险警告灯	正确 □ 错误 □
	（14）检查牌照灯点亮	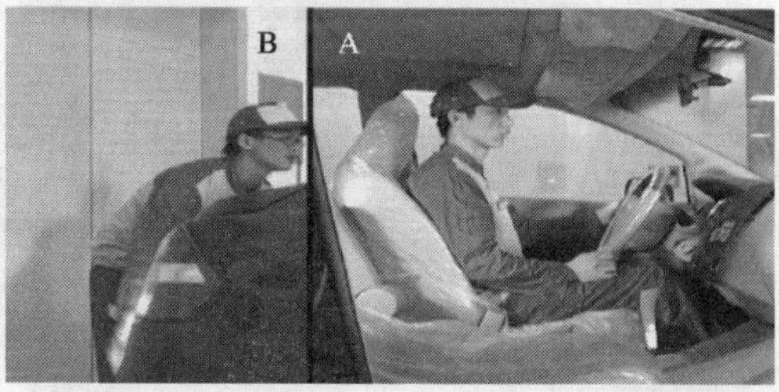 B A	正确 □ 错误 □
	（15）检查阅读灯点亮	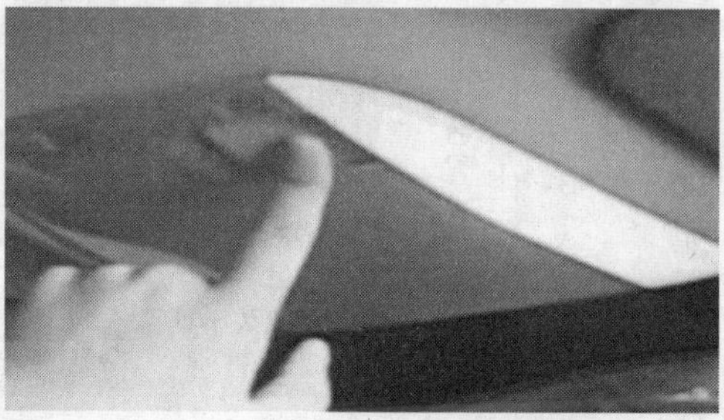	正确 □ 错误 □

续表

作业项目	操作步骤	操作图示	操作结果
5. 刮水器检查	（1）起动发动机		正确 □ 错误 □
	（2）检查喷洗器喷洒压力和喷射位置	 挡风玻璃喷洗器	正确 □ 错误 □
	（3）检查刮水器各挡位工作情况和停止位置		正确 □ 错误 □
6. 喇叭检查	检查喇叭工作情况	 喇叭	正确 □ 错误 □
7. 转向盘检查	（1）检查松弛和摆动	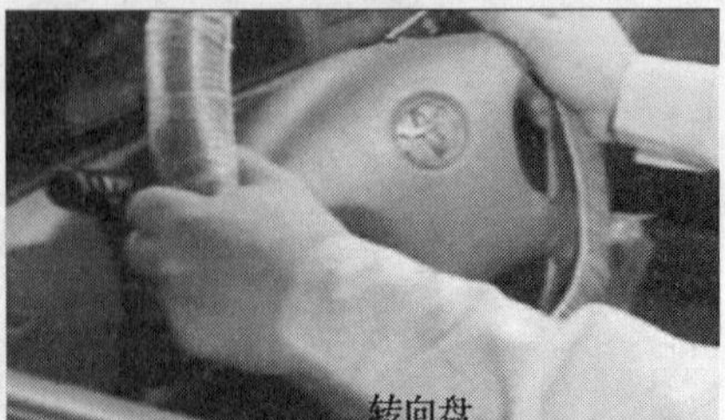 转向盘	正确 □ 错误 □

续表

作业项目	操作步骤	操作图示	操作结果
7. 转向盘检查	（2）测量自由行程	 转向盘	正确 □ 错误 □
	（3）检查 ACC 上的转向锁	 转向盘锁止功能	正确 □ 错误 □
8. 驻车制动检查	（1）检查驻车制动指示灯点亮	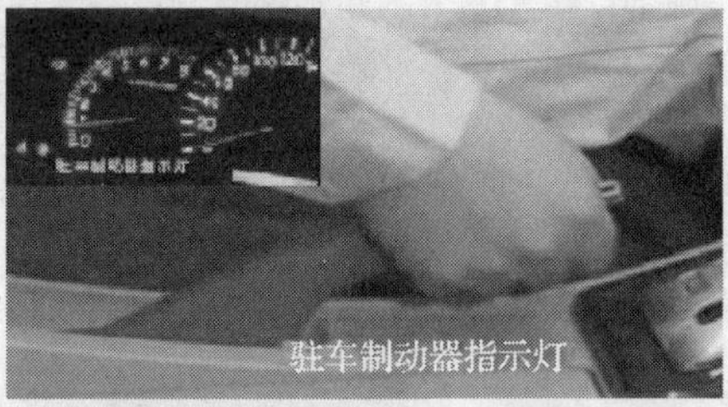 驻车制动器指示灯	正确 □ 错误 □
	（2）检查驻车制动杆行程	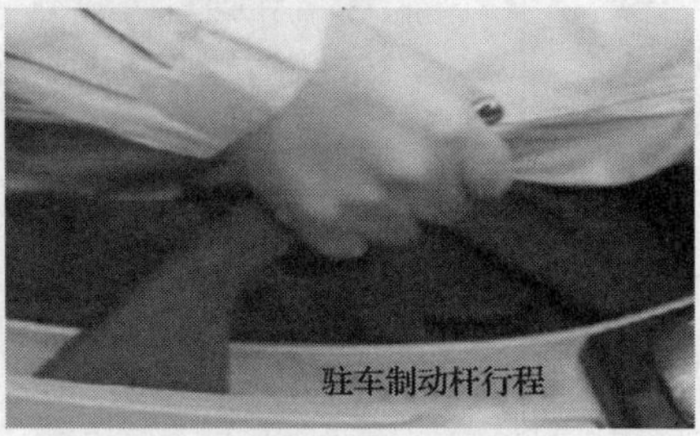 驻车制动杆行程	正确 □ 错误 □
9. 制动检查	（1）检查制动踏板的响应性、完全踩下、异常噪声、过度松动	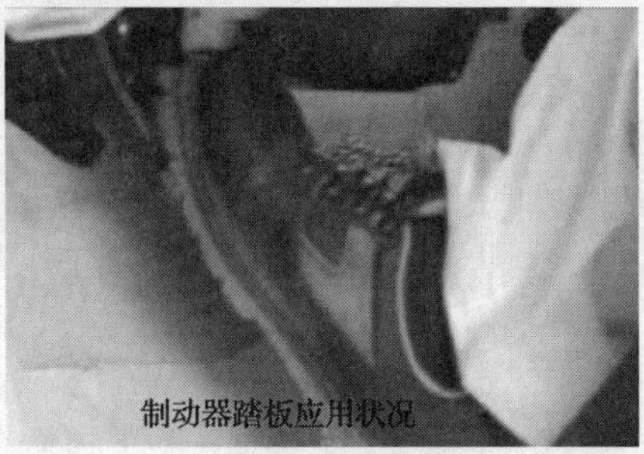 制动器踏板应用状况	正确 □ 错误 □

续表

作业项目	操作步骤	操作图示	操作结果
9. 制动检查	（2）检查制动踏板高度	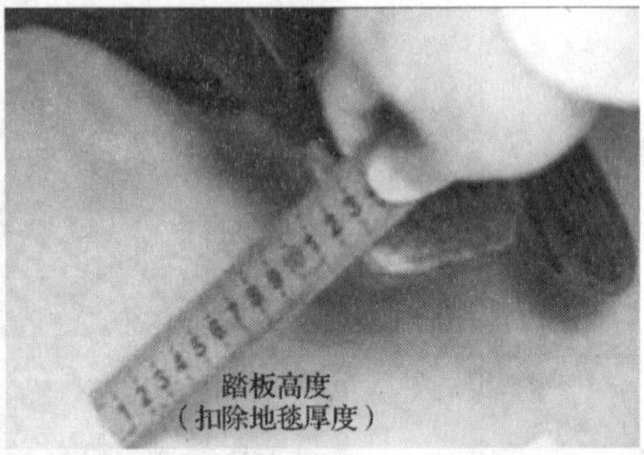 踏板高度 （扣除地毯厚度）	正确 □ 错误 □
	（3）检查制动踏板行程余量	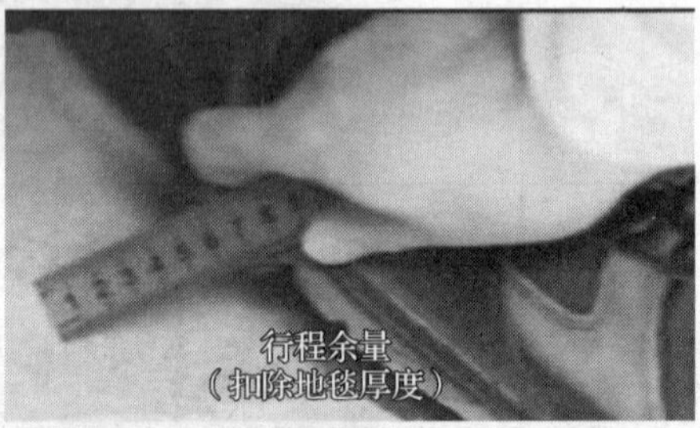 行程余量 （扣除地毯厚度）	正确 □ 错误 □
	（4）检查制动踏板自由行程	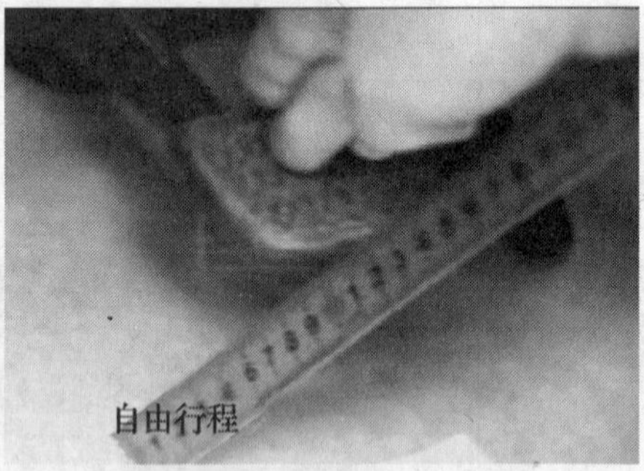 自由行程	正确 □ 错误 □
10. 检查制动助力器	（1）检查制动助力器工作情况	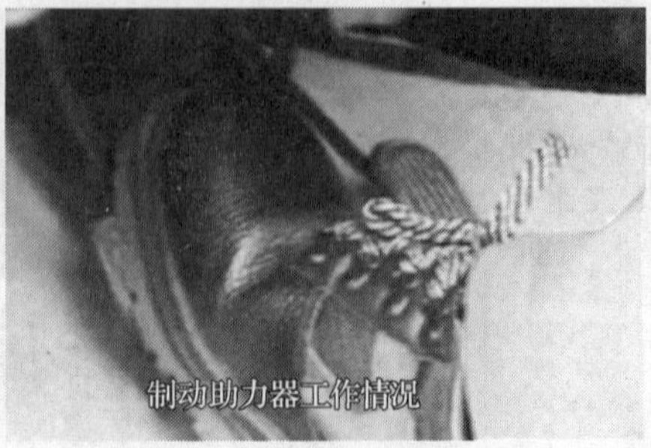 制动助力器工作情况	正确 □ 错误 □

续表

作业项目	操作步骤	操作图示	操作结果
10. 检查制动助力器	（2）检查制动助力器气密性	 真空功能及气密性	正确 □ 错误 □
11. 外部检查准备	（1）打开行李箱门和燃油盖	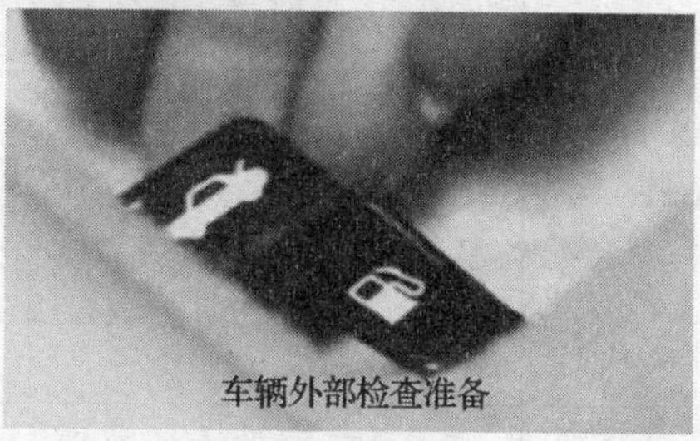 车辆外部检查准备	正确 □ 错误 □
	（2）打开发动机盖	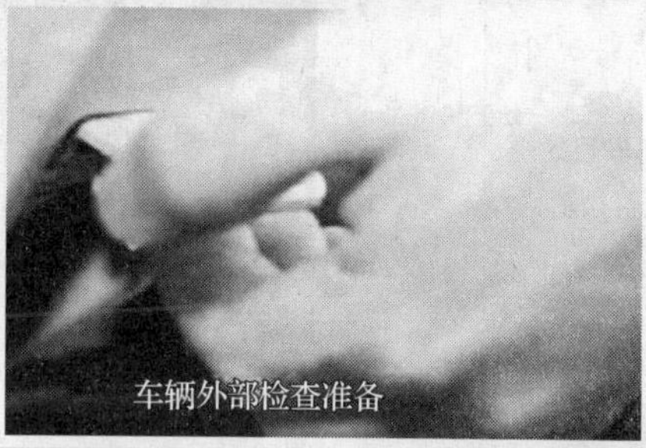 车辆外部检查准备	正确 □ 错误 □
	（3）将挡位放入空挡	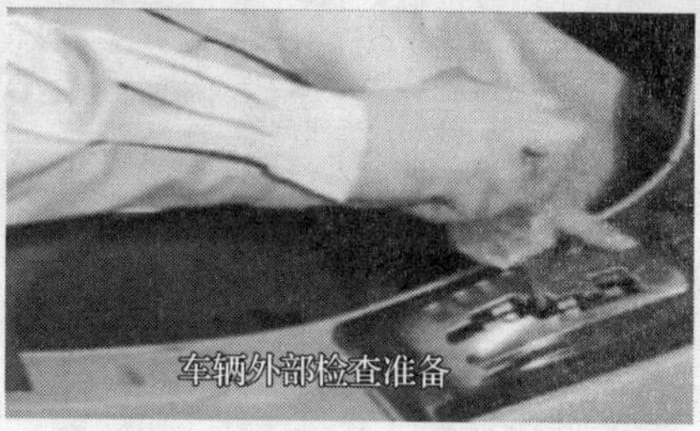 车辆外部检查准备	正确 □ 错误 □
	（4）释放驻车制动杆	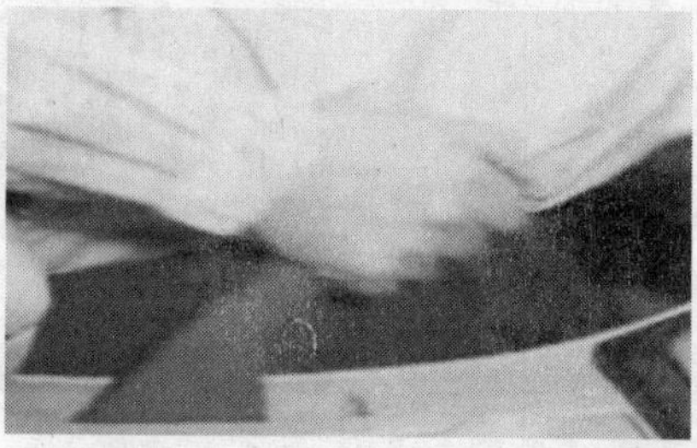	正确 □ 错误 □

续表

作业项目	操作步骤	操作图示	操作结果
12. 驾驶员车门、座椅、安全带、门控灯开关检查	（1）检查座椅固定螺栓和螺母是否松动，座椅移动是否正常	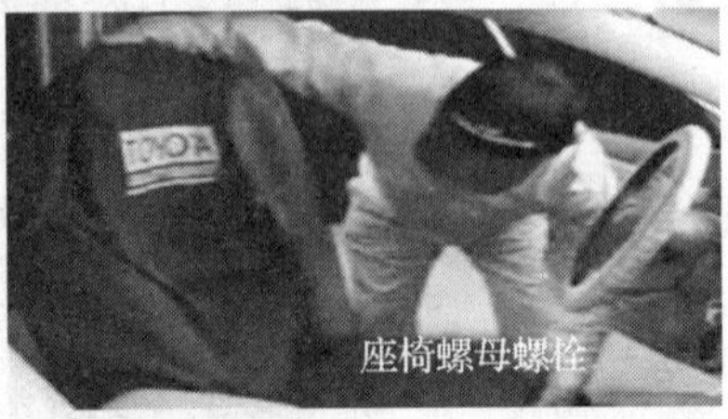	正确 □ 错误 □
	（2）检查安全带的螺栓和螺母是否松动	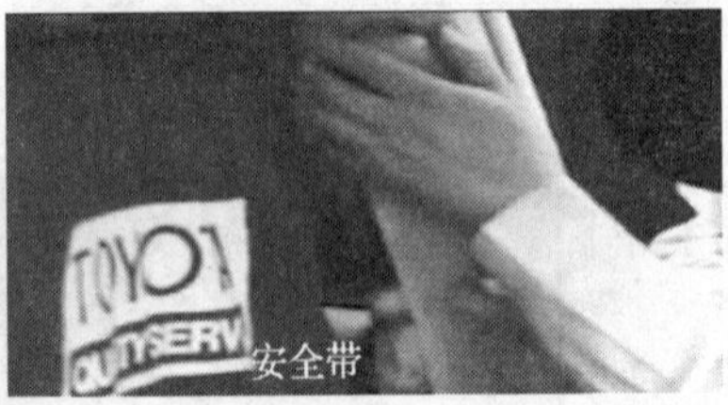	正确 □ 错误 □
	（3）检查车门的螺栓和螺母是否松动	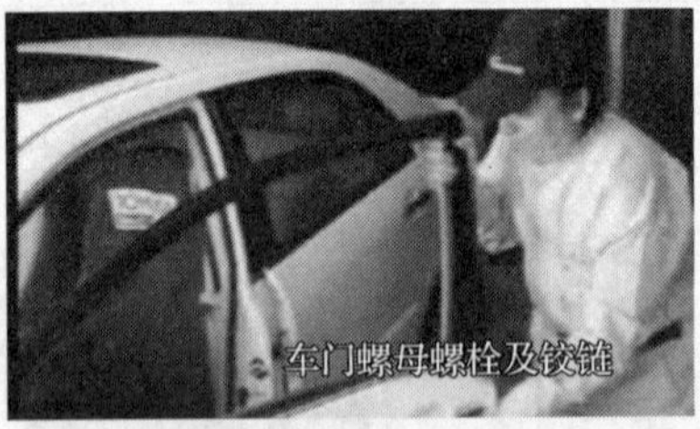	正确 □ 错误 □
	（4）检查门控灯开关和指示灯工作情况		正确 □ 错误 □
13. 驾驶员侧后车门、座椅、安全带、门控灯开关检查	（1）检查车门的螺栓和螺母是否松动	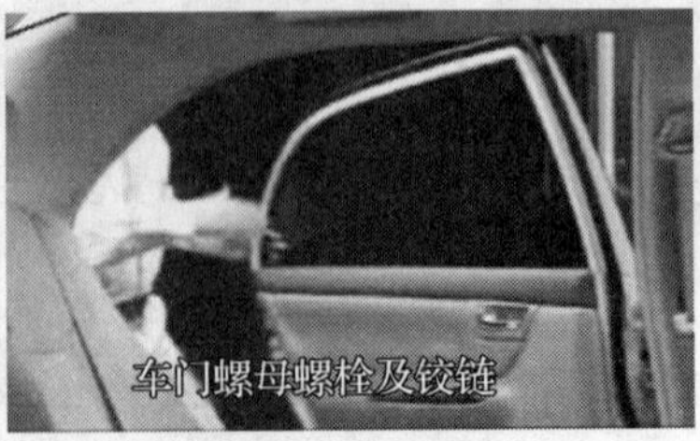	正确 □ 错误 □

续表

作业项目	操作步骤	操作图示	操作结果
13. 驾驶员侧后车门、座椅、安全带、门控灯开关检查	（2）检查安全带		正确 □ 错误 □
	（3）检查儿童锁锁止功能		正确 □ 错误 □
	（4）检查门控灯开关和指示灯工作情况		正确 □ 错误 □
14. 油箱盖检查	（1）拆下油箱盖	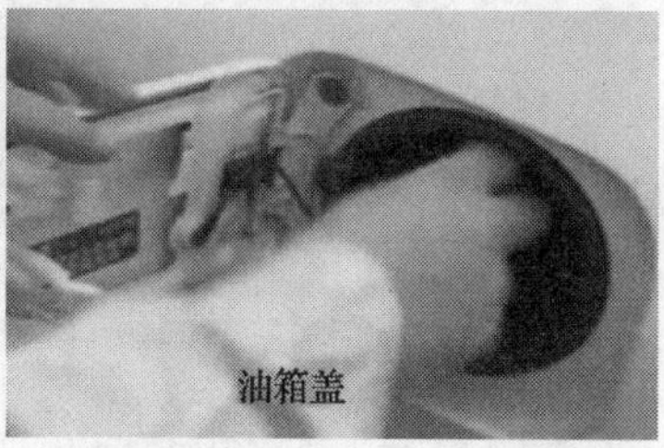	正确 □ 错误 □
	（2）检查是否变形和损坏	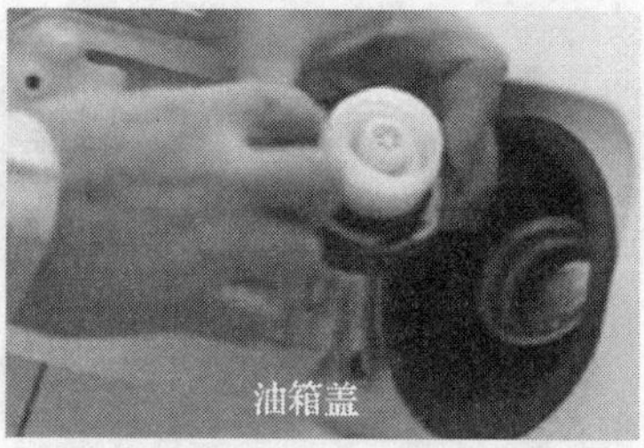	正确 □ 错误 □

续表

作业项目	操作步骤	操作图示	操作结果
14. 油箱盖检查	（3）检查扭矩限制器工作情况	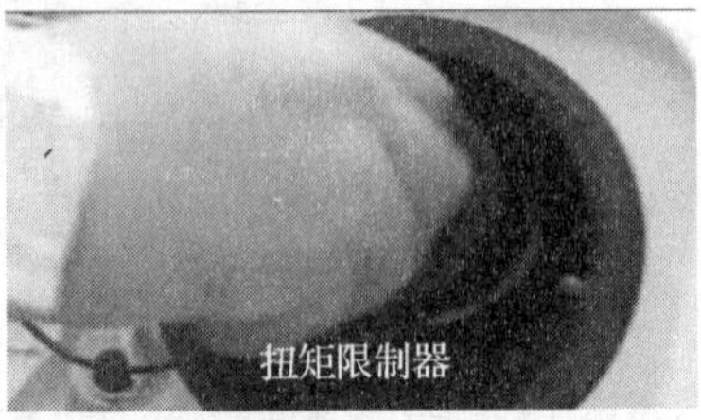 扭矩限制器	正确 □ 错误 □
	（4）检查连接状况	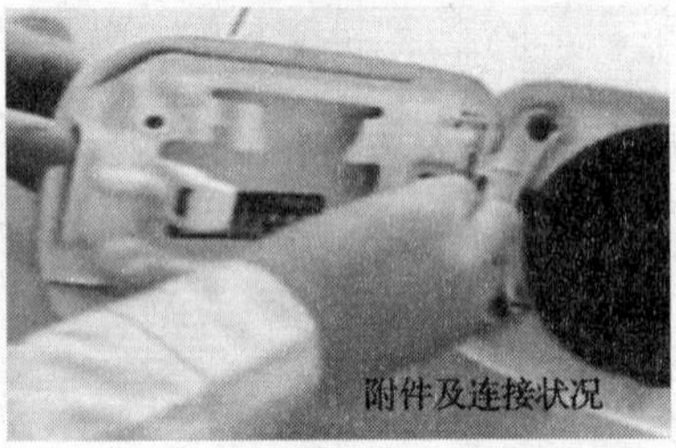 附件及连接状况	正确 □ 错误 □
15. 检查后悬架	（1）检查左后减振器的减振力	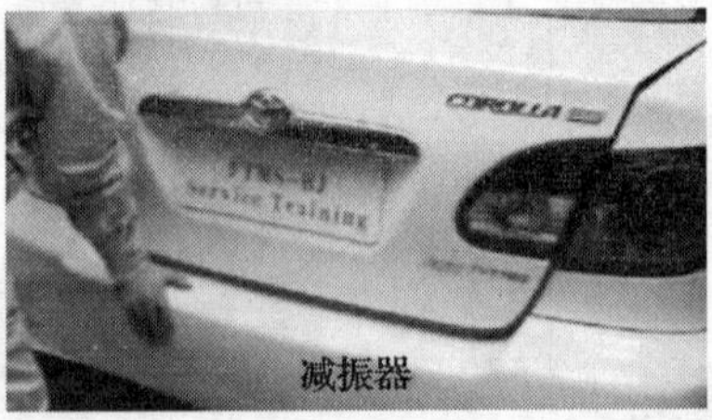 减振器	正确 □ 错误 □
	（2）检查右后减振器的减振力		正确 □ 错误 □
	（3）检查车辆后部倾斜度	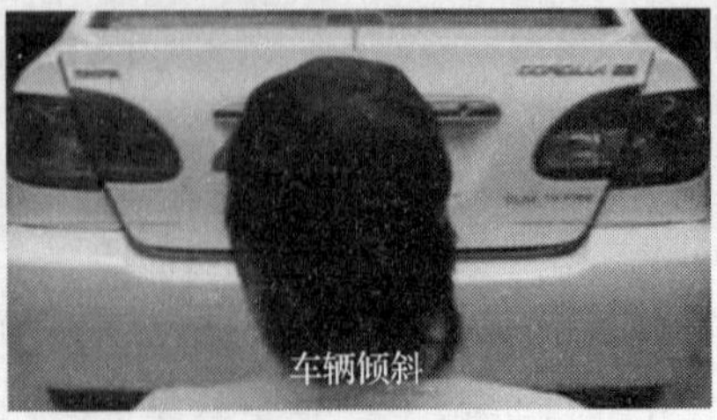 车辆倾斜	正确 □ 错误 □

续表

作业项目	操作步骤	操作图示	操作结果
16. 检查尾灯总成	（1）拆下排气管接管	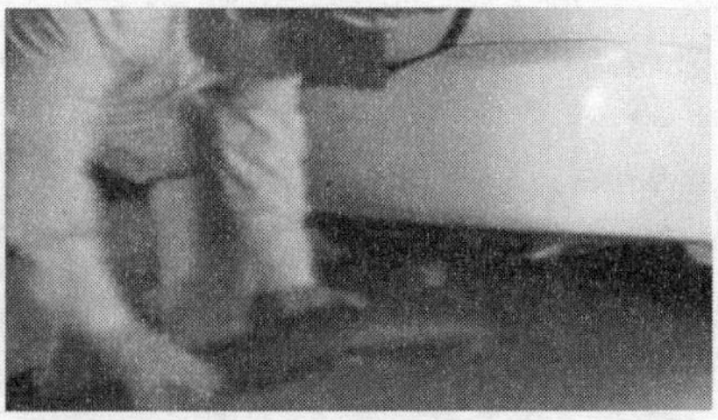	正确 □ 错误 □
	（2）检查左尾灯总成安装状况，是否损坏和有污垢	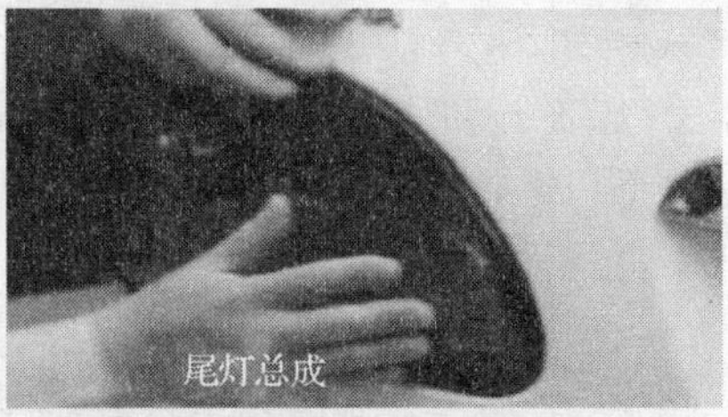 尾灯总成	正确 □ 错误 □
	（3）检查右尾灯总成安装状况，是否损坏和有污垢	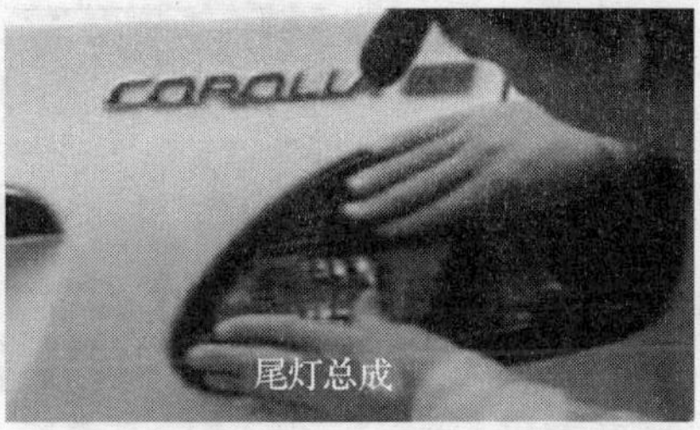 COROLLA 尾灯总成	正确 □ 错误 □
17. 备用轮胎检查	（1）打开后备厢		正确 □ 错误 □
	（2）取出备胎	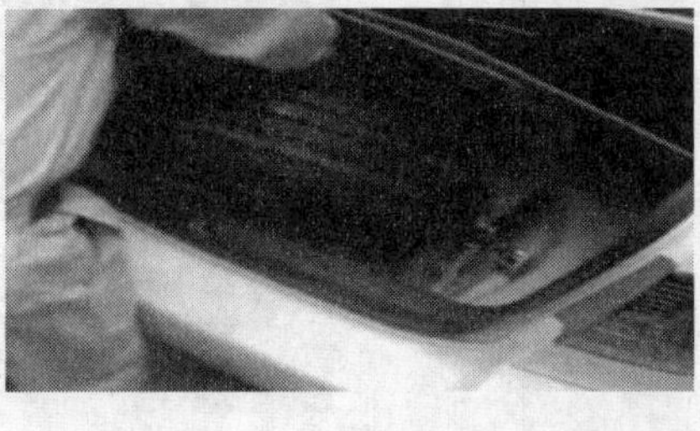	正确 □ 错误 □

续表

作业项目	操作步骤	操作图示	操作结果
17. 备用轮胎检查	（3）检查是否有裂纹和损坏、异常磨损	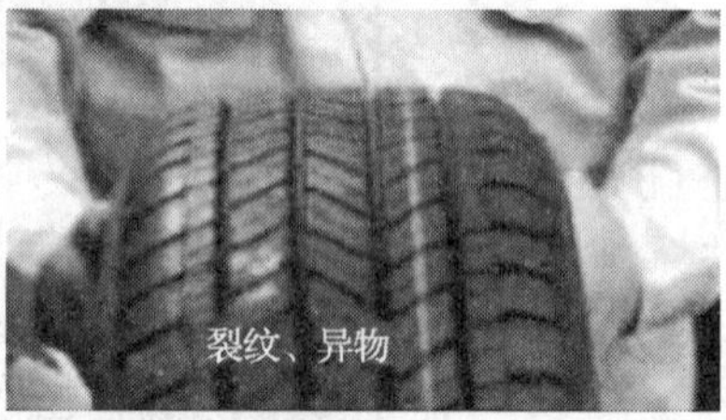	正确 □ 错误 □
	（4）测量胎面沟槽深度	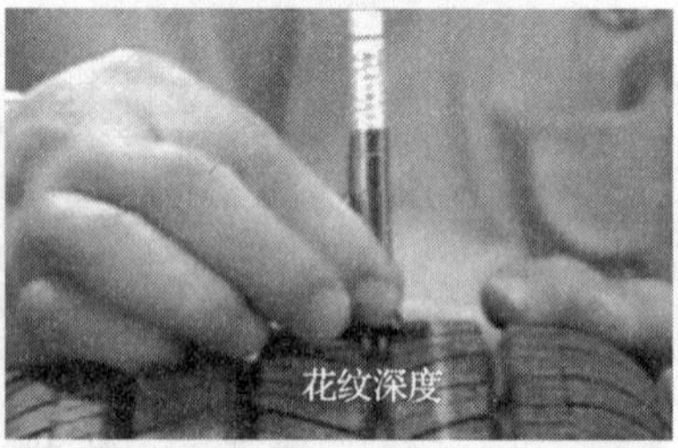	正确 □ 错误 □
	（5）检查轮圈和轮盘是否损坏		正确 □ 错误 □
	（6）检查气压	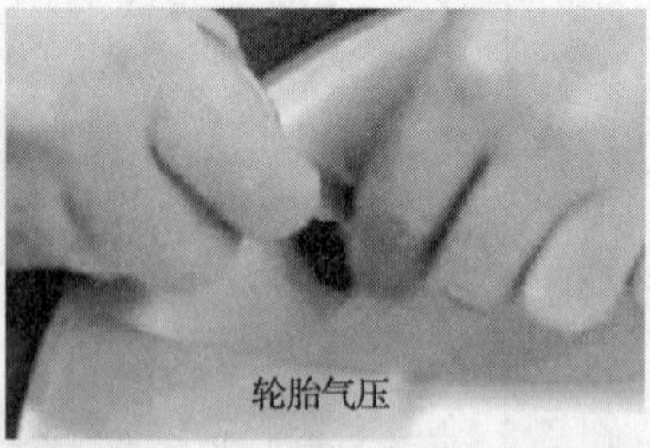	正确 □ 错误 □
	（7）检查是否漏气		正确 □ 错误 □

续表

作业项目	操作步骤	操作图示	操作结果
17. 备用轮胎检查	（8）装回轮胎		正确 □ 错误 □
18. 行李箱检查	（1）检查行李箱门的螺栓和螺母是否松动	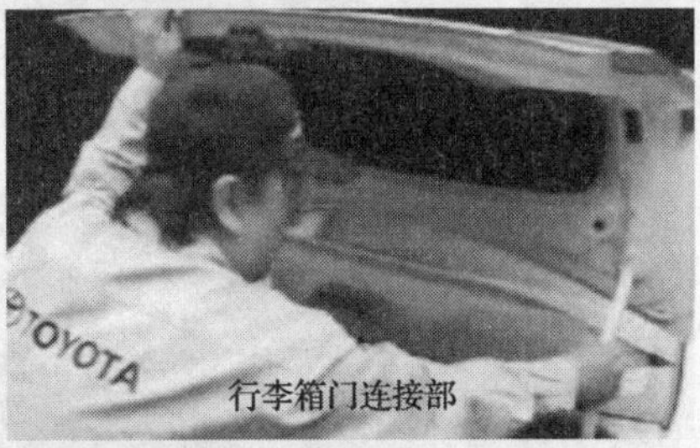 行李箱门连接部	正确 □ 错误 □
	（2）检查行李箱灯是否点亮	 行李箱灯	正确 □ 错误 □
19. 乘客侧后车门、座椅、安全带、门控灯开关检查	（1）检查座椅的螺栓和螺母是否松动	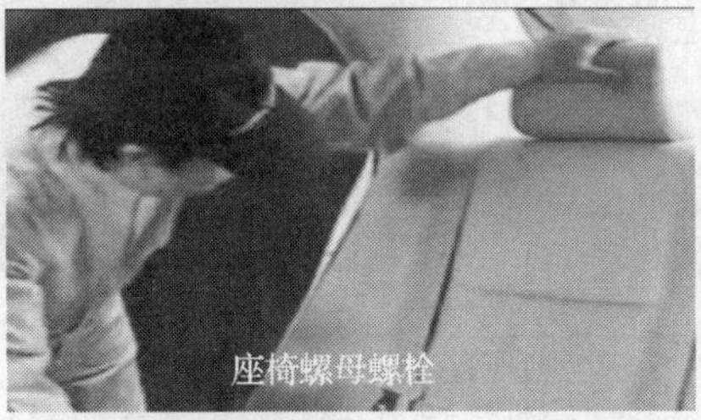 座椅螺母螺栓	正确 □ 错误 □
	（2）检查安全带	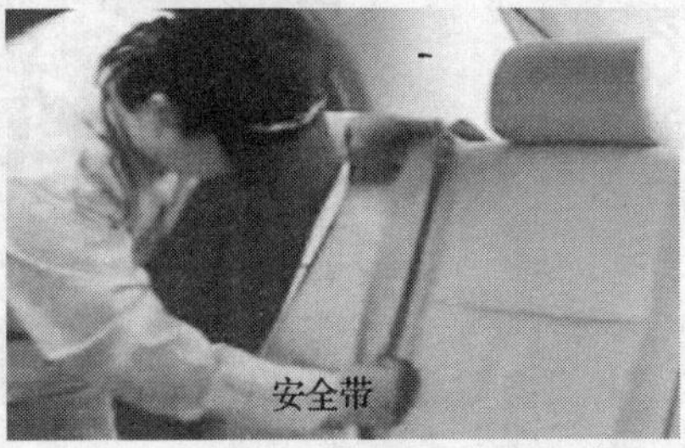 安全带	正确 □ 错误 □

续表

作业项目	操作步骤	操作图示	操作结果
	（3）检查车门的螺栓和螺母是否松动		正确 □ 错误 □
19. 乘客侧后车门、座椅、安全带、门控灯开关检查	（4）检查儿童锁锁止功能		正确 □ 错误 □
	（5）检查门控灯开关和指示灯工作情况		正确 □ 错误 □
20. 乘客侧前车门、座椅、安全带、门控灯开关检查	（1）检查座椅的螺栓和螺母是否松动		正确 □ 错误 □

续表

作业项目	操作步骤	操作图示	操作结果
20. 乘客侧前车门、座椅、安全带、门控灯开关检查	（2）检查安全带	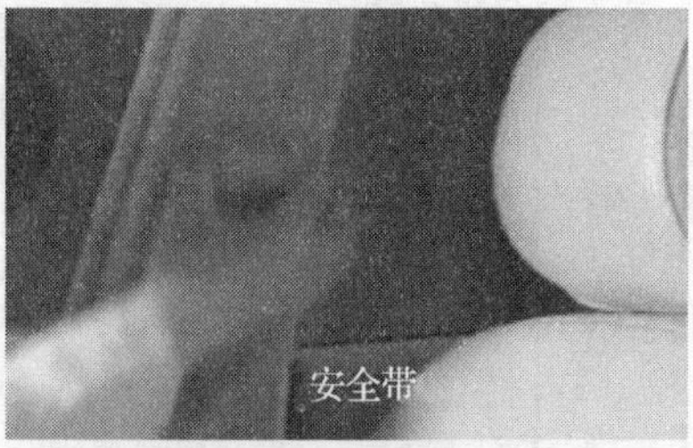	正确 □ 错误 □
	（3）拆下杂物箱	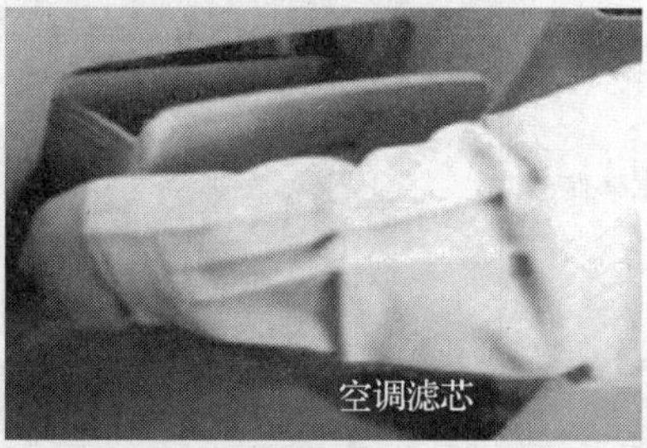	正确 □ 错误 □
	（4）检查、清洁或更换空调滤芯		正确 □ 错误 □
	（5）检查车门的螺栓和螺母是否松动		正确 □ 错误 □
	（6）检查门控灯开关和指示灯工作情况		正确 □ 错误 □

续表

作业项目	操作步骤	操作图示	操作结果
21. 前悬架检查	（1）检查减振器的阻尼力	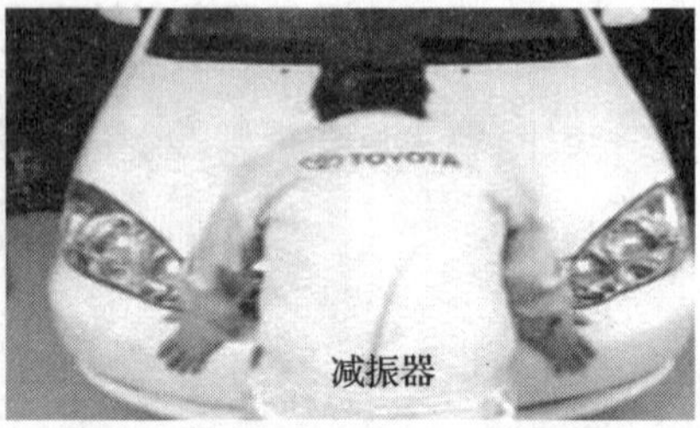TOYOTA 减振器	正确 □ 错误 □
	（2）检查车辆倾斜度	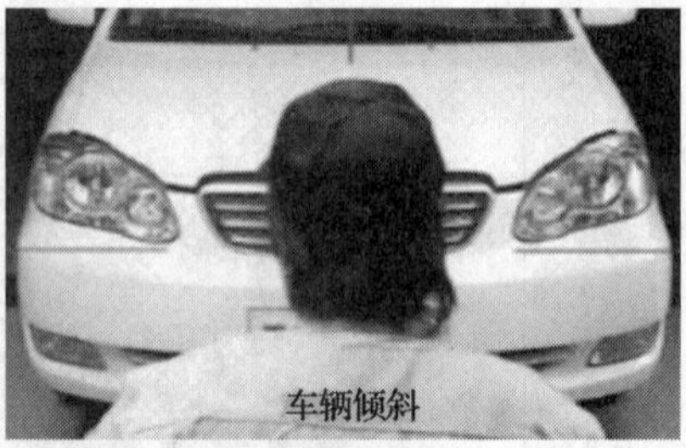车辆倾斜	正确 □ 错误 □
22. 前大灯总成检查	（1）检查左前大灯安装状况、是否损坏和有污垢	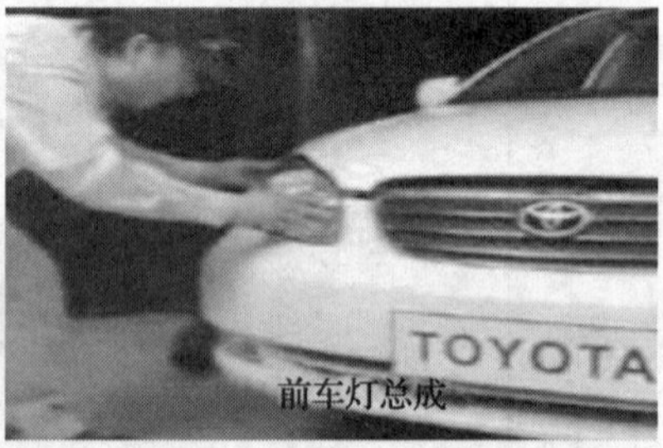TOYOTA 前车灯总成	正确 □ 错误 □
	（2）检查右前大灯安装状况、是否损坏和有污垢	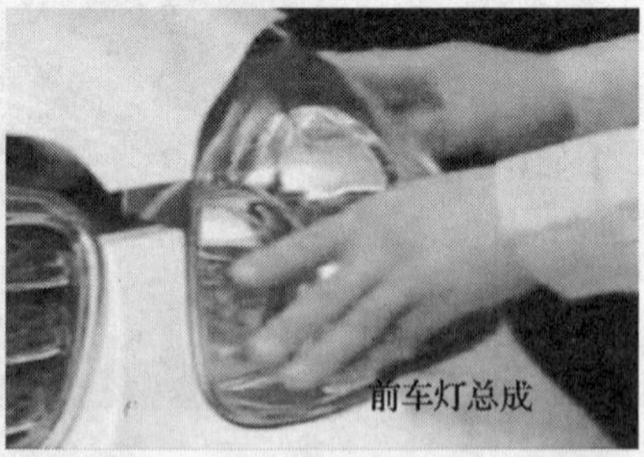前车灯总成	正确 □ 错误 □
23. 后继作业准备	（1）打开发动机盖	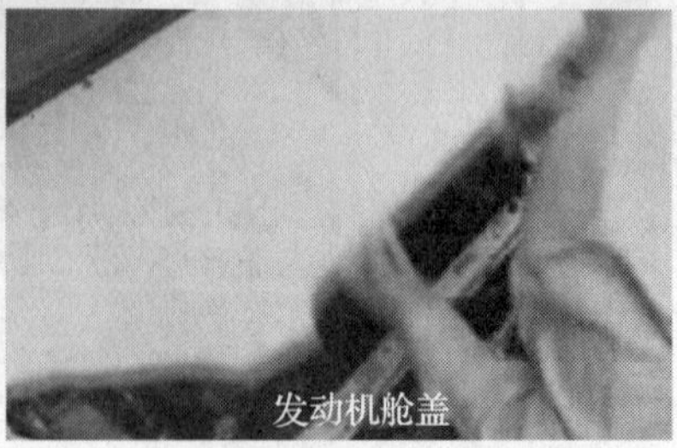发动机舱盖	正确 □ 错误 □

续表

作业项目	操作步骤	操作图示	操作结果
23. 后继作业准备	（2）检查发动机盖的螺栓和螺母是否松动	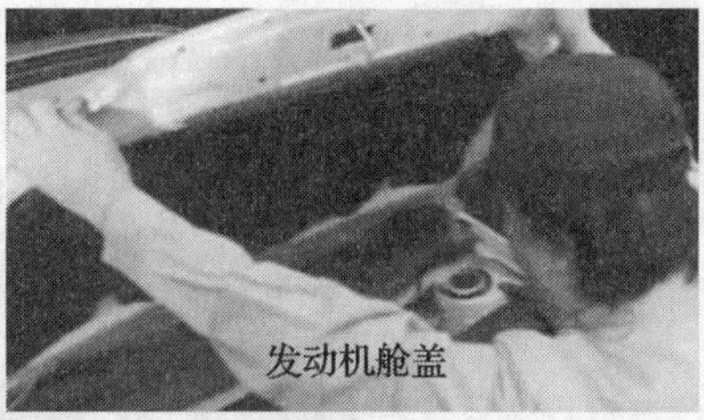	正确 □ 错误 □
	（3）安装翼子板布		正确 □ 错误 □
	（4）拆下机油加注口盖	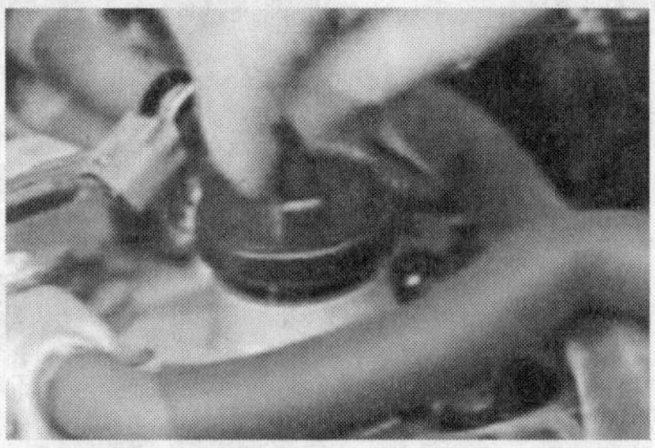	正确 □ 错误 □
	（5）填写检查单	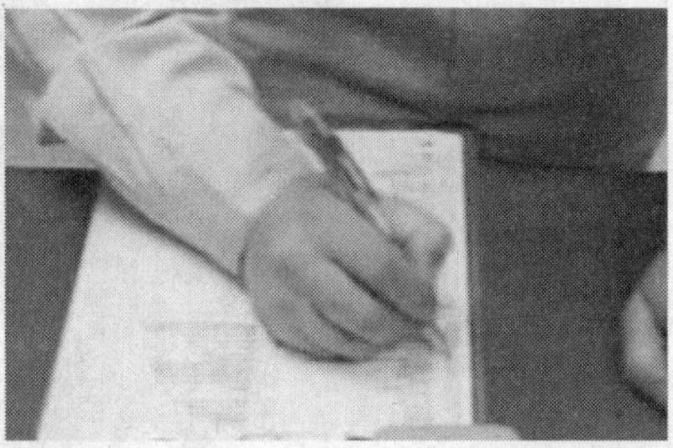	正确 □ 错误 □

2. 顶起位置2（车辆举升至低位）维护作业（见表6—4—4）

表6—4—4　　顶起位置2（车辆举升至低位）维护作业

作业项目	操作方法	操作图示	操作结果
	(1) 移除车辆挡块	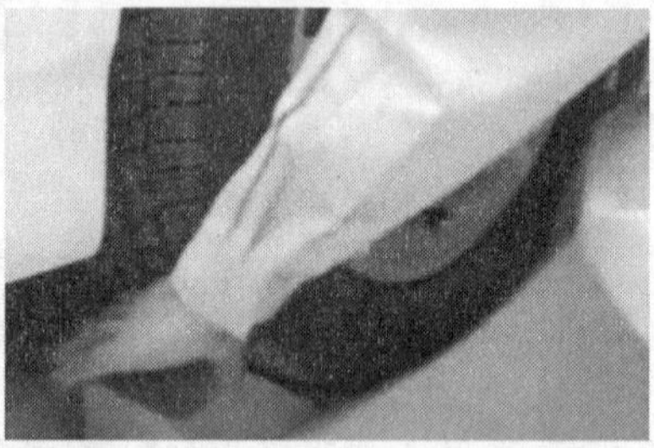	正确 □ 错误 □
	(2) 安装举升机		正确 □ 错误 □
球节检查	(3) 将车辆举升至低位		正确 □ 错误 □
	(4) 在左右前轮下方放置18～20 cm木块		正确 □ 错误 □
	(5) 将举升机放下，使前悬架受压，检查球节垂直游隙		正确 □ 错误 □

3. 顶起位置3（车辆举升至高位）维护作业（见表6—4—5）

表6—4—5　　顶起位置3（车辆举升至高位维护作业）

作业项目	操作方法	操作图示	操作结果
1. 排放发动机机油	（1）将车辆举升至高位		正确 □ 错误 □
	（2）填写检查单	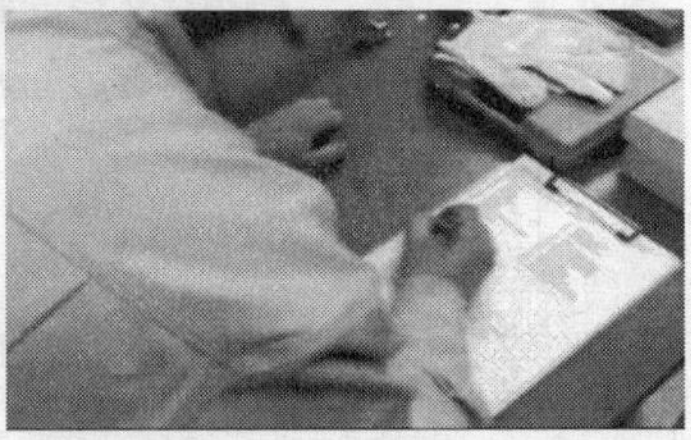	正确 □ 错误 □
	（3）检查发动机各部位是否漏油	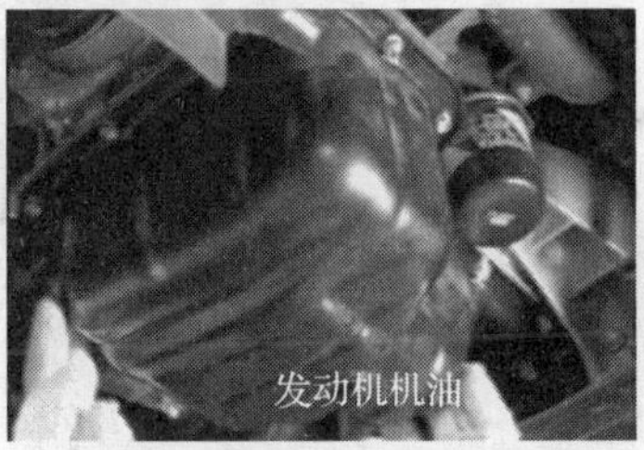 发动机机油	正确 □ 错误 □
	（4）放置机油回收车	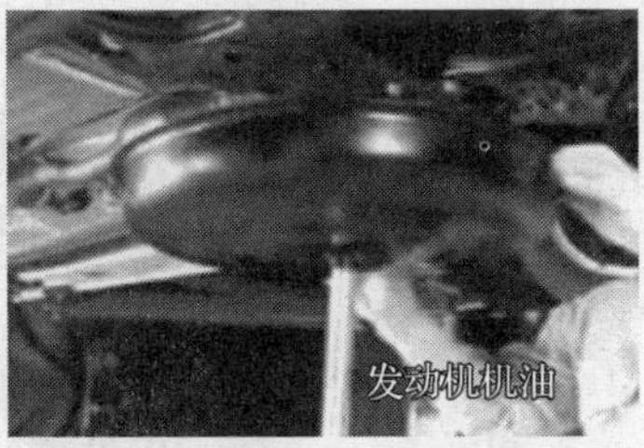 发动机机油	正确 □ 错误 □
	（5）排放发动机机油	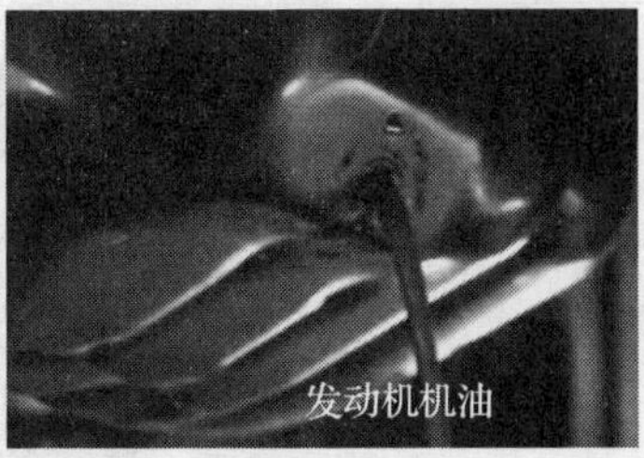 发动机机油	正确 □ 错误 □

续表

作业项目	操作方法	操作图示	操作结果
2. 车辆底部检查	（1）检查变速器是否漏油	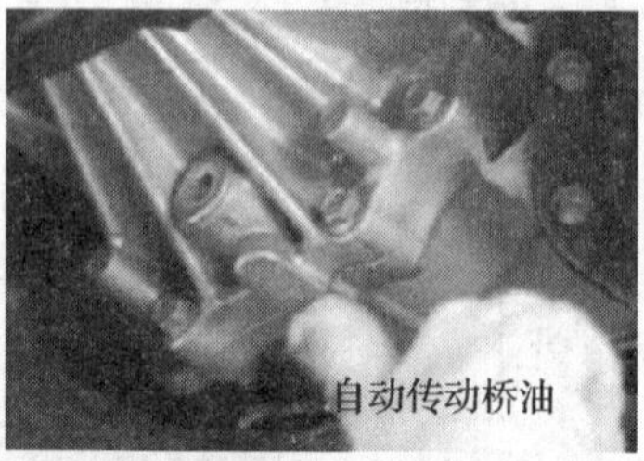	正确 □ 错误 □
	（2）检查左驱动轴护套是否有裂纹和其他损坏，润滑脂是否渗漏	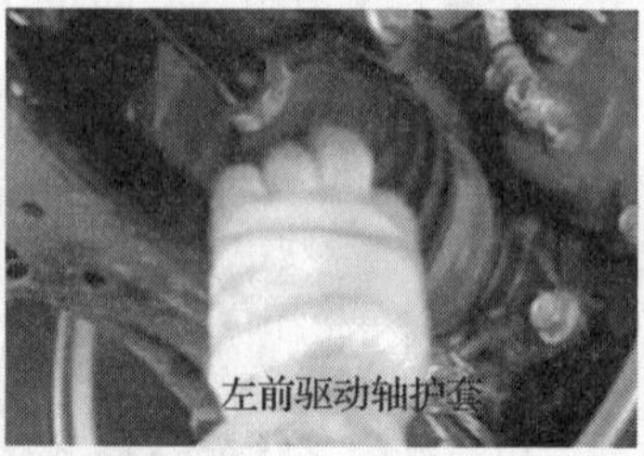	正确 □ 错误 □
	（3）检查横拉杆球节是否松动和摇摆	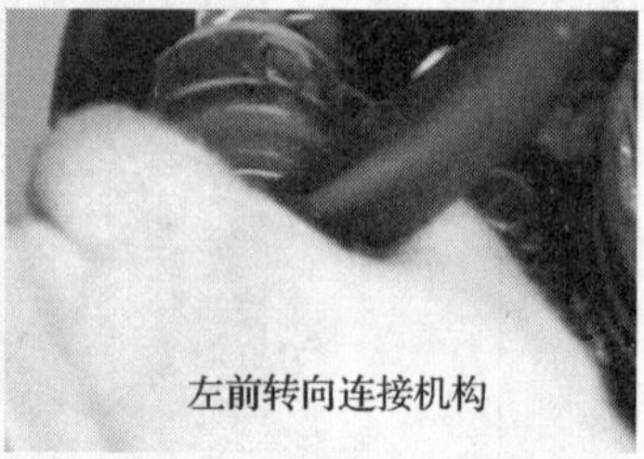	正确 □ 错误 □
	（4）检查左前横拉杆有无弯曲和损坏，防尘套是否开裂和撕破	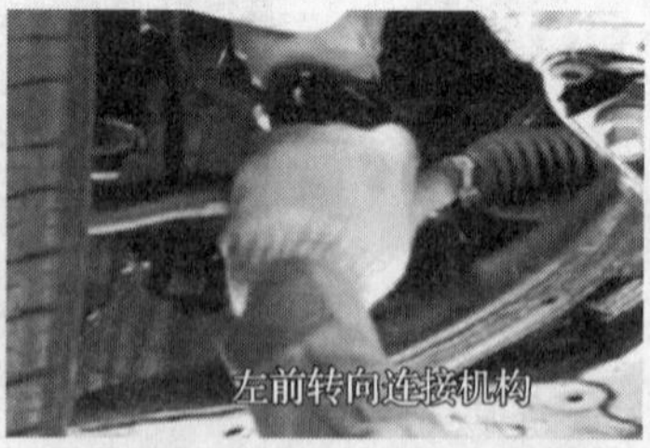	正确 □ 错误 □
	（5）检查左前转向节、减振器螺旋弹簧是否损坏，检查减振器油是否泄漏	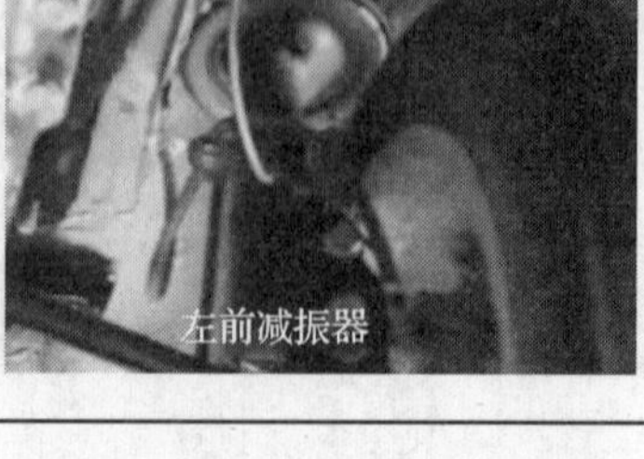	正确 □ 错误 □

续表

作业项目	操作方法	操作图示	操作结果
2. 车辆底部检查	（6）检查左前制动管路是否泄漏	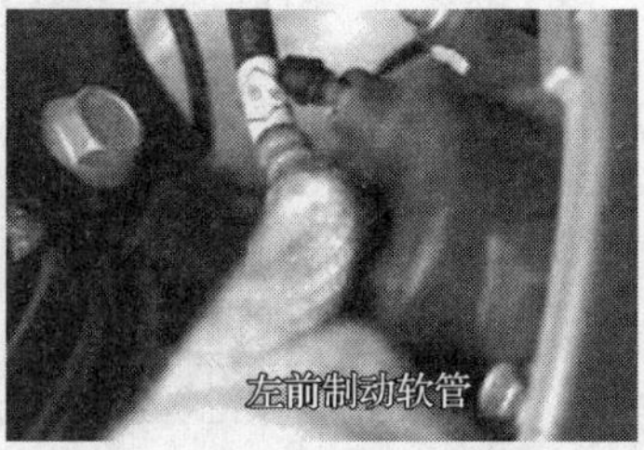 左前制动软管	正确 □ 错误 □
	（7）检查左前制动管路软管是否有扭曲、裂纹和凸起	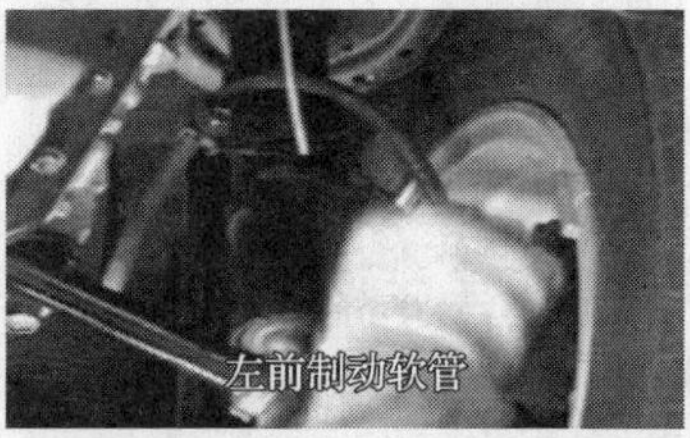 左前制动软管	正确 □ 错误 □
	（8）检查左前制动软管的安装状况		正确 □ 错误 □
	（9）检查制动管路和燃油管路泄漏和损坏	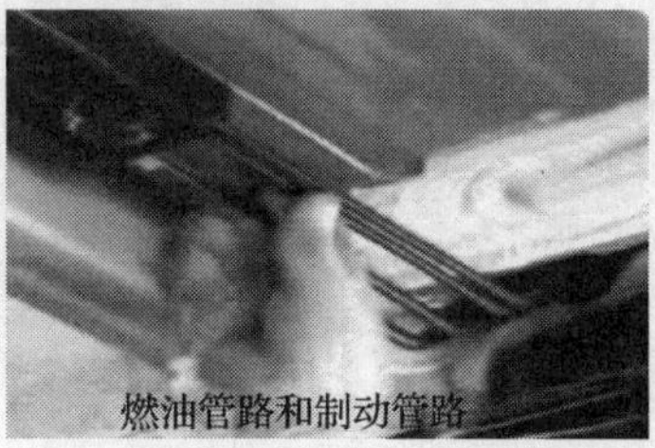 燃油管路和制动管路	正确 □ 错误 □
	（10）检查左后减振器螺旋弹簧是否损坏，检查减振器油是否泄漏	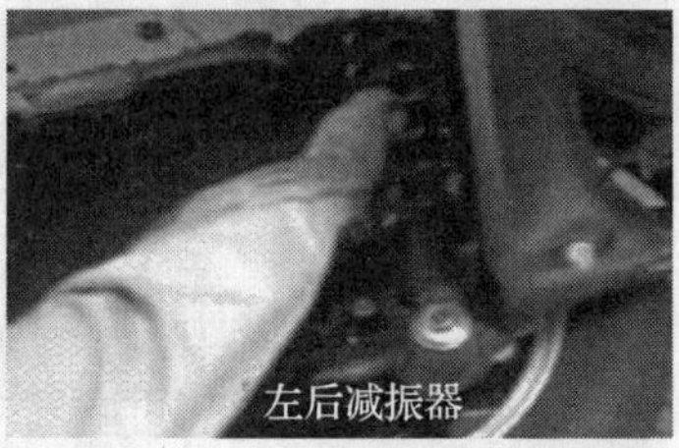 左后减振器	正确 □ 错误 □

续表

作业项目	操作方法	操作图示	操作结果
2. 车辆底部检查	（11）检查左后制动管路是否泄漏，软管是否有扭曲、裂纹和凸起	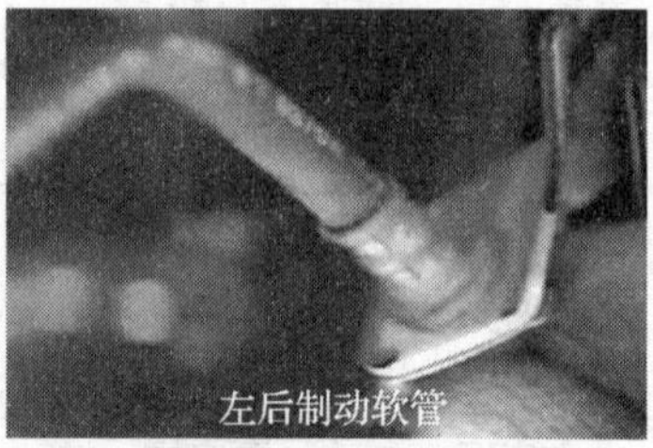 左后制动软管	正确 □ 错误 □
	（12）检查左后制动软管的安装状况	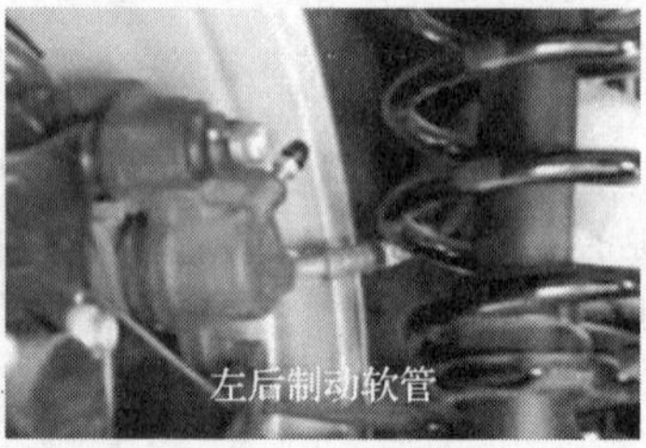 左后制动软管	正确 □ 错误 □
	（13）检查后拖臂和桥梁是否损坏	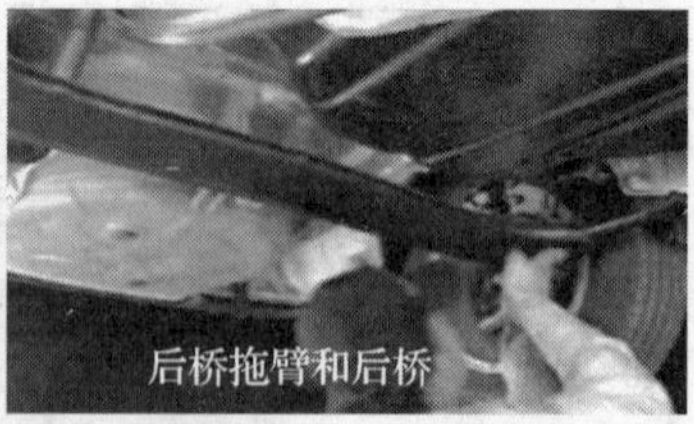 后桥拖臂和后桥	正确 □ 错误 □
	（14）检查右后减振器螺旋弹簧是否损坏，检查减振器油是否泄漏	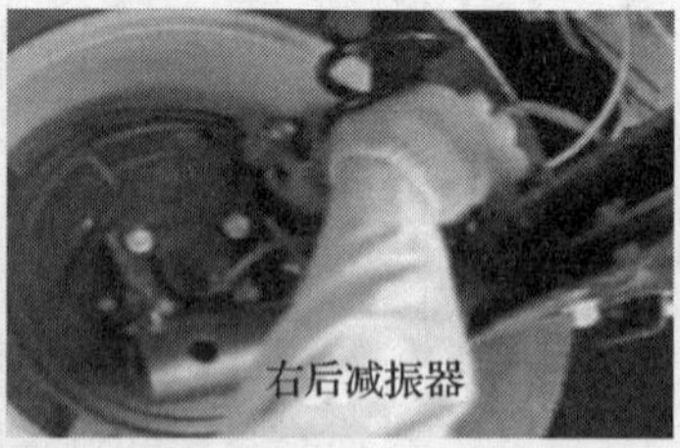 右后减振器	正确 □ 错误 □
	（15）检查右后制动管路是否泄漏，软管是否有扭曲、裂纹和凸起	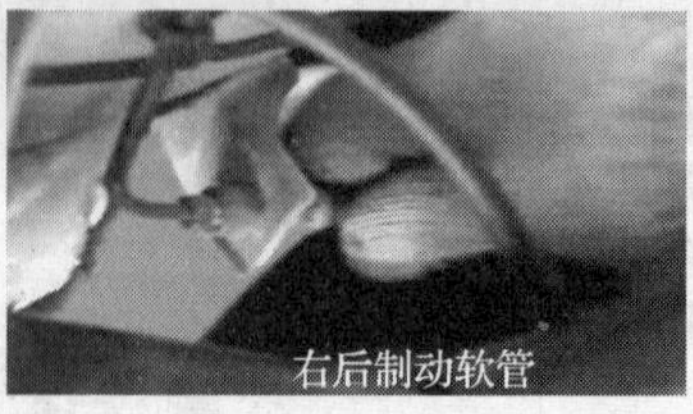 右后制动软管	正确 □ 错误 □

续表

作业项目	操作方法	操作图示	操作结果
2. 车辆底部检查	（16）检查右后制动软管的安装状况	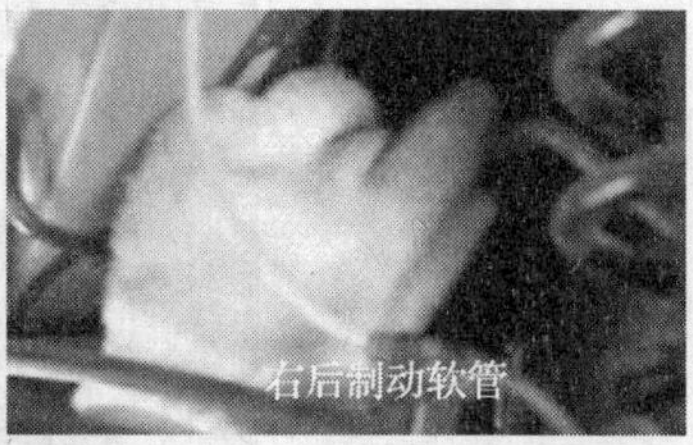 右后制动软管	正确 □ 错误 □
	（17）检查安装件的O形密封圈是否损坏或脱落	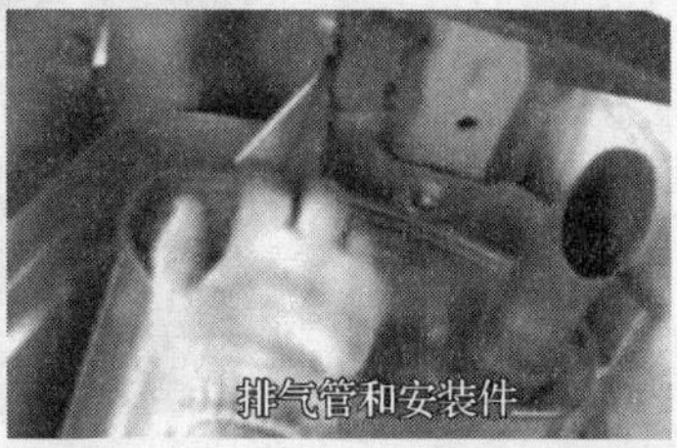 排气管和安装件	正确 □ 错误 □
	（18）检查消声器损坏和泄漏	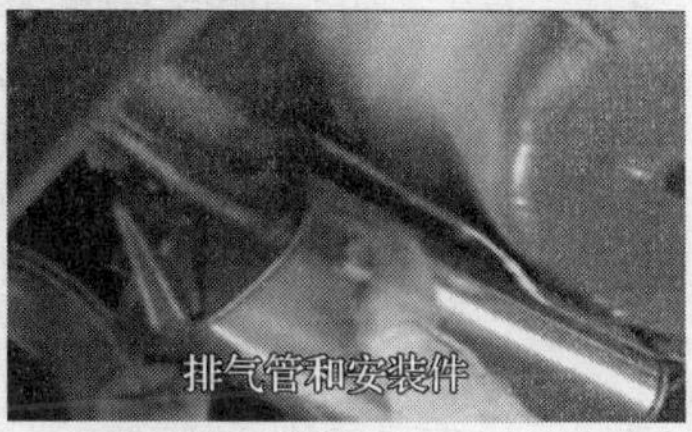 排气管和安装件	正确 □ 错误 □
	（19）检查排气管损坏和泄漏		正确 □ 错误 □
	（20）安装排放塞		正确 □ 错误 □

续表

作业项目	操作方法	操作图示	操作结果
3. 更换机油滤清器	（1）拆下机油滤清器	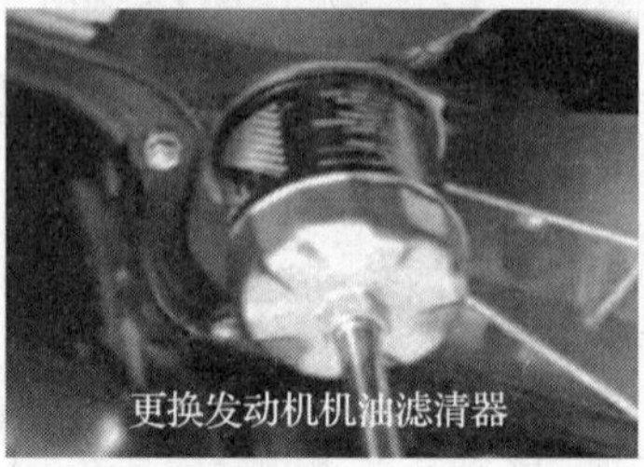 更换发动机机油滤清器	正确 □ 错误 □
	（2）清洁机油滤清器座表面	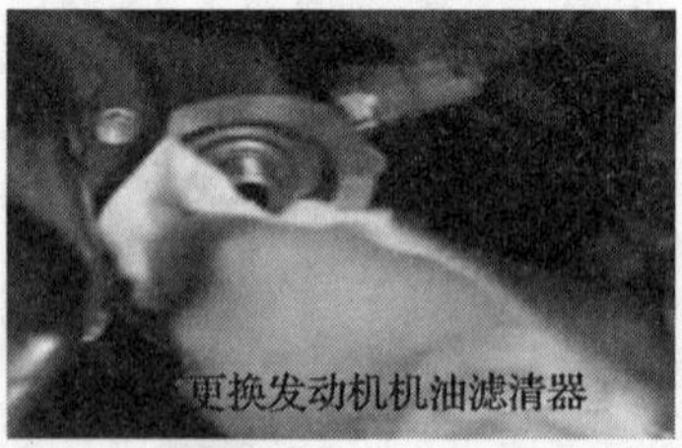 更换发动机机油滤清器	正确 □ 错误 □
	（3）装上新的机油滤清器，并用手拧紧	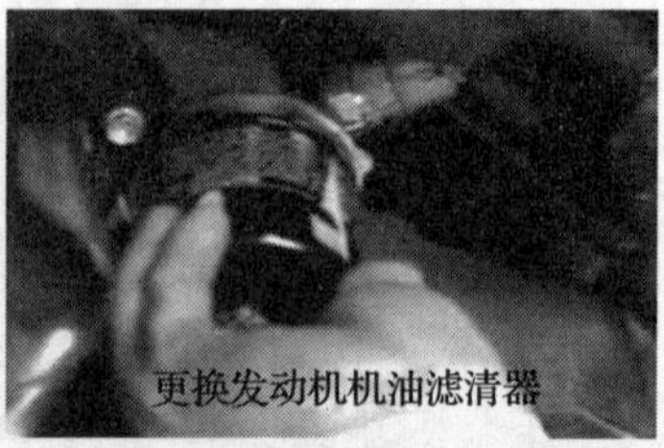 更换发动机机油滤清器	正确 □ 错误 □
	（4）再用专用工具拧紧 3/4 圈	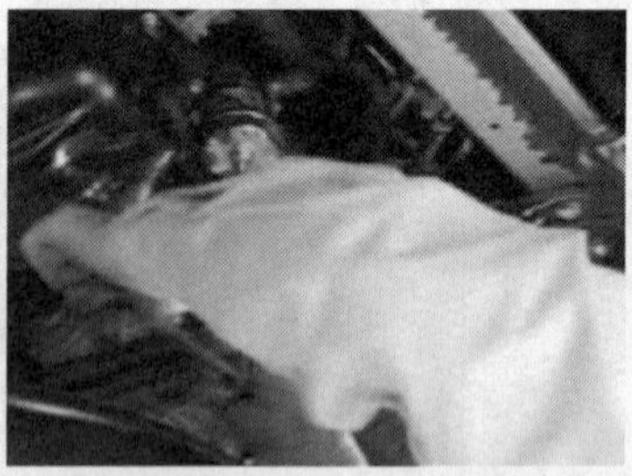	正确 □ 错误 □
4. 车辆底部检查	（1）检查右驱动轴护套是否有裂纹和其他损坏，润滑脂是否渗漏	 右前驱动轴护套	正确 □ 错误 □

续表

作业项目	操作方法	操作图示	操作结果
	（2）检查右前转向节、减振器螺旋弹簧是否损坏，检查减振器油是否泄漏	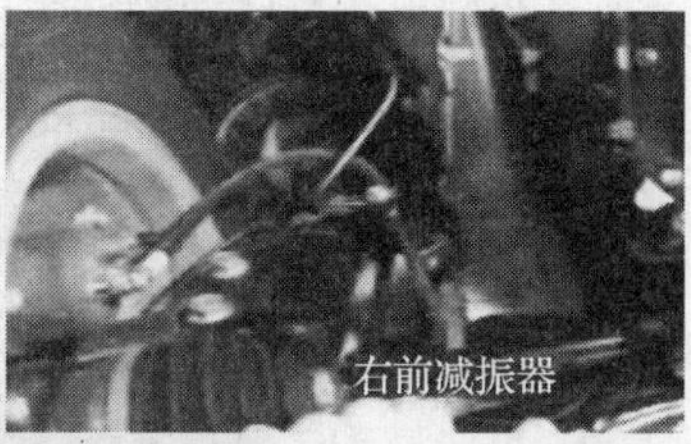 右前减振器	正确 □ 错误 □
	（3）检查右后制动管路是否泄漏，软管是否有扭曲、裂纹和凸起	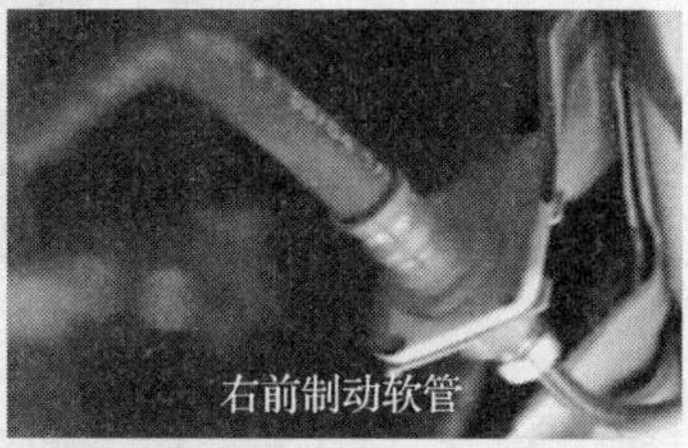 右前制动软管	正确 □ 错误 □
4. 车辆底部检查	（4）检查右后制动软管的安装状况	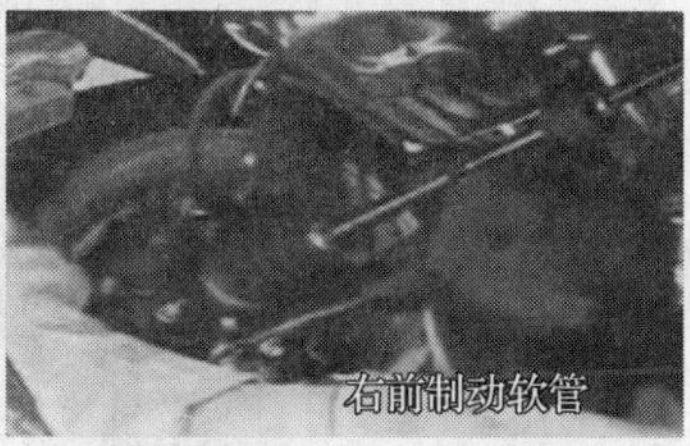 右前制动软管	正确 □ 错误 □
	（5）检查左前横拉杆有无弯曲和损坏，防尘套是否开裂和撕破		正确 □ 错误 □
	（6）校紧横梁螺母和螺栓		正确 □ 错误 □

4. 顶起位置4（车辆降至中位）维护作业（见表6—4—6）

表6—4—6　顶起位置4（车辆降至中位）维护作业

作业项目	操作方法	操作图示	操作结果
1. 车轮轴承检查	（1）将车辆降至中位		正确 □ 错误 □
	（2）填写检查单	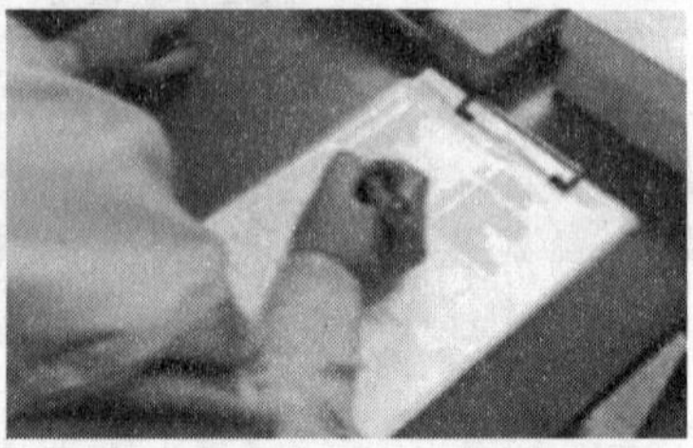	正确 □ 错误 □
	（3）检查车轮有无摆动	 车轮轴承	正确 □ 错误 □
	（4）检查车轮转动状况和噪声	 车轮轴承	正确 □ 错误 □
	（5）做好安装标记	 车轮轴承	正确 □ 错误 □

续表

作业项目	操作方法	操作图示	操作结果
2. 轮胎检查	（1）依次拆卸前后左右四个轮胎	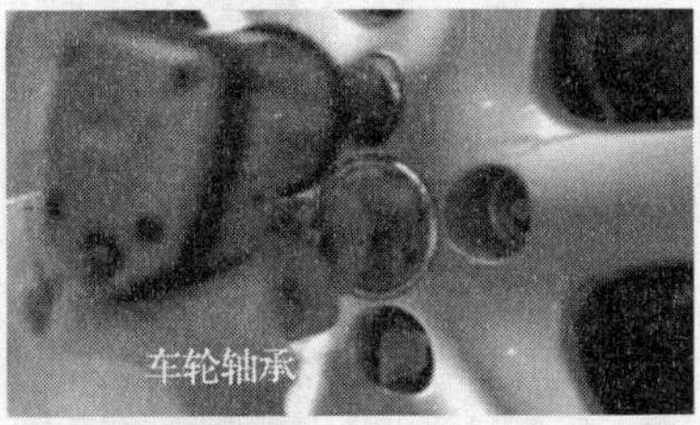	正确 □ 错误 □
	（2）检查是否有裂纹和损坏、异常磨损		正确 □ 错误 □
	（3）测量胎面沟槽深度	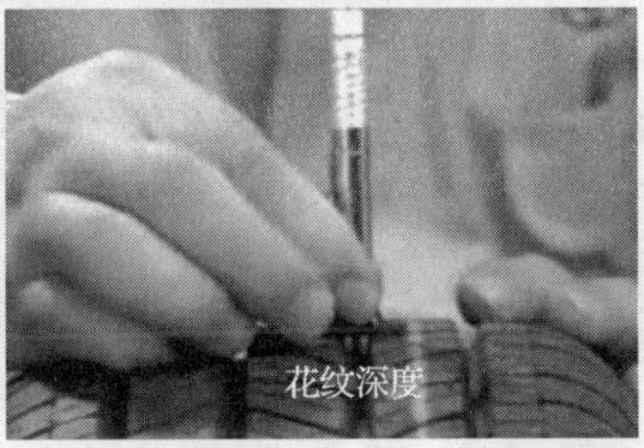	正确 □ 错误 □
	（4）检查轮圈和轮盘是否损坏	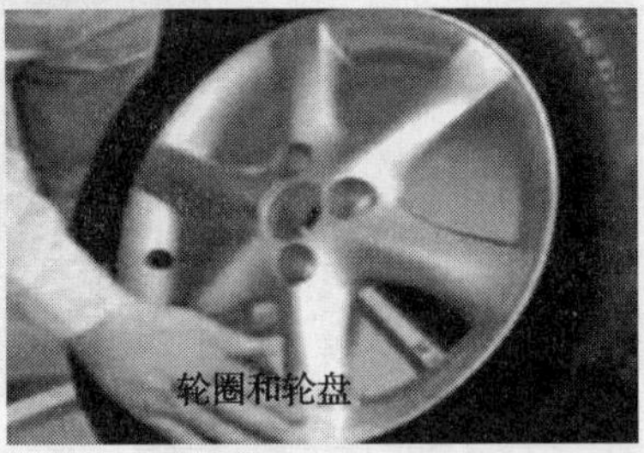	正确 □ 错误 □
	（5）检查气压	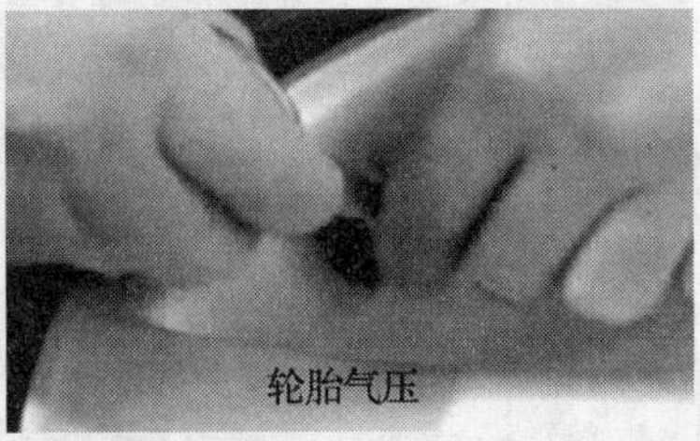	正确 □ 错误 □

续表

作业项目	操作方法	操作图示	操作结果
2. 轮胎检查	（6）检查是否漏气		正确 □ 错误 □
3. 前制动器检查	（1）拆下制动钳		正确 □ 错误 □
	（2）检查制动卡钳的制动液泄漏和损伤		正确 □ 错误 □
	（3）拆下制动块	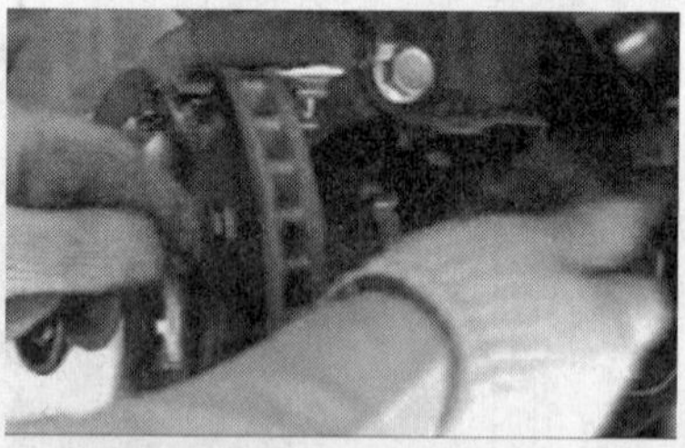	正确 □ 错误 □
	（4）测量制动器摩擦片厚度	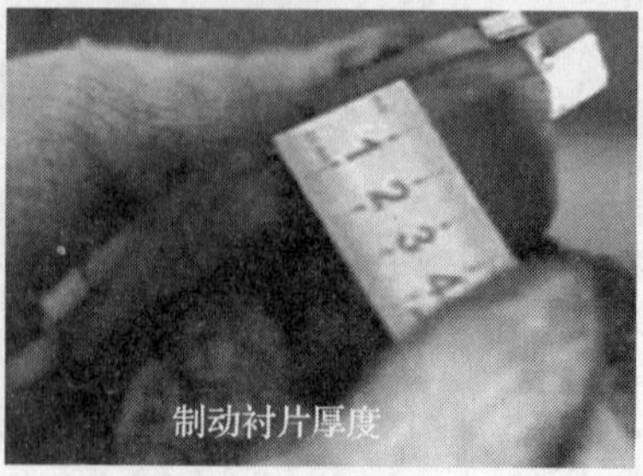	正确 □ 错误 □

续表

作业项目	操作方法	操作图示	操作结果
3. 前制动器检查	(5) 按规定力矩固定制动盘	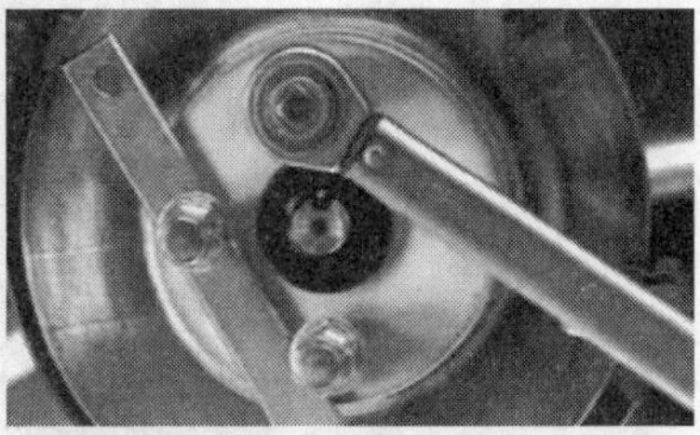	正确 □ 错误 □
	(6) 检查制动盘沟槽和损坏	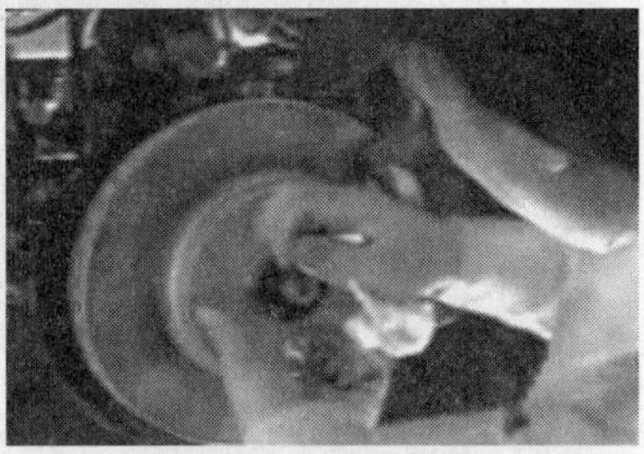	正确 □ 错误 □
	(7) 检查制动盘厚度		正确 □ 错误 □
	(8) 检查制动盘跳动量		正确 □ 错误 □
	(9) 在消声片上涂上润滑脂	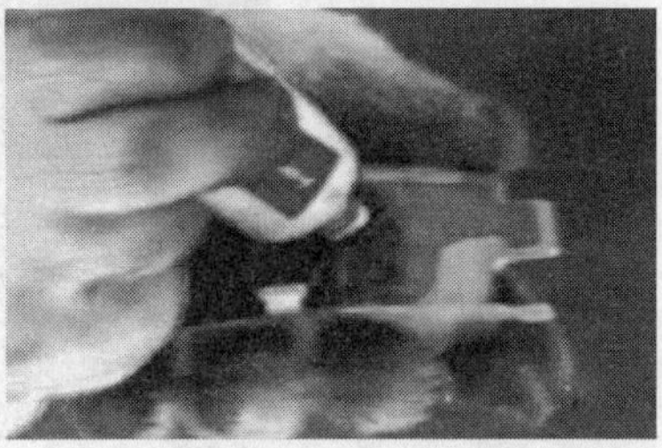	正确 □ 错误 □

续表

作业项目	操作方法	操作图示	操作结果
3. 前制动器检查	（10）安装制动器摩擦片	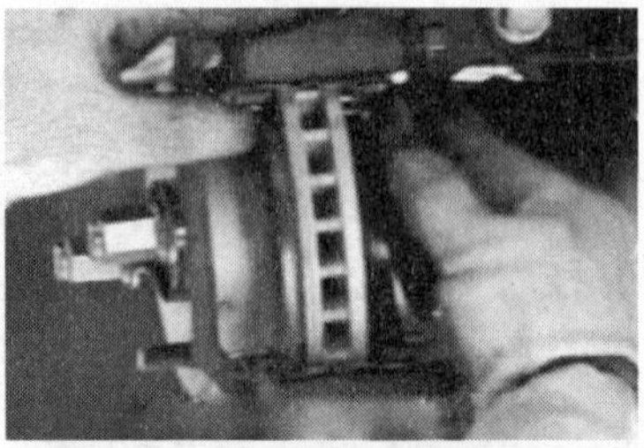	正确 □ 错误 □
	（11）安装制动钳	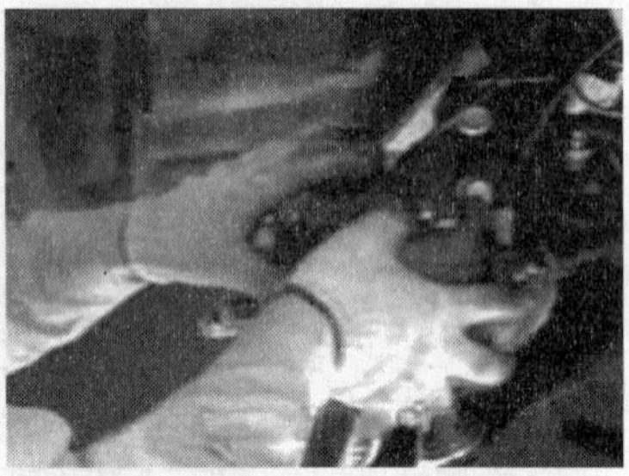	正确 □ 错误 □
	（12）按规定力矩拧紧制动钳导向销螺母	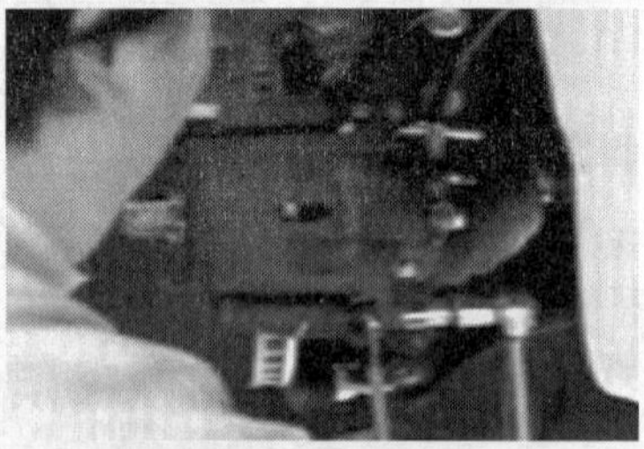	正确 □ 错误 □
4. 后制动器检查	（1）拆下制动片定位卡簧	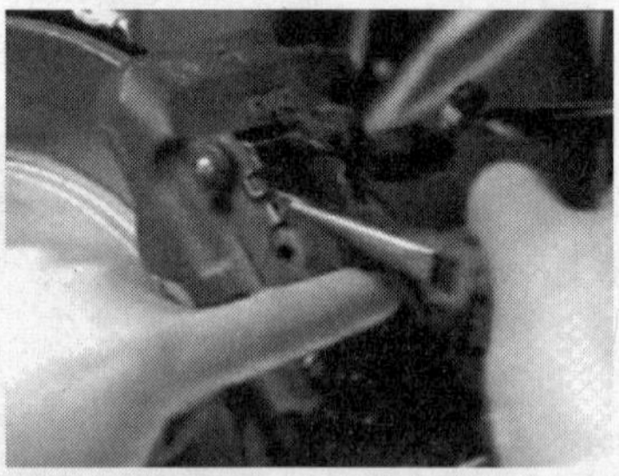	正确 □ 错误 □
	（2）拆下制动片导销	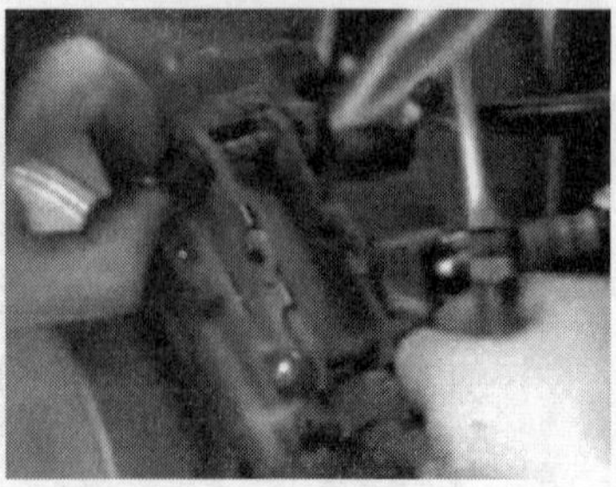	正确 □ 错误 □

续表

作业项目	操作方法	操作图示	操作结果
4. 后制动器检查	（3）拆下制动块	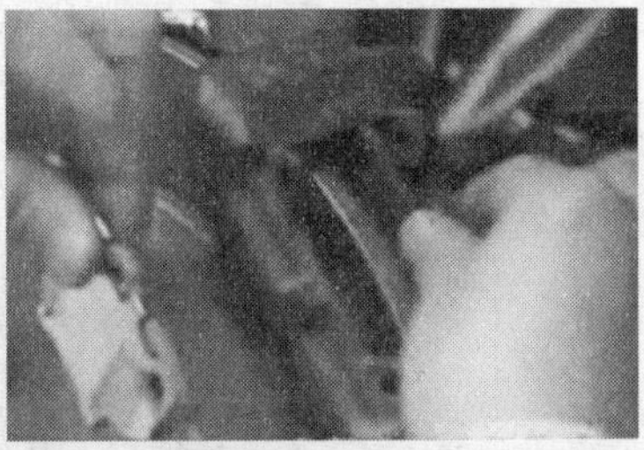	正确 □ 错误 □
	（4）检查制动卡钳的制动液泄漏和损伤	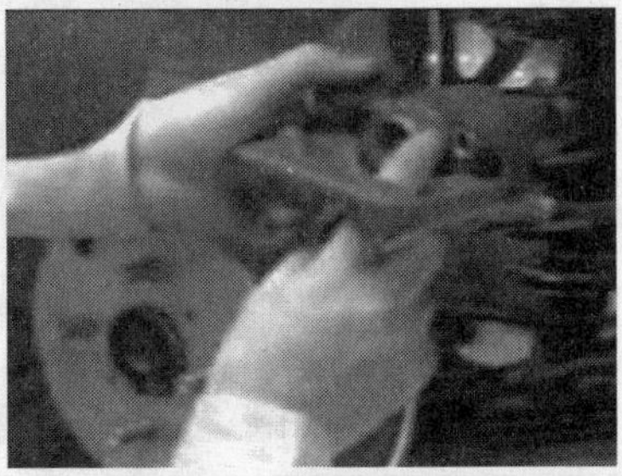	正确 □ 错误 □
	（5）测量制动器摩擦片厚度	 制动衬片厚度	正确 □ 错误 □
	（6）按规定力矩固定制动盘		正确 □ 错误 □
	（7）检查制动盘沟槽和损坏	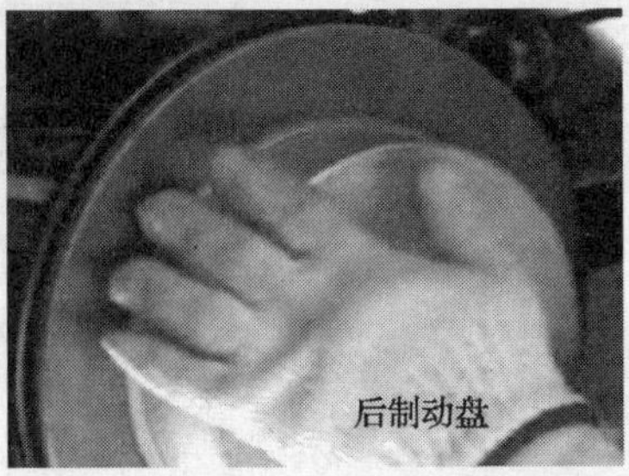 后制动盘	正确 □ 错误 □

续表

作业项目	操作方法	操作图示	操作结果
4. 后制动器检查	(8) 检查制动盘厚度		正确 □ 错误 □
	(9) 检查制动盘跳动量		正确 □ 错误 □
	(10) 做好安装标记	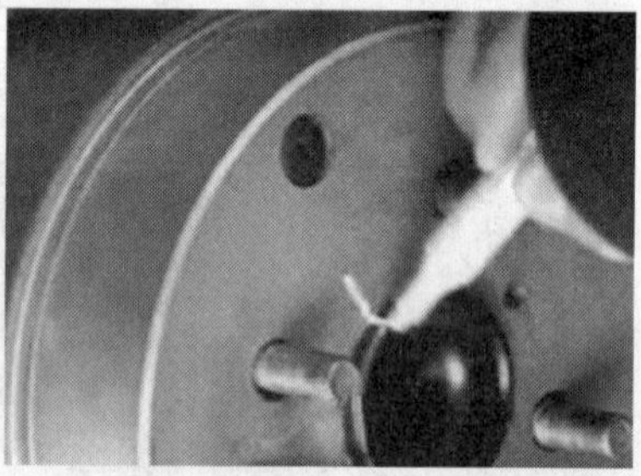	正确 □ 错误 □
	(11) 拆下制动盘	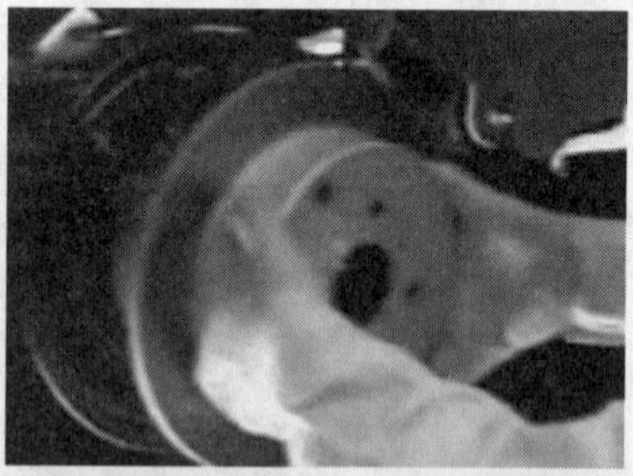	正确 □ 错误 □
	(12) 检查制动盘和鼓表面沟槽和损伤		正确 □ 错误 □

续表

作业项目	操作方法	操作图示	操作结果
4. 后制动器检查	（13）测量驻车制动器摩擦片厚度	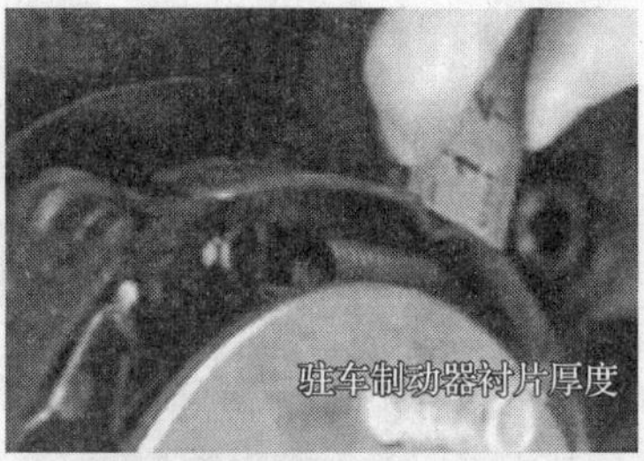	正确 □ 错误 □
	（14）检查制动蹄滑动状况		正确 □ 错误 □
	（15）对准安装标记，安装制动盘	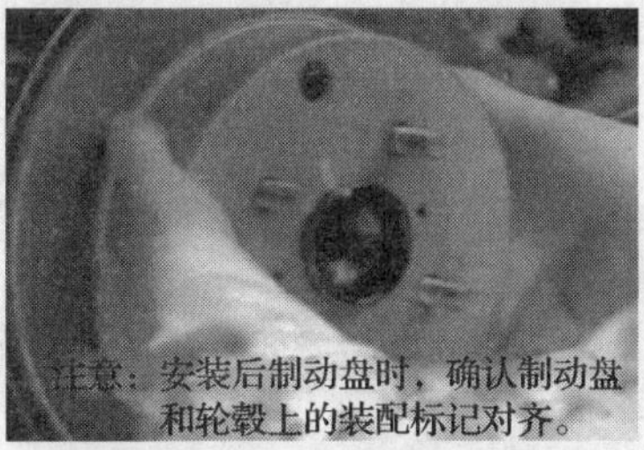	正确 □ 错误 □
	（16）临时安装两个轮胎螺母		正确 □ 错误 □
	（17）安装制动钳	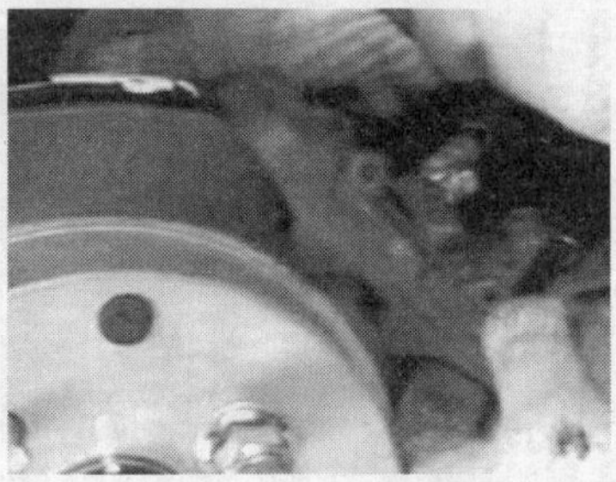	正确 □ 错误 □

续表

作业项目	操作方法	操作图示	操作结果
4. 后制动器检查	(18) 安装制动块	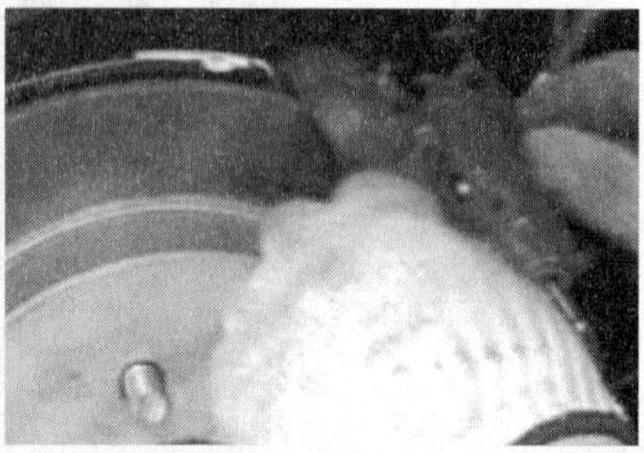	正确 □ 错误 □
	(19) 安装制动片定位卡簧		正确 □ 错误 □

5. 顶起位置5(车辆降至低位)维护作业(见表6—4—7)

表6—4—7　　顶起位置5(车辆降至低位)维护作业

作业项目	操作方法	操作图示	操作结果
制动拖滞检查	(1) 将车辆降至低位		正确 □ 错误 □
	(2) 填写检查单		正确 □ 错误 □

续表

作业项目	操作方法	操作图示	操作结果
制动拖滞检查	（3）拉放驻车制动杆几次	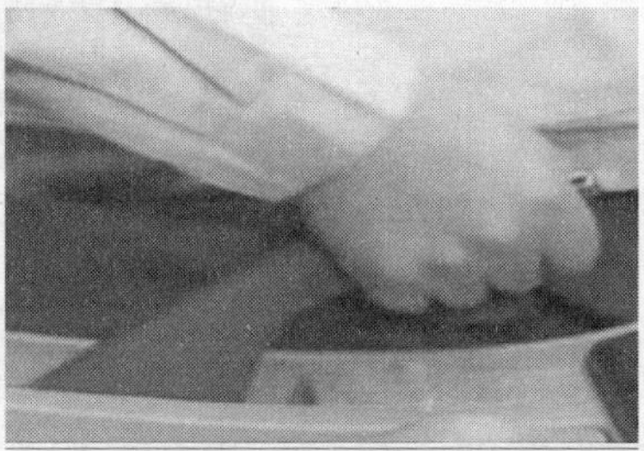	正确 □ 错误 □
	（4）踩放制动踏板几次	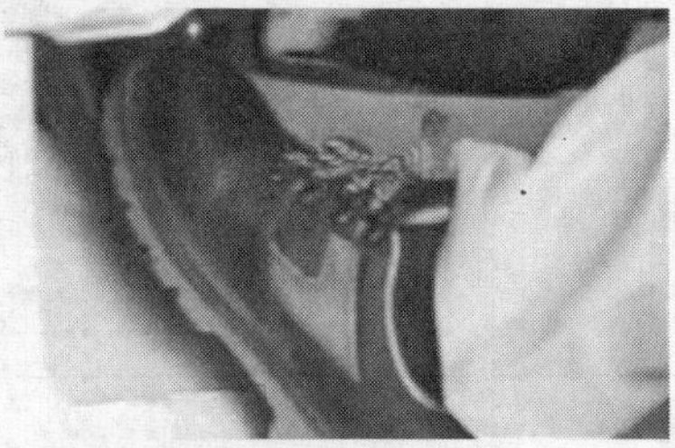	正确 □ 错误 □
	（5）踩放制动踏板，检查制动是否拖滞	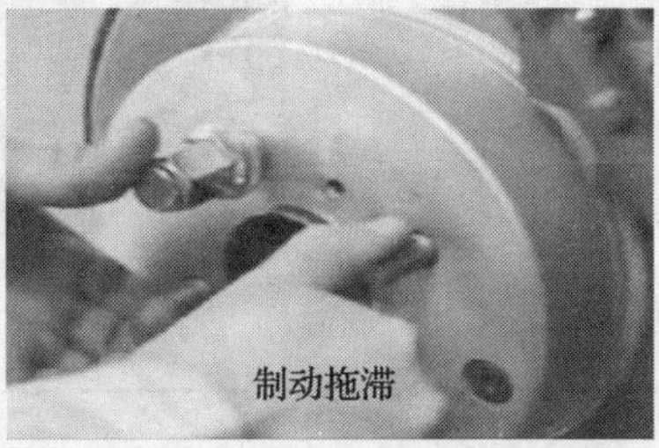 制动拖滞	正确 □ 错误 □

6. 顶起位置 6（车辆升至中位）维护作业（见表 6—4—8）

表 6—4—8　　顶起位置 6（车辆升至中位）维护作业

作业项目	操作方法	操作图示	操作结果
1. 制动液更换	（1）安装制动液更换器	 制动液添加工具	正确 □ 错误 □

续表

作业项目	操作方法	操作图示	操作结果
1. 制动液更换	（2）将车辆升至中位		正确 □ 错误 □
	（3）更换制动液	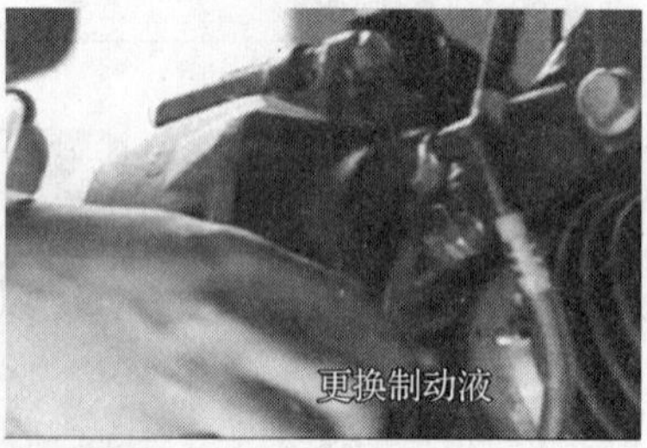	正确 □ 错误 □
2. 安装轮胎	安装前后左右四个轮胎		正确 □ 错误 □

7. 顶起位置7（车辆降至地面）维护作业

（1）发动机起动前维护作业（见表6—4—9）

表6—4—9　　发动机起动前维护作业

作业项目	操作方法	操作图示	操作结果
1. 检查准备	（1）将车辆降至地面		正确 □ 错误 □

续表

作业项目	操作方法	操作图示	操作结果
1．检查准备	（2）填写检查单	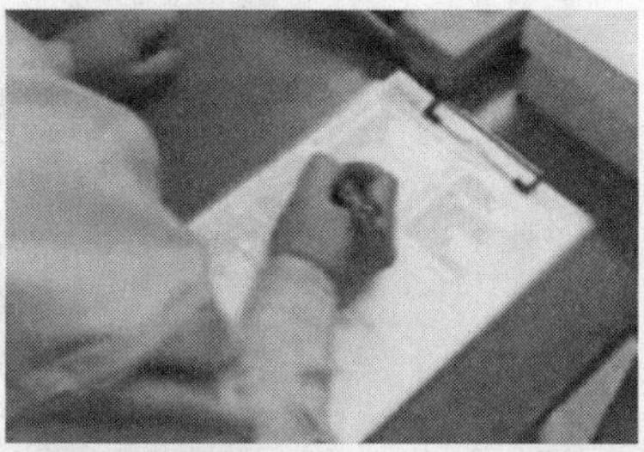	正确 □ 错误 □
	（3）拉起驻车制动	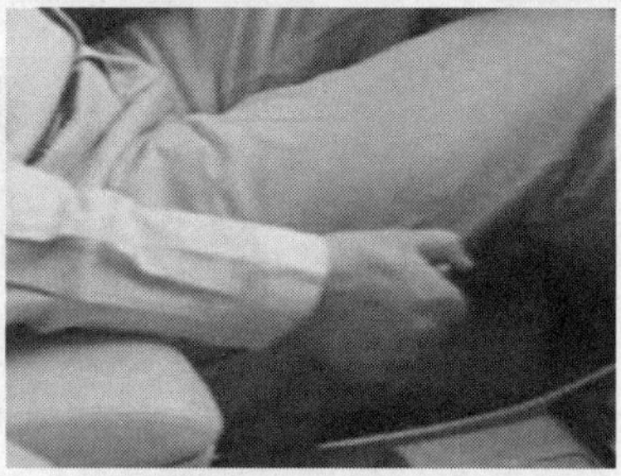	正确 □ 错误 □
	（4）安装车轮挡块		正确 □ 错误 □
	（5）安装排气管接管	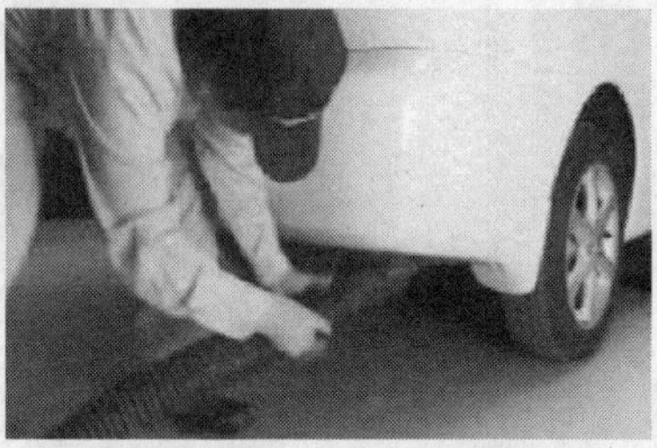	正确 □ 错误 □
2．发动机检查	（1）加注机油	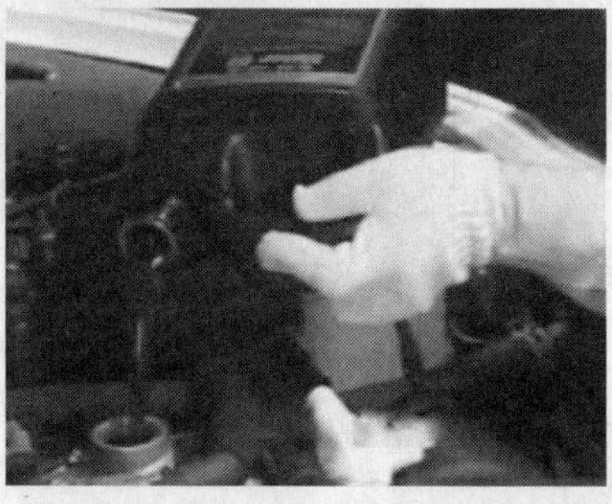	正确 □ 错误 □

续表

作业项目	操作方法	操作图示	操作结果
2. 发动机检查	（2）检查机油量	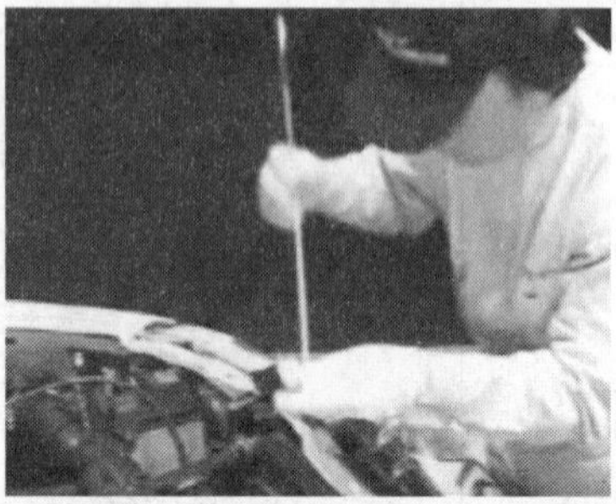	正确 □ 错误 □
	（3）测量阀门开启压力		正确 □ 错误 □
	（4）检查橡胶密封件裂纹和其他损坏，检查真空阀工作情况		正确 □ 错误 □
	（5）检查冷却液的冰点	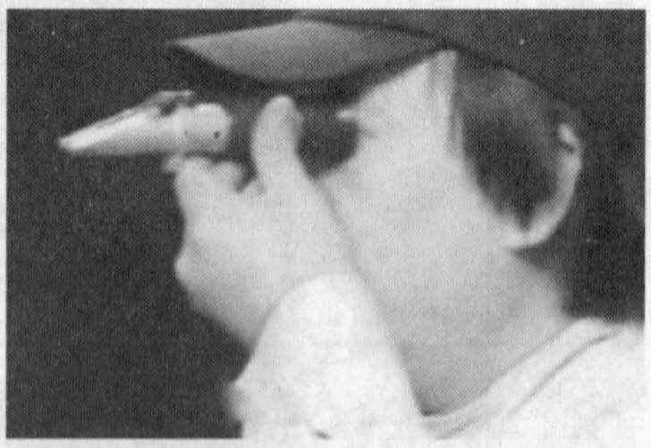	正确 □ 错误 □
	（6）拆下火花塞		正确 □ 错误 □

续表

作业项目	操作方法	操作图示	操作结果
2. 发动机检查	(7) 检查火花塞间隙和损伤		正确 □ 错误 □
3. 蓄电池检查	(1) 检查电解液液位		正确 □ 错误 □
	(2) 测量电解液比重	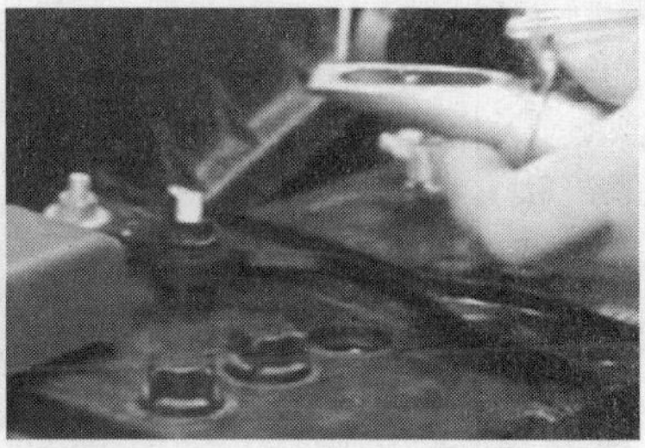	正确 □ 错误 □
	(3) 检查蓄电池盒损坏		正确 □ 错误 □
	(4) 检查蓄电池端子腐蚀，检查蓄电池端子导线松动	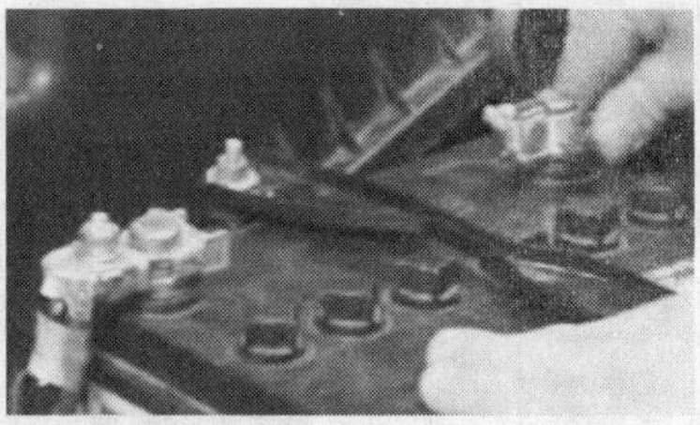	正确 □ 错误 □

续表

作业项目	操作方法	操作图示	操作结果
4. 制动液检查	(1) 检查制动液液位	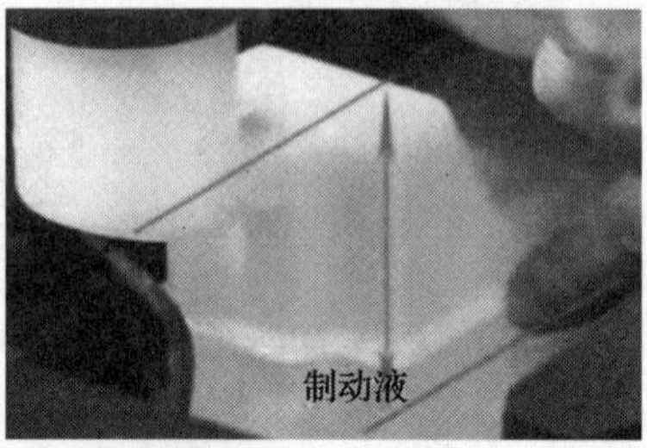	正确 □ 错误 □
	(2) 检查总泵液体泄漏，检查制动器管和软管是否有裂纹和损坏	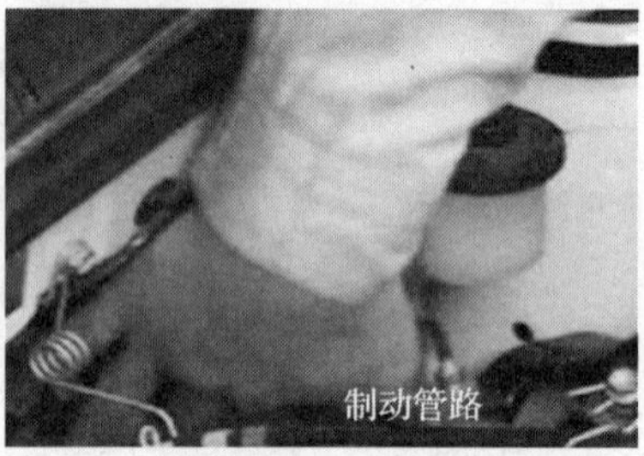	正确 □ 错误 □
5. 空气滤清器芯检查	(1) 拆下空气滤清器芯		正确 □ 错误 □
	(2) 清洁或更换空气滤清器芯		正确 □ 错误 □
6. 检查活性炭罐	检查活性炭罐是否损坏，检查止回阀的工作情况	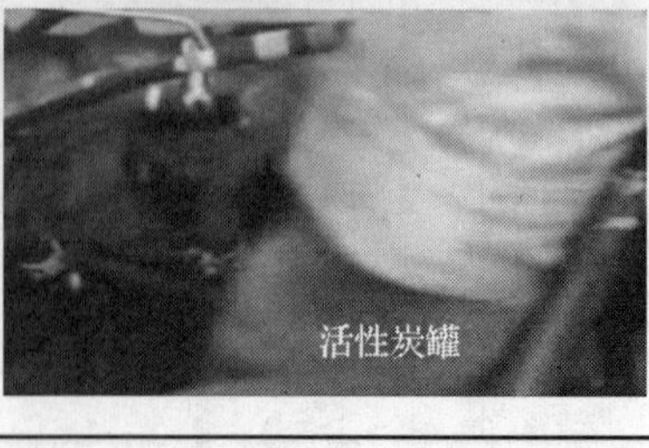	正确 □ 错误 □

续表

作业项目	操作方法	操作图示	操作结果
7. 前减振器的上支承检查	检查前减振器上支承的松动		正确 □ 错误 □
8. 喷洗液检查	检查喷洗液液位	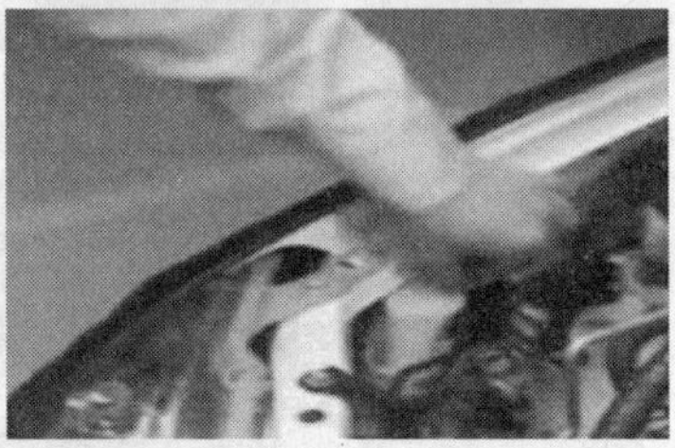	正确 □ 错误 □

（2）发动机起动时维护作业（见表6—4—10）

表6—4—10　　发动机起动时维护作业

作业项目	操作方法	操作图示	操作结果
1. 起动发动机	起动发动机	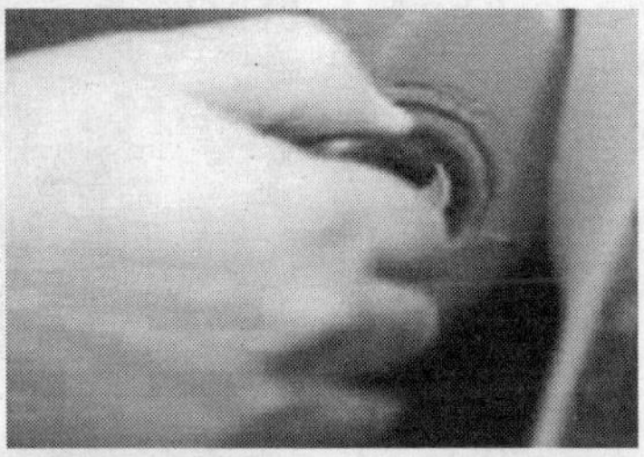	正确 □ 错误 □
2. 紧固轮胎螺母	按规定力矩紧固前后左右四个轮胎的螺母	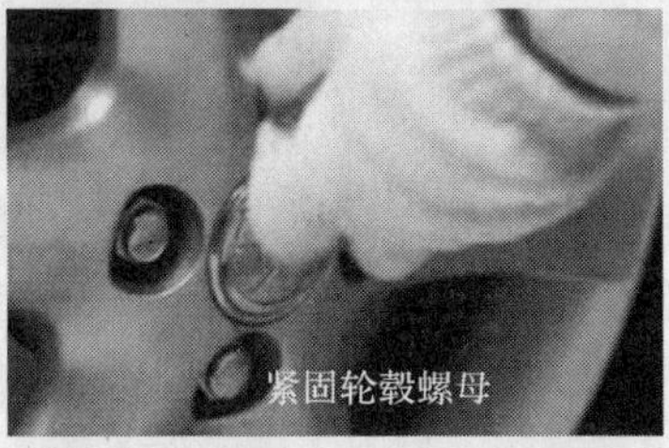 紧固轮毂螺母	正确 □ 错误 □
3. 检查PCV阀	检查PCV阀的工作情况，检查软管裂纹和损坏	 PCV系统	正确 □ 错误 □

续表

作业项目	操作方法	操作图示	操作结果
4. 检查散热器	检查散热器、橡胶软管是否泄漏 检查橡胶软管是否有裂纹、凸起和硬化、连接松动	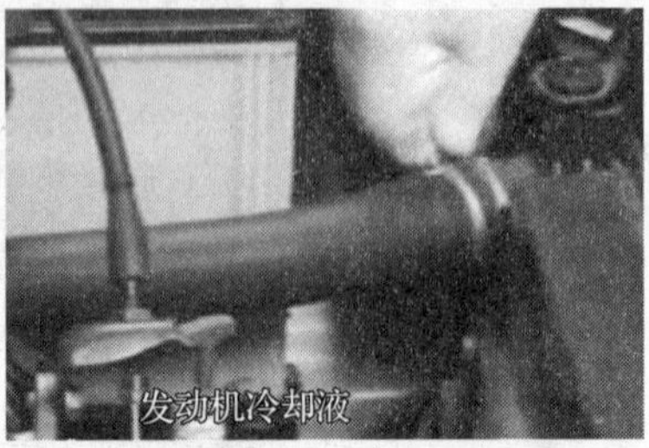 发动机冷却液	正确 □ 错误 □
5. 空调检查	(1) 将风速调至最高挡,温度调至最低挡	 空调	正确 □ 错误 □
	(2) 检查空调制冷剂量	 空调	正确 □ 错误 □
6. 预热自动变速器油温	踩放制动踏板,将自动变速器手柄从P位换至1挡,然后退回原位	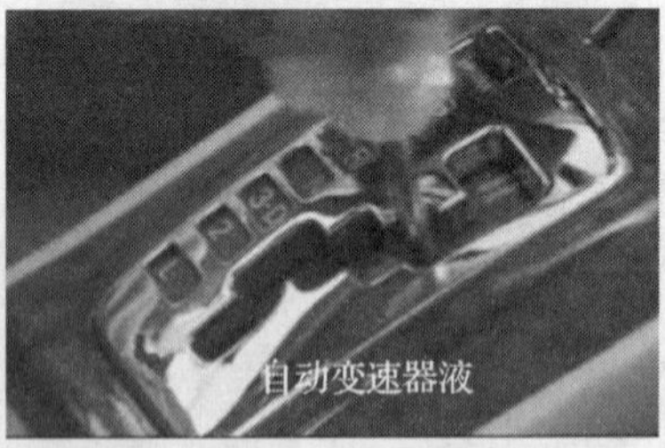 自动变速器液	正确 □ 错误 □
7. 预热动力转向液	发动机怠速时,来回转动转向盘数次,使液温上升至40~80℃	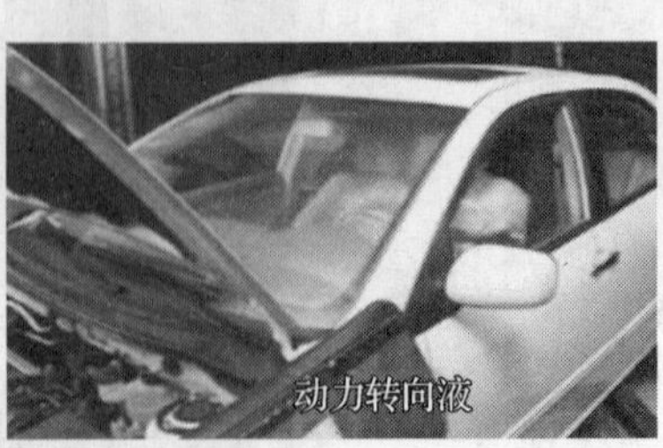 动力转向液	正确 □ 错误 □

续表

作业项目	操作方法	操作图示	操作结果
8. 自动变速器液检查	检查自动变速器液位，检查软管、排放塞和加注口塞是否漏油，检查机油冷却器软管是否损坏	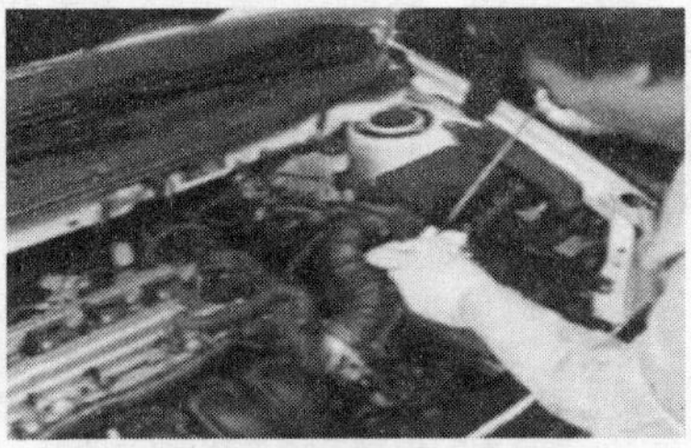	正确 □ 错误 □
9. 动力转向液检查	检查动力转向液位，检查是否有液体泄漏	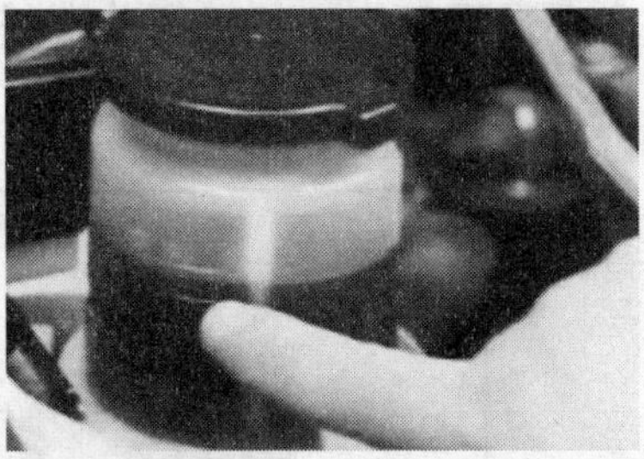	正确 □ 错误 □

（3）发动机熄火后维护作业（见表6—4—11）

表6—4—11　　发动机熄火后维护作业

作业项目	操作方法	操作图示	操作结果
1. 动力转向液液复查	发动机熄火后，再次检查动力转向液液位	 动力转向液	正确 □ 错误 □
2. 空调泄漏检查	检查空调制冷剂泄漏	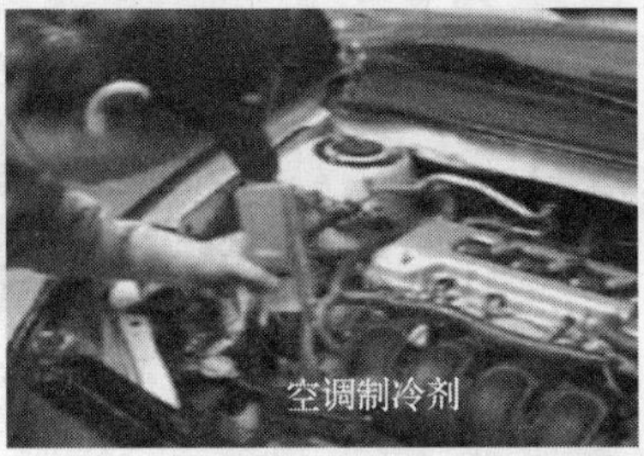 空调制冷剂	正确 □ 错误 □

续表

作业项目	操作方法	操作图示	操作结果
3. 机油量复检	发动机停机5 min以后，再一次检查机油量	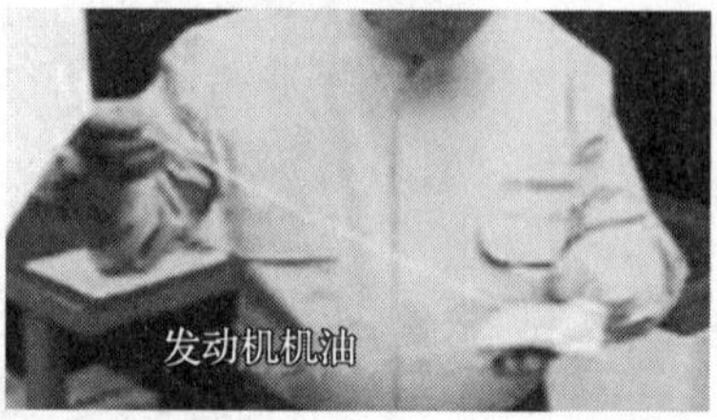 发动机机油	正确 □ 错误 □

8. 顶起位置8（车辆升至高位）维护作业（终检，见表6—4—12）

表6—4—12　　顶起位置8（车辆升至高位）维护作业

作业项目	操作方法	操作图示	操作结果
1. 终检准备	(1) 将车辆举升至高位		正确 □ 错误 □
	(2) 填写检查单	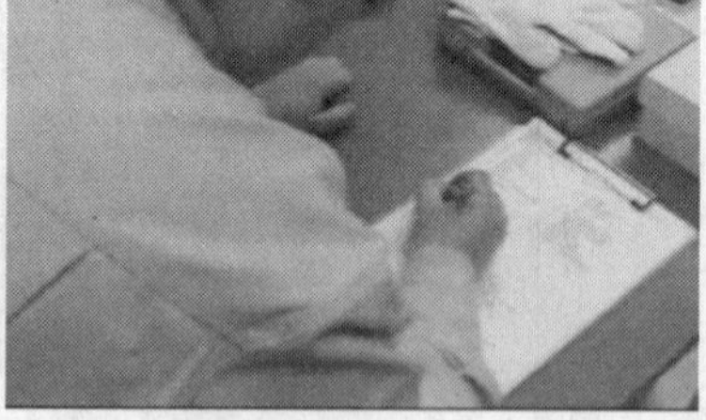	正确 □ 错误 □
2. 发动机机油泄漏检查	确认发动机机油无泄漏		正确 □ 错误 □

续表

作业项目	操作方法	操作图示	操作结果
3. 制动液泄漏检查	确认制动液无泄漏	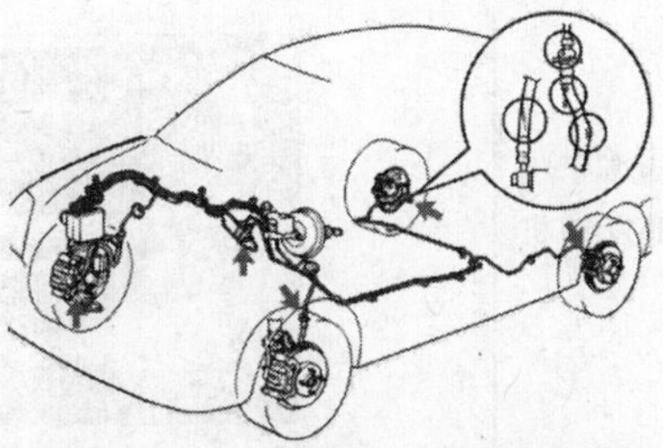	正确 □ 错误 □
4. 零件等的安装状况检查	确认所有零件均已检查或更换，无一漏检		正确 □ 错误 □

9. 顶起位置9（车辆降至地面）维护作业（恢复，见表6—4—13）

表6—4—13　　顶起位置9（车辆降至地面）维护作业

作业项目	操作方法	操作图示	操作结果
清洁、恢复	（1）将车辆降至地面		正确 □ 错误 □
	（2）填写检查单	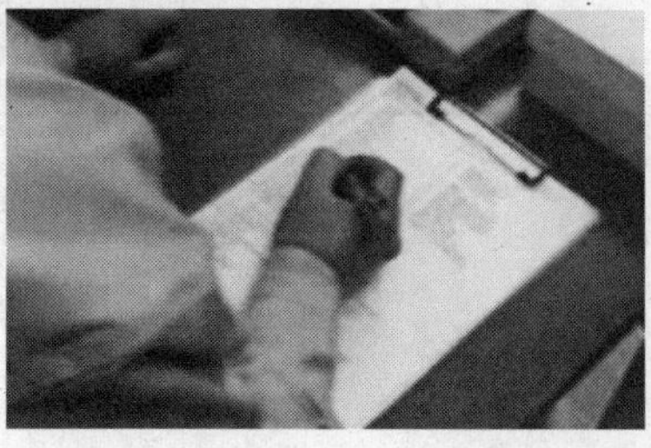	正确 □ 错误 □

续表

作业项目	操作方法	操作图示	操作结果
清洁、恢复	（3）收起翼子板布，并关闭发动机盖	 车灯检查前准备 TOYOTA	正确 □ 错误 □
	（4）清洁车身内部	 恢复　清洁	正确 □ 错误 □
	（5）拆下四件套	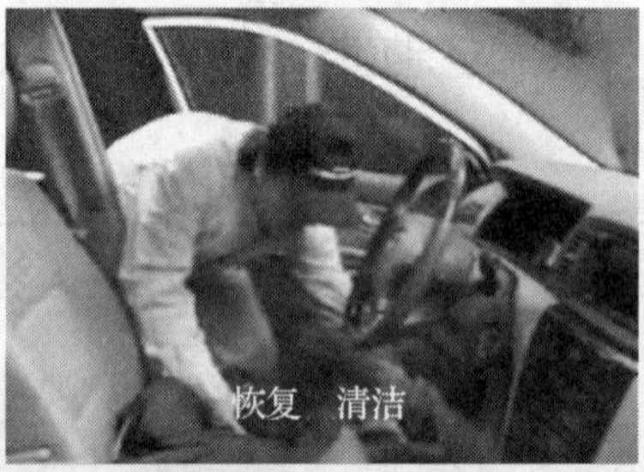 恢复　清洁	正确 □ 错误 □
	（6）清洁车辆外部	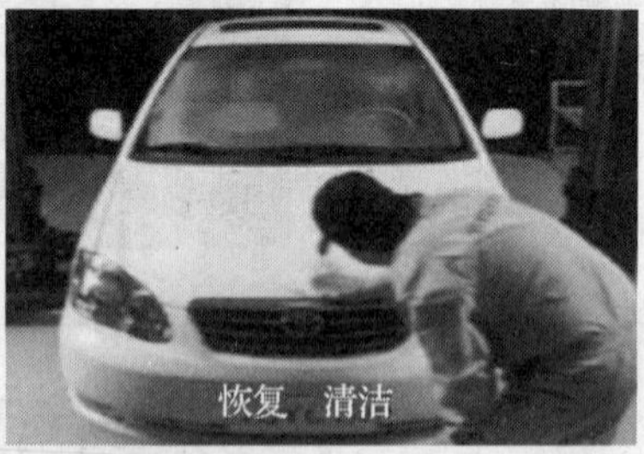 恢复　清洁	正确 □ 错误 □

理论知识检验部分参考答案

项目一　汽车维修基础知识

任务1　汽车维修常用工量具与设备的使用

1. 选择题

(1) A　(2) C　(3) D

2. 判断题

(1) √　(2) √　(3) ×

任务2　汽车维修作业安全操作基本知识

1. 选择题

(1) C　(2) C　(3) B

2. 判断题

(1) ×　(2) √　(3) √　(4) √　(5) ×

任务3　汽车4S店维修技师工作准则

1. 选择题

(1) B　(2) D　(3) D

2. 判断题

(1) √　(2) √　(3) ×

项目二　汽车维护基础知识

任务1　汽车维护作业内容及作业点

1. 选择题

(1) A　(2) B

2. 判断题

(1) ×　(2) ×

任务2　汽车维护基本常识

1. 选择题

(1) A　(2) A　(3) D　(4) A　(5) D　(6) B　(7) A　(8) B　(9) B

2. 判断题

(1) ×　(2) ×　(3) ×　(4) √　(5) ×

项目三　日常维护与新车维护

任务1　日常维护

1. 选择题

(1) B　(2) B

2. 判断题

(1) ×　(2) ×　(3) ×

任务2　新车维护

1. 选择题

(1) D　(2) B　(3) C　(4) B

2. 判断题

(1) ×　(2) ×　(3) ×　(4) √

项目四　发动机维护

任务1　润滑系的维护

1. 选择题

(1) B　(2) C　(3) D

2. 判断题

(1) ×　(2) √　(3) ×　(4) ×

任务2　燃料供给系的维护

1. 选择题

(1) A　(2) A　(3) A　(4) A　(5) B　(6) B　(7) C

2. 判断题

(1) √　(2) √　(3) ×

任务3　冷却系的维护

1. 选择题

(1) B　(2) A　(3) D

2. 判断题

(1) ×　(2) ×　(3) ×　(4) √

任务4　点火系的维护

1. 选择题

(1) C　(2) D　(3) D　(4) A　(5) D

2. 判断题

(1) √　(2) √　(3) ×

任务 5 配气机构的维护

1. 选择题

(1) A (2) A (3) D (4) B

2. 判断题

(1) √ (2) × (3) √ (4) ×

项目五 底盘维护

任务 1 传动系的维护

1. 选择题

(1) C (2) B (3) B (4) A (5) A

2. 判断题

(1) √ (2) √ (3) √ (4) √ (5) × (6) √ (7) √

任务 2 转向系的维护

1. 选择题

(1) C (2) A (3) A (4) A (5) A

2. 判断题

(1) × (2) √ (3) √ (4) × (5) √ (6) √ (7) √

任务 3 行驶系的维护

1. 选择题

(1) B (2) D (3) B (4) C (5) B

2. 判断题

(1) √ (2) × (3) √ (4) ×

任务 4 制动系的维护

1. 选择题

(1) C (2) D (3) A (4) D

2. 判断题

(1) × (2) √ (3) × (4) × (5) √

项目六 电气与车身维护

任务 1 充电、起动系的维护

1. 选择题

(1) B (2) B (3) C (4) B (5) B

2. 判断题

(1) √ (2) √ (3) √ (4) ×

任务2　照明、仪表的维护

1. 选择题

(1) B　(2) A　(3) B　(4) C

2. 判断题

(1) ×　(2) ×　(3) ×　(4) √

3.

b c e a d　g f h i j　l m k o n　s p r q t　x y u v w

任务3　空调系统的维护

1. 选择题

(1) B　(2) A　(3) C　(4) C　(5) D　(6) C　(7) C

2. 判断题

(1) ×　(2) √　(3) ×　(4) ×

任务4　车身维护

1. 选择题

(1) C　(2) A　(3) C　(4) B

2. 判断题

(1) √　(2) √　(3) ×